Inklusives Lernen in der Berufsbildung

Von der Lebenswelt zur Lehr-Lern-Situation

Matthias Vonken, Jens Reißland, Patrick Schaar,
Tim Thonagel, Rainer Benkmann

Matthias Vonken, Jens Reißland, Patrick Schaar,
Tim Thonagel, Rainer Benkmann

Inklusives Lernen in der Berufsbildung

Von der Lebenswelt zur Lehr-Lern-Situation

Das Projekt wurde mit Mitteln vom Bundesministerium für Bildung und Forschung (BMBF) gefördert. Die Förderkennziffer lautet: **01NV1711**

GEFÖRDERT VOM

Bundesministerium für Bildung und Forschung

© 2021 wbv Publikation
ein Geschäftsbereich der
wbv Media GmbH & Co. KG, Bielefeld

Gesamtherstellung:
wbv Media GmbH & Co. KG, Bielefeld
wbv.de

Umschlaggrafik:
TCmake_photo/istockphoto.com

Bestellnummer: 6004827
ISBN (Print): 978-3-7639-6253-2
ISBN (E-Book): 978-3-7639-6254-9

Printed in Germany

Das Werk einschließlich seiner Teile ist urheberrechtlich geschützt. Jede Verwertung außerhalb der engen Grenzen des Urheberrechtsgesetzes ist ohne Zustimmung des Verlags unzulässig und strafbar. Insbesondere darf kein Teil dieses Werkes ohne vorherige schriftliche Genehmigung des Verlages in irgendeiner Form (unter Verwendung elektronischer Systeme oder als Ausdruck, Fotokopie oder unter Nutzung eines anderen Vervielfältigungsverfahrens) über den persönlichen Gebrauch hinaus verarbeitet, vervielfältigt oder verbreitet werden.

Für alle in diesem Werk verwendeten Warennamen sowie Firmen- und Markenbezeichnungen können Schutzrechte bestehen, auch wenn diese nicht als solche gekennzeichnet sind. Deren Verwendung in diesem Werk berechtigt nicht zu der Annahme, dass diese frei verfügbar seien.

Bibliografische Information der Deutschen Nationalbibliothek
Die Deutsche Nationalbibliothek verzeichnet diese Publikation in der Deutschen Nationalbibliografie; detaillierte bibliografische Daten sind im Internet über http://dnb.d-nb.de abrufbar.

Inhalt

Einleitung		9
1	**Benachteiligtenförderung und Inklusion in der beruflichen Bildung**	13
1.1	Historische Aspekte beruflicher Bildung in Bezug auf Inklusivität	15
1.2	Zum „Beruf" und seiner Relevanz für Inklusion	16
1.3	Benachteiligtenförderung und das Übergangssystem	18
1.4	Maßnahmen der Benachteiligtenförderung	20
1.5	Weitere Ansätze der Benachteiligtenförderung	24
1.6	Von der Benachteiligtenförderung zur Inklusion	26
2	**Inklusion in der Sonderpädagogik**	33
2.1	Entwicklungen in der Sonderpädagogik	33
2.2	Der Inklusionsbegriff	37
2.3	Differenzlinien zwischen Integration und Inklusion	44
	2.3.1 Etappe der Inklusion – Zur Problematik eines zeitlichen Verständnisses	44
2.4	Inklusion im Wandel der Zuständigkeiten	47
3	**Inklusion, Situation und Lebenswelt: systemtheoretische und phänomenologische Zugänge**	49
3.1	Räumliche Inklusion	49
3.2	Inklusion systemtheoretisch	53
	3.2.1 Exkurs: Systemtheorie und Kommunikation	53
	3.2.2 Inklusion/Exklusion im System Unterricht	55
3.3	Absicht, Situation und Lebenswelt	58
	3.3.1 Absicht	59
	3.3.2 Situation	65
	3.3.3 Lebenswelt	68
3.4	Lernen und Situation	69
4	**Lebenswelt und Situationsdefinition – Vom Erkennen zum Vermitteln**	73
4.1	Die Suche nach Zugängen zu anderen Lebenswelten	75
4.2	Zum Verstehen von Lebenswelten	87
	4.2.1 Entwicklung von Verständnis	88
	4.2.2 Das Feststellen anderer Lebenswelten	90
	4.2.3 Erkennen von eigenen Grenzen	104
4.3	Erzeugen von Situationen durch Lehrkraft	106
	4.3.1 Feststellen anderer Lebenswelten durch Schüler*innen	115
	4.3.2 Offenbarung von Lebenswelten	117

	4.3.3	Erkennen von Grenzen anderer	121
	4.3.4	Orientierung an Formalia	124
	4.3.5	Erzeugen gemeinsamer Herausforderungen	125
	4.3.6	Unterstützung der Schüler*innen bei der Suche nach Zugängen zu anderen Lebenswelten	129
	4.3.7	Kommunikative Vermittlung von Lebenswelten	135
	4.3.8	Bezugnahme auf Lebenswelt des anderen	148
5	**Erkundungen zu Strategien zum Umgang mit heterogenen Lebenswelten**		**155**
5.1	Strategien zum Erschließen		156
5.2	Strategien zum Erzeugen von Situationen durch die Lehrkraft		163
5.3	Strategien zur Steuerung der Gruppen- und Zusammenarbeit		167
5.4	Strategien zur Initiierung von Perspektivwechseln		170
5.5	Strategien des argumentativen Einwirkens auf die Lebenswelt der Schüler*innen		172
5.6	Strategien des gemeinschaftlich kommunikativen Erlebens von Lebenswelten		174
5.7	Einsatz didaktischer Methoden		176
5.8	Einstellungen zu inklusivem Unterricht an beruflichen Schulen		178
6	**Als Zusammenfassung: Empfehlungen aus den Befunden für die Weiterbildung von Lehrkräften**		**187**
6.1	Erkennen – Empfehlungen zur Erschließung von Lebenswelten		187
	6.1.1	Konstruktionen 2. Ordnung	189
	6.1.2	Konstruktionen 3. Ordnung	190
	6.1.3	Kombination von Konstruktionen 2. & 3. Ordnung	191
6.2	Gestalten – Empfehlungen zum Erzeugen von Situationen im Unterricht		192
	6.2.1	Beteiligung	193
	6.2.2	Bereitstellung	195
	6.2.3	Thematisierung	198
6.3	Strukturieren – Empfehlung zur Etablierung inklusiver Schulstrukturen/-praktiken/-kulturen		200
	6.3.1	Haltungsfragen/Habitusforschung	204
7	**Habitus von Lehrkräften und Schüler*innen der Bildungsfremdheit und -notwendigkeit – Herausforderung für inklusive berufliche Lehr-Lern-Situationen**		**205**
7.1	Theoretischer Rahmen		206
	7.1.1	Habitus und soziale Felder	206
	7.1.2	Lehrerhabitus und Habitussensibilität	208
	7.1.3	Zahlen und Schülerhabitus der Bildungsfremdheit und -notwendigkeit	211
7.2	Soziale Herkunft und Milieuzugehörigkeit von Lehrkräften		214

| 7.3 | Lehrerhabitusmuster | 219 |
| 7.4 | Schluss | 230 |

Literaturverzeichnis 233

Abbildungsverzeichnis 249

Tabellenverzeichnis 250

Anhang: Untersuchungsmethodik 253
Von der Theorie ins Feld 253
Die qualitative Studie 253
    Allgemeine Fragestellungen: 254
    Spezifische Fragestellungen an Lehrer*innen und Ausbilder*innen: 254
    Spezifische Fragestellungen an Berufsschüler*innen/Auszubildende: 255
    Die Stichprobe 255
    Der Auswertungsprozess 256
    Codierung 257
    Teilschritte beim Codieren 257
Die quantitative Erhebung 258
    Das Erhebungsinstrument 259
    Durchführung der Erhebung 260
    Die Stichprobe 260
    Datenaufbereitung 261
    Datenauswertung 262

Autoren 263

Einleitung

Das Thema, in dem sich das vorliegende Buch bewegt, ist „Inklusion in der beruflichen Bildung". Dieser häufig verwendete Titel (z. B. Biermann & Bonz, 2011a; Bylinski & Rützel, 2016a; Zoyke & Vollmer, 2016) ist in dieser Allgemeinheit allerdings kaum bearbeitbar. Zum einen wäre nämlich zunächst zu klären, *was* Inklusion an sich bedeutet, und dann müsste verdeutlicht werden, *auf welcher Ebene* diese Inklusion wirksam werden soll. Erst dann können wir uns dem eigentlichen Thema und seiner weiteren Spezifizierung nähern.

Dem Weiteren vorweggreifend können wir zunächst ganz trivial festhalten, dass Inklusion das Gegenteil von Exklusion darstellt. ‚Inklusiv' zu sein bedeutet dabei, nicht ausschließend zu sein im umfänglichen Sinne. Damit ist nicht nur Toleranz gemeint, sondern die Akzeptanz der Unterschiedlichkeit der Menschen. ‚Inklusion' bedeutet also, keinen Unterschied zu machen. In der beruflichen Bildung ist eine solche Unterschiedlichkeit immer schon konstitutiv – mehr noch als in anderen Bereichen des Bildungssystems, zumindest jenseits der Elementarstufe. ‚Heterogenität' gehört in der beruflichen Bildung immer schon dazu (vgl. bspw. Heinrichs & Reinke, 2019), da die Voraussetzungen zur Aufnahme einer Ausbildung vergleichsweise niedrigschwellig und so eine Vielzahl unterschiedlicher Schüler*innen mit unterschiedlichsten Lernvoraussetzungen und Abschlüssen vorfindlich sind. In Bezug auf Inklusion ist es jetzt die gesellschaftlich und politisch induzierte Herausforderung, diese Heterogenität über unterschiedliche Bildungsabschlüsse als Zugangsvoraussetzung hinaus zu erweitern auf andere Menschen, die bislang in segregierten Bildungseinrichtungen beruflich gebildet werden.

Damit sind wir bereits bei den unterschiedlichen Bezugsebenen, auf denen Inklusion diskutiert werden kann: Makro-, Meso- und Mikroebene. Als Ziel der Inklusionsdiskussion im Ganzen kann die Makroebene der Gesellschaft angesehen werden. Politisch gewollt ist dabei, dass im Sinne der allgemeinen Menschenrechte kein gesellschaftlicher Ausschluss von Menschen stattfindet, die von einer empfundenen oder tatsächlichen ‚Norm' abweichen. In freiheitlichen Gesellschaften ist das jedoch nicht per Verordnung möglich, sondern muss sich von innen heraus entwickeln (Akzeptanz). Um das zu erreichen, wird in der Regel die Mesoebene der Institutionen bemüht. Der Gedanke ist dabei, dass durch Inklusion in Institutionen die Inklusion in der Gesellschaft vorangetrieben wird (siehe Kapitel 1 und 2). Diese vom Grundsatz her richtige Idee trifft jedoch auf mehrere Probleme. Eines davon ist, dass nur ein Teil der Institutionen mehr oder weniger direkt steuerbar ist. Dazu gehören bspw. Schulen. In ihnen kann der Gesetzgeber direkt auf Inklusion einwirken. Andere Teile der Mesoebene, wie bspw. Wirtschaftsunternehmen, können nur indirekt beeinflusst werden, z. B. durch Anreize.

Die berufliche Bildung ist nun aber in weiten Teilen auf mehrere Institutionen angewiesen, mindestens jedoch auf Berufsschule und Betrieb. Selbst wenn die Institution Berufsschule inklusiv gestaltet wird, passiert das in der Institution Betrieb noch lange nicht, da die entsprechenden gesellschaftlichen/staatlichen Durchgriffsmöglichkeiten fehlen. Eine Folge daraus ist, dass Inklusion in der beruflichen Bildung nur langsam vorankommt; eine andere, dass die Abnahme von Absolvent*innen einer inklusiven beruflichen Ausbildung eher weniger gesichert ist. Mit anderen Worten: Selbst wenn die direkt erreichbaren Institutionen der Mesoebene inklusiv gestaltet werden, wird dadurch die Makroebene nicht unbedingt inklusiver, denn wenn die Makroebene exkludierend ist, dann stößt die Mesoebene spätestens dann auf Widerstand, wenn sie bspw. ihre Absolvent*innen in andere Institutionen abgeben will. Das könnte allenfalls dann gelingen, wenn die Mesoebene durchgängig inklusiv wäre – dann wäre es die Makroebene aber auch. Das wiederum erfordert ein Umdenken aller Mitglieder der Gesellschaft. So gesehen erscheint eine inklusive Berufsbildung erst dann sinnvoll zu sein, wenn die Makroebene inklusiv ist. ‚Beruf' selbst ist nicht, wie Heisler (2015) fragt, inklusiv, sondern er ist allenfalls eine Reaktion auf eine inklusive Gesellschaft. Und genau hier ergibt sich dann doch eine Einflussmöglichkeit der Meso- auf die Makroebene, nämlich in Form eines durchgängig inklusiv zu gestaltenden Elementar- und Primarbereichs, der auf lange Sicht ein Durchdringen in alle Institutionen gewährleisten könnte. Die berufliche Bildung jedoch ist Abnehmer dieser Bereiche. Ist die bisherige Schullaufbahn segregiert gewesen, dann ist die Wahrscheinlichkeit inklusiver Berufsbildung geringer. Selbst wenn eine solche politisch durchgesetzt wird, treffen spätestens in den beruflichen Schulen damit ausgesprochen disparate Lebenswelten von Schüler*innen aufeinander, die inklusives Lernen zunächst nicht wahrscheinlicher zu machen scheinen.

Ein weiteres Problemfeld stellt damit die Mikroebene dar, hier in Gestalt des inklusiven Unterrichts. Die Diskussionen um Inklusion in der beruflichen Bildung drehen sich vielfach um Inklusionsprozesse auf der Mesoebene. Das lässt die Frage unbeantwortet, wie im Falle einer inklusiven Berufsbildung der Unterricht auf der Mikroebene inklusiv gestaltet werden kann. Selbstverständlich gibt es auch dafür Ansätze, wie bspw. in Heinrichs & Reinke (2019). Solche Ansätze scheinen dabei eines gemeinsam zu haben: Sie richten die Perspektive darauf, wie Schüler*innen im Unterricht integriert werden können. Diese Sichtweise entspricht dem, was in den vergangenen 40 Jahren unter „Benachteiligtenförderung" in der beruflichen Bildung diskutiert wurde (vgl. Kapitel 1). Allerdings blendet es dabei aus, dass Inklusion eben nicht das Hineinnehmen der einen Gruppe in eine andere meint, sondern das Miteinander von vorneherein. Dafür bedarf es – wie im Weiteren zu zeigen sein wird – inklusiv orientierter Bemühungen von allen Seiten, die auch eine andere Form der Unterrichtsgestaltung implizieren.

Diese lange Vorrede diente dazu, uns zu vergegenwärtigen, an welchem Problembereich wir hier eigentlich arbeiten. Die Diskussion um inklusive Berufsbildung ist ein Laborieren an Symptomen. Dadurch, dass Schüler*innen hier aus mitunter wenig inklusiven Bildungskarrieren zusammentreffen, wird ein inklusives Unterrichten deutlich erschwert. Denn dieses bedeutet gemeinsames Lernen an gemeinsamen Problemstellungen. Wir werden im Weiteren sehen, dass und warum es dafür notwendig ist, dass die unterschiedlichen Lebenswelten der Schüler*innen bewusst und verständlich gemacht werden. Die Ursache – die nicht-inklusive Gesellschaft – lässt sich damit allerdings kaum beheben. Es erscheint wie ein Zirkelschluss, dass versucht wird, auf der Mesoebene des Berufsbildungssystems inklusiver zu werden, obwohl dann die Absolvent*innen auf nicht-inklusive Organisationen (Wirtschaft) und eine nicht-inklusive Gesellschaft stoßen. Andererseits gibt es von gesamtgesellschaftlicher Seite her kaum andere Veränderungsmöglichkeiten von Gesellschaft außer eben über das Bildungssystem. Wir werden versuchen, in diesem Buch einen Weg aufzuzeigen, wie trotz dieser Widrigkeiten der politischen Forderung nach inklusiver Berufsbildung ein Stück weit nachgekommen werden kann, und das ist der bereits erwähnte Weg über die Lebenswelten der Schüler*innen. Wie wir sehen werden, stellt das Akzeptieren und Verstehen der Lebenswelt der jeweils anderen beiderseitig eine wichtige Voraussetzung dar, um inklusive Lehr-Lern-Situationen zu ermöglichen. Allein ein solches Verständnis zu befördern bzw. Verständigungsprozesse unter den Schüler*innen zu initiieren, ist eine voraussetzungsvolle Aufgabe. Sie mündet letztlich darin, geeignete Situationen zu schaffen, in denen ein Verstehensprozess beginnen kann. Daher haben wir diesem Buch den Untertitel „Lebensweltbezug und Situationsdefinition" gegeben und konzentrieren uns fürderhin auf die Mikroebene des inklusiven Lernens.

Im Einzelnen gliedert sich der Weg dahin wie folgt: Einleitend werden wir die Genese der Inklusionsdiskussion in der beruflichen Bildung aufarbeiten (Kapitel 1). In einem weiteren Schritt nähern wir uns aus einer sonderpädagogischen Perspektive dem Inklusionsbegriff (Kapitel 2). Wie wir sehen werden, ist selbst in dieser Disziplin noch viel Raum für dessen Deutung. Im nächsten Schritt (Kapitel 3) breiten wir das theoretische Fundament für die anschließenden empirischen Untersuchungen aus. Aus systemtheoretischer, phänomenologischer und handlungstheoretischer Perspektive werden „Inklusion" und ihr Zusammenhang zu „Lebenswelt" und „Situation" ausgearbeitet. Mit dieser Grundlage werden wir in Kapitel 4 die Ergebnisse einer qualitativen Interviewstudie mit Lehrkräften, Schüler*innen und Ausbilder*innen vorstellen, wie in Lehr-Lern-Situationen auf das Phänomen Inklusion reagiert wird. Daran schließen sich in Kapitel 5 die Ergebnisse einer deutschlandweiten Fragebogenstudie an, die die Ergebnisse aus Kapitel 4 zu Strategien inklusionsfördernder Unterrichtsprozesse verdichtet. Kapitel 6 fasst die Ergebnisse zu Anregungen zusammen, welche Inhalte für die Weiterbildung pädagogischer Fachkräfte in inklusiven Lernsettings sich aus den Studien ergeben können. Diese sind zum einen didaktischer Natur. Aber während sich der größte Teil dieser Arbeit auf die Mikroebene bezieht, zeigen sich hier am Ende auch Veränderungsnotwendigkeiten auf der Mesoebene auf. Diese leiten über zum letzten Kapitel 7, in dem wir in Bezug auf die Bildung von Lehrkräften einen Ausblick darauf geben, welche Rolle ihre Habitusentwicklung für Inklusion spielt.

Den aufmerksamen Lesenden dürfte in dieser Aufstellung aufgefallen sein, dass zwar ein guter Teil dieses Werkes auf empirischen Erkenntnissen beruht, eine Methodendarstellung aber bislang nicht zu finden ist. Wir haben uns aufgrund der besseren

Lesbarkeit und der Konzentration auf die Ergebnisse dafür entschieden, diesen Methodenteil in den Anhang zu verlegen (wir haben uns dabei an dem prominenten Beispiel von Sennett (2000) orientiert). Die geneigten Lesenden können sich dort über die verwendeten empirischen Methoden informieren.

1 Benachteiligtenförderung und Inklusion in der beruflichen Bildung

Inklusion als gesamtgesellschaftliche Herausforderung, wie sie politisch und auch wissenschaftlich thematisiert wird, hat erhebliche Konsequenzen für alle Teilbereiche der Gesellschaft und auch für berufliche Bildung. Hier ist sie etwas weniger prominent als in anderen Bildungsbereichen. Kremer et al. (2016, S. 1) beschreiben die Situation wie folgt: „Das Thema Inklusion wird zurzeit durchaus hitzig und kontrovers diskutiert. Dabei geht es um die Frage, was genau mit Inklusion gemeint ist, wer angesprochen werden soll, welche politischen und pädagogischen Herausforderungen mit Inklusion verbunden sind, und was Inklusion für die unmittelbare Praxis bedeutet. Während Inklusion an allgemeinbildenden Schulen inzwischen relativ umfassend diskutiert wird, sind die Auseinandersetzungen in der beruflichen Bildung im Vergleich dazu noch eher zurückhaltend". Zwar gibt es eine lange Tradition in Teilbereichen der Berufs- und Wirtschaftspädagogik, die sich mit der Zielgruppe der ‚Benachteiligten' in der Berufsbildung beschäftigt, jedoch eher unter einem Integrations- als unter einem Inklusionsgedanken. Dabei erscheint eine Inklusionsdebatte in der Berufsbildung umso nötiger zu sein, da berufliche Bildung erst relativ spät im Laufe einer Bildungsbiografie einsetzt, nachdem Primar- und Sekundarstufe bereits – bislang zumeist nicht-inklusiv – durchlaufen wurden und sich die Segregation dieser Stufen schlicht bis in die Berufsbildung fortsetzt.

Andere Teildisziplinen der Erziehungswissenschaft, so die Sonderpädagogik, befassen sich schon über einen längeren Zeitraum mit der Umsetzung von inklusiven Bildungsangeboten. So ist es nicht verwunderlich, dass ein interdisziplinäres Verhandeln von Inklusion sowie das Aushandeln von Begriffen und Vorgehensweisen unter den pädagogischen Teildisziplinen erkennbar ist. Der Aufforderung Ackermanns (2017) und Sanders (2002) zur interdisziplinären Befassung mit Inklusion und dem steten Rekurrieren auf die UN-Behindertenrechtskonvention (UN-BRK) in der Pädagogik ist zu entnehmen, dass der Inklusionsdiskurs längst in weiteren pädagogischen Bereichen mitsamt professionsspezifischem Blickwinkel verhandelt wird. Daher wird hier im Folgenden neben der berufspädagogischen auch eine sonderpädagogische Perspektive eingenommen. Dies ist zum einen ein Beleg für die interdisziplinäre Herangehensweise an das Forschungsthema der Situationsdefinition im inklusiven berufsbildenden Kontext. Zum anderen trägt es den immer wieder auftretenden sonder- und berufspädagogischen Überschneidungen Rechnung. Während die Berufspädagogik traditionell mit der wohl größtmöglichen Heterogenität im Klassenverband betraut ist (Alter, Bildungsbiografie, Behinderung, Benachteiligung, soziale und territoriale Herkunft usw.), wird in der Sonderpädagogik die Ausübung einer Erwerbstätigkeit oder Arbeit generell als immanenter Teil der Lebensgestaltung von Menschen mit Behinderung sowie als Möglichkeit zur persönlichkeitsbildenden Teilhabe an Gemeinschaft betrachtet (Doose, 2016). Hierbei sei betont, dass die Sonderpädagogik begrifflich einen anderen Fokus setzt als die sehr viel dezidierter entwickelte berufspädagogische Unterscheidung zwischen den Begriffen Arbeit und Beruf. Dennoch ist festzuhalten, dass auch die Berufsausbildung und Berufstätigkeit von Menschen mit Behinderung im berufspädagogischen Sinne Teile des sonderpädagogischen Begriffskosmos sind, welche in Form der Sondereinrichtungen der Berufsbildungswerke, Berufsförderungswerke und Werkstätten für behinderte Menschen Beachtung finden (Cloerkes et al., 2007).

So erhält das Thema Inklusion, auch begünstigt durch die Ratifikation des Übereinkommens der UN-BRK im Jahr 2009, aktuell in der Berufspädagogik immer mehr Aufmerksamkeit. Allen Menschen, ganz gleich ihrer persönlichen Voraussetzungen, einen gleichberechtigten Zugang zu Bildung ermöglichen, ist das Ziel einer inklusiven Bildung. Sämtliche Bildungsbereiche, welche Menschen während ihres Lebens durchlaufen, angefangen von der frühkindlichen Bildung, sollen einen gleichberechtigten Zugang gewährleisten. So also der Anspruch, welcher selbstverständlich auch für die berufliche Bildung formuliert wird. Diese wäre demnach auf struktureller Ebene so auszugestalten, dass sie Menschen mit unterschiedlichen Bedürfnissen und Voraussetzungen einen Zugang gewährt (Vollmer & Bylinski, 2015). Die Deutsche UNESCO-Kommission formuliert: „Nicht der Lernende muss sich in ein bestehendes System integrieren, sondern das Bildungssystem muss die Bedürfnisse aller Lernenden berücksichtigen" (Deutsche UNESCO-Kommission, o. J.). Dies würde auch bedeuten, dass es allen Jugendlichen möglich sein sollte, einen Ausbildungsplatz im ‚Regelsystem' zu finden. Daher auch die Empfehlung seitens der Deutschen UNESCO-Kommission hinsichtlich eines „Recht[s] auf Ausbildung und Sicherstellung von Ausbildungsplätzen für jeden einzelnen jungen Menschen" (Deutsche UNESCO-Komission, 2019, S. 12).

Als ein Grund für die bisherige Nichtinklusivität beruflicher Bildung wird gelegentlich die Selektivität des ‚Berufsbildungssystems' angegeben: „Das deutsche Bildungs- und Berufsbildungssystem ist hoch selektiv", konstatiert bspw. Rützel (2013, S. 5). Allerdings gibt es nicht *das* Berufsbildungssystem, sondern mindestens zwei rechtlich voneinander weitgehend unabhängige: das vollzeitschulische und das duale. Und zumindest die duale Berufsausbildung als kooperativer Bildungsprozess, den sich Betriebe und Berufsschulen teilen, kann nicht als ein gemeinsames System betrachtet werden. Vielmehr haben wir es mit zwei separat agierenden Systemen zu tun, nämlich dem Wirtschaftssystem und dem beruflichen Teilbereich des Bildungssystems, da eine Ausbildung in der Regel voraussetzt, dass Jugendliche einen Ausbildungsplatz in einem Betrieb bekommen; und das unterliegt dem Berufsbildungsrecht (Bund, Recht der Wirtschaft) und nicht dem Recht des Bildungswesens (Länder). Mit anderen Worten: Selektiv ist die Einstellungspraxis der Unternehmen in Bezug auf Auszubildende. Dabei gibt es in der Regel keinerlei schulische Voraussetzungen für die Aufnahme einer Berufsbildung, außer der Absolvierung der Pflichtschulzeit. In diesem Sinne sind beide Systeme sogar hoch inklusiv, was sich praktisch jedoch kaum auswirkt, da Unternehmen nur zögerlich Menschen mit Benachteiligungen/Behinderungen einstellen. Gehen wir davon aus, dass diese Praxis sich auch angesichts des gelegentlich konstatierten Fachkräftemangels ändert, dann stehen Unternehmen, aber insbesondere auch berufliche Schulen, vor der Herausforderung, Ausbildung inklusiver zu gestalten.

Berufliche Bildung ist dabei zunächst nicht per se auf Inklusion oder Integration ausgerichtet. Grundlegendes Ziel ist die berufliche Qualifikation, das verrät bereits der Blick in das Berufsbildungsgesetz (BBiG) in §1 (3). Inklusion oder Integration werden nicht relevant, solange das Berufsbildungssystem alle Bewerber*innen aufnehmen kann. Erst wenn dies nicht der Fall ist, Menschen also von beruflicher Bildung exkludiert sind, kommt es zu der Herausforderung, diesen einen Übergang in das System zu ermöglichen. Ziel der beruflichen Bildung ist also eine Bildung im Medium des Berufs (Kutscha, 2011), das Erlernen beruflicher Fähigkeiten und Fertigkeiten sowie der Übergang in Erwerbsarbeit. Ein Blick in die Historie der beruflichen Bildung soll verdeutlichen, wie die Berufsausbildung im jeweiligen historischen Kontext vollzogen und welche Aufgaben dieser zugedacht wurden.

1.1 Historische Aspekte beruflicher Bildung in Bezug auf Inklusivität

Das heutige Berufsverständnis findet seine Grundlegung auch in der christlich-religiös geprägten Mentalität des mitteleuropäischen Mittelalters. Die von Martin Luther entwickelte Berufsethik sowie deren Ausdeutungen durch verschiedene Denker (Weber, Durkheim) prägen unser heutiges Verständnis von Beruf. Ohne die von Luther ausgelegte Zwei-Reiche-Lehre, bestehend aus Christusreich und Weltreich, lassen sich die Ausführungen zu Beruf jedoch nur teilwiese erschließen. Stark verkürzt ausgedrückt gibt das Christusreich ein christliches Leben (Nächstenliebe, keine Gewaltanwendung etc.) vor, welches aber auch mit dem alltäglichen Leben im Weltreich vereint werden muss. Luther meinte mit Beruf (beruff) in erster Linie Berufung im Sinne des Betrautseins mit einer Aufgabe und diese aufgrund christlicher Grundlegungen anzunehmen und auszuführen. Luthers Denken wurde geprägt durch seine Lebenswirklichkeit, der hierarchisch aufgebauten ständischen Gesellschaft (Nährstand, Wehrstand, Lehrstand), welche keinen sozialen Aufstieg kannte und in der ein Großteil der Bevölkerung in eher einfachen Verhältnissen lebte. In einen Stand wurde man hineingeboren und verblieb in ihm bis zum Tod. Jeder dieser Stände hatte einen Auftrag, ein Mandat, eben eine Berufung zu erfüllen, „dass wir überall, wo wir gerade *stehen*, von Gott gerufen sind, dass Rechte zu tun" (Suda, 2006, S. 143, Hervorhebung im Original).

Das Wort Stand selbst verdeutlicht die Starre und Undurchlässigkeit des Ständesystems. Die Menschen eines Standes nehmen ihre Berufung an und versuchen nicht, diese zu ändern. Dabei handelt es sich nicht um einen Akt des Sollens, sondern des Wollens, das Wahrnehmen einer Berufung (vgl. ebd., S. 154). Beruf (Berufung) erhält hier eine sozialintegrative sowie -stabilisierende Funktion, indem jeder seine von Gott zugedachte Aufgabe erfüllt. Berufe bilden damit eher eine sozialstrukturelle Ordnung ab und dienen der Verfestigung von Herrschaftsansprüchen. Von Behinderung oder Benachteiligung betroffene Menschen waren in diesem System nicht vorgesehen. Menschen mit Behinderungen galt es zu versorgen, gewährte Almosen waren dabei auch Mittel, sich von eigenen Sünden freizukaufen (vgl. Heisler, 2015, S. 4). In dieser Ausdeutung dient der Beruf der Reproduktion von vorgefundenen gesellschaftlichen Strukturen. Die Zugehörigkeit zu einem Stand verweist neben verschiedenen Privilegien, Rechten und Pflichten auch auf eine Funktion in der Gesellschaft, einen Beruf (vgl. Pätzold et al., 2015, S. 8). Gelernt wurde bei einem in einer Zunft organisierten Handwerksmeister nach dem Prinzip der *Imitatio*. Im Vollzug des täglichen Lebens – Lehrlinge waren Teil des Haushaltes des jeweiligen Meisters – wurden tradierte Normen und Produktionsverfahren weitergegeben. Mit dem Eintritt in den Haushalt eines Handwerksmeisters übertrug sich auf diesen auch die Erziehungsgewalt über den Lehrling. Berufliche Ausbildung fokussierte stark auf „Sozialisation und Erziehung des Lehrlings im Sinne des zünftigen Ethos" (ebd., S. 29). Die berufliche Qualifizierung trat in den Hintergrund.

Mit zunehmender Säkularisierung im Prozess der Aufklärung änderte sich auch die Aufgabe der beruflichen Bildung. Beruflich organisierte Arbeit verlor ihre Fixierung auf den Stand und die gebürtige Abstammung von Personen. Der Leistungs- und Effizienzgedanke in Verbindung mit Arbeit trat in den Vordergrund (vgl. ebd., S. 33). Das vom Bürgertum der Aufklärung getragene Bildungsideal favorisierte „tüchtige, fleißige und arbeitsame Bürger" (ebd.). Arbeit wurde zum sozialintegrierenden Faktor im bürgerlichen Normensystem. Sie verfolgte den Zweck der sozialen Einbindung in die bürgerliche Gesellschaft. Die zunehmende Industrialisierung brachte mit sich, dass auch Fabriken als berufliche Lernorte relevant wurden. Ein Ausdruck zunehmender Standardisierung von Berufsausbildung stellt bspw. die *Allgemeine Gewerbeordnung von 1845* dar. Im § 150 wird der „tüchtige Geselle" (ebd., S. 50) als Zielkategorie der Lehrlingsausbildung beschrieben. Berufliche Bildung diente also verstärkt der beruflichen Qualifizierung. Im Jahr 1969 kam es zur Verabschiedung des Berufsbildungsgesetzes, welches die deutsche Berufsbildung bis heute regelt. Das Konstrukt Beruf stellt auch dort die grundlegende Zielkategorie sowie den pädagogischen Kern des Berufsbildungssystems dar.

1.2 Zum „Beruf" und seiner Relevanz für Inklusion

Das deutsche Berufskonzept stellt im internationalen Vergleich eine Besonderheit dar und wird von Thomas Deißinger als das zentrale „organisierende Prinzip" bezeichnet (Deißinger, 1998). Beruf kann als vermittelnde Instanz, eine *„Zwischenkategorie"* (Arnold et al., 2016, S. 76, Hervorhebung im Original) zwischen zwei Qualifizierungsanforderungen gesehen werden. Auf der einen Seite positioniert sich ein junger Mensch mit individuellen Fertigkeiten, Fähigkeiten, Vorlieben, Bedürfnissen und einem mehr oder weniger konkreten Berufswunsch. Gegenüber steht der Betrieb, ein Unternehmen mit mannigfaltigen qualifikatorischen Anforderungen, teilweise hochspezialisierten Arbeitsplätzen und einer individuellen Produktpalette. Berufe als formalisierte und standardisierte Bündel von Qualifikationsanforderungen halten „überindividuelle und überbetriebliche" (Deißinger, 2001, S. 4) Formalisierungen bereit und können so als Orientierungspunkt für beide Anspruchsgruppen dienen. Thomas Kurtz bezeichnet aus einer soziologischen Sichtweise heraus Beruf als eine „Form mit zwei Seiten" (Kurtz, 2015, S. 53). Der Begriff Form verdeutlicht dabei die Differenzierung in zwei Seiten einer Unterscheidung. Angelehnt an Browns Überlegungen zum Formenkalkül wird davon ausgegangen, dass nichts bezeichnet werden kann, ohne es von etwas anderem zu unterscheiden (vgl. ebd., S. 42). Beruf hätte demnach eine pädagogische Seite, im Erziehungs- bzw. Berufsbildungssystem erworbene Qualifikationen, und eine wirtschaftliche in Form von praktisch ausgeübten Tätigkeiten, welche entlohnt werden. Diese Sichtweise findet sich ebenso in einer sehr prominenten Definition von Beruf durch Max Weber: „Beruf soll jene Spezifizierung, Spezialisierung und Kombination von Leistungen einer Person heißen, welche für sie Grundlage einer kontinuierlichen Versorgungs- und Erwerbschance ist" (Weber, 1990, S. 80). „In diesem Sinne können wir Berufe definieren als relativ tätigkeitsunabhängige, gleichwohl tätigkeitsbezogene Zusammensetzungen und Abgrenzungen von spezialisierten, standardisierten und institutionell fixierten Mustern von Arbeitskraft, die u. a. als Ware am Arbeitsmarkt gehandelt und gegen Bezahlung in fremdbestimmten, kooperativ-betrieblich organisierten Arbeits- und Produktionszusammenhängen eingesetzt werden" (Beck et al., 1980, S. 20).

Gleichwohl käme eine rein ökonomische, auf Sicherung des Lebensunterhaltes reduzierte Sichtweise von Beruf einer starken Verkürzung gleich. Persönlichkeitsentwicklung sowie das Vertrautmachen, Hineinwachsen und die Integration in die arbeitsteilige Gesellschaft sind auch immer Teil berufserzieherischen Handelns (Deißinger, 1998, S. 134 ff.). Menschen verstehen die Ausübung eines Berufes auch als Teil ihrer individuellen Selbstverwirklichung, wenn sie bspw. ihren ‚Traumberuf' ausüben oder auch, wenn für einen Beruf als kennzeichnend erachtete Merkmale, wie z. B. Genauigkeit oder Glaubwürdigkeit, in die persönliche Identität strahlen. Menschen werden, aufgrund ihrer beruflichen Tätigkeit, zu Trägern von ‚Identitätszuschreibungen', was im Wechselspiel mit ihrer individuellen ‚Selbstidentifikation' ihre persönliche Identität prägt. Die aktive Ausübung eines Berufes unterliegt demnach auch „religiösen, ethischen oder sozialen Interpretationen" (Arnold et al., 2016, S. 76), die in der jeweils individuellen Reflexion zu Statuszuweisungen führen.

Weisen Berufe untereinander schon Prestigeunterschiede auf, was sich u. a. bei jährlichen Ausbildungsplatzrankings niederschlägt, kommt es bei Menschen ohne Berufsausbildung zu ungünstigen Statuszuweisungen und sie laufen Gefahr, den Anschluss an gesellschaftlich relevante Teilsysteme zu verlieren. Weiterhin bildet die berufliche Identität einen wichtigen Bestandteil der persönlichen Identität. Soziale Teilhabe und gesellschaftliche Integration sind daher neben den pädagogisch-qualifikatorischen Aspekten weitere Zielkategorien von Berufserziehung und beruflicher Bildung. Ebenso zeigen sich auch die Grenzen des inklusiven Potenzials von Beruf bei einer differenzierteren Betrachtung (Heisler, 2015). Zusammenfassend stellt Beruf ein Konstrukt dar, welches zunächst ein standardisiertes und erwartbares Bündel an Qualifikationen enthält. Diese werden im Zuge beruflichen Lernens und beruflicher Sozialisation an Jugendliche herangetragen. Es wurde u. a. gezeigt, dass Beruf ein wichtiger Bestandteil der eigenen Identität und eine wichtige Grundlage für die eigene ökonomische Existenzsicherung darstellt. Der normative Anspruch, welcher sich aus der UN-BRK ergäbe, allen Personen gleich ihrer individuellen Veranlagung den Zugang zum Berufsbildungssystem zu ermöglichen, stellt dieses vor eine große Herausforderung. Der Zugang blieb bisher aus den unterschiedlichsten Gründen sowie externen Bedingungen bereits anderen Personengruppen versagt. Doch wie reagierte das Berufsbildungssystem darauf?

1.3 Benachteiligtenförderung und das Übergangssystem

Bisher werden Menschen mit Behinderung oder Benachteiligung meistens in vom Regelsystem separierten Institutionen beruflich gebildet. Die Auseinandersetzung mit den dahinterstehenden Konzepten sowie die Idee, Menschen mit unterschiedlichsten Voraussetzungen pädagogisch zu begleiten und in diesem Fall in eine berufliche Ausbildung zu überführen, blickt in der beruflichen Bildung auf eine Tradition bis in die 1960er-Jahre zurück (Bylinski & Rützel, 2016b, S. 10). Maßnahmen der Rehabilitation sowie der Benachteiligtenförderung gehen dabei auf den ersten Blick eher von einer Zweigruppentheorie aus und werden oft in gesonderten Institutionen durchgeführt. Aufgrund verschiedener Merkmale findet eine Zuweisung in eine jener Statusgruppen statt, woraus sich dann verschiedene rechtliche und finanzielle Ansprüche, aber auch Zuweisungen in unterschiedliche Subsysteme der Berufsausbildung und damit tendenziell eine Exklusion aus dem regulären Berufsbildungssystem ergeben. Welche individuellen Merkmale bei der Einmündung in das duale System exkludierend wirken können, wurde in verschiedenen Studien bereits aufgezeigt (vgl. Beicht & Ulrich, 2008; Ulrich, 2011). Risikogruppen in der Phase der vorberuflichen und beruflichen Bildung sind dabei: Jugendliche mit Migrationshintergrund, arbeitslose Jugendliche, Rehabilitand:innen, potenzielle Ausbildungsabbrecher*innen, Nicht-Formal-Qualifizierte, Altbewerber*innen um Ausbildungsplätze, junge Menschen mit Behinderung/Handicap, sozial Benachteiligte, schwerbehinderte jugendliche Arbeitnehmer*innen, sowie lernbeeinträchtige/verhaltensschwierige Jugendliche (Biermann & Bonz, 2011b, S. 8); außerdem Menschen, die aufgrund geringen sozialen, ökonomischen und kulturellen Kapitals den Anforderungen des gesellschaftlichen Wandels nicht gewachsen sind (vgl. Friese, 2017, S. 49).

Der Übergang von der Schule in Ausbildung wird in der beruflichen Bildung als erste Schwelle bezeichnet. Krapf (2017) verortet die Benachteiligtenförderung „als eine sonderpädagogisch orientierte Berufsausbildung von Jugendlichen mit besonderen Förderbedarf" (ebd., S. 32) am Übergang von der Schule zur Ausbildung. Biermann und Rützel (1999, S. 13) sehen den Auftrag der Benachteiligtenförderung auch auf die zweite Schwelle erweitert. Diese charakterisiert den Übergang nach bestandener Berufsausbildung in eine dauerhaft ausgeübte Erwerbsarbeit (Baethge, 2008, S. 588). Hier wird sichtbar, wie anschlussfähig vorherige Ausbildungsgänge für den weiteren beruflichen Werdegang sind. Auch dort kann es zu Schwierigkeiten im Übergang kommen, welche institutionell begleitet werden.

Zunächst ist zu konstatieren, dass der Zugang zur Berufsausbildung von differierenden Determinanten abhängig ist, auf die Ausbildungsplatzsuchende nur bedingt Einfluss haben. Die verschiedenen Institutionen im Berufsbildungssystem definieren jeweils eigene Zugangs- und Eintrittsbedingungen. Bundesweit ergeben sich bspw. regional bedingt stark variierende Angebots-Nachfrage-Verhältnisse, einerseits im Ausbildungssystem ganz allgemein, andererseits aber auch in den verschiedenen Berufsgruppen. Ulrich spricht bei Ersterem von institutioneller und bei Letzterem von regionaler Varianz (vgl. Ulrich, 2011, S. 5). Die Verteilung von Ausbildungsplätzen ist dabei in der Regel marktförmig geregelt oder im Berufsfachschulsystem zumindest an einen Schulabschluss gebunden. Teilweise kommen noch weitere Zulassungsbedingungen hinzu, so z. B. beim Ausbildungsberuf Physiotherapeut*in die gesundheitliche Eignung (Masseur- und Physiotherapeutengesetz – MPhG § 10). Jugendliche, denen der Übergang in eine geregelte Berufsausbildung unter diesen Bedingungen nicht gelingt, finden sich im sogenannten Übergangssystem wieder. Dieses verzeichnete im Jahr 2017 ca. 292.000 Neuzugänge (Autorengruppe Bildungsberichterstattung, 2018, S. 137). Den Begriff Übergangssystem prägte der Bildungsbericht 2006 (Biermann, 2011). Alle Maßnahmen der Benachteiligtenförderung wurden fortan unter diesem Begriff subsumiert, also: „(Aus-) Bildungsangebote, Bildungsangebote, die unterhalb einer qualifizierten Berufsausbildung liegen bzw. zu keinem anerkannten Ausbildungsabschluss führen, sondern auf eine Verbesserung der individuellen Kompetenzen von Jugendlichen zur Aufnahme einer Ausbildung oder Beschäftigung zielen und zum Teil das Nachholen eines allgemeinbildenden Schulabschlusses ermöglichen" (Konsortium Bildungsberichterstattung, 2006, S. 79).

Das auch als „Maßnahmedschungel" bezeichnete Übergangssystem, in welchem verschiedenste Akteurs- und Anspruchsgruppen wirken, sieht sich mannigfaltiger Kritik ausgesetzt (u. a. Beicht, 2009; Huisinga, 2011, S. 153). Das Besuchen und Abschließen einer Maßnahme im Übergangssystem führt nicht automatisch dazu, dass im Anschluss ein Ausbildungsplatz gefunden wird. Die eher geringen Wirkungen stehen dabei einem hohen Kostenaufwand gegenüber. Das subjektive Empfinden und Erleben der Teilnehmer*innen im Übergangssystem kann jedoch auch durchaus positiv konnotiert sein (vgl. Beicht, 2009, S. 8). Aus der Perspektive der inklusiven Bildung werden Jugendliche auf der räumlichen Ebene dabei aus dem ‚Regelsystem' exkludiert. Im günstigsten Fall besuchen Jugendliche im Übergangssystem die gleiche Berufsschule, falls sie ein Berufsvorbereitungsjahr absolvieren, wie Auszubildende, die einen Beruf erlernen. Dort werden sie jedoch dann nach Schulklassen separiert. Andere Maßnahmen finden in anderen Bildungsträgern statt, was dann auch eine räumliche Trennung von Gleichaltrigen im ‚Regelsystem' zur Folge hat. Dabei verfolgen die Maßnahmen im Übergangssystem grundsätzlich das Ziel, den Übergang von

Schule in Beruf gestaltend zu begleiten und somit eine Einmündung ins ‚Regelsystem' zu erreichen.

Der Begriff Übergangssystem steht heute für Maßnahmen, die zuvor unter dem Namen Benachteiligtenförderung firmierten. Dabei ist die Zielgruppe äußerst heterogen und als Konstrukt schwer zu fassen. Benachteiligung ist ein relationaler Begriff, der darauf verweist, dass eine bestimmte Gruppe von Personen einen erschwerten Zugang zu einem ganz bestimmten gesellschaftlichen Subsystem, in diesem Fall dem dualen System, hat. Ohne Hilfe gelingt diesen Personen der Übergang nicht. Als Folge des gescheiterten Übergangs kommt es zu einer stigmatisierenden Zuweisung von negativ konnotierten Merkmalen und damit zu einer Einordnung in das System der Benachteiligtenförderung (Biermann & Rützel, 1999, S. 12 f.) und einer Exklusion aus dem regulären Berufsbildungssystem. Anders ausgedrückt „[b]enachteiligt ist, wer an einer Maßnahme der Benachteiligtenförderung teilnimmt" (Niemeyer, 2008, S. 18). Ähnlich formuliert dies auch das Bundesinstitut für Berufsbildung (BiBB): „Benachteiligung drückt einen individuellen oder gesellschaftlichen Nachteil aufgrund von Handicaps oder sozialen bzw. strukturellen Tatbeständen aus (...) [Die] finanzielle Förderung erfolgt aufgrund unterschiedlicher gesetzlicher Regelungen auf den unterschiedlichen Ebenen der föderalen Strukturen" (BIBB, 2009, S. 204). Dabei merkt auch das BiBB an, dass es eine eindeutige Definition für Benachteiligte (ebd.) nicht geben kann, im Kontrast zur Behinderung, welche nach Feststellung durch „zugelassene Stelle (...) einen eindeutigen Rechtsanspruch auf Leistungen" (ebd.) bedeute. So bleibt das wichtigste Merkmal zur Identifikation von Benachteiligung in Bezug auf Berufsbildung deren Folge, die Ausbildungslosigkeit. Damit definiert sich die Benachteiligtenförderung durch ihren Auftrag: „Aktivitäten (...), die auf die Eingliederung in Ausbildung und Erwerbsleben zielen und die an diejenigen Menschen gerichtet sind, denen diese Eingliederung aus individuellen oder sozialen Gründen in den etablierten Institutionen des Bildungssystems nicht selbständig gelingt" (Niemeyer, 2008, S. 11; vgl. auch Krapf, 2017, S. 43). Jene Personen, denen eine solche Eingliederung nicht gelingt, gelten in der beruflichen Bildung als benachteiligt. Das bedeutet folglich, die Benachteiligung umfasst den Ausschluss/missglückten Anschluss an das Ausbildungs-/Erwerbssystem. Durch verschiedene Maßnahmen soll ein Übergang angebahnt und möglich gemacht werden. Folglich soll eine Integration in das ‚Regelsystem' erfolgen. Über die Qualität des Übergangs lässt sich zunächst nichts Genaueres sagen.

1.4 Maßnahmen der Benachteiligtenförderung

Der Benachteiligtenbegriff etablierte sich im Rahmen des Modellprogramms 1980 „Programm zur Förderung der Berufsbildung benachteiligter Jugendlicher" (vgl. Büchter, 2017, S. 82; Krapf, 2017, S. 32) und löste Begriffe wie die des Ungelernten oder Jungarbeiters weitgehend ab (Biermann & Rützel, 1999, S. 13). Maßnahmen, Jugendliche beim Übergang ins Erwerbssystem zu unterstützen, wurden notwendig, als das

Berufsbildungssystem nicht mehr alle Bewerber*innen aufnehmen konnte. Mitte der 1970er-Jahre nahm die Arbeitslosigkeit, so auch die Jugendarbeitslosigkeit, in der BRD zu, was dazu führte, dass der Staat vermehrt Anstrengungen unternahm, Jugendliche bei der Herausforderung des Überganges in qualifizierte Erwerbsarbeit zu unterstützen. Vor den Krisenerscheinungen der 1970er-Jahre war es für die meisten Jugendlichen möglich, auch ohne eine berufliche Qualifikation einer Erwerbsarbeit nachzugehen (Bojanowski et al., 2004, S. 3). In den 1960er-Jahren betraf dies immerhin ein Viertel der nachwachsenden Generation. Hier konnte also noch nicht von Benachteiligtenförderung im eigentlichen Sinn gesprochen werden, da auch Ungelernte Arbeit fanden. In Berufsschulen wurde versucht, Jugendlichen weitere Bildung zu ermöglichen, da auch Ungelernte ihre Berufsschulpflicht erfüllen mussten, was für diese wenig motivierend war, da sie ja selbst keinen Beruf lernten, die Schule jedoch besuchen mussten. Fraglich blieb auch die Auswahl der für diese Gruppe relevanten Unterrichtsinhalte (Eckert, 2004, S. 1; Büchter, 2017, S. 80). Eine Höher- oder Weiterqualifizierung erfolgte auf diese Weise nicht, was dann die besagten Jugendlichen vulnerabel am Arbeitsmarkt zurückließ. Aus den Diskussionen um Ungelernte in der Berufsschule entwickelten sich erste Maßnahmen zur Qualifizierung und Kompensation von Benachteiligungen.

Das Berufsgrundbildungsjahr sollte den Anspruch einer Berufsausbildung für alle erfüllen, und das in einigen Bundesländern eingeführte Berufsvorbereitungsjahr die unterstellte mangelnde Berufswahlfähigkeit (Eckert, 2004, S. 1) verbessern. Beide Maßnahmen stießen auf Widerstände bei der Anerkennung der in ihnen erworbenen Qualifikationen. Die Herausforderung, unqualifizierte Personen ohne Arbeitsverhältnis stärker zu fördern, wurde unübersehbar, als in der Mitte der 70er- Jahre die Jugendarbeitslosigkeit zunahm, als also mehr Jugendliche ohne Ausbildungs- oder Arbeitsplatz verblieben. Dabei sind die Hürden für Unqualifizierte, wieder eine Arbeitsstelle zu finden, ungleich höher als für Personen mit Berufsausbildung. Auf diese Weise kann eine systematische Benachteiligung dieser Jugendlichen konstatiert werden: „Die Reform der Berufsbildung ist zurzeit ein zentrales Thema in der deutschen Bildungspolitik. Eine Gruppe junger Menschen ist dabei jedoch fast unbeachtet geblieben oder auf jeden Fall stark vernachlässigt worden: die ungelernten jungen Arbeiter und Arbeiterinnen, die ohne qualifizierte Berufsbildung ihre Tätigkeit ausüben und damit bisher so gut wie keine Aufstiegs-Chancen haben" (Höhn, 1974, S. 9). Schlussendlich wurde ein aktives Eingreifen des Staates in den Ausbildungsmarkt immer dringlicher, welcher sich dann in einer Regierungserklärung auch zu seiner Aufgabe bekannte: „Bei dem Ausbildungsplatzangebot der nächsten Jahre wollen wir unser Augenmerk besonders auf jene jungen Menschen richten, die es schwerer haben als andere, einen Ausbildungsplatz zu finden" (Regierungserklärung von 1976 in Büchter, 2017, S. 81). Es kam so vermehrt zu Brüchen in der Erwerbsbiografie, einem Abweichen von der unterstellten Normalbiografie, wobei die Denkfigur einer Normalbiografie von einer Vorstellung biografischer Kontinuität ausgeht. Gemeint ist damit ein friktionsloses Übergehen in eine arbeits- und sozialrechtlich gesicherte Ausbildungs- bzw. Vollzeitarbeitsstelle (vgl. Huisinga, 2011, S. 153 ff.).

Allerdings gibt es erhebliche Zweifel daran, ob die Denkfigur Normalbiografie in Deutschland jemals die Realität adäquat beschrieben hat (ebd.). Die Benachteiligtenförderung begreift diesen Bruch jedoch als pädagogisches Problem, welches es zu begleiten und zu kompensieren gilt. Den Selektionsmechanismen des Ausbildungsmarktes sollte mittels sozial-, arbeitsmarkt- und bildungspolitischer Maßnahmen entgegengewirkt werden. Im Juni 1980 wurde als eine Folge dieser Willensbekundung das „Programm zur Förderung der Berufsausbildung benachteiligter Jugendlicher" aufgelegt. Mit der Verankerung im Arbeitsförderungsgesetz (AFG, heute SGB III) im Jahr 1988 erhielten die Maßnahmen eine gesetzliche Grundlage, was die Sicherung und Fortführung als erfolgreich eingestufter Maßnahmen bedeutete. Die grundlegende, pädagogisch zu begleitende Herausforderung der Benachteiligtenförderung stellen die Übergangspassagen dar. Individuell und gesellschaftlich bedeutend ist der Übergang von der Schule in die Ausbildung. Diese kritische Phase ist zu einem großen Teil bestimmend für die individuelle soziale Positionierung und die Realisierung der Teilhabe am Erwerbsleben. Die Suche nach dem geeigneten Ausbildungsplatz, im besten Fall im eigenen Traumberuf, findet in einem marktförmig geregelten Auswahlprozess statt. Damit verbunden sind komplexe Selektionsmechanismen, die alle Jugendlichen betreffen, die sich um einen Ausbildungsplatz bewerben. Unternehmen sind Teil des Wirtschaftssystems, deren genuines Ziel die Herstellung einer Ware/Dienstleistung ist, um diese zu verkaufen. Die inhärente Systemlogik wäre also ökonomisches, profitorientiertes Handeln. Das bedeutet, Kommunikation im Wirtschaftssystem fokussiert vordergründig profitorientiertes und wachstumsfokussiertes Denken. Unternehmen sind darauf bedacht, Märkte zu erschließen und ihr eigenes Fortbestehen zu sichern. Damit folgt auch der betriebliche Teil der Ausbildung einer Logik, die sich in jenem System verorten muss. Viele Unternehmen bilden direkt im laufenden Geschäftsprozess aus, was auch bedeutet, dass der jeweilige Auszubildende am Wertschöpfungsprozess teilnimmt. Auch die Auszubildendenakquise folgt der Marktlogik, indem Unternehmen versuchen, möglichst leistungsstarke Jugendliche für ihr Unternehmen zu gewinnen. Es erfolgt so eine ‚Bestenauslese', wobei schlussendlich nicht alle Bewerber*innen berücksichtigt werden.

Ansätze der Benachteiligtenförderung, Unterstützungsangebote, um Ausbildungslosigkeit zu begegnen, lassen sich nach Niemeyer (2008) auf der Makro- und Mesoebene in Fördersysteme, Förderinstrumente und Fördermaßnahmen unterteilen. Fördersysteme stellen auf der Makroebene „rechtlich-materielle Institutionalisierungen der Ressorts Bildung, Arbeit, Wirtschaft und Jugend sowie die Bundesagentur für Arbeit" (ebd., S. 21) dar. Bereits hier zeigt sich, wie stark ausdifferenziert die Zuständigkeiten für die Benachteiligung sind, bedenkt man, dass diese Ressorts auf Landesebene ihr Pendant finden. Diese Fördersysteme zeichnen sich durch eigene Institutionen (Schulen, Jugendberufshilfe), eigene gesetzliche Regelungen und eigene Förderziele (Schulabschlüsse, Einmündung in Ausbildung) aus. In Fördersystemen werden die jeweiligen Förderinstrumente, angepasst an die Zielgruppe oder erkannte Probleme, entwickelt. Diese werden zur Umsetzung des jeweiligen Förderziels rechtlich abgesichert und mit Haushaltsmitteln bedacht. Fördermaßnahmen stellen konkrete praktische Anwendungen dar, welche die Förderinstrumente umsetzen. Deutlicher wird dies in Tabelle 1.

Tabelle 1: Förderinstrumente und –maßnahmen (BIBB, 2009, S. 205, angepasst durch Verfasser)

	Bundesebene	Landesebene	Kommunale Ebene
Berufsorientierung			
Rechtliche Basis	Berufsorientierung und erweiterte Berufsorientierung (§ 33 SGB III) Berufseinstiegsbegleitung (§ 49 SGB III) Aktivierungshilfen (§ 45 SGB III)	• Schulgesetz • (Schul-)Praktika • Unterricht (Arbeitslehre)	Berufsorientierung (§ 33 SGB III) Beratung und Begleitung von Schulabsolvent*innen (SGB VIII)
Lernorte	Bildungsträger, Allgemeinbildende Schulen	Allgemeinbildende Schulen	Allgemeinbildende Schulen, Jugendhilfeträger
Berufsvorbereitung			
Rechtliche Basis	Berufsausbildungsvorbereitung (§§ 1, 68 ff. BBiG) Berufsvorbereitende Bildungsmaßnahmen der BA – BvB (§ 51 SGB III) Einstiegsqualifizierung – EQ (§ 54a SGB III)	Berufsvorbereitungsjahr (BVJ) Berufsgrundbildungsjahr (BGJ) 1-jährige (Berufs-) Fachschulen ohne Berufsabschluss	
Lernorte	Bildungsträger, Betriebe	Berufsbildende Schulen	
Berufsausbildung			
Rechtliche Basis	Berufsausbildung in außerbetrieblichen Einrichtungen BaE (§ 76 SGB III) Ausbildungsbegleitende Hilfen abH (§ 75 SGB III)		Berufsausbildung in der Jugendhilfe (§ 13 SGB VIII)
Lernorte	Bildungsträger, Betriebe		Jugendhilfeträger

Neben den oben aufgeführten Regelangeboten, welche größtenteils, aber nicht ausschließlich, in der Kompetenz der Bundesagentur für Arbeit (ausführlich in Krapf, 2017, S. 51 ff.) liegen, werden regelmäßig Programme zur Benachteiligtenförderung, meist durch den Europäischen Sozialfonds (ESF) mitfinanziert, aufgelegt.

Alle diese Maßnahmen zielen darauf ab, Jugendliche ins ‚Regelsystem', eine duale oder fachliche Ausbildung, zu überführen, also zu integrieren. Wie sich in der Aufstellung zeigt, existieren Angebote ganz konkret für Personen, die von Benachteiligung betroffen sind, aber auch für Unternehmen, welche benachteiligte Jugendliche in ihre Ausbildung eingliedern wollen. Die Programme sind zeitlich begrenzt, variieren stark nach ihren Förderzielen und werden von unterschiedlichsten Projekt- bzw. Maßnahmeträgern durchgeführt. Je nach rechtlicher Stellung des Durchführenden der Maßnahmen kann die Zuständigkeit in Bundes-, Landes- oder kommunaler Verantwortung liegen. Bei näherer Betrachtung zeigt sich, dass einige Angebote außerhalb des Regelsystems stattfinden, separiert in eigenen Bildungseinrichtungen und -trägern. Vermeintlich benachteiligte Jugendliche werden getrennt von Jugendlichen, die einer gesellschaftlich gesetzten Norm entsprechen, in Bildungsmaßnahmen qualifiziert. Deutlicher ausgedrückt gewinnt die Benachteiligtenförderung „[i]hre Eigenständigkeit (…) durch gesellschaftliche Prozesse, die zu Ausgrenzungen, Benachteiligungen und Diskriminierungen von Personen und Gruppen mit negativ bewerteten Merkmalen bzw. Zuschreibungen führen" (Biermann & Rützel, 1999, S. 13). Das bedeutet also bereits eine Segregation, eine Aufteilung in verschiedene Gruppen. Hier zeigt sich ein weiteres grundlegendes Prinzip, welches das deutsche Bildungssystem prägt. Es basiert auf der Annahme „dass die beste Förderung stattfindet, wenn die sozialen Gruppen möglichst homogen zusammengesetzt sind" (Euler & Severing, 2014, S. 116). Daraus resultiert schlussendlich die Separation von Gruppen mit verschiedenen Merkmalen (Geschlecht, Behinderung, Schulabschluss), um diese gezielt zu fördern. Das führt in der Konsequenz zu einer „Ausgrenzung durch Förderung" (ebd.). Auf diese Weise reproduziert sich eine Logik, die ein inklusives System, welches auf Spezialbehandlung in getrennten Institutionen verzichten würde, korrumpiert. Logischerweise entsteht auch erst durch die Separation die Notwendigkeit einer späteren Integration in ein ‚Regelsystem', mit allen Hürden, die dann zu überwinden sind.

1.5 Weitere Ansätze der Benachteiligtenförderung

In der Diskussion um Benachteiligtenförderung lässt sich klar nachvollziehen, dass junge Menschen aus ganz unterschiedlichen Gründen daran scheitern, einen Ausbildungsplatz zu bekommen. Verschiedene Maßnahmen von staatlicher Seite unterstützen Jugendliche dabei, in den Ausbildungs- bzw. Arbeitsmarkt einzumünden. Meist geschieht dies jedoch in gesonderten Institutionen im sogenannten Übergangssystem. Allerdings sind benachteiligte Jugendliche nicht die einzigen Personen, denen ein Zugang zum Ausbildungsmarkt erschwert ist. Einige Autor*innen nennen auch von Behinderung betroffene Jugendliche als Zielgruppe der Benachteiligtenförderung, in diesem Fall, genauer gesagt, der beruflichen Rehabilitation (Biermann & Rützel, 1999, S. 13). Die Zielgruppen der Benachteiligtenförderung und der Rehabilitation sind mitunter nicht trennscharf voneinander abgrenzbar (Biermann, 2008, S. 97). Auch für Menschen mit Behinderung soll eine Ausbildung in anerkannten Ausbildungsberufen (§ 64 BBiG und § 42k HwO) stattfinden. Bei Bedarf wird ein Nachteilsausgleich in der Ausbildung und bei Prüfungen nach § 65 BBiG/§ 42l HwO gewährt. Das kann die Zulassung von Hilfsmitteln, Verlängerung der Ausbildungszeit, die Prüfungsmodifikation oder die Inanspruchnahme von Hilfeleistungen Dritter, bspw. Dolmetscher oder Assistenzen, bedeuten. Welche Berufe als staatlich anerkannt gelten, regeln erneut BBiG und HwO.

Eine weitere Möglichkeit, einen anerkannten Ausbildungsberuf zu erlernen, falls auf dem ersten Ausbildungsmarkt kein Platz gefunden wurde, besteht in der Aufnahme einer außerbetrieblichen Ausbildung (§ 76 SBG III). Dazu muss die Ausbildung einerseits staatlich anerkannt sein (laut BBiG oder HwO), andererseits muss der Jugendliche eine Förderberechtigung (§ 76 Abs. 5 SGB III) aufweisen. Demnach wären lernbeeinträchtigte sowie sozial benachteiligte Jugendliche förderfähig sowie Personen, deren Ausbildungsverhältnis vorzeitig gelöst worden ist und deren Eingliederung in einem ersetzenden Ausbildungsverhältnis, auch mit weiteren Hilfen aus dem SGB III, unwahrscheinlich erscheint. Vorrangiges Ziel der außerbetrieblichen Ausbildung stellt die Vermittlung in eine betriebliche Ausbildung dar. Im besten Fall beendet der Auszubildende seine Ausbildung also im ‚Regelsystem'. Ist dies nicht der Fall, wird die Ausbildung in der außerbetrieblichen Ausbildung in einem anerkannten Ausbildungsberuf beendet und darauf folgt ein möglicher Übergang in den ersten Arbeitsmarkt (Euler & Severing, 2014, S. 121) oder in Arbeitssuche. Die Ausbildung erfolgt entsprechend dem integrativen Ansatz, bei welchem die Qualifizierung im Träger der Maßnahme stattfindet, oder im kooperativen Modell, in Zusammenarbeit mit einem Kooperationsbetrieb. Damit stellt auch die außerbetriebliche Ausbildung eine Maßnahme der Förderung von Benachteiligten dar, welche darauf abzielt, in den ersten Ausbildungs- bzw. Arbeitsmarkt zu integrieren, die jedoch in vom ‚Regelsystem' getrennten Institutionen stattfindet.

Es ist zu konstatieren, dass auf normativer Ebene bereits 1969 festgeschrieben wurde, dass grundsätzlich Jugendliche mit und ohne Behinderung/Benachteiligung in anerkannten Ausbildungsberufen auszubilden seien. Darüber, in welchen Einrichtungen die Ausbildung durchgeführt werden soll, sagt das Gesetz nichts. Eine Ausbildung in segregierten Bildungseinrichtungen erscheint grundsätzlich möglich. Allerdings findet faktisch – auch mit der Unterstützung der Benachteiligtenförderung in der aktuellen Form – eine Segregation an der ersten Schwelle statt, wenn es um die Aufnahme als Auszubildende in einen Betrieb geht. Das wirkt fort auf die Ausgestaltung der Fachklassen in den beruflichen Schulen. Denn wenn die Auszubildenden der Betriebe homogen (im Sinne von nicht behindert oder benachteiligt) sind, dann sind es notgedrungen auch die Fachklassen. Das im Kern eigentlich inklusive System der beruflichen Schulen wird so zu einem exklusiven. Die Folge war eine weitgehende Exklusion Behinderter/Benachteiligter aus der regulären beruflichen Bildung. Um die Quote der ungelernten Arbeiter*innen, dies betraf dann auch Menschen mit Behinderungen, zu senken (Biermann, 2015, S. 13), wurden sogenannter Helfer- bzw. Werkerberufe (ebd., S. 23) geschaffen. Dies war durch eine Regelung im BBiG (§ 48 BBiG 1969) möglich, welche es den zuständigen Stellen erlaubte, die Berufsausbildung für „körperlich, geistig oder seelisch Behinderte[...]" (BBiG, 1969, § 44) abweichend zu regeln. Die heute als Berufe für Fachpraktiker*innen bezeichneten Berufe finden ihre Regelung im § 66 BBiG/§ 42 r HwO.

Zusammenfassend existieren also für Jugendliche mit Behinderung/Benachteiligung verschiedene Wege der beruflichen Qualifizierung: die Ausbildung in einem anerkannten Ausbildungsberuf, die Ausbildung in einem anerkannten Ausbildungsberuf unter Anwendung des Nachteilsausgleiches, die außerbetriebliche Ausbildung und die Ausbildung nach Ausbildungsregelungen für behinderte Menschen (Fachpraktikerausbildung). Die Ausbildung kann dabei auf Grundlage eines Ausbildungsvertrages mit einem Ausbildungsbetrieb oder in anderen Bildungseinrichtungen durchgeführt werden. Diese sind Berufsbildungswerke, Werkstätten für behinderte Menschen und Berufsförderungswerke. Weiterhin existieren ambulante Dienste der Rehabilitation.

1.6 Von der Benachteiligtenförderung zur Inklusion

Berufsbildungswerke (§ 51 SGB IX) zeichnen sich verantwortlich für die Erstausbildung sowie die berufliche Orientierung von Jugendlichen mit Behinderung (laut § 2 SBG IX) sowie von Behinderung bedrohter Jugendlicher. Die Zuweisung in ein Berufsbildungswerk erfolgt nach einer Beratung durch Arbeitsvermittler der Agentur für Arbeit, welche ebenso die Finanzierung übernimmt. Der anfallende Berufsschulunterricht wird durch die Länder getragen. Die Jugendlichen werden in den Berufsbildungswerken durch den Medizinischen, den Psychologischen und den Sozialpädagogischen Dienst begleitet. Die Bundesarbeitsgemeinschaft Berufsbildungswerke gibt Folgendes vor: „Die Berufsbildungswerke begleiten und fördern Jugendliche und junge Erwachsene mit verschiedenen Beeinträchtigungen auf ihrem Weg ins Arbeitsleben" (BAG BBW, o. J.). Die Ausbildung findet also in einem räumlich sowie institutionell separierten System statt, verbunden mit der Möglichkeit – oder eher der Hoffnung –, dann in den ersten Arbeitsmarkt einzumünden.

Die Vermittlungsquoten werden dabei statistisch erfasst und gelten als Gütekriterium der Maßnahme. Werkstätten für behinderte Menschen (WfbM, Teil 3 Kapitel 12 SGB IX) nehmen Menschen auf, deren Schwere der Behinderung sie daran hindert, auf dem allgemeinen Arbeitsmarkt beschäftigt zu werden, um ihnen Teilhabe am Arbeitsleben zu garantieren. WfbMs verpflichten sich dazu, eine angemessene berufliche Bildung und eine Beschäftigung zu einem ihrer Leistung angemessenen Arbeitsentgelt aus dem Arbeitsergebnis anzubieten und zu ermöglichen, ihre Leistungs- oder Erwerbsfähigkeit zu erhalten, zu entwickeln, zu erhöhen oder wiederzugewinnen und dabei ihre Persönlichkeit weiterzuentwickeln (§ 219 SGB IX). U. a. werden zweijährige Maßnahmen zur Verbesserung der Teilhabe am Arbeitsleben angeboten. Die Übertrittsquoten aus den WfbM in eine sozialversicherungspflichtige Beschäftigung sind marginal und liegen je nach Quelle zwischen 0,1 und 0,6 Prozent (Fischer & Gericke, 2016). Eine Integration in den ersten Arbeitsmarkt resp. eine Inklusion im Wirtschaftssystem findet auf diese Weise nicht statt. Berufsförderungswerke werden nur der Vollständigkeit halber genannt, da diese keine Erstausbildung anbieten. Eine Zugangsvoraussetzung zu diesen stellt eine fünfjährige, vorherige, sozialversicherungspflichtige Beschäftigung dar. Ziel dieser Einrichtungen ist die Wiedereingliederung ins Arbeitsleben mithilfe von Umschulung und Weiterbildung.

Eine weitere Form der Unterstützung bietet das „Training-on-the-job", welches keine Maßnahme nach einem Sozialgesetzbuch, sondern eine betriebsinterne Leistung darstellt. Grundsätzlich wird diese Form der (Weiter-)Bildung für alle Mitarbeitenden angewandt. Übertragen auf Menschen mit Behinderung, welche eventuell nach einem Unfall an den Arbeitsplatz zurückkehren oder noch nie an betrieblicher Arbeit beteiligt worden sind, würde dies bedeuten, qualifizierende Maßnahmen direkt am Arbeitsplatz durchzuführen. Einerseits erhofft man sich durch diese Praxisorientierung, das Erlernte besser in die eigene betriebliche Arbeitspraxis transferieren zu können, andererseits können Barrieren und Bedürfnisse auf diese Weise diskursiv eruiert werden. Speziell für Menschen mit Behinderung besteht die Möglichkeit, jenes „Training-on-the-job" in Form der unterstützten Beschäftigung (§ 55 SGB IX) fördern zu lassen. Ziel ist dabei ebenfalls, über verschiedene Phasen (Einstiegsphase, Qualifizierungsphase und Stabilisierungsphase), eine sozialversicherungspflichtige Beschäftigung zu erreichen. Schließlich, und diese Leistung liegt quer zu den anderen Maßnahmen, hat der Mensch mit Behinderung die Möglichkeit, durch das „Persönliche Budget" alle Maßnahmen selbstverantwortlich in Budgetform zu beantragen. Auf diese Weise sucht sich der Mensch mit Behinderung als Auftraggeber seine gewünschten Unterstützungsleistungen sowie das dazugehörige Personal selbst aus, er kauft damit selbst Arbeitsleistungen auf einem Markt ein. Allen Personen, die in ihrer Ausbildung mit Barrieren zu kämpfen haben, steht die Möglichkeit der ausbildungsbegleitenden Hilfen (abH) als ein Instrument der Agentur für Arbeit zur Verfügung. Die Leistungen reichen hier von der Nachhilfe in Fachtheorie über die Vorbereitung auf Klassenarbeiten bis hin zur Unterstützung bei Gesprächen mit Ausbilder*innen, Eltern und Lehrkräften.

Landesrechtliche Regelungen zu Inklusion sind auch für berufliche Schulen bindend. Nach Sichtung aller Schulgesetze der deutschen Bundesländer lässt sich grundsätzlich feststellen, dass überall Inklusion Eingang gefunden hat. Sehr unterschiedlich sind jedoch die konkreten Ausformulierungen und die Stellung im Gesetzestext. Teilweise hat Inklusion eine sehr prominente Stellung in den ersten Paragrafen der Gesetze (z. B. Niedersachsen, Sachsen-Anhalt), bei anderen muss ein wenig tiefer im Text gesucht werden. Manche Gesetzestexte verwenden das Wort „Inklusion" nicht und sprechen stattdessen von gemeinsamem Unterricht (GU). Oft findet sich der Gedanke einer Zweigruppentheorie, wobei eine Gruppe jene mit sonderpädagogischem Förderbedarf darstellt. Einig sind sich die Regelungen in dem Punkt, dass Schüler*innen mit sonderpädagogischem Förderbedarf in allgemeine öffentliche Schulen gehen sollen. Die Entscheidung über die gewählte Schulform wird den Erziehungsberechtigten zugestanden. Förderzentren und weitere Dritte werden als Unterstützer*innen genannt. Es zeigt sich, dass Inklusion in vielen Länderschulordnungen in Bezug auf Behinderung gedacht wird. Weitere von Marginalisierung bedrohte Gruppen finden keine ausdrückliche Erwähnung. Ein Gegenbeispiel dazu stellt das Bundesland Niedersachsen dar, welches in § 4 Absatz 1 Satz 1 NSchG klarstellt: „Die öffentlichen Schulen ermöglichen allen Schülerinnen und Schülern einen barrierefreien und gleichberechtigten Zugang und sind damit inklusive Schulen". Das konkrete weitere

Vorgehen, ein inklusives Bildungssystem auf Landesebene zu schaffen, wird dann meist mit Aktionsplänen vorangetrieben. Stellen wir also grundsätzlich fest: Berufsschulen in allen Bundesländern bieten die Möglichkeit einer inklusiven Schule. Dies allein bedeutet aber nicht, dass auch der Unterricht inklusiv gestaltet wird. Die Mikroebene, das Lernsetting, wird dabei nicht näher beschrieben. Natürlich stellen die gesetzliche Normierung und die Aufforderung, gleichberechtige Zugänge zu schaffen, eine notwendige Grundbedingung für Inklusion dar, hinreichend für einen inklusiven Unterricht sind diese jedoch noch nicht, wie im nächsten Kapitel gezeigt wird.

Immer wieder wird darauf verwiesen, wie wichtig die Professionalisierung der pädagogischen Fachkräfte sei. Schließlich sind sie es, die in erster Linie in Kontakt mit den Jugendlichen sind und mit ihnen arbeiten. U. a. ist von einer „inklusiven Grundhaltung" (Bylinski & Rützel, 2016b, S. 13), welche Pädagog*innen verkörpern sollten, die Rede. So scheint die Diskussion um mehr Inklusion auch immer ein Anspruch an die Qualifizierung und Professionalisierung von pädagogischen Fachkräften zu sein. Das bedeutet auch, dass das Bildungspersonal in der Lage sein muss, inklusive Lehr-Lern-Settings zu initiieren, individuelle Eigenheiten zu erkennen und das eigene Handeln entsprechend anzupassen. Die Lebenswelten aller Schüler*innen – im Sinne eines weiten Inklusionsverständnisses – in diesem Setting transparent und verständlich zu machen, um Akzeptanz für diese zu generieren, fiele dann auch in den Aufgabenbereich einer Lehrperson. Es stellt sich die Frage, auf welche Art und Weise diese jeweils für ihre Aufgaben qualifiziert werden. Betriebliche Ausbilder*innen müssen in der Regel diese Zusatzqualifikation nachweisen, wenn sie Jugendliche mit Behinderung (sogenannte Fachpraktikerausbildung) ausbilden wollen, oder sie müssen nachweisen, dass eine geeignete Ausbildungseinrichtung sie unterstützt. Die Qualifizierung folgt dem „Rahmencurriculum für eine Rehabilitationspädagogische Zusatzqualifikation für Ausbilderinnen und Ausbilder (ReZA)", welche einen Umfang von 320 Stunden umfasst (BIBB-Hauptausschuss, 2012). Aufgeteilt ist diese Qualifikation in acht Kompetenzfelder, wobei u. a. die eigene betriebliche Ausbildungspraxis reflektiert wird oder auch medizinisch-diagnostische Aspekte thematisiert werden. Dazu bietet die Qualifizierung Wissen über verschiedene Behinderungsarten und Störungsbilder sowie Informationen über verschiedene didaktisch-methodische Herangehensweisen. Das alles soll dazu führen, dass Ausbilder*innen einen einfacheren Zugang zu den Lebenswelten von Jugendlichen mit Behinderung finden können, einen Evaluation der Qualifizierungsmaßnahme steht allerdings noch aus (Buchmann & Bylinski, 2013, S. 172). Für die akademische Qualifizierung von Lehrer*innen an Berufsschulen stellte Demmer-Dieckmann eine niederschmetternde Diagnose: „Lehrerinnen und Lehrer in Deutschland werden so gut wie nicht auf den Gemeinsamen Unterricht vorbereitet" (Demmer-Dieckmann, 2010). In ihrer Untersuchung konnte sie nachweisen, dass zu diesem Zeitpunkt, mit Ausnahme an der TU Berlin, keine Pflichtseminare zu Inklusion/gemeinsamem Unterricht in der Lehrer*innenausbildung verankert waren. Eine systematische Vorbereitung für den Umgang mit Behinderung/Benachteiligung fand demnach nicht statt. Nicht zuletzt ist dieser Befund auch ein Ausgangspunkt für die „Qualitätsoffensive Lehrerbildung", welche unter dem Handlungsfeld Punkt 4 ganz klar Verbesserungsbedarf bei der „Fortentwicklung der Lehrerbildung in Bezug auf die Anforderungen der Heterogenität und Inklusion" (BMBF, 2014) erkennt. Es lässt sich also feststellen, dass Hochschulbildung häufig noch auf der Suche nach einer geeigneten Qualifizierung von Lehrkräften für die veränderten Anforderungen der inklusiven Bildung ist. Gerade in der beruflichen Bildung sahen sich Lehrkräfte jedoch schon immer verstärkt mit stark heterogenen Schüler*innengruppen konfrontiert.

So finden sich auf der Mikroebene des Unterrichts didaktische Ansätze, wie Lehrkräfte versuchen, der Heterogenität zu begegnen. Es kommt dabei darauf an, inwieweit Lehrkräfte die individuellen Voraussetzungen ihrer Schüler*innen bei der Planung von Unterricht kennen und berücksichtigen. Unter den Begriffen individuelle Förderung sowie Subjektorientierung (vgl. Burda-Zoyke & Naeve-Stoß, 2019, S. 114 f.) werden didaktische Ansätze verhandelt, die auch bei zunehmender Heterogenität gemeinsames Lernen ermöglichen sollen. Die Komplexität dieses Unterfangenes wird konkreter, wenn man sich verdeutlicht, dass es nicht nur um die Planung einzelner Unterrichtsstunden geht. Einzelne Unterrichtseinheiten sind Teil einer Unterrichtssequenz, welche wiederum in Curricula und Rahmenlehrpläne eingebettet sind (vgl. ebd., S. 116). Um alle Schüler*innen in der Klasse zu adressieren, muss die Lehrkraft ihr Unterrichtshandeln entsprechend planen. Eine geeignete Vorgehensweise, Wissen über die Schüler*innen zu generieren, ist dabei die Grundlage dafür, deren Lebenswelten zu verstehen. Dies kann über verschiedene Formen der Diagnostik geschehen (bspw. Rauner & Piening, S. 16 ff.; ausführlich in Zoyke, 2012) oder eben durch andere Zugänge, welche die Lebenswelt der Schüler*innen verstehbar machen. Ansätze zur Individualisierung des Unterrichts zeigen sich allerdings eher weniger (Seifried, 2009), sondern mehr eine Anpassung des Unterrichtsniveaus an die Durchschnittleistung der Klasse (Bromme, 1981; Haas, 1998). Damit werden alle Schüler*innen auf die gleiche Art und Weise adressiert, ohne weitere Differenzierung. Burda-Zoyke und Naeve-Stoß (2019, S. 116) zeigen in einer überblicksartigen Zusammenstellung auf, dass der fachliche Inhalt, in seiner logischen Abfolge, bei der Planung des Unterrichts die grundlegende Entscheidungsebene darstellt. Im Zuge eines stärkeren Subjektbezuges wäre Unterrichtsinhalt an der Lebenswelt der Schüler*innen auszurichten. Auch dies geschieht eher eingeschränkt (Pfannkuche, 2013). Ein sehr geläufiger Umgang mit der Heterogenität im Klassengefüge stellt der binnendifferenzierte Unterricht dar. Es findet dabei eine Differenzierung innerhalb der Schulklasse statt. Dies kann auf curricularer Ebene (Burda-Zoyke & Naeve-Stoß, 2019, S. 122) oder auf der Prozessebene durch die Anpassung der medialen und methodischen Aufbereitung (Dumont, 2019, S. 257) oder der Sozialform geschehen. Auf der curricularen Ebene findet eine Anpassung des Anforderungsgrades an das Individuum abweichend vom Standardcurriculum statt. Weiterhin können unterschiedliche inhaltliche Schwerpunkte (Burda-Zoyke & Naeve-Stoß, 2019, S. 122) gesetzt werden, die den Neigungen einer Person besser entsprechen. Kooperative Anteile im Unterricht sorgen dafür, Interaktionen in den heterogenen Lerngruppen zu fördern und so auch das Wissensgefälle zwischen den Gruppen nicht zu groß werden zu lassen. Die Prozessdifferenzierung umfasst die Differenzierung nach verschiedenen Sozialformen und Medien, welche im Unterricht relevant sein können. So bietet projektförmiges Lernen mit offenen Lernaufgaben die Möglichkeit, Aufgaben in unterschiedlicher Wissensbreite und -tiefe anzubieten (Rauner & Piening, S. 23). Diese können auch in Kooperation zwischen Berufsschule und ausbildendem Betrieb durchgeführt werden. Der Lerngegenstand kann im projektförmigen Lernen für alle Schüler*innen gleich sein, bspw. das Tischlern eines Stuhles, das Niveau der Aufgabe würde variieren (curriculare Differenzierung). Auch Gruppenarbeiten stellen eine Form der Anpassung der Sozialform dar. Dabei können ganz bewusst eher homogene oder eben heterogene Gruppen, je nach Unterrichtsziel, gebildet werden (Rauner & Piening, S. 32).

Die Bemühungen, welche bisher unternommen wurden, um Benachteiligungen/Behinderungen zu begegnen, sind eher von integrativem Charakter. Personen mit Behinderungen/Benachteiligungen sollten in ein Regelsystem einmünden. Wie stark sich das Berufsbildungssystem tatsächlich ändern müsste, um inklusive Arrangements zu schaffen, zeigt Ruth Enggruber (2018), wohl wissend, dass eine Umsetzung ihrer Reformvorschläge eher unwahrscheinlich ist. Bisher sind alle Förderungen, die Jugendliche bei der Einmündung in eine Ausbildung unterstützen sollen, an eine Kategorisierung gebunden. Nur wenn ein bestimmter Status zugesprochen wurde, können Gelder und weitere Unterstützungsleistungen beantragt werden. Es wurde bereits deutlich, dass diese Logik Stigmatisierungen begünstigt und den durch diverse Sonderregelungen erzeugten Ausschluss aus dem Regelsystem mittels integrativer Unterstützungsprozesse erneut notwendig macht. Daher ist ein Reformvorschlag Enggrubers, jene Kategorisierungen wie ausbildungsunreif, förderbedürftig, benachteiligt oder behindert gänzlich aufzugeben (ebd., S. 31). Sonder- oder sozialpädagogische Unterstützungen würden dann grundsätzlich jedem Jugendlichen zustehen, der einen Bedarf geltend macht. Eine Ausbildungsgarantie würde dazu führen, dass Wirtschaftsunternehmen auch Jugendliche einstellen müssen, welche sie sonst vielleicht nicht in die Auswahl genommen hätten (ebd., S. 30). Da unter den Bedingungen des Ausbildungsmarktes jedoch nie alle Jugendlichen einen Ausbildungsplatz finden werden, schlägt Enggruber öffentlich finanzierte schulische und außerbetriebliche Ausbildungsplätze vor. Die Dualität bezogen auf die Lernorte Betrieb und Schule würde zugunsten einer größeren Lernortpluralität aufgegeben. Damit würden sich für Jugendliche größere Auswahlmöglichkeiten ergeben. Jene wären ohnehin stärker an der Planung und an Entscheidungen hinsichtlich ihrer eigenen Berufsbildungsprozesse zu beteiligen (ebd., S. 31). Dies würde ebenso dazu führen, dass individuelle Bedürfnisse eine stärkere Berücksichtigung fänden. Gleichwohl erhöhten sich die Anforderungen an das Ausbildungspersonal, das jetzt in der Lage sein müsste, die Austauschprozesse zwischen den Bedürfnissen der Auszubildenden sowie den Anforderungen im Ausbildungsprozess zu initiieren und zu moderieren. Damit einhergehend wird auch eine zeitliche Flexibilisierung der Berufsausbildung thematisiert. Teilzeitausbildung (mit der Novellierung des BBiG vom 1.1.2020 gestärkt), Verlängerung sowie Verkürzung der Berufsausbildung (§ 8 BBiG), die Stufenausbildung (§ 5 Abs. 2 BBiG) sowie Ausbildungsbausteine sind unter dem Stichwort „Modularisierung" kontrovers diskutierte Ansätze (bspw. Pilz, 2005), die dies gewährleisten könnten. Weiterhin, so Enggruber, sollten Qualifikationen aus abgebrochenen Ausbildungen zertifizierbar und anrechenbar sein. Einher ginge dieser Reformprozess mit Veränderungen auf struktureller, kultureller und personeller Ebene. Teamteachingkonzepte, Sonderpädagog*innen und beruflich Bildende sind auf schulischer und betrieblicher Ebene angedacht. Gleichwohl wird die Anforderung formuliert, Ausbilder*innen und Lehrkräfte müssten die weiter zunehmende Heterogenität als Ressource wahrnehmen.

2 Inklusion in der Sonderpädagogik

Der Inklusionsbegriff mitsamt seiner bildungspolitischen Wirkungsmacht wird mittlerweile in allen Teilbereichen der Pädagogik, auch in der Berufspädagogik, eingehend verhandelt. Dass es dazu kam, die beruflichen Belange von Menschen mit Behinderung nicht länger separat, sondern inklusiv zu denken, ist auch dem langjährigen Wirken von Vertreter*innen der Sonderpädagogik zuzuschreiben. Demnach liegt es nahe, den berufspädagogischen Blick auf Inklusion und inklusive Lehr-Lern-Situationen um eine sonderpädagogische Perspektive zu erweitern. Im Folgenden werden zunächst markante Stellen in der historischen Entwicklung hin zum Inklusionsbegriff näher betrachtet. Daraufhin wird der Frage nachgegangen, ob und inwieweit sich aus sonderpädagogischer Sicht der Begriff der Inklusion vom Begriff der Integration unterscheiden lässt. Dies erscheint notwendig, um einerseits der Komplexität des Inklusionsbegriffes zu entsprechen und andererseits der oftmals widersprüchlichen Verwendung des Begriffes zu entgehen. Anschließend wird angedacht, ob die Umsetzung von Inklusion allein aus der Sonderpädagogik heraus erfolgen kann und an welchen Prozessen ein Übertrag des sonderpädagogischen Inklusionsbegriffs in die Berufspädagogik zu erkennen ist. Hierzu wird exemplarisch die berufspädagogische Aushandlung zwischen einer engen und weiten Inklusionsvorstellung dargestellt.

2.1 Entwicklungen in der Sonderpädagogik

Um den Diskurs zum Inklusionsbegriff in der Sonderpädagogik skizzieren und dessen Entstehung einordnen zu können, bietet es sich an, zunächst einen Blick auf die historische Entwicklung von Inklusion im deutschen Bildungssystem zu werfen. In den folgenden, exemplarisch ausgewählten historischen Abschnitten der Entwicklung der Sonderpädagogik lassen sich bereits zu früherer Zeit Bezüge zum heutigen Inklusionsdiskurs erkennen.

Die ersten Grundzüge der Sonderpädagogik, „im Sinne von planmäßiger Erziehung und Bildung behinderter Kinder in Schulen" (Gringmann et al., 2012, S. 72) sind sowohl der aufkommenden Idee der universellen Bildsamkeit (Tenorth, 2006) als auch den Grundsätzen der Aufklärung des 17. und 18. Jahrhunderts „als kritisch-rationale Einschätzung des Daseins" (Merkens, 1988, S. 77) entnommen.

> „Mit ihrer Kritik gegenüber weltlichen und kirchlichen Autoritäten, ihrer Vernunftgläubigkeit und der Betonung der allgemeinen Menschwürde bereitete sie (die Aufklärung, d. V.) rechtsstaatlichen Auffassungen den Weg. Die Verankerung der Menschenrechte eines jeden Staatsbürgers, Liberalismus und freier Wettbewerb als Handelsprinzip begünstigten den Aufstieg des Bürgertums, dem der Gedanke der Volksbildung nahelag. (...)

> Der optimistisch-aufklärerischen Dynamik, die Menschen durch Erziehung zur rationalen Selbstgestaltung und sittlichen Selbstständigkeit führen zu wollen, verdankt die Behindertenpädagogik ihren Beginn." (ebd., S. 78)

Die Bezugnahme auf die Würde aller Menschen und die Anerkennung von Menschenrechten in der Aufklärung, die demnach zu einem bislang ausgebliebenen institutionalisierten Umgang mit Behinderung in der Pädagogik führte, findet sich auch im heutigen Inklusionsdiskurs wieder.

Exemplarisch dafür steht mit der im Jahr 2006 verabschiedeten UN-Behindertenrechtskonvention eine spezielle, auf Menschen mit Behinderung spezifizierte Proklamation der Menschenrechte. Seit ihrer Ratifizierung durch den Bundestag im Jahr 2009 und der damit einhergehenden Aufwertung zu einem Bundesrecht (Heimlich, 2011) erfolgt die Anknüpfung an den Inklusionsdiskurs in der sonderpädagogischen Literatur bevorzugt mit fast schon standardisiertem Vokabular:

> „Die aus der UN-Behindertenrechtskonvention folgende Notwendigkeit (…)' Formulierungen wie diese wurden in den letzten Jahren zu ‚Standardanfängen' für Aufsätze zum Thema ‚Inklusion im deutschen Schulsystem'. Es erscheint nahezu unumgänglich, mit einer vergleichbaren Einstiegssentenz Beiträge zu diesem Thema zu beginnen, um die enorme Provokation anzusprechen und abzuarbeiten, die in der UN-Behindertenrechtskonvention für das deutsche Schulsystem liegt." (Heinrich, 2015, S. 235)

Der omnipräsente Bezug sonderpädagogischer Literatur auf die UN-BRK trägt somit dazu bei, dass in Fragen der Inklusion „nicht in erster Linie pädagogisch oder ökonomisch, sondern menschenrechtlich […]" (Klemm & Preuß-Lausitz, 2011, S. 14) argumentiert wird. Die von Heinrich benannte „enorme Provokation" liegt demnach eher in der rechtlichen Anerkennung und gesetzlichen Verankerung von Inklusion als in der inhaltlichen Ausgestaltung, die zunächst gar nicht so neu zu sein scheint und, wie im folgenden Abschnitt *Differenzlinien zwischen Integration und Inklusion* ausgeführt, bereits vor der UN-BRK vorzufinden war (Becker, 2016, S. 92; Ziemen, 2017, S. 101). Die Bezugnahme der Sonderpädagogik auf Menschenrechte stellt somit eine markante Verbindung zwischen der Entstehung der Sonderpädagogik und dem heutigen Inklusionsdiskurs dar.

In den aufklärerischen Anfängen der Sonderpädagogik im 17. und 18. Jahrhundert zeigen sich neben der Verbindung zu heutigen Diskursen auch bereits Bezüge zur berufspädagogischen Auseinandersetzung mit Behinderung. Wie Merkens herausstellt, bezog sich die damalige, „verstärkt und praxisnah im aufklärerischen Sinne vollzogene Erziehung (…) vor allem auf die Berufsbefähigung. Die Erziehung zur Berufstüchtigkeit in allen Zweigen der Behindertenpädagogik und die hohe Wertschätzung von ‚sozialer Nützlichkeit und Brauchbarkeit' wurden durch das Gedankengut (…) mitbestimmt" (Merkens, 1988, S. 78).

Aus der von Merkens als optimistisch-aufklärerisch beschriebenen Dynamik heraus entstanden in Europa Ende des 18. Jahrhunderts durch Einzelpersonen initiierte Bildungsangebote für Gehörlose und Blinde. Waren diese zumeist auf den allgemeinbildenden Bereich beschränkt, so rückte in den deutschen Taubstummeninstituten

u. a. in Leipzig und Hamburg seit 1769 auch die „Berufsbefähigung schulentlassener Gehörloser" (ebd., S. 21) in den Fokus. Es kam zum Anschluss eigener Ausbildungsstätten mitsamt Unterkünften, dem Initiieren von Ausbildungsverträgen und der Zuweisung von Ausbildungsvergütungen. Darüber hinaus oblag die Verantwortung der Ausbildungsvermittlung und -begleitung der Institutsleitung, die gleichzeitig mit der Implementierung von Fortbildungskursen den Grundstein für die Entwicklung von Berufsfachschulen und Berufswerken für Gehörlose legte (ebd.).

Kindern und Jugendlichen mit Sinnesbeeinträchtigungen aus finanzschwachen Bevölkerungsschichten eröffneten sich, insbesondere unter den schwerwiegenden Folgen der einsetzenden Industrialisierung, dadurch neue Möglichkeiten zur Teilhabe im Bereich der allgemeinbildenden und beruflichen Bildung. Während es „in den höheren Gesellschaftsschichten (…) zu allen Zeiten pädagogische Anstrengungen für Sinnes- & Körperbehinderte gegeben" (Ellger-Rüttgardt, 2016, S. 18) hatte, rückten nun erstmalig im ökonomischen Sinne arme Kinder und Jugendliche mit Sinnesbehinderung in den Fokus. Es etablierten sich stetig weitere behinderungsspezifische Bildungseinrichtungen in Form von privaten Anstalten und Heimen wie bspw. das von Pestalozzi gegründete *Heim für Kriegsweisen* 1799 als Vorläufer der *Rettungshäuser*, die *Technische Industrieanstalt für arme, krüppelhafte Kinder* 1832 oder die *Heilanstalt für Kretinen und blödsinnige Kinder* 1841. Die bildungspraktischen Erfahrungen solcher Einrichtungen mündeten schließlich in wissenschaftlichen Theorien und begründeten somit die Gehörlosen- und Blinden- sowie die Lern-, Körper- und Geistigbehindertenpädagogik (Gringmann et al., 2012). Wenngleich die Entstehung von sonderpädagogischen Bildungseinrichtungen mit weiterführenden berufspädagogischen Aufgaben die Haltung einer grundsätzlichen (Aus-)Bildungsfähigkeit zumindest gehörloser und taubstummer Menschen stärkt, so waren sie in ihrem Verständnis jedoch nie auf Inklusion ausgerichtet. Vielmehr führten sie im weiteren Verlauf zu einem segregierten Bildungssystem, indem nicht nur zwischen behindert und nicht behindert, sondern auch zwischen verschiedenen Formen von Behinderung hinsichtlich der etwaigen Bildungspotenziale differenziert wird. In der beschriebenen Überschneidung sonder- und berufspädagogischer Entwicklungen Ende des 18. Jahrhunderts zeigt sich dennoch, was Ackermann im heutigen Inklusionsdiskurs als interdisziplinären Problemzusammenhang beschreibt (Ackermann, 2017). Der Erkenntnis der Notwendigkeit einer speziellen Bildungseinrichtung für Menschen mit Sinnesbehinderung folgte die Erkenntnis der Notwendigkeit der Begleitung beim Übergang von der Schule in den Beruf. Ebendiese Erkenntnisfolge scheint sich zu wiederholen, indem – wie bereits zuvor aufgezeigt – der Inklusionsbegriff nun auch in der Berufspädagogik zur Disposition steht.

Ein anderer Bezug zum heutigen Inklusionsdiskurs zeigt sich mit der anhaltenden inhaltlichen Ausdifferenzierung der Behindertenpädagogik und der Ausweitung dazugehöriger Bildungsorte. Demnach setzte „zu Beginn des 19. Jahrhunderts (…) die Verallgemeinerungsbewegung ein, die genau das Ziel hatte, das anerkannte Bildungsrecht der Blinden und Gehörlosen in den Elementarschulen zu verwirklichen" (Gringmann et al., 2012, S. 83).

Die Bestrebungen dieser Bewegung zielten darauf ab, die seh- und hörbeeinträchtigten Kinder und Jugendlichen nicht etwa in Sondereinrichtungen zu beschulen, sondern vielmehr am regulären Unterricht in den Volksschulklassen ihrer wohnortnahen Heimatschulen teilhaben zu lassen. Um dies zu gewährleisten, sollten die allgemeinbildenden Lehrer*innen auf die speziellen Bedürfnisse vorbereitet werden. Bereits 1813 wurden in Berlin behinderungsspezifische Weiterbildungen für Volksschullehrkräfte geplant, Lehramtsseminare 1820 vielerorts umstrukturiert und 1821 in Bayreuth die erste Taubstummenklasse in eine Volksschule integriert (ebd.).

Trotz oder aufgrund dieser nahezu progressiv anmutenden Entwicklungen fanden die Verallgemeinerungsbewegung und mit ihr die erste Phase der „Idee der Bildsamkeit" (Möckel, 2012, S. 14) ein jähes Ende. Die Gründe dafür zeigen durchaus Parallelen zu den Widerständen gegenüber heutigen Inklusionsbemühungen in Form von strukturellen und formalen Missständen:

> „Die ungenügende Ausbildung und schlechte Bezahlung der Lehrkräfte sowie Klassengrößen von über 100 Kindern und fehlende Mittel für blinden- und gehörlosenspezifische Unterrichtshilfen erschwerten das Bemühen der Eingliederung der Sinnesbehinderten. Aber auch die eigenen Vorstellungen der Vertreter der speziellen Pädagogik über Unterrichtsinhalte und individuellen Unterricht trugen dazu bei, dass die Idee in der zweiten Hälfte des 19. Jahrhunderts aufgegeben wurde." (ebd.)

Somit finden die Kernideen der Verallgemeinerungsbewegung sowie die Gründe ihres Scheiterns sich in Ansätzen auch im Inklusionsdiskurs wieder. Man erkannte bereits damals an, dass die Teilhabe von Schüler*innen mit Sinnesbehinderung am wohnortnahen, allgemeinbildenden Unterricht ein hohes Ziel der Pädagogik sei. Zudem wurde mit der Umstrukturierung der Lehramtsausbildung die Verantwortung des Gelingens nicht allein den Schüler*innen auferlegt, sondern auf die Lehrkräfte und deren adäquate (Zusatz-)Ausbildung übertragen. Im Fokus der Pädagog*innen lagen somit Veränderungen im System der Ausbildung und nicht die Passungsfähigkeit der sinnesbeeinträchtigten Kinder und Jugendlichen. In Kombination sollten also „durch ein Höchstmaß an Gemeinsamkeit" (Ellger-Rüttgardt, 2016, S. 19) und eine „spezielle Pädagogik (als) ein integraler Bestandteil derselben" (ebd.) Formen des sozialen Lernens entstehen und Formen des Ausschlusses gemindert werden.

Die Sonderpädagogik entwickelte sich fortan in einer Weise, die sich auch als Selbstdestruktion des eigentlichen Anspruchs von Bildsamkeit beschreiben lässt (Möckel, 2012). An die Stelle der „Antizipation einer besseren Zukunft" rückt „die Klassifikation der schlechten Gegenwart des Klienten" (Tenorth, 2006, S. 513). Medizin und Psychologie entwickelten sich sukzessiv zu neuen Bezugspunkten sonderpädagogischer Praxis, in der die Diagnostik der Lernlagen in den Fokus rückte und in einer Homogenisierung von Lerngruppen mündete. Exemplarisch dafür steht die Auflösung heterogener Klassenverbände zum Ende der Verallgemeinerungsbewegung Ende des 19. Jahrhunderts, in der die Hörenden von den Nichthörenden, die Leistungsstarken von den Leistungsschwachen separiert wurden (ebd.). Mit der Eugenik und Euthanasie in Zeiten des Nationalsozialismus wird schließlich nicht nur die

Idee der Bildsamkeit aller Kinder und Jugendlichen, sondern sogar ein generelles Existenzrecht von Behinderung verworfen. Nach 1945 entstand in Deutschland ein stark differenziertes, insbesondere separierendes Sonderschulsystem mit behinderungsspezifischen Schulformen, die in Teilen bis heute Bestand haben. Den in der Sonderpädagogik vielfach zitierten Entwicklungsstufen-Modellen Bürlis (1997) und Sanders (2018) zufolge nimmt der Prozess hin zur Inklusion von hier an seinen Lauf.

Dass in diesen Modellen die bereits beschriebenen Abschnitte aus den Anfängen der Sonderpädagogik ausgeklammert werden und somit Inklusion nicht als Endpunkt einer steten Entwicklung verstanden werden kann, wird im Abschnitt *Etappe der Inklusion – Zur Problematik eines zeitlichen Verständnisses* näher thematisiert.

Es ist festzuhalten, dass im Rückblick auf markante Stellen der Entstehung und Entwicklung der Sonderpädagogik Bezüge zum Inklusionsbegriff ersichtlich werden. In der Betrachtung bedarf es jedoch der Trennung zwischen der Einbindung von Menschen mit Behinderung in das Bildungssystem und der Einbindung in konkrete Lehr-Lern-Situationen. Die Gründung von Bildungsinstitutionen, speziell für Gehörlose Ende des 18. Jahrhunderts, entspricht zwar der Segregation, ist jedoch gleichzeitig eine Anerkennung prinzipieller Bildungsfähigkeit Gehörloser und somit ein Ausgangspunkt für die Entwicklung hin zum Inklusionskonzept. Die Verallgemeinerungsbewegung verweist hingegen zum einen auf die konkrete Lernsituation (gleichzeitige Anwesenheit von gehörlosen und hörenden Schüler*innen), die integrative Züge trägt, und zum anderen auf Veränderungen im Bildungssystem (Neuausrichtung der Lehramtsausbildung), die mit dem systemverändernden Charakter der Inklusion kompatibel sind. Zusammengefasst finden sich in den hier beschriebenen Abschnitten folgende Leitideen, die auch im aktuellen Inklusionsdiskurs anzutreffen sind. Demnach

- fußt Inklusion auf der Wertschätzung der Menschenrechte und proklamiert die „Anerkenntnis der Unteilbarkeit der menschenrechtlichen Basis einer Bildung für Alle" (Feuser & Maschke, 2013, S. 8).
- hat Inklusion grundsätzlich die Teilhabe aller Menschen an allen gesellschaftlichen Prozessen und somit „die Überwindung von Marginalisierung, Diskriminierung und Stigmatisierung" (ebd.) zum Ziel, wodurch wiederum die Verantwortung zur Umsetzung einer Vielzahl von Akteur*innen obliegt.
- ist Inklusion weniger ein zu erreichender Zustand, sondern vielmehr ein „Orientierungsrahmen zur Veränderung von Verhältnissen in (…) Systemen (…) und Gemeinschaften" (Ziemen, 2017, S. 101).

2.2 Der Inklusionsbegriff

Im letzten Drittel des 20. Jahrhunderts entwickelten sich entlang der Begriffe Normalisierung, Selbstbestimmung, Empowerment und Partizipation in der Sonderpädagogik stetig neue Leitbilder, die den Fokus vorrangig auf die Verbesserung von Lebensbedingungen und die Angleichung gesellschaftlicher und somit auch schulischer

Beteiligungsmöglichkeiten richteten (Hedderich et al., 2016). Als Rahmung jener Leitbilder erhielt der Begriff der Integration, maßgeblich durch die auf Behinderung spezifizierten pädagogischen Empfehlungen des Deutschen Bildungsrates von 1973, Einzug in den deutschsprachigen Fachdiskurs (Jantzen, 1998). Zentrale Neuerungen dieser Empfehlung waren der fundamentale Bruch mit der strikten Segregation von Schüler*innen mit Behinderung in Sonderschulen und die Anerkennung des gemeinsamen Lernens als pädagogische Zielvorstellung (Ellger-Rüttgardt, 2016). Zudem sprach der Deutsche Bildungsrat in der Empfehlung jedem Kind eine prinzipielle Bildungsfähigkeit zu, womit sich fortan „die Idee der Bildsamkeit (…) in den Forderungen der Integration und Inklusion neu geltend" (Möckel, 2012, S. 14) machte (Jantzen, 1998).

Die Ermöglichung des Regelschulbesuchs von Schüler*innen mit Behinderung entwickelte sich zu diesem Zeitpunkt auch im angloamerikanischen Raum zu einer sonderpädagogischen Maxime, die entgegen der deutschsprachigen Entwicklung in den USA als *Mainstreaming* betitelt wurde. Der Begriff der Inklusion fand erstmalig Ende der 1980er-Jahre im englischsprachigen sonderpädagogischen Fachdiskurs in Kanada und den USA Erwähnung (vgl. Sander, 2002; Seewald, 2005). Biewer bemerkt hierzu, dass die Ablösung „für fachliche Begriffe ungewöhnlich schnell" (2016, S. 123) vonstatten ging und benennt in Anlehnung an Florian (2014) drei Thesen aus drei parallel verlaufenden Diskussionssträngen der englischsprachigen Sonderpädagogik im Übergang der 80er-/90er-Jahre:

1. Schulisches Lernen lässt sich am effektivsten an inklusiven Schulen realisieren.
2. Heterogenität ist keine Schwierigkeit, sondern eine Ressource für die schulische Entwicklung.
3. Es braucht den Wandel vom Fördern Einzelner hin zur Veränderung des Systems Schule.

Da der innovative Charakter dieser sonderpädagogischen Fachdiskussionen nicht länger mit dem Konzept der Integration bzw. des Mainstreamings zu fassen war, verbreitete sich der Inklusionsbegriff fortan als feste Begrifflichkeit in der englischsprachigen sonderpädagogischen Literatur. Als einer der federführenden Protagonisten der Zeit gilt der kanadische Sonderpädagoge Gordon L. Porter, der aus dem Jahr 2017 rückblickend seinen Einfluss auf die Entstehung des Inklusionsbegriffs wie folgt formuliert:

> „Thirty years ago, I was just beginning my three-year term as President of the Canadian Association for Community Living (CACL). The mandate was defined by a report prepared over the previous two years to present a vision for the newly renamed association; one with a non-labelling name for the first time. That report, Community Living 2000, set out a bold vision of what the leaders of our movement believed possible in the lives of persons with intellectual disabilities by 2000. It stated they had an equal right to 'citizenship, membership, and self-determination.' One of the seven specific goals was that children with intellectual disabilities receive their education in regular classes with non-disabled peers in the neighborhood/community school." (Porter, 2017, S. 1)

Den Ausführungen Porters zufolge war der Inklusionsbegriff in seinen frühen Anfängen eine Art visionäre Gerechtigkeitserwartung, die mit Verzicht auf Kategorisierung und auf der Grundlage integrativer Leitideen nur langfristig umsetzbar zu sein schien. Die noch jungen Inklusionsdiskurse in Kanada, den USA und Großbritannien fanden ihre vorläufige Manifestation 1994 in der Erklärung von Salamanca. Die seitens der spanischen Regierung und der UNESCO initiierte Weltkonferenz der „Pädagogik für besondere Bedürfnisse: Zugang und Qualität" brachte über 300 Teilnehmer*innen aus 92 Regierungskreisen und 25 Organisationen zusammen. Mit dem Ziel, neue Denkweisen bezüglich Behinderung aufzuzeigen, wurden Themen wie „Politik und Gesetzgebung, schulische Qualitätsfaktoren sowie gesellschaftliche Perspektiven" (Bürli, 1997, S. 154) verhandelt. Mit der englischsprachigen Originalfassung der Erklärung von Salamanca konnte der Inklusionsbegriff endgültig auf internationaler Ebene etabliert werden (Seewald, 2005). Wenngleich in der deutschsprachigen Fassung des Abschlussberichts von „Integration" statt Inklusion zu lesen ist, ging die Erklärung von Salamanca dennoch auch hierzulande als sogenannte *Inklusions-Charta* in die Literatur ein (Sander, 2002). Neben der Etablierung des Inklusionsbegriffs wurde in den Forderungen ebenso deutlich, dass auch der Bereich der beruflichen Bildung im Kontext von Inklusion stets mitzudenken ist. So werden in der Erklärung die Regierungen aufgefordert, die Gleichstellung der Menschen mit Behinderung anzuerkennen und entsprechende gesetzliche Maßnahmen im Bereich der Berufsbildung zu treffen, „größere Anstrengungen […] für berufliche Aspekte integrativer Bildung zu unternehmen" (Deutsche UNESCO-Kommission e. V., 2018, S. 2) und „jungen Menschen mit besonderen pädagogischen Bedürfnissen […] beim Übergang vom Schul- ins Berufsleben" (ebd., S. 13) Unterstützung zukommen zu lassen. Hierbei schließt die Erklärung von Salamanca implizit an die Erkenntnisse bereits benannter Diskurse Ende des 19. Jahrhunderts an, in denen der Übergang in die Ausbildung seitens der Schulen bereits mitgedacht wurde. Ermöglicht werden soll dies durch „geeignete Ausbildungstechniken unter Einbeziehung konkreter Erfahrungen in wirklichen Lebenssituationen ausserhalb [sic] der Schule" (ebd.).

Als ein indirektes Resultat der Konferenz von Salamanca mit ähnlichem berufspädagogischem Einschlag kann die Erklärung der Kultusministerkonferenz von 1994 gesehen werden, die in Form eines grundlegenden Perspektivwechsels enorme Wirkmacht entfalten sollte. Die Fokussierung auf Behinderung als individuelle Mangelerscheinung verschiebt sich zugunsten des Blicks auf etwaige Förderpotenziale und nimmt Heimlich zufolge Anschluss an die zuvor erwähnte Erklärung des Deutschen Bildungsrates aus dem Jahr 1973:

> „Damit war die Tür für eine genuin pädagogische Sichtweise geöffnet und eine Abkehr von der Sichtweise der Behinderung als Eigenschaft der Person möglich geworden. (...) Behinderung wird damit zur sozialen Aktivität, die mitten in der Gesellschaft verankert ist und somit auch pädagogischen Interventionen zugänglich wird. Den KMK Empfehlungen von 1994 liegt so ein sozialwissenschaftliches Verständnis von Behinderung zugrunde, dass zwar schon in den 1970er Jahren ausformuliert wurde, dennoch erst in den 1990er Jahren praktisch wirksam zu werden begann." (Heimlich, 2011, S. 48)

Mit der Abkehr vom individuumszentrierten Behinderungsbegriff einher geht die Empfehlung der KMK für „eine sorgfältige Kind-Umfeld-Analyse zur Ermittlung der in jedem Einzelfall erforderlichen Fördermaßnahmen" (Sander, 2018, S. 26). Damit rückt die *Lebenswelt* der Schüler*innen in den Fokus der Pädagogik und wird Teil der Urteilsbildung hinsichtlich pädagogischer Intervention, ein Umstand, der im weiteren Verlauf unserer Untersuchung eine erhebliche Rolle spielen wird. Der in der KMK-Erklärung 1994 postulierte Begriff des sonderpädagogischen Förderbedarfs wird zudem als losgelöst vom Förderort beschrieben, was zur Folge hat, dass Schüler*innen mit Behinderung nicht zwangsläufig nur in Förderschulen adäquat unterstützt werden sollen (ebd.). Die KMK benennt vielmehr neben der allgemeinbildenden Schule auch die Berufsschule als einen Ort für entsprechende Fördermaßnahmen und stellt somit auch in der Berufspädagogik die Begriffe der Integration und Inklusion zur Debatte. Demnach scheint es geradezu folgerichtig, sich auch in der Berufspädagogik mit der Deutung von der Lebenswelt behinderter und benachteiligter Schüler*innen im gemeinsamen Berufsschulunterricht auseinanderzusetzen.

Im Zeitgeist des behinderungsbegrifflichen Perspektivwechsels entwickelte sich bereits 1993 die „Pädagogik der Vielfalt", die insbesondere durch Prengel, Hinz und Preuß-Lausitz neben der Ausweitung von Förderorten auch die Ausweitung der Klientel zum Ziel hatte (Sander, 2003). Die Gruppe der Benachteiligten wurde um die Differenzkategorien Geschlecht und Herkunft erweitert und Bezüge zur feministischen und interkulturellen Pädagogik hergestellt. Diese Erweiterung entspricht dem im heutigen Diskurs verhandelten weiten Inklusionsverständnis. Enggruber und Ullrich greifen die Debatte für die Berufspädagogik auf und diskutieren ein enges und weites Inklusionsverständnis (Enggruber & Ulrich, 2016). Würde Behinderung einem engen Inklusionsverständnis folgend im Sinne eines personenbezogenen, medizinisch diagnostizierbaren Merkmals gedacht – die deutsche Sozialgesetzgebung sowie die föderale Schulgesetzgebung verfährt mitunter so – wäre ein anzunehmender Indikator etwa ein sonderpädagogischer Förderbedarf. Behinderung ist jedoch nicht immer eine Kategorie von Berufsbildungsstatistiken, was ein Auffinden solcher Personen erschwert. Unbestritten bleibt dabei, dass die individuelle Berücksichtigung sowie Förderung von Menschen mit einer diagnostizierten Behinderung Aufgaben inklusiver Berufsbildung sind. Mit einer Diagnose gehen Förderbedingungen und gesetzlich festgeschriebene Förderleistungen einher. Die Berücksichtigung individueller Bedarfe und Bedürfnisse könnte so gewährleistet werden. Dieter Euler konstatiert für die Berufspädagogik, dass zwischen den hehren Zielen der Inklusion auf theoretischer Ebene und der Umsetzung auf praktischer Ebene Welten liegen (Euler, 2016). Die Inklusionsdebatte legt hohe moralische Ansprüche an gesellschaftliche Praxis. Die damit verbundenen Herausforderungen konkreter Umsetzung bedürfen wohlüberlegter Unterstützungsstrategien. So gelangt auch Euler in seiner Arbeit zu dem Schluss, „inklusive Bildung ließe sich weitergehend als das Recht von Menschen mit Behinderung auf eine Berufsbildung in einem anerkannten Ausbildungsberuf beschreiben, die in den Lernorten gemeinsam mit Menschen ohne Behinderung zu gestalten ist" (ebd., S. 29). Dem Wortlaut der UN-BRK folgend wird ganz ausdrücklich unter „engem" Verständnis von Inklusion der ausschließliche Fokus auf Menschen mit Behinderung verstanden, wie er bei Eulers Schlussfolgerung vorzufinden ist. Unterstützungen würden dann ausschließlich Menschen mit Behinderungen zukommen.

Jedoch scheitern am Übergang von allgemeinbildender Schule in Ausbildung weitaus mehr Jugendliche als nur jene, die eine diagnostizierte Behinderung aufweisen. Der Zugang zu einer beruflichen Ausbildung kann mitunter marktförmig geregelt sein. Unternehmer*innen, Personalverantwortliche und Ausbilder*innen entscheiden, ob ein*e Jugendliche*r eine Ausbildung im jeweiligen Unternehmen aufnehmen kann oder nicht. Nähme man unter der Bezeichnung der Benachteiligung lediglich Bezug auf Menschen mit Behinderung, käme das einer Form positiver Diskriminierung gleich und wäre mit dem Art. 3 des Grundgesetzes nicht vereinbar (Enggruber & Ulrich, 2016). Ein „weites" Inklusionsverständnis hingegen schließt alle von Benachteiligung bedrohten Personen mit ein. Angesichts der Gleichheitsgrundsätze nach Art. 3 des Grundgesetzes plädiert somit auch der Berufspädagoge Rützel für eine „inklusive Bildung aller marginalisierten Gruppen" (2013, S. 3). Diese Sichtweise auf Inklusion teilt auch die Deutsche UNESCO-Kommission (Deutsche UNESCO-Kommission e. V., 2009). In Bezug auf eine Ausweitung der Benachteiligungskategorien über Behinderung hinaus sprechen Biermann und Bonz im Bereich der Berufsbildung von Risikogruppen (Biermann & Bonz, 2011b). Inklusive Berufsausbildung in ihrer erweiterten Sichtweise schließe alle ausbildungsinteressierten Jugendlichen ein und fokussiere damit die in sozialen Interaktionen auftretenden Barrieren in ihrer Wechselwirkung zum Subjekt. Diese Sichtweise folgt dem relationalen Verständnis von Inklusion und ist in der berufspädagogischen Diskussion auch aufgrund der enormen Heterogenität der Berufsschülerschaft häufig vorzufinden. Als Schlussfolgerung aus den bereits benannten mitunter marktförmig orientierten Zugängen zu einer Berufsausbildung ergibt sich, dass neben dem Berufsbildungssystem sich allem voran auch die Betriebe, in denen Ausbildung realisiert wird, an die jeweils individuellen Bedürfnisse anpassen müssen, nicht umgekehrt (Rützel, 2013).

Weiterführend stellt Kuhlmeier infrage, ob tatsächlich alle Jugendlichen auf dem regulären Arbeitsmarkt versorgt werden könnten, und regt dazu an, die zukünftige Rolle der Einrichtungen zur beruflichen Rehabilitation, also die Berufsbildungswerke, die Berufsförderungswerke sowie die Werkstätten für Menschen mit Behinderung, zu überdenken. Er stellt zur Diskussion, ob der für die deutsche Berufsbildung typische hohe Grad an Standardisierung bezüglich der Berufsbildungsabschlüsse den veränderten Ansprüchen entsprechen könne und stellt die Stufenausbildungskonzepte der Bauwirtschaft und des Malerhandwerks als mögliche Modelle für flexiblere berufliche Bildungsgänge dar. Zudem führt er das schweizerische und das niederländische Berufsbildungssystem an, welche sich ausdifferenziert hätten und mittlerweile zertifizierte Abschlüsse anböten, die sowohl unterhalb als auch oberhalb des üblichen Facharbeiterstandards angesiedelt seien und im zweiten Falle auch die Berechtigung zur Aufnahme eines Studiums beinhalteten. Diese Entwicklungen seien durch die

Einführung von Qualifikationsrahmen in ihren unterschiedlichen Niveaustufen befördert worden (Kuhlmeier, 2016, S. 3).

Mit fortschreitender Entwicklung sind auch in der Berufspädagogik Veränderungen sichtbar, die inklusive Bildung als Grundlage zu verankern und somit individuelle Lernvoraussetzungen und -bedürfnisse zu berücksichtigen versuchen (vgl. Bylinski & Rützel, 2016b, S. 12). Eine Basis für ein inklusives Berufsbildungssystem stelle „eine inklusive Grundhaltung" (ebd., S. 13) des beruflichen und betrieblichen Ausbildungspersonals dar. Das bedeutet auch, dass das Bildungspersonal in der Lage sein muss, inklusive Lehr-Lern-Settings zu initiieren, individuelle Eigenheiten zu erkennen und das eigene Handeln entsprechend anzupassen. Die Lebenswelten aller Schüler*innen – im Sinne eines weiten Inklusionsverständnisses – in diesem Setting transparent und verständlich zu machen, um Akzeptanz für diese zu generieren, fiele dann auch in den Aufgabenbereich einer Lehrperson.

Der Ansatz der KMK, den Behinderungsbegriff um die soziale Komponente zu erweitern, findet sich ab dem Jahr 2001 in der „International Classification of Functioning, Disability and Health" (ICF) der Weltgesundheitsorganisation (WHO) wieder. Das zugrunde liegende Bio-Psycho-Sozial-Modell geht davon aus, dass bei einer Behinderung neben einer körperlichen oder geistigen Schädigung auch eine Einschränkung von Aktivität und somit eine Einschränkung von Teilhabe anliegt. Ob jene Aktivitäts- und Teilhabeinschränkung vorliegt, obliegt wiederum dem Einfluss individueller und gesellschaftlicher Faktoren (Biewer, 2017). Diese Auffassung von Behinderung stellt eine grundlegende Facette des heutigen Inklusionsbegriffs dar. Erst mit der Anerkennung des gesellschaftlich-sozialen Einflusses auf eine diagnostizierbare Funktionseinschränkung ist es möglich, auf Behinderung und Benachteiligung mit Systemveränderungen anstatt mit individuellen Anpassungsleistungen zu reagieren. Dieses Modell bietet somit erneut Anlass, zwischen der normativen Anpassung Einzelner (Integration) und einer Fokussierung auf die Veränderung von Makro-, Meso- und Microsystemen (Inklusion) zu differenzieren. Der Systembegriff bezieht sich hierbei sowohl auf den Kontext des Schulsystems als auch konkret auf den Kontext des gemeinsamen Unterrichts.

Die Sonderpädagogik arbeitet den vorherigen Ausführungen zufolge seit über drei Jahrzehnten mit den Begriffen Integration und Inklusion in teils widersprüchlicher Ausdeutung: *Inklusion und/oder Integration* als Anerkennung der begrifflichen Eigenständig- und Unterscheidbarkeit; *Inklusion **statt** Integration* als vollumfänglicher Ersatz bis hin zur Streichung des Integrationsbegriffs; oder auch *Inklusion gleich Integration* als Plädoyer für einen unterschiedslosen, beliebigen Gebrauch (Sander, 2002; Wocken, 2015). So wird „etwa seit der Jahrtausendwende (...) in der deutschsprachigen Diskussion Inklusion als Terminus für die Auseinandersetzung mit der Frage der Bearbeitung von Behinderung in Schule und Unterricht verwendet" (Sturm, 2016, S. 181), wodurch selbst eine segregierende Praxis in Schule und anderen Institutionen ohne größeren Widerspruch fortbestehen kann.

Die Deutungen hinter diesen höchst unterschiedlichen Lesarten von Inklusion reichen von der Vorstellung eines historisch gewachsenen, zeitlichen Verlaufs zur

Inklusion bis zur Etikettierung des Inklusionsbegriffs als oberflächliche Worthülse (Cloerkes et al., 2007). Unschärfe entsteht darüber hinaus auch aufgrund einer begrifflichen Popularisierung im Fachdiskurs (Ackermann, 2017). Hierbei sei erwähnt, dass diese begriffliche Uneindeutigkeit hinsichtlich Inklusion mitnichten ein rein sonderpädagogisches Dilemma zu sein scheint. Behrendt konstatiert dazu aus sozialtheoretischer Perspektive:

> „Eine erste Voraussetzung, die in der gegenwärtigen Theorielandschaft keineswegs immer erfüllt ist, besteht in einer sinnvollen Begriffsbildung. Selbst dort, wo von einer eingehenderen begriffsanalytischen Auseinandersetzung hinsichtlich der Inklusionsthematik gesprochen werden kann, krankt ein Großteil der akademischen Diskussion an einem unterkomplexen Inklusionsbegriff." (Behrendt, 2017, S. 51)

Neben einer uneindeutigen semantischen Auslegung des Inklusionsbegriffs führt mit der Internationalisierung wissenschaftlicher Fachdiskurse auch die Notwendigkeit der sprachlichen Übersetzung zu terminologischen Wirrungen. Multilaterale Abkommen, die inhaltlich das Konzept der Inklusion in den Fokus rückten, wie die Salamanca-Erklärung oder die UN-Behindertenrechtskonvention, haben insbesondere im deutschsprachigen Raum kaum zur Schärfung der Begriffe und deren Differenzierung beigetragen. Vielmehr erweiterte die Übersetzung beider Dokumente vom Englischen ins Deutsche, von *Inclusion* zu *Integration*, die bereits diffuse Begriffslage. Rittmeyer zu Folge sei die irreführende Übersetzung durchaus bewusst gesetzt und galt als Bedingung zur Ratifizierung im Bundesrat (Rittmeyer, 2012). Die Herausforderung einer „äquivalenten *Semantik* und der adäquaten *Übersetzung*" (Bürli, 1997), die eine Übersetzung des Inklusionsbegriffes mit sich bringt, zeigte sich bereits in Nordamerika im Jahr 1991, als ein und dieselbe Veröffentlichung des bereits erwähnten kanadischen Sonderpädagogen Porter sowohl mit dem englischen Titel „Changing Canadian Schools: Perspectives on Disability and Inclusion" als auch mit dem französichen Titel „Réformer les écoles canadiennes: Perspectives sur le handicap et l'intégration" erschien (Sander, 2002).

Nun ließe sich eine abweichende Übersetzung auch als Randerscheinung eines Aushandlungsprozesses zwischen verschiedenen Sprachen abtun. Jedoch stellt es einen gravierenden Unterschied dar, ob Menschen mit Behinderung, wie im Artikel 24 der UN-BRK, das Recht auf Zugang zu einem inklusiven oder einem integrativen Bildungssystem zugesprochen wird. Fehlende begriffliche Trennschärfe mindert Orientierungssicherheit und erzeugt inhaltliche Widersprüche sowie Kommunikationsprobleme (Wocken, 2015). Was den sonderpädagogischen Inklusionsbegriff ausmacht, ist folglich am ehesten über den Bezug auf bzw. die Abgrenzung von Integration als „false friend" zu beschreiben.

2.3 Differenzlinien zwischen Integration und Inklusion

Folgt man dem Verständnis von Inklusion als weiterentwickeltes, adaptiertes Konzept der Integration, so lassen sich drei Einwände gegenüber dem Integrationsbegriff vorbringen. Demnach entspringt Integration einer *Zwei-Gruppen-Theorie*, bei der zwischen Menschen mit und ohne Behinderung unterschieden wird. Damit einher gehe die einseitige Fokussierung auf Behinderung als elementare Differenzkategorie, wobei weitere Kategorien wie u. a. Geschlecht und soziale Herkunft ausgeblendet würden – ein Vorbehalt, der allerdings auch auf den „engen" Inklusionsbegriff zutrifft (siehe Kapitel „Enges oder weites Inklusionsverständnis").

Des Weiteren liege dem Begriff der Integration eine *Assimilationstendenz* zugrunde, wonach Menschen mit Behinderung an die existierenden Bedingungen z. B. im Bildungssystem angepasst werden sollen. Hierbei sind jedoch der Umfang und die Art der Anpassungsleistung relevant, da sich Kognition nach Piaget (1996) stets aus einem Wechselspiel von Assimilation und Akkommodation heraus entwickelt. Ebenso sei aktuell eine *defizitäre Integrationspraxis* vorherrschend, die mitunter als oberflächlich, kompensierend und separierend bewertet wird. Allerdings widersprechen auch hier Sonderpädagog*innen dem Eindruck einer unzureichenden Integrationstheorie und bekräftigen vielmehr, dass Inklusion keine Weiterentwicklung der Integration sei, sondern ein Rückgriff auf ursprüngliche Werte, die im Zuge einer verflachten und halbherzigen Integrationspraxis verloren gegangen seien (Wocken, 2015; Sander, 2018).

2.3.1 Etappe der Inklusion – Zur Problematik eines zeitlichen Verständnisses

Zur Differenzierung des Inklusions- und Integrationsbegriffs in der Sonderpädagogik wird häufig auf das Entwicklungsphasen- bzw. Stufenmodell nach Bürli (1997) Bezug genommen. Es beschreibt „die lange Geschichte der Sonderpädagogik als Reformbewegung von der Exklusion, über die Segregation, Normalisierung- und Integrationsbestrebungen hin zur Inklusion" (Cloerkes et al., 2007, S. 219) und deutet eine Abfolge sich überschneidender, zeitlich begrenzter Konzepte an. Mit Verweis auf einen „größeren historischen Zusammenhang kann die schulische Integration als spezifische Phase in der Förderung von Behinderten gesehen werden" (Bürli, 1997, S. 64). Bürlis Modell der aufeinanderfolgenden und sich nur in den Übergängen überlappenden Entwicklungsphasen wurde u. a. von Sander aufgegriffen.

Ähnlich verfährt die UNESCO mit dem scheinbar stark an Bürlis Entwicklungsphasenmodell orientierten Treppenmodell (Biewer, 2017; Degenhardt, 2009). Am Beispiel des Bildungssystems wird *Exklusion* als radikaler Ausschluss aus jedwedem Schulkontext mitsamt Entzug des Rechts auf Bildung verstanden. *Segregation* bzw. *Separation* gilt als Praxis der „Zwei-Schulen-Theorie" und gewährt Bildungsfähigkeit abseits des Regelschulsystems. *Integration* wiederum beschreibt den Wandel hin zur „Zwei-Gruppen-Theorie", sprich eine partielle Öffnung der allgemeinen Schulen für Kinder mit Behinderungen bei gleichzeitiger Etikettierung. Nach der UNESCO besteht ein Professionsvorbehalt in Form von Ängsten vor einem Verlust heilpädagogischer Standards; eine Auffassung, die zwar in der Sonderpädagogik anzutreffen ist, der jedoch auch von etlichen Autor*innen (Heimlich, 2011; Sander, 2002; Rittmeyer, 2012; Heinrichs & Reinke, 2019, S. 222) hinsichtlich einer Weiterentwicklung der Rolle sonderpädagogischer Lehrkräfte widersprochen wird. *Inklusion* als letzte Phase des Modells bedeute den Verlust der speziellen Zuschreibung von Andersartigkeit. Andersartigkeit treffe jedoch auf alle zu, wodurch Assimilation an eine vermeintlich homogene Norm obsolet sei (Wocken, 2015). Zur genaueren Differenzierung der Begriffe Integration und Inklusion bedarf es jedoch einiger kritischer Korrekturen und Ergänzungen des Entwicklungsphasenmodells.

Laut Wocken kommt noch vor der Phase der *Exklusion* die Phase der *Extinktion*, d. h. die Aberkennung des Rechts auf Leben. So ist die Annahme einer historisch-linearen Abfolge von Paradigmen, wie die von Bürli und Sander suggerieren, irreführend. Die Tötung von Menschen mit Behinderung bzw. die Verhinderung der Entstehung behinderten Lebens hat nicht nur im Nationalsozialismus, sondern zu allen Zeiten in der Gesellschaft stattgefunden. Das zeigen auch anhaltende wissenschaftliche Diskurse zur Pränataldiagnostik, selbst in demokratischen Gesellschaften mit ihrem Grundprinzip der Unantastbarkeit der Würde des Menschen (Haeberlin, 2017). Wie im Abschnitt *Entwicklungen in der Sonderpädagogik* bereits thematisiert wurde, waren auch in der sogenannten Gehörlosen- und Blindenpädagogik erste Ansätze des Inklusionskonzeptes in Form der Verallgemeinerungsbewegung bereits im Jahr 1820 zu verzeichnen. Die Idee des gemeinsamen Lernens von Schüler*innen mit und ohne Behinderung sowie die Fokusverschiebung vom Individuum auf die Befähigung der Volksschullehrkräfte zum Umgang mit jenen fanden im Kleinen noch vor absoluter Extinktion Anwendung. Um also den beim genaueren Hinsehen zwangsläufig entstehenden Wirrungen einer historisch-linearen Abfolge von Entwicklungsphasen vorzubeugen, schlägt Wocken daher stattdessen die Bezeichnung von „Qualitätsstufen der Behindertenpolitik und -pädagogik" (2015, S. 73) vor.

Hier unterscheiden sich die einzelnen Stufen durch die gewährten Rechte und die dazugehörigen Anerkennungsformen. *Extinktion* hält weder Rechte noch Anerkennung vor. *Exklusion* hingegen gewährt bei Aberkennung der Teilhabe am Bildungssystem zumindest ein Recht auf Leben und bietet basale emotionale Zuwendung. *Separation* beinhaltet das Recht auf Bildung und bietet spezielle pädagogische Unterstützung. *Integration* bezieht sich auf das Recht auf Gemeinsamkeit sowie Teilnahme und wird getragen von solidarischer Zustimmung. *Inklusion* sieht für Menschen mit Behinderung das Recht auf Selbstbestimmung, Gleichheit und Teilhabe vor und manifestiert sich in der rechtlichen Anerkennung eines gleichberechtigten Zugangs zu Bildung (ebd.). Die Abkehr vom zeitlich-linearen Schema des Modells hin zu einem Schema der stufenartigen Werthierarchie hat somit auch Einfluss auf die Differenzierung von Inklusion und Integration. Ein Zeitgeist der Inklusion und die Bezeichnung eines Prozesses als inklusiv sind nicht gleichbedeutend mit der Überwindung exkludierender, segregierender oder lediglich integrierender Mechanismen. Diese Gegensätzlichkeit ist mitunter programmatisch in Teilen des föderalen Bildungssystems vorzufinden. Ein solches Inklusionsverständnis zeigt sich bspw. beim ehemaligen sächsischen Kultusminister Wöller, der rigoros am Förderschulsystem festhielt und dies als Inklusion titulierte (Wocken, 2016), oder im bayrischen Aktionsplan zur Umsetzung der UN-BRK, in dem Förderschulen in allen Förderschwerpunkten als Teil einer inklusiven Schullandschaft beschrieben wurden (ebd.). Hier zeigt sich die hohe Abhängigkeit des Inklusionsbegriffes von dessen Auslegung und somit der dahinterstehenden Intention der Verwendung. In Abgrenzung zu diesen widersprüchlichen Interpretationen kann Inklusion vielmehr als ein visionärer Zusammenschluss aller benannten Rechte und Anerkennungsformen sowie als nicht endender Prozess verstanden werden. Dies wiederum setzt die stetige Reflexion darüber voraus, in welchem Maße die verbrieften Rechte in einem inklusiven Prozess gewahrt werden.

> „Eine Integration, für die als Preis der Verzicht auf eine fachlich verantwortbare, ‚behindertengerechte' Bildung gezahlt werden muss, ist kein höherer Wert als Separation. Oder: Eine Inklusion, in der Minderheiten vor allem auf die Pflege der eigenen Kultur bedacht sind und den Eigensinn über den Gemeinsinn stellen, ist kein höherer Wert als Integration." (Wocken, 2015, S. 77)

Auf Grundlage dieses Inklusionsverständnisses lassen sich nun generelle Unterscheidungsmerkmale von Inklusion und Integration herausstellen. Inklusion gewährt ein Recht auf das Sosein und jegliche Differenz bei gleichzeitiger Zusicherung von Gleichwertigkeit und Gleichberechtigung. Daraus ergibt sich die Abkehr vom integrativen, dichotomen Denken (‚normal – behindert') hin zur Anerkennung der Vielfalt, in der Differenz ein Recht aller ist. Etikettierung und Klassifizierung weichen dem Konzept der Dekategorisierung. Ungehinderte Teilhabe ist in inklusiven Settings voraussetzungslos und Unterstützung formal für alle verfügbar. Somit weitet sich der Fokus vom integrativ einzubindenden Individuum auf die Betrachtung komplexer heterogener Systeme, in denen es eine Vielzahl von Mehrheiten und Minderheiten geben kann (Cloerkes et al., 2007). Zudem ist die rechtliche Ausgangslage integrativer und inklusiver Forderungen nach gemeinsamer Beschulung grundlegend verschieden. Verfechter der Integration konnten sich seit den 1990er-Jahren argumentativ auf Artikel 3, Absatz 3 („Niemand darf wegen seiner Behinderung benachteiligt werden") des Grundgesetzes beziehen. Die Verwirklichung dieses formalen Grundrechtes blieb jedoch stets „an die vorhandenen Haushaltmittel für das Schulsystem gebunden" und somit „hinter den Erwartungen vieler Eltern und pädagogischer Fachkräfte zurück" (Heimlich, 2016, S. 121). Mit der bundesdeutschen, rechtlichen Anerkennung der Inklusion in Form der UN-BRK hingegen ist die Forderung nach inklusiver Beschulung nun auf einem Stand, dem formal betrachtet nicht länger durch Haushaltsvorbehalte widersprochen werden kann.

Diese Erweiterung verdeutlicht, welch innovativer und zugleich provokanter Kern der Inklusion in der Sonderpädagogik zugrunde liegt, denn im „Unterschied zur zunehmend auf Fragen der Schulorganisation reduzierten Integrationspädagogik möchte sich Inklusionspädagogik als neue Phase in der Entwicklung zur Zugehörigkeit und Anerkennung ausnahmslos aller verstehen" (Haeberlin, 2017, S. 204). Haeberlin zufolge müssten demnach z. B. auch Menschen mit geistigen, psychischen oder schwerstmehrfachen Behinderungen in der Schule stets mitgedacht werden, Menschen, die teilweise in lebenslanger pflegerischer Abhängigkeit stehen und bei denen mitunter die Vermittlung standardisierter Curricula oder das Erlernen allgemeiner Kulturtechniken nur schwer denkbar ist. Wie Haeberlin weiter ausführt, problematisiert Inklusion also nicht nur sonderpädagogische Traditionslinien, sondern auch Grundpfeiler eines „von der europäischen Tradition elitärer Bildung" (ebd., S. 206) geprägten Bildungsbegriffs. Dabei sei zu bedenken, dass „die Vision inklusiver Bildung zur sozialromantischen Träumerei zu werden droht, wenn sich eine grundlegende Änderung unseres tradierten Bildungsbegriffs (...) als unmöglich erweisen" (ebd.) sollte. Das Recht auf Bildung aller, wie in Artikel 24 der UN-Behindertenrechtskonvention verbrieft, ist demnach auch an die Überzeugung allgemeiner Bildungsfähigkeit geknüpft. Menschen mit schwerstmehrfachen Behinderungen, auf die Haeberlin verwies, in inklusiven Berufsschulklassen einer Dachdecker*innenausbildung mitzudenken, erscheint jedoch trotz eines verbrieften Rechts auf Bildung der UN-BRK für alle Beteiligten wenig gewinnbringend und nahezu utopisch.

2.4 Inklusion im Wandel der Zuständigkeiten

Haeberlins Ausführungen können als exemplarisch für ein sonderpädagogisches Dilemma gesehen werden, wonach einerseits Inklusion enormes soziales Gestaltungspotenzial verspricht sowie den rechtlich legitimierten Zwang der Veränderung in sich birgt, und andererseits genau deshalb stets von „der aktuellen Selektionsrealität, welche nach wie vor die schulische und gesellschaftliche Realität prägt" (ebd.), ausgebremst wird. Ackermann führt dahingehend weiter aus, dass „Inklusion als pädagogischer Imperativ lediglich eindimensional verstanden wird" (2017, S. 231) und richtet den Blick auf Handlungsbedarfe nicht nur einer, sondern vieler Disziplinen:

> „Mit dem Projekt ‚Inklusion' wird ein interdisziplinärer Problemzusammenhang aufgegriffen, der von einer einzelnen Disziplin nicht bewältigt werden kann. Es gilt, den gesamten Problemzusammenhang zu verstehen und dementsprechend auch die gesellschaftlichen Grundlagen von Inklusion ebenso in den Blick zu nehmen wie pädagogische, psychologische, rechtliche, ethische etc. Facetten." (ebd.)

Diese Forderungen sind bei weitem nicht neu und finden sich bereits im Jahr 2002 in den Einlassungen Sanders wieder. Demnach müsse die Sonderpädagogik „den Dialog mit ihren Nachbarwissenschaften suchen, um die Entwicklung einer gemeinsamen inklusiven Pädagogik zu befördern. Heterogenität, Integration und Inklusion sind aktuelle Themen, die von den pädagogischen Teildisziplinen nicht länger einzelwissenschaftlich diskutiert, sondern zu einem handlungstragenden Gesamtkonzept zusammengeführt werden sollten" (Sander, 2002).

Der Wandel vom individuumszentrierten Ansatz der Integration zum auf Systemveränderung ausgerichteten Ansatz der Inklusion, die Forderung nach Einbeziehung von Aspekten bisher nicht berücksichtigter gesellschaftlicher Gruppen sowie der interdisziplinäre Diskurs bringen es mit sich, dass sich die Ebenen, auf denen Inklusion realisiert werden muss, ausweiten. Schulische Inklusion müsse bspw. auf grundlegende Veränderungen im Bildungssystem (*Makroebene*), in den Einrichtungen (*Mesoebene*) und der Alltagspraxis (*Mikroebene*) abzielen (Sulzer & Wagner, 2011). Prengel (2010) differenziert den Bedarf inklusiver Analysen noch genauer zwischen *institutioneller* Ebene, *professioneller* Ebene, *didaktischer* Ebene und *Beziehungsebene*.

Eine ähnliche Einteilung findet sich auch in der übersetzten Version des *Index für Inklusion* von Hinz und Boban (Booth und Ainscow, 2003). Demnach verteilt sich die Handlungsverantwortung zur Umsetzung auch auf Bereiche, die im Kontext von Separation und Integration weitestgehend unberührt blieben. Für diese Notwendigkeit der Betrachtung mehrerer Ebenen plädiert auch Behrendt, indem er inklusive Prozesse „als Erscheinungsformen sozialer Praxis" sowie Inklusion als „Schlüsselkategorie für ein analytisch aufschlussreiches Verständnis (…) zwischenmenschlicher Beziehungen" (Behrendt, 2017, S. 50) begreift.

Aus der geforderten Betrachtung des Zustands eines heterogenen Systems, einer pädagogischen Alltagspraxis oder der Beziehungsebenen ergibt sich der Bedarf, soziales Handeln an sich zu beleuchten: „Das inklusive Recht auf Selbstbestimmung muss sich in sozialen Bezügen, in sozialer Zugehörigkeit und Verbundenheit realisieren" (Wocken, 2015, S. 77). Dem skizzierten sonderpädagogischen Verständnis von Inklusion in Abgrenzung zum Integrationsbegriff immanent sind demnach auch immer Fragen nach dem Verständnis von Lebenswelten, dem Erkennen von gemeinsam geteilten Horizonten und Situationsdefinitionen. Eberwein hält es gar „aus eigener Erfahrung für unabdingbar, dass Lehrer und Lehrerinnen die Lebenswelt von Schüler*innen kennenlernen. (…) Nur so kann es gelingen sich als LehrerIn in die Lage des Schülers/der Schülerin hineinzudenken" (Eberwein, 2018, S. 44).

3 Inklusion, Situation und Lebenswelt: systemtheoretische und phänomenologische Zugänge

3.1 Räumliche Inklusion

Eine solche Diskussion um Inklusion ist nur in exklusiv agierenden Gesellschaften relevant, andernfalls erübrigt sich eine Beschäftigung mit dem Thema. Als „exklusiv agierende Gesellschaften" können wir solche ansehen, in denen Personen oder Gruppen andere Personen oder Gruppen von Teilbereichen der Gesellschaft ausschließen. Dabei zeigt sich schon, dass

a) Inklusion ohne Exklusion nicht denkbar ist (Luhmann, 1999a, S. 618 ff.; Schweder, 2016) und
b) Exklusion (ebenso wie Inklusion) kein Phänomen per se darstellt, sondern Prozess und/oder Ergebnis von Handlungen im weitesten Sinne ist.

Der Fokus sollte daher auf dem Handeln bzw. auf den Operationen des Systems liegen, von dem wir sprechen. Es ergibt wenig Sinn, wenn über Exklusion/Inklusion lediglich als Status debattiert wird, denn das blendet den dazugehörigen Prozess aus. Außerdem wird darunter oftmals eine räumliche Perspektive der physischen Teilnahme resp. Teilhabe verstanden. „Dass ein Räume voraussetzendes Verständnis dennoch immer wieder Anschlussfähigkeit erzeugt, zeigt sich m. E. besonders an der fast schon berühmten Kreisgrafik, nach der sich die Menschen entweder lose außerhalb (Exklusion), gesondert außerhalb (Separation), innerhalb eines Innerhalbes (Integration) oder eben völlig frei innerhalb des Kreises (Inklusion) befinden" (Schweder, 2016, S. 2). In der erwähnten Kreisgrafik (vgl. Abbildung 1) sind Aspekte exklusiver und inklusiver Bildungssysteme beschrieben. Dazu ist zunächst festzuhalten, dass der Aspekt „Exklusion" so faktisch in unseren Breiten nicht vorkommt. Er würde bedeuten, dass nur Nichtbehinderte und Privilegierte an Bildung überhaupt teilnehmen. Wir können daher als Ausgangspunkt den Bereich „Segregation" betrachten, in dem Schüler*innen ebenso wie Auszubildende nach ihren jeweiligen Bildungsvoraussetzungen und/oder Fähigkeiten resp. Einschränkungen in unterschiedlichen, nicht verbundenen Bildungseinrichtungen (inkl. Betrieben) ausgebildet werden. So war in der Vergangenheit und ist bis heute zumindest eine räumliche *Segregation* im Bildungsbereich eher die Regel als die Ausnahme. Genau betrachtet ist das gesamte Bildungssystem darauf ausgelegt, mindestens nach der Primarstufe, und es ist nicht absehbar, dass sich das in naher Zukunft grundlegend ändern wird. Die Logik dieser Trennung in unterschiedliche Bildungsgänge und/oder Einrichtungen folgt dabei der Logik des traditionellen mehrgliedrigen Schulsystems: Es sollen alle nach ihren jeweiligen Fähigkeiten gefördert werden. Dem liegt die Annahme zugrunde, dass eine Inklusion aller sowohl für Nichtbehinderte als auch für Behinderte eher Nachteile hätte, da in solchen inklusiven Settings keine dieser beiden Gruppen angemessen gefördert werden könne. Dass diese Annahme nicht stimmt, zeigen u. a. die vielen Bildungssysteme anderer Länder, in denen es zumindest die Dreigliedrigkeit und oftmals die Vielgliedrigkeit nicht gibt, aber auch schulische Leistungsmessungen (vgl. Kocaj et al., 2015).

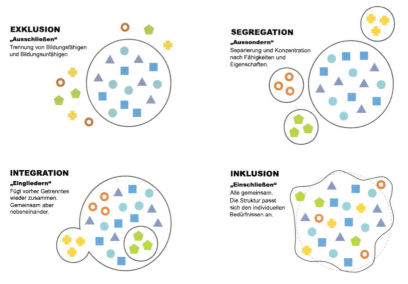

Abbildung 1: Kreisgrafik Schritte zur Inklusion (Bildrechte: Robert Aehnelt, Schritte zur Inklusion, CC BY-SA 3.0)

Sieht man die Punkte in Abbildung 1 als Schritte zur Inklusion hin an (vgl. kritisch dazu bspw. Dammer, 2011, S. 18), so kann man also noch nicht einmal von mindestens einer „Integration" sprechen, solange für das Bildungssystem in Deutschland an der Mehrgliedrigkeit (Sonder-, Haupt- und Realschule resp. Sekundarschule, Regelschule und Gymnasium) festgehalten wird. Dabei erscheinen aus einer nicht-sonderpädagogischen Perspektive einige der in der Vergangenheit unternommenen Bemühungen um Integration erziehungswissenschaftlich gelegentlich als schwer verständlich. ‚Integration' in der räumlichen resp. institutionellen Variante soll die Segregation in einzelne, unverbundene Bildungseinrichtungen beheben und dazu führen, so weit wie möglich alle Kinder und Jugendlichen *räumlich* gemeinsam zu unterrichten. Das bedeutet jedoch nicht per se, dass tatsächlich gemeinsam an geteilten Inhalten gelernt würde, dass also *kommunikativ* gemeinsam unterrichtet würde. Vielmehr scheint mitunter ein räumliches Miteinander mit einem inhaltlichen Nebeneinander einherzugehen, bei dem je nach Ausgangslage eigene Angebote mit eigenen Lehr- oder Betreuungskräften für unterschiedliche Gruppen gemacht werden. Das führt jedoch lediglich zu der *Möglichkeit* des Kontaktes unterschiedlicher Gruppen. „Integration" bedeutet dabei außerdem, dass es jemanden gibt, der in ein bestehendes System zu integrieren ist, d. h., der oder die an etwas angepasst werden soll, was den gerade beschriebenen Nebeneffekt noch verstärken könnte. Wichtig für gemeinsames Lernen wäre grundlegende gegenseitige Akzeptanz. Es gibt auch Anzeichen, dass das (räumliche) Integrieren einzelner Gruppen in bestehende Strukturen in Verbindung mit der Notwendigkeit einer – aus der Sicht der bisherigen Mitglieder der Struktur – Sonderbehandlung zu Abgrenzungsprozessen führen kann, die mit der Integration eigentlich überwunden werden sollten (vgl. Huber & Wilbert, 2012).[1]

Solche Schwierigkeiten soll ‚Inklusion' beheben. Im Gegensatz zur Integration sollen hier nicht Gruppen oder Individuen in bestehende Strukturen integriert werden, sondern vielmehr die Struktur selbst soll so verändert werden, dass es von vorneherein zu gemeinsamen Lehr-Lern-Prozessen kommt bzw. kommen kann. Bis zur Integration werden (raumbezogene) Systemstrukturen reproduziert, für Inklusion ist jedoch eine grundständige Veränderung der Strukturen selbst nötig. Hierzu muss jedoch zunächst die (auch gesellschaftliche) Bereitschaft für solche Veränderungen bei den Beteiligten vom Schüler/der Schülerin (zu inkludieren und bereits im System) über die Eltern und Lehrer*innen bis hin zu den Organisationen vorhanden sein (siehe auch Dammer, 2011). Neben anderen, noch zu diskutierenden Schwierigkeiten eines räumlichen Inklusionsbegriffs erscheint das zunächst als ein sehr grundlegendes Problem. Es bedeutet, dass sich *die Gesellschaft* ändern muss: „Gleichwohl entsteht eine wenig diskutierte Schwierigkeit daraus, wenn eine Konvention gesellschaftlicher Ausgrenzung durch Hervorhebung der ausgegrenzten Gruppe begegnen will. Streng genommen führt dies unterhalb der menschenrechtlichen Garantien eine appellative und insofern moralische Dimension ein. Diese moralische Ladung immunisiert zwar gegen Kritik, macht aber zugleich anfällig dafür, einklagbare Regelungen durch wortreiche Erklärungen zu ersetzen – und vor allem blockiert sie jegliche theoretische Untersuchung" (Winkler, 2014, S. 109). Trotzdem wird dieser (letzte) Schritt politisch gerade sehr forciert. In Bezug auf berufliche Bildung erscheint Inklusion dabei zunächst einfacher, denn in der beruflichen Schule wie im Betrieb gibt es ‚eigentlich' keine Separierung nach Fähigkeiten und Eigenschaften. Tatsächlich wird jedoch auch hier über die entsprechenden beruflichen Bildungsgänge und die Zugänge zur Ausbildung in Form von Ausbildungsverträgen selektiert und segregiert. Zusätzlich existiert in den Berufsschulen eine Differenzierung zwischen der Ausbildung bspw. von Werkerklassen und solchen der regulären Ausbildung. Zumindest auf den ersten Blick ist dabei schwierig zu verstehen, warum Menschen, die für die gleiche Arbeitswelt ausgebildet werden und später miteinander arbeiten, in der Ausbildung dennoch getrennt behandelt werden.

Der Weg zur Inklusion über Integration bedeutet außerdem zunächst nur den räumlichen Einschluss bislang exkludierter Personenkreise. Gewonnen wird damit, dass ab da die *Möglichkeit* besteht, dass für unterschiedliche Menschen, die bislang unterschiedlichen Gruppen mit wenig Berührungspunkten zugeordnet waren, nun

---

1 Allerdings betrifft das Nebeneinander nicht nur Schüler*innen mit Förderbedarf, sondern ist ein generelles Problem im Unterricht.

die Wahrscheinlichkeit des Austauschs und des Miteinanders erhöht wird. Im Bildungsbereich könnte man also mit Schweder (2016) argumentieren, dass räumliche Zugehörigkeit bzw. räumliche Inklusion eine Voraussetzung für inklusives Lernen sein könnte. Doch Inklusion möchte mehr. Sie bleibt nicht dabei stehen, „innerhalb bestehender Strukturen Raum zu schaffen auch für Menschen mit Behinderungen" (Schulte, 2016, S. 26). In Bezug auf Lehr-Lern-Prozesse sind dafür jedoch weitere Voraussetzungen nötig. Denn der Umstand, dass (um in einem veralteten Bild zu bleiben) unterschiedliche Gruppen die gleichen Lernräume haben, lässt sie noch nicht gemeinsam lernen, macht Lernen nicht inklusiver (siehe dazu bspw. Reiser, 1998). „In der Praxis beginnt die Selektion bereits damit, dass in inklusiven Klassen zieldifferenter Unterricht betrieben werden soll und angesichts der Heterogenität auch muss. Schülerinnen und Schüler ein und derselben Lerngruppe müssen dann nach unterschiedlichen Bildungsstandards unterrichtet werden und streben unterschiedliche Abschlüsse mit unterschiedlichen Selektionswirkungen an. Diese Differenzierung ist aber mit der Inklusionsabsicht schwer vereinbar, zumal dann, wenn man damit über die schulisch-pädagogische Inklusion hinaus eine gesellschaftliche Inklusion beansprucht, die mit einem schlechten Hauptschulabschluss weitaus schwerer zu erreichen ist als mit einem Abitur" (Dammer, 2011, S. 21f.). Das Problem entsteht dadurch, dass der Schritt von der Integration zur Inklusion aus einer lediglich räumlichen Perspektive keinen Sinn ergibt. Mehr als appellativen Charakter kann er nicht haben, denn die Strukturveränderungen und das Miteinander, die mit Inklusion gemeint sind, ergeben sich nicht aus einer räumlichen Veränderung (i. e. Hinzunahme von Personen in bspw. eine Schulklasse), sondern aus einer kommunikativen, mithin aus einer systemtheoretisch beschreibbaren.

„Aus systemtheoretischer Perspektive ist es aufschlussreich, weitergehend zwischen der integrierenden Inklusion in das *Organisationssystem Einzelschule* einerseits und derjenigen in das *Interaktionssystem Unterricht* andererseits zu differenzieren. Ersteres ist verhältnismäßig leicht realisierbar, indem Kindern mit sonderpädagogischem Förderbedarf der rechtliche, bauliche und organisatorische Zugang zu Regelschulen eröffnet wird. Herausfordernd und ressourcenaufwendig hingegen erscheint die integrierende Inklusion in das Interaktionssystem Unterricht" (Drieschner, 2014, S. 226). Nur die Einbindung aller in die kommunikativen Zusammenhänge des Unterrichts jedoch, also in den eigentlichen Lehr-Lern-Prozess, könnte zu einer Inklusion führen. Dazu trägt räumliche Inklusion aber allenfalls als Bedingung der Möglichkeit bei: „Demnach erfordert integrierende Inklusion ein hohes strukturelles, personelles und fachliches Niveau. Sie ist nur dann erfolgreich, wenn sie das Interaktionssystem Unterricht erreicht, d.h. wenn spezieller Lern- und Förderbedarf auch tatsächlich qualitativ angemessen und quantitativ hinreichend in der Unterrichtskommunikation bedacht wird. Inklusion ohne entsprechend hinreichende Ressourcenzuweisung führt dagegen, wie Stichweh pointiert ausdrückt, in die Paradoxie der *inkludierenden Exklusion*" (ebd.). Es erscheint daher vielsprechender, den bisher analysierten räumlichen Inklusionsbegriff zu verlassen und auf einen systemtheoretischen umzuschwenken, der die Kommunikation in den Vordergrund stellt. Verschiedentlich sind

Ansätze zu beobachten, Inklusion im Bildungssystem systemtheoretisch zu erläutern (z. B. Zapfel, 2018), allerdings scheinen diese Ansätze die systemtheoretische Ebene regelmäßig zu verlassen, wenn es um das eigentliche Unterrichtsgeschehen geht (so auch Drieschner, 2014, S. 232 ff.).

3.2 Inklusion systemtheoretisch

Ein systemtheoretischer Inklusionsbegriff kommt ohne eine „normative Dimension und unmittelbare Bezüge zu Bildungszusammenhängen einer der Sonderpädagogik zugeordneten Gruppe" (Biewer & Schütz, 2016) aus. Die begriffliche Dichotomie Inklusion-Exklusion scheint dabei oftmals eine willkommene Hinführung zu einer Begriffsbestimmung zu sein, die sich jedoch, wie bei Biewer und Schütz (2016) zu sehen, rasch wieder den bildungsbezogenen Facetten von Inklusion zuwendet. Zu nennen sind ebenso die Ausführungen Wansings, die in dem Versuch, eine systemtheoretische Perspektive auf die gesellschaftliche Teilhabe von Menschen mit geistiger Behinderung einzunehmen, dem systemtheoretische Inklusionsbegriff bescheinigt, „eine eigentümliche Blindheit für soziale Krisen und Störungen" (Wansing, 2005) entwickelt zu haben. Markowetz und Cloerkes hingegen plädieren für eine vermehrte Verwendung des systemtheoretischen Blicks aus behinderungssoziologischer Perspektive, um „vielmehr die Interdependenzen zwischen Inklusion und Exklusion" diskutieren und den „Anschluß an die makrosoziologische Theorie sozialer Systeme" (Cloerkes et al., 2007) intensivieren zu können. In allen Ausführungen lässt sich jedoch feststellen, dass die systemtheoretische Betrachtung von Inklusion in der Sonderpädagogik weit vor der konkreten Lehr-Lern-Situation im gemeinsamen Unterricht von Schüler*innen mit und ohne Behinderung und Benachteiligung zu versiegen scheint.

Dabei bietet eine systemtheoretische Herangehensweise an das Phänomen „inklusiver Unterricht" einige Vorteile. Es lässt sich, wie im Weiteren gezeigt wird, darstellen, dass es nicht auf die räumliche Perspektive ankommt, sondern auf die Teilhabe an der Unterrichtskommunikation. Es geht dann nicht mehr um Individuen, die in das System inkludiert sind oder nicht, denn ein soziales System besteht nur aus Kommunikation (Luhmann, 1999b, S. 191 ff.). ‚Menschen' als Vereinigung unterschiedlicher Systeme (psychisches System, Herz-Kreislaufsystem etc. pp.) befinden sich in der Umwelt sozialer Systeme und die meisten ‚Teile' von ihnen sind systemtheoretisch irrelevant. In Bezug auf das hier betrachtete System von gemeinsamem Lernen und Unterricht sind nur die psychischen Systeme interessant, also das Bewusstsein der am Unterricht beteiligten oder zu beteiligenden Individuen.

3.2.1 Exkurs: Systemtheorie und Kommunikation

Ein soziales System entsteht durch und besteht aus Kommunikation (vgl. zum Folgenden Baraldi et al., 1999; Luhmann, 1999a, 1999b). Die Gesamtheit aller Kommunikationen bildet letztlich das System „Gesellschaft". Daraus folgt: Es gibt nicht *ein* soziales System, sondern eine Vielzahl unterschiedlicher sozialer Systeme, die sich durch die Reichweite ihrer Kommunikation voneinander abgrenzen. In einem System „Familie" bspw. werden andere Dinge kommuniziert als in einem System „Arbeit" oder „Schule". Die Abgrenzung ist auch dadurch möglich (bzw. führt dazu), dass soziale Systeme selbstreferenziell und autopoietisch sind. Sie beziehen sich in ihrer Kommunikation auf sich selbst (innerfamiliäre Probleme werden zuvorderst im Familiensystem behandelt) und erzeugen ihre Kommunikation ohne direkte Beeinflussung von außen (wer nicht zur Familie gehört, darf nicht mitreden). Sie sind daher operational geschlossen. Soziale Systeme können hierarchisch gegliedert sein; so gibt es im System „Unterricht" bspw. noch mindestens ein System Schüler. Außerdem hat jedes soziale System ein gewisses und für das System verarbeitbares Maß an Komplexität. Ist diese zu niedrig (keine Beiträge im Unterricht), so ist der Bestand gefährdet. Das Gleiche gilt, wenn die Komplexität zu groß wird (zu viele unterschiedliche Themen, Störungen etc.). Das System strebt daher einen Gleichgewichtszustand in Bezug auf die Komplexität an.

Da soziale Systeme nur aus Kommunikation bestehen, brauchen sie jemanden oder etwas, das für diese Kommunikation sorgt. Unter „Kommunikation" ist dabei die Trias von Mitteilen, Information und Verstehen zu sehen. Das Mitteilen übernehmen dabei die Menschen, wobei wir hier auf eine systemtheoretische Analyse von „Mensch" verzichten wollen. Wichtiger sind im vorliegenden Kontext die beiden anderen Bestandteile „Information" und „Verstehen". Diese beziehen sich auf die psychischen Systeme, die notwendigerweise in der Umwelt eines sozialen Systems zu finden sind. „Kommunikation greift aus dem je aktuellen Verweisungshorizont, den sie selbst erst konstituiert, *etwas* heraus und läßt *anderes* beiseite. (...) Die Selektion, die in der Kommunikation aktualisiert wird, konstituiert ihren eigenen Horizont; sie konstituiert das, was sie wählt, schon als Selektion, nämlich als Information" (Luhmann, 1999b, S. 194). „Information" meint dabei die Differenz zwischen Gewusstem und Nicht-Gewusstem, also den Neuigkeitsgehalt der Kommunikation, der wiederum die Entstehung und den Anschluss neuer Kommunikationsereignisse ermöglicht. „Verstehen" ist die zugehörige Operation im psychischen System. Nur über Verstehen ist eine Fortdauer der Kommunikation und damit des sozialen Systems möglich (wenn zwei Menschen aneinander vorbeireden, endet die Kommunikation bald). „Verstehen" bezieht sich also auf das Verstehen der mitgeteilten Information.

Da das Verstehen im psychischen System stattfindet, ist es naheliegend, dass dieses in der Umwelt des sozialen Systems zu finden sein muss und dass es mindestens zwei von ihnen braucht, um ein soziales System zu ermöglichen. Diese Gebundenheit des sozialen Systems an psychische Systeme nennt man „strukturelle Kopplung". Sie ist eine Folge der operationalen Schließung sozialer und psychischer Systeme (Kommunikation findet nur in einem sozialen System statt und geht nicht darüber hinaus; Gedanken als solche verlassen nicht das psychische System). Die strukturelle Kopplung bewirkt, dass sich die Systeme gegenseitig ihre jeweilige Komplexität zur Verfügung stellen, um die Operationen im jeweiligen System zu befördern. „Komplexität" bedeutet dabei Vielfältigkeit der möglichen Operationen im System. Ein psychisches System hat viele Gedanken, die jedoch nicht alle für ein spezifisches soziales System relevant sind. Ein soziales System enthält potenziell unendlich viele mögliche Kommunikationsereignisse, die jedoch nicht alle realisiert werden können. Diese Komplexität muss durch Selektion reduziert werden, um im Gleichgewicht zu bleiben. Die nicht realisierten Operationen (Gedankengänge, Kommunikationen) gehen dabei nicht verloren, sondern bleiben als potenziell möglich erhalten. Das bezeichnet man als Kontingenz. Wenn nun ein soziales System ein psychisches zum Nachdenken anregt, so erweitert es einerseits die Komplexität und führt andererseits dazu, dass andere Gedanken in den Hintergrund treten. Es findet so also durch die strukturelle Kopplung sowohl Komplexitätsaufbau als auch Selektion statt. Ein Gespräch (oder ein Unterricht) kann ebenso zum Denken anregen, wie geäußerte Gedanken das Gespräch (oder den Unterricht) bereichern können und müssen. Es wird hier aber auch ersichtlich, dass strukturelle Kopplung nicht Beeinflussung oder gar Übertragung bedeutet. Denn ob es zu einer Steigerung der Komplexität in den jeweiligen Systemen kommt, richtet sich vor allem nach den Systemen und danach, ob die im gekoppelten System vorfindlichen Elemente (Kommunikation resp. Gedanken) für das jeweils andere System anschlussfähig sind. Sind sie es nicht, weil sie zu schwierig, zu weit weg von der eigenen Lebenswelt etc. sind, so findet keine Komplexitätsveränderung statt und es kommt im schlimmsten Fall zur Entkoppelung der Systeme, also auch zum Abbruch der Beteiligung an der Kommunikation und zum Ignorieren des sozialen Systems im psychischen System. Dass das gerade in Lehr-Lern-Situationen ständig passiert, weiß vermutlich jede*r Lehrende.

3.2.2 Inklusion/Exklusion im System Unterricht

Damit nähern wir uns dem Problem der Inklusion/Exklusion aus der Perspektive sozialer Systeme. Dazu müssen wir zunächst festhalten, dass es systemtheoretisch keine Zwischenzustände zwischen Exklusion und Inklusion gibt; es sind zwei Seiten der gleichen Medaille: „Inklusion muß man demnach als eine Form begreifen, deren Innenseite (Inklusion) als Chance der sozialen Berücksichtigung von Personen bezeichnet ist und deren Außenseite unbezeichnet bleibt. Also gibt es Inklusion nur, wenn Exklusion möglich ist" (Luhmann, 1999a, S. 620 f.). Betrachten wir Abbildung 2, so wird deutlich, wie das in Bezug auf Unterricht zu verstehen ist.

Abbildung 2: Exklusion und Inklusion systemtheoretisch

Unter der Perspektive von Unterricht als soziales System sind alle diejenigen psychischen Systeme inkludiert, die strukturell an ein soziales System gekoppelt sind und somit zur Komplexität der Kommunikation beitragen und von ihr profitieren. Was im räumlichen Verständnis euphemistisch als ‚Weg hin zur Inklusion' gedeutet werden kann, also Segregation und Integration, stellt sich systemtheoretisch nur als verschiedene Varianten von Exklusion dar (Abbildung 3). Das ist bei Segregation natürlich so nicht der Fall. Hier gibt es jeweils eigene soziale Systeme für Benachteiligte und Behinderte in separaten Schulen oder Einrichtungen. Systemtheoretisch ist das jedoch Exklusion, nämlich Exklusion aus dem System „gemeinsamer Unterricht" und sogar aus dem System allgemeine Schule. Das gilt im Übrigen nicht nur für Behinderte oder Benachteiligte, sondern auch im gleichen Maße in Bezug auf das mehrgliedrige Schulsystem. Auch der Versuch der räumlichen Integration ist Exklusion. Zwar sind im besten Fall hier Menschen physisch gemeinsam in einem Raum, aber auch dort fehlt es an der (in diesem Kontext gar nicht intendierten) strukturellen Kopplung mit einem gemeinsamen System „Unterricht", solange eigene Angebote für einige Gruppen gemacht werden.

„Die Differenz von Inklusion und Exklusion bezieht sich auf die Art und Weise, in der eine Gesellschaft es den Individuen erlaubt, Personen zu sein und daher an der Kommunikation teilzunehmen" (Baraldi et al., 1999, S. 78). Mit „Personen" sind dabei nicht Menschen an sich gemeint, sondern Adressat*innen von Kommunikation: „Unter ‚Personen' versteht man eine soziale Struktur, die es der Gesellschaft ermöglicht, Adressaten für die Weiterproduktion von Kommunikation zu finden" (ebd.). Solange also eine individuelle Möglichkeit der Teilnahme an Kommunikation besteht, findet Inklusion statt. Dieses „an der Kommunikation teilnehmen" macht nun den Unterschied zum räumlichen Inklusionsmodell aus. Denn sowohl Segregation als auch Integration bedeuten nicht, dass alle am gleichen sozialen System „Unterrichtskommunikation" beteiligt sind. In beiden Fällen gibt es jeweils eigene soziale Systeme (separate Schule resp. exklusive sonderpädagogische Unterstützung), sodass es zu einer Exklusion Behinderter und Benachteiligter von der Teilnahme an der spezifischen Unterrichtskommunikation kommt.

Hier ist auch eine Differenz zwischen der systemtheoretischen Betrachtung von Teilen des Bildungssystems und von Unterricht als Interaktionssystem festzustellen. Segregation bedeutet auf der Bildungssystemebene nicht Exklusion per se. Vielmehr führt hier die Exklusion aus der Regelschule zur Inklusion in andere Schulformen (siehe dazu bspw. auch Schweder, 2016). Im Bereich der beruflichen Bildung ist das etwas weniger offensichtlich. Denn hier haben wir nicht unbedingt die räumliche Trennung in Sonderschule und Regelschule, sondern bspw. Fachpraktikerklassen neben Fachklassen der dualen Ausbildung in der gleichen Schule. Dieser räumliche Zwischenschritt zwischen Segregation und Integration ändert jedoch nichts an der Feststellung der Exklusion.

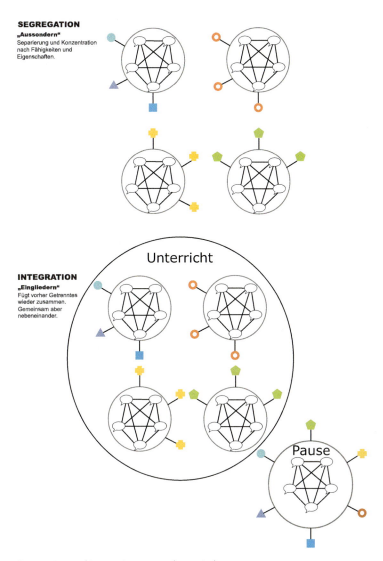

Abbildung 3: Segregation und Integration systemtheoretisch

Auch das, was räumlich unter ‚Integration' verstanden wird, ist systemtheoretisch Exklusion in Form von Segregation der sozialen Systeme. Eine räumliche Teilnahme bedingt noch nicht eine kommunikative Teilhabe. Man könnte darüber nachdenken, welche Vor- und Nachteile eine räumliche Integration überhaupt hat (vgl. Winkler, 2014). Das physische Teilnehmen ohne strukturelle Kopplung an das vorherrschende soziale System kann dabei auch bedeuten, dass Ausgrenzungen verstärkt werden. Andererseits besteht durch räumliche Integration immerhin die Möglichkeit, dass in einem anderen System in der Umwelt des Unterrichtsystems (im Sinne von Unterrichtskommunikation) eine strukturelle Kopplung aller stattfindet: z. B. in der Pause.

Das könnte immerhin dazu führen, dass Personen adressiert werden, die sonst eher weniger im Fokus stehen. Auf diese Weise könnte man mutmaßen, dass räumliche Integration eher das Ziel einer zukünftigen Inklusion in Gesellschaft als einer tatsächlichen Zusammenführung im Unterricht hat.[2]

Nimmt man den Terminus „inklusiver Unterricht" jedoch ernst, so bedeutet er die strukturelle Kopplung aller psychischen Systeme an die Unterrichtskommunikation, also an das eine soziale System Unterricht. Wie erwähnt bewirkt diese Kopplung eine Komplexitätsveränderung in den beteiligten Systemen. Voraussetzung für gemeinsamen Unterricht wäre es daher, dass die Komplexität eines sozialen Systems die psychischen Systeme nicht in einem Maß über- oder unterfordert, das für sie nicht mehr verarbeitbar ist. Gelingt das nicht, wären ggf. aus lerntheoretischer Sicht separate soziale Systeme (Segregation) für das Lernen der Beteiligten hilfreicher.

3.3 Absicht, Situation und Lebenswelt

An diesem Punkt können wir die systemtheoretische Ebene zunächst verlassen. Es sollte deutlich geworden sein, dass es für gemeinsame Lehr-Lern-Prozesse notwendig ist, dass die Kommunikation im sozialen System für alle Beteiligten anschlussfähig ist. Es stellt sich nun die Frage, wie das gewährleistet werden kann. Eine Voraussetzung ist, dass die Lehrkraft, die im Wesentlichen zur Produktion der Kommunikation beiträgt, selbst einschätzen kann, was anschlussfähig ist und was nicht. Dafür ist es notwendig, in Grundzügen zu verstehen, was die anderen Beteiligten überhaupt verarbeiten können. Letztlich, um auf einer phänomenologischen Ebene weiter zu argumentieren, bedarf es dafür des Verständnisses der Lebenswelt der anderen und der Fähigkeit, geeignete Situationen für gemeinsames Handeln zu erzeugen. Das gilt dabei nicht nur für die Lehrkraft, sondern für alle beteiligten psychischen Systeme, also auch für die Schüler*innen mit und ohne Behinderung/Benachteiligung untereinander. Um also strukturelle Kopplungen zu ermöglichen, müssen zum einen die *Lebenswelten* der Einzelnen transparent im Sinne von ‚verstehbar' werden, zum anderen bedarf es der *Erzeugung geeigneter Situationen*, die die Entstehung des gemeinsamen sozialen Systems und die notwendigen strukturellen Kopplungen und damit gemeinsame Lernhandlungen befördern. Das Erzeugen von Situationen hat dabei einige *handlungstheoretische Implikationen*, die wir zunächst untersuchen müssen, bevor wir uns dem Situationsbegriff selbst und seinem Zusammenhang mit der Lebenswelt nähern und mit der Betrachtung der inklusiven Lernsituation fortfahren können.

---

2 Wir sollten hierbei nicht unterschlagen, dass wir eine soziale Dimension des Miteinanders im gemeinsamen Unterricht bei einer solchen systemtheoretischen Betrachtung nahezu vollständig ausblenden. Neben dem sozialen System Unterricht gibt es natürlich auch noch andere in der Umwelt oder untergeordnet, die weniger auf Lerninhalt bezogen sind und in denen andere Möglichkeiten der strukturellen Kopplung existieren.

3.3.1 Absicht

Dazu benötigen wir als Erstes ein Verständnis des Terminus „Handeln", seiner Bedingungen und Konsequenzen. Nach Davidson lässt sich „alles, was eine handelnde Person absichtlich tut – einschließlich absichtlicher Unterlassungen –, als Handlung" (Davidson, 1998, S. 21) verstehen. Konstituierend für Handlung scheint daher eine Absicht zu sein. Brandtstädter & Greve (1999, S. 194) konstatieren dazu, dass Absichten sich „definitionsgemäß nur auf gewußte, antizipierte oder mit gewissen subjektiven Wahrscheinlichkeiten erwartete Effekte des Handelns erstrecken" können. Searle (1991, S. 109) bezeichnet in seiner Theorie der Intentionalität Handlung als „Erfüllungsbedingung" einer Absicht. Intentionalität ist dabei „diejenige Eigenschaft vieler geistiger Zustände und Ereignisse, durch die sie auf Gegenstände oder Sachverhalte in der Welt gerichtet sind oder von ihnen handeln" (ebd., S. 15). Solche intentionalen Zustände sind bspw. Wünsche, Überzeugungen, Hoffnungen und auch Absichten. Absicht (Intention) ist also nicht gleichzusetzen mit Intentionalität, sondern nur eine ihrer möglichen Formen. Intentionale Zustände sind auf etwas oder jemanden in der Welt gerichtet. Dieses Objekt oder dieses Ereignis, auf das der intentionale Zustand gerichtet ist, kann den Zustand ‚erfüllen', sofern es eintritt, existiert etc. Wenn ich bspw. den Wunsch habe, dass es regnet, dann ist dieser Wunsch genau dann erfüllt, wenn es regnet. Wenn ich der Überzeugung bin, dass morgen Donnerstag ist, dann ist diese Überzeugung genau dann erfüllt, wenn heute Mittwoch ist (und die Welt bis morgen nicht untergeht etc.). Ebenso verhält es sich mit Absichten. Auch sie sind auf etwas in der Welt gerichtet, nämlich auf Handlungen. Wenn ich bspw. die Absicht habe, ein Buch zu lesen, dann ist diese Absicht genau dann erfüllt, wenn ich das Buch lese. Der Umstand, der gegeben sein muss, damit der Gehalt einer Absicht erfüllt ist, ist eine (absichtliche) Handlung.

Auf dem Weg zwischen der Bildung einer Absicht und ihrer Erfüllung in einer Handlung kann viel geschehen, was nicht in der Absicht des/der Handelnden liegt und ggf. die Erfüllung einer Absicht positiv oder negativ beeinflusst und begleitet, vor allem aber zur Bildung der Absicht selbst beiträgt. Brandtstädter & Greve (1999) nennen diese Faktoren: unbeabsichtigte und kontraintentionale, paraintentionale, periintentionale, präintentionale und subintentionale Aspekte des Handelns. Für die vorliegende Untersuchung sind nur die para- und die präintentionalen Aspekte von Bedeutung, die hier näher betrachtet werden sollen.[3]

Zumeist gibt es eine Reihe von bewussten und unbewussten Absichten gleichzeitig nebeneinander und mitunter steuern auch die nicht bewussten Absichten das Handeln. Brandtstädter & Greve (ebd.) nennen das „paraintentionale" Aspekte des Handelns und erläutern diese am Beispiel des Autofahrens: „Wenn ich zerstreut an der Ampel geradeaus fahre wie sonst immer auf dieser Strecke, anstatt, wie ich es eigentlich vorhatte, hier ausnahmsweise abzubiegen (etwa weil ich ‚mit den Gedanken woanders war', oder auch weil konkurrierende, momentan nicht bewußt reprä-

---

3 Wobei genau genommen die subintentionalen Aspekte als die allen Handlungen zugrunde liegenden physiologisch-physikalischen Prozesse hier ebenfalls relevant sind, da sie aufgrund physischer resp. mentaler Einschränkungen die Intentionen und damit die Handlungsmöglichkeiten ebenfalls beeinflussen.

sentierte Motive mich davon abgehalten haben), so ist dies nicht unbedingt das, was ich jedenfalls verhindern wollte, obwohl ich, sozusagen, ‚eigentlich' abbiegen wollte" (ebd., S. 198). In dieselbe Kategorie paraintentionaler Aspekte fallen andere Handlungen, die nicht im strengen Sinne beabsichtigt, aber auch nicht entgegen der oder außerhalb der Intentionen des/der Handelnden sind. Damit weicht der strenge Handlungsbegriff ein Stück weit auf und gibt Raum für eine weiter gefasste Begriffsbestimmung, in der Handeln nicht nur das Ausführen eines Handlungsschemas oder einer bewusst vorher gefassten Absicht bedeutet, sondern alle in irgendeiner Form beabsichtigten Aktivitäten einschließt.

Dass eine solche, weiter gefasste Bestimmung notwendig ist, zeigt auch Searle (1991). Er untersucht Teilhandlungen unter dem Aspekt der Absichtlichkeit. Ebenfalls am Beispiel des Autofahrens wirft er die Frage auf, ob man bspw. bei den dazugehörigen Vorgängen des Schaltens und Lenkens etc. davon ausgehen könne, dass sie einer bewusst gefassten Absicht folgten (ebd., S. 113 ff.). Searle unterscheidet in diesem Zusammenhang zwischen vorausgehenden Absichten und Handlungsabsichten. Erstere stellen die bisher betrachteten Absichten dar, die vor einer Handlung entstehen (also bspw. den Entschluss, mit dem Auto ins Büro zu fahren), Letzteres sind Absichten, die nicht vor, sondern während des Handelns gebildet werden. So kann man sicherlich nicht sagen, dass ein*e Autofahrer*in unabsichtlich schaltet, lenkt etc., sondern diese Teilhandlungen der komplexeren Handlung „Autofahren" sind selbst wiederum absichtliche Handlungen, bei denen die Absicht jedoch in der Handlung selbst liegt.[4] Die vorausgehende Absicht bestimmt dabei die Handlung, die sich wiederum aus der Handlungsabsicht, dem Erlebnis des Handelns und der Aktivität zusammensetzt. Die Aktivität wird so von der Handlungsabsicht bestimmt. Das bedeutet, dass die vorausgehende Absicht – sofern sie vorhanden ist – die Handlungsabsicht konstituiert, die wiederum die Aktivität steuert (vgl. ebd., S. 122 ff.). Aus einer solchen weiteren Bestimmung von Handlungen ergibt sich damit: „Alle absichtlichen[5] Handlungen haben Handlungsabsichten, aber nicht alle absichtlichen Handlungen haben vorausgehende Absichten" (ebd., S. 115). Paraintentionale Aspekte von Handlungen rekurrieren auf solche Handlungsabsichten, wie das obige Beispiel zeigt.

Die bisher betrachteten Aspekte von Handlungen beschreiben Absichten als etwas, das ‚geschichtslos' bzw. spontan im Vorfeld oder während des Handelns entsteht. Tatsächlich haben Absichten zumeist jedoch eine Vorgeschichte. Sie werden in der Regel nicht im unmittelbaren Vorfeld oder während einer Handlung geboren, sondern sind auch das Ergebnis der persönlichen Entwicklung des/der Handelnden in Verbindung mit seinem/ihrem gesellschaftlichen Umfeld (vgl. zu Letzterem auch

---

4 Einige Handlungstheorien erklären solche Vorgänge damit, dass dies Handlungen (Fertigkeiten) seien, die ursprünglich einmal vorausgehende Absichten und Handlungspläne hatten, im Laufe der Zeit und mit zunehmender Übung jedoch automatisiert wurden (vgl. bspw. Volpert, 1999, S. 126). Für das Beispiel des Schaltens und Lenkens trifft das sicherlich auch zu, jedoch nicht für spontane, kreative Handlungen, wie Joas (1996) zeigt. Außerdem behebt auch die Automatisierung von Handlungsabläufen noch nicht das Problem der Entstehung der Absicht, diese Fertigkeiten anzuwenden. Was jemand kann, ist mit anderen Worten keine Erklärung dafür, warum er dieses Können in Handlungen umsetzt.

5 Wobei wir festgestellt haben, dass eine Handlung natürlich immer absichtlich ist, ansonsten ist es keine Handlung.

Habermas, 1987a, S. 121; Bourdieu, 2015, S. 97 ff.).[6] Solche Aspekte nennen Brandtstädter & Greve (1999, S. 201 ff.) „präintentional". Das bedeutet natürlich nicht, dass Absicht und Handeln immer schon determiniert wären in der Form, dass *ausschließlich* die persönliche oder gesellschaftliche Vergangenheit die Absichten des/der Handelnden und damit das Handeln bestimmten. Ein solcher Determinismus würde die Freiheit der Bildung von Absichten zu sehr beschränken und es schwierig bis unmöglich machen, von bspw. Kreativität und Fantasie zu sprechen.[7] Andererseits wäre es vermessen anzunehmen, dass Absichten völlig frei von persönlicher Vergangenheit, Entwicklung und Sozialisation entstünden. In den meisten intentionalistischen Handlungstheorien fehlen jedoch Erklärungen der Entstehung von Absicht (vgl. ebd., S. 202). „Der rationale Akteur hat keine Vergangenheit" (Esser, 1999, S. 115).

Betrachten wir Absicht und Handlung jedoch als einen Vorgang in der Zeit, dann stellt sich Absicht als zukunftsgerichtet und vergangenheitsbezogen zugleich dar. Luckmann beschreibt solche Beziehungen in Anlehnung an Alfred Schütz als „um-zu"- und „weil"-Aspekte (Luckmann, 1992, S. 56 ff.).[8] Die „um-zu"-Aspekte richten die Absicht auf ein Ziel in der Zukunft aus („Ich tue dies, *um* jenes *zu* erreichen"), die „weil"-Aspekte binden die Absicht an die Vergangenheit des Handelnden (im Sinne von: „Ich werde das tun, *weil* ich jeden Montag genau dies tue"). Diese vergangenheitsbezogenen Aspekte von Handlungen müssen dabei dem/der Handelnden nicht unbedingt präsent sein – sie können bspw. im Sinne Bourdieus als Ergebnis der Habitusentwicklung verstanden werden – und sie sind auch nicht wieder Ergebnis von Absichten: „Emotionen, Präferenzen, Einsichten, Einstellungen, die die Intentionsbildung beeinflussen, lassen sich ihrerseits nicht als intentional herbeigeführte Eigenzustände verstehen" (Brandtstädter & Greve, 1999, S. 201), denn man kann nicht die Absicht haben, etwas bestimmtes zu empfinden oder eine bestimmte Einsicht zu haben, und auch Präferenzen und Einstellungen sind nicht Gegenstände von Absicht, sondern anderweitig, bspw. durch die Biografie, Erziehung und Sozialisation bestimmt. Jedoch spielen diese Aspekte bei der Bildung der Absicht eine große Rolle.

Prinzipiell ist der Mensch frei, seine Absichten zu bilden, wie merkwürdig oder besser kreativ auch immer diese sein mögen. Jemand könnte bspw. die Absicht haben, ohne Hilfsmittel fliegen zu wollen. Allerdings werden die meisten Menschen eine solche Absicht aufgrund ihrer Unmöglichkeit nicht nur nicht ausführen, sie werden sie gar nicht erst fassen, weil die dafür notwendigen intentionalen Zustände nicht zu ihrem Erfahrungsschatz gehören. Die meisten Absichten, die wir uns bilden, sind derart gestaltet, dass zumindest ansatzweise eine Chance besteht, sie in einer Handlung zu verwirklichen. Man könnte mit Luckmann (1992, S. 61) sagen, dass „das indi-

---

6 Absichten existieren deswegen nicht notwendigerweise bereits im Verlauf der persönlichen Entwicklungsgeschichte und werden dann in der Handlungssituation aktualisiert. Es soll vielmehr verdeutlicht werden, dass Absichten oftmals nicht spontan entstehen, sondern an die individuelle Entwicklung gebunden sind.
7 Wir wollen es bei der Feststellung der Problematik bewenden lassen und in dieser Arbeit keine Diskussion über Freiheit versus Determinismus führen, die den Rahmen sprengen würde.
8 Luckmann schreibt allerdings nicht von Absichten, sondern von „Handlungsentwürfen". Genauer betrachtet enthalten diese Handlungsentwürfe Absicht und darüber hinaus noch einen Plan oder eine Vorstellung von der Ausführung der Handlung selbst. Die angeführten Aspekte treffen jedoch gleichermaßen bzw. insbesondere auf Absichten zu, denn die Planung der Ausführung einer Handlung hat weniger mit der Begründung durch „um-zu"-Antworten zu tun als die Absicht.

viduelle System von Durchführbarkeiten sozusagen eine biografische Dimension" hat. Oder mit Bourdieu: „Die Praxiswelt, die sich im Verhältnis zum Habitus als System kognitiver und motivierender Strukturen bildet, ist eine Welt von bereits realisierten Zwecken, Gebrauchsanleitungen oder Wegweisungen, und von Objekten, Werkzeugen oder Institutionen, die nach Husserl mit einem ‚dauerhaft teleologischen Charakter' ausgestattet sind" (Bourdieu, 2015, S. 100). Es führt uns zu der Annahme, dass wir vor allem solche Absichten bilden (ohne dass der Prozess des Bildens einer Absicht in irgendeiner Form bewusst wäre), über deren Durchführbarkeit wir irgendwelche Erfahrungen in der Vergangenheit gesammelt haben. Das schließt dabei natürlich nicht die Bildung von Absichten aus, von deren Durchführbarkeit wir nicht von vorneherein überzeugt sind, wohl aber ein Stück weit solche, von denen wir aus der Erfahrung wissen, dass sie sich nicht in Handlungen umsetzen lassen. Dieser schmale Grat zwischen Unsicherheit und Undurchführbarkeit zeigt in Ansätzen, was menschliche Kreativität in Bezug auf Absicht und Handlung ausmacht. Absicht stellt sich also als biografisch und gesellschaftlich beeinflusst dar, und zwar über die der Intention zugrunde liegenden intentionalen Zustände wie Wollen, Wünschen, Präferenzen etc. Das bedeutet, dass Absichten auf intentionalen Zuständen beruhen, die selbst in engem Zusammenhang mit der Biografie des/der Handelnden und seinen/ihren sozialen Bezugssystemen stehen.

Im Weiteren betrachten wir, wie Absichten als handlungssteuernde Momente entstehen. Wir werden sehen, dass ‚Situation' dabei eine wichtige Rolle spielt. Allein der Hinweis, dass Absichten mit der Biografie des/der Handelnden und dem gesellschaftlichen Umfeld zusammenhängen, vermag noch nicht, ihre Herkunft ausreichend zu beschreiben. Wir haben gesehen, dass die Erfüllungsbedingung einer Absicht eine Handlung ist und dass die Absicht oftmals eine Vergangenheit hat. Was wir noch nicht betrachtet haben, ist das Moment, das zur Bildung der Absicht führt. Dieses Moment bezeichnet man gemeinhin als „Zweck" bzw. als „Ziel" einer Handlung. Der Zweck oder das Ziel kann dabei dem Handeln äußerlich oder immanent sein. Ist Ersteres der Fall, dann unterstellen wir eine *zeitliche* Abfolge von Erkennen, Absicht und Handlung derart, dass zunächst Welt[9] erkannt wird und – im Idealfall unabhängig von Handlungsoptionen – Ziele in ihr fixiert werden, die sich dann in der Bildung von Absichten und so im Handeln niederschlagen: „Als wäre der natürliche Zustand des Menschen träge Ruhe, beginnt das Handeln nach dieser Denkweise erst, wenn zuvor in der erkannten Welt sinnvolle Zwecke festgelegt wurden und dann – in einem separaten Willensakt – der Entschluß zur Verfolgung eines solchen Ziels gefaßt wurde" (Joas, 1996, S. 231). Arbeitshandeln (z. B. taylorisierte Teilarbeit) kann mitunter unter einem solchen Primat betrachtet werden: Der Zweck des Handelns in der Arbeit liegt dann in der Welt, das Handeln des Individuums stellt lediglich das auf diesen Zweck gerichtete Ausbilden von Absichten (Erfüllung des Zwecks) und daraus

---

9 Unter „Welt" ist nicht nur die gegenständliche Welt zu verstehen, sondern auch die soziale Welt.

abgeleitetes Handeln dar.¹⁰ Eine solche Betrachtungsweise stellt uns allerdings vor mehrere Probleme (ebd., S. 228 ff.).

Eines dieser Probleme liegt in der mangelnden Berücksichtigung der *Situation*, in der gehandelt wird. In einem solchen Zweck-Mittel-Schema müssten „*zunächst* im Erkennen der Welt Orientierungen gefunden werden, die *dann* im Handeln verfolgt werden" (ebd., S. 231). Das Problem ist hier in der Trennung von Handeln und Erkennen zu verorten, die Absicht wäre abhängig vom Erkennen eines Ziels bzw. Zwecks des Handelns, nicht vom Handeln selbst oder von Handlungsoptionen. Während der Zweck in einer dem/der Handelnden äußerlichen Welt gefunden würde, wäre die Absicht nur noch der „Willensakt" (ebd.) der Umsetzung des Zwecks in Handeln. Diese Betrachtungsweise kommt auch daher, dass „das abendländische Denken das erkennende Subjekt zumeist von der Welt mit ihren Objekten und objektiven Gesetzen trennt (und sogar den Körper des Subjekts zu diesen Objekten zählt). Für eine Theorie des Handelns ist aber dessen Situationsgebundenheit Ausgangspunkt" (Volpert, 1999, S. 57). Die Vorstellung des Gegebenseins eines Zwecks außerhalb der Handlung geht von einer Gegenüberstellung von Welt und Subjekt aus. Dabei ist das Handlungsziel bereits in einer Welt existent und muss vom Individuum im Prozess des Erkennens aufgenommen und in Handeln überführt werden. Dadurch wird das Bilden von Absicht selbst zu einem intentionalen Akt, mit dem das Handeln auf das erkannte Ziel bewusst ausgerichtet wird. Alternativ dazu können wir versuchen, Erkennen und Handeln als einheitlichen Vorgang zu betrachten, den Zweck also nicht außerhalb der Handlung und des handelnden Subjekts zu verorten, sondern als Bestandteil der Handlungssituation zu sehen. Dann stellt sich ein Handlungsziel nicht als das Ergebnis eines Erkenntnisprozesses in einer ontischen Welt dar, sondern als Ergebnis einer Reflexion über die Handlungssituation durch das Subjekt. Diese Reflexion bezieht sich zum einen auf die Erfahrungen und Handlungsgewohnheiten des Einzelnen, zum anderen berücksichtigt sie die Handlungssituation selbst. Aus der Reflexion in der Handlungssituation und über Handlungsmöglichkeiten und -erfahrungen bildet sich so das Ziel der Handlung, das sich in der Absicht des/der Handelnden wiederfindet. „Situationen lösen unsere Handlungen nicht aus, stellen aber auch nicht nur das Terrain für die Exekution von Intentionen bereit. Unsere Wahrnehmung der Situation ist vorgeformt in unseren Handlungsfähigkeiten und unseren aktuellen Handlungsdispositionen; welche Handlung realisiert wird, entscheidet sich dann durch eine reflexive Beziehung auf die in der Situation erlebte Herausforderung" (Joas, 1996, S. 236).

Der Unterschied zu einer mehr positivistischen Betrachtung des Verhältnisses von Ziel, Absicht und Handlung besteht hier vor allem darin, dass das Ziel einer Handlung nicht in einer Welt dem Individuum gegenübersteht, sondern immer bereits Bestandteil der vom Einzelnen wahrgenommenen und reflektierten Handlungssituation ist. „Wahrnehmung" meint dabei nicht das Erkennen einer Welt, sondern eine Konstruktion durch den/die Handelnde*n. Erkenntnis von Welt ist so Bestand-

---

10 Als Beispiel können wir das Montieren eines Motors an einem Fließband betrachten. Der Zweck des Handelns ist dann fremdgesetzt, er liegt in der Welt und wird vom Individuum erkannt und in Handeln überführt.

teil von Handlungen, sie ist dem Subjekt im Handeln gegeben als Handlungsmöglichkeiten und Hindernisse, findet im Handeln statt, indem das Subjekt Beziehungen zwischen Subjekt und Objekten und zwischen Objekten herstellt und im Handeln überprüft (vgl. auch Mead, 1969, S. 106): „Unsere Wahrnehmung zielt nicht auf die Beschaffenheit der Welt als solcher, sondern gilt der praktischen Verwendbarkeit des Wahrgenommenen im Kontext unserer Handlungen" (Joas, 1996, S. 233).

Für unsere Betrachtung von Absicht und Handeln heißt das, dass ihre Entstehung zumeist auf die Konstruktion einer Handlungssituation und ihrer Bedingungen verwiesen ist. Die Situation enthält dabei den Anlass des Handelns in Form einer Herausforderung für den/die Handelnde*n. Das ist nicht behavioristisch in dem Sinne zu verstehen, dass Handeln nur als Reaktion auf die Herausforderung der Situation gedacht wird, sondern es besteht eine wechselseitige Beziehung zwischen der Reflexion der Situation und den eigenen Handlungsgewohnheiten und Erfahrungen in der Art, dass die Situation einerseits zum Handeln herausfordert, andererseits die Handlung bereits in der Situation präsent ist und die Handlungsoptionen beschränkt. Dafür muss eine Situation jedoch zunächst persönlich bedeutsam werden, der/die Handelnde muss seine Aufmerksamkeit auf eine Situation lenken. Dieses Lenken der Aufmerksamkeit stellt ebenfalls mehr als eine Reaktion dar, es resultiert aus präintentionalen Aspekten: „Wir wären nicht überlebensfähig und kämen nicht zum Handeln, wenn wir nicht durch gewisse Präformierungen unserer Wahrnehmungs-, Urteils- und Bewertungsprozesse entlastet wären" (Brandtstädter & Greve, 1999, S. 202). Mit anderen Worten: Die persönliche Geschichtlichkeit, die Biografie des/der Handelnden (und die darin einfließende, gesellschaftliche Bedingtheit) präformiert seine/ihre Aufmerksamkeit für die Situation und seine/ihre Konstruktion der Situation (vgl. Böhler, 1985, S. 272 f.; Joas, 1996, S. 236).[11] Hierbei spielt der Habitus ein bedeutende Rolle: „Kern des Habitusbegriffs ist die Tendenz, ähnlich zu handeln. Der Habitus ist eine Art psychosomatisches Gedächtnis. In ihm sind frühere Handlungsweisen gespeichert, die in ähnlichen Situationen abgerufen werden. Das heißt, der Habitus ist eine Tendenz, so zu handeln, wie man es einmal – insbesondere beim ersten Mal – gelernt hat" (Rehbein, 2016, S. 90). Absichten werden dann gebildet aus der Reflexion über die Herausforderungen der Situation und vor dem Hintergrund der Biografie. In diesem Sinne zeigt sich der oben beschriebene doppelte Bezug von Absicht: einerseits vergangenheitsbezogen, andererseits zukunftsgerichtet, wobei letzterer Aspekt das Ziel/den Zweck der Handlung enthält.

Intentionen können dabei sowohl in der Form vorausgehender Absichten als auch als Handlungsabsichten im Sinne Searles auftreten. Denn auch vorausgehende Absichten (Handlungsentwürfe, Handlungspläne etc.) sind an die Situation gebunden. Das gilt zum einen unter der Prämisse, dass vorausgehende Absichten immer auch Handlungsabsichten enthalten (Searle, 1991, S. 115), die ja wiederum situativ sind; zum anderen ‚überlebt' keine vorausgehende Absicht eine Handlungssituation

---

11 Joas (1996, S. 236) lokalisiert diese Präformation nicht primär im Mentalen, sondern im Körperlichen. Korrespondierend dazu sprechen Brandtstädter & Greve (1999, S. 203 ff.) von „subintentionalen Aspekten" des Handelns, Bourdieu vom „Habitus".

ohne wenigstens rudimentäre Veränderungen: „... selbst wenn Pläne vorliegen, ist der konkrete Handlungsverlauf von Situation zu Situation konstruktiv zu erzeugen und offen für kontinuierliche Revision" (Joas, 1996, S. 237).[12]

3.3.2 Situation

Wenn Absicht und Handeln nur in der Reflexion einer Situation verstanden werden können, kommt dem Situationsbegriff eine prominente Bedeutung zu, die wir im Weiteren erläutern wollen. „Situation" ist begrifflich ein zentraler Bestandteil der Erziehungswissenschaft. So spricht bspw. Heimann (1976, S. 59 ff.) bereits 1947 von der pädagogischen Situation als psychologische Aufgabe. Und schon Anfang des 20. Jahrhunderts war „Situation" ein zentraler Begriff der Reformpädagogik Peter Petersens (vgl. Schultheis, 1999, S. 303).[13] In den „Pädagogischen Grundbegriffen" beschreibt Schulze (1998, S. 1386) „Situation" als „einen begrenzten und überschaubaren, auf das Handeln einzelner Personen bezogenen und in sich zusammenhängenden Ausschnitt aus dem Universum Raum und Zeit. Dieser Ausschnitt ist ausgestattet mit bestimmten Handlungsmöglichkeiten und -bedingungen (...), und er wird von den Beteiligten jeweils mit einem bestimmten, die Handlungen strukturierenden Sinn versehen".

Obwohl der Begriff jedoch häufig in der Pädagogik Verwendung findet, ist die Anzahl der Studien aus dieser Disziplin, die sich explizit mit seinem Bedeutungsgehalt auseinandersetzen, doch sehr überschaubar. „Sowohl in der Didaktik als auch auf dem weiten Felde der Verhaltens- und Handlungstheorien findet ... bis heute oftmals ein eher umgangssprachlich unkontrollierter Situationsbegriff Verwendung, der sich vermutlich wegen seiner suggestiven Einfachheit und seiner (unter dem Komplexitätsaspekt) scheinbaren Unhintergehbarkeit einer breiten Resonanz erfreut" (Beck, 1996, S. 87). Auf der anderen Seite finden wir in der Soziologie und der Psychologie häufiger Ansätze, die dem Phänomen „Situation" auf den Grund gehen (Markowitz, 1979; z. B. Hoefert & Brauns, 1982; Schulz-Schaeffer, 2009). Im Weiteren werden wir daher zunächst versuchen, zu beschreiben, was eine Situation an sich ausmacht und wie sie entsteht. In einem weiteren Schritt wird es dann um die ‚soziale' Situation als eine spezifische Situationsform gehen. In ihr sind viele Handlungen eingebettet, so auch das gemeinsame Lernen, das letztlich den Zielpunkt dieser Arbeit ausmacht. Dabei ist zu klären, wie eine soziale Situation entsteht und insbesondere der Anteil der an ihr Beteiligten.

Wie so häufig in der Erziehungswissenschaft als einer Geistes- und Sozialwissenschaft haben wir es bei „Situation" mit einem Begriff zu tun, der zunächst einer genaueren Klärung, Beschreibung und ggf. sogar Definition bedarf, bevor wir versuchen können, ihn empirisch zu erfassen. Wenn das Ziel einer Reise undeutlich ist, dann wird auch der Weg dorthin zu einer Irrfahrt. Betrachten wir „Situation" also genauer, so können wir feststellen, dass der Begriff zunächst und zuerst ein Alltagsbegriff ist.

---

12 Wir finden diese Auffassung von Modifizierungen ursprünglicher Absichten im Handlungsverlauf in der Handlungsregulationstheorie in abgewandelter Form wieder, bspw. bei Volpert, 1999.
13 Zur Begriffsgeschichte von „Situation" siehe Haupt, 1984.

In einem eher diffusen Verständnis kann man ihn mit Momenten, Ereignissen, Gefühlslagen und vielleicht Herausforderungen in Verbindung bringen. Auf den zweiten Blick eröffnet sich eine Perspektive auf Situationen als ein auf irgendeine Art subjektiv bedeutungsvoll gewordener Punkt in einem Lebenslauf. Da hiermit das Wesen von Situationen noch unbestimmt bleibt, müssen wir zunächst zu verstehen suchen, wie dieser Punkt beschaffen ist und woher wir von ihm Kenntnis bekommen. Dazu klären wir kurz die Implikationen, um im Weiteren näher auf die Besonderheiten von Situationen einzugehen.

Zunächst ist die Definition von Schulze (1998), wie sie oben gegeben wurde, so nicht länger haltbar.[14] Ein ‚Ausschnitt' oder ein Punkt in Raum und Zeit ist in Bezug auf Personen nicht eine Situation, sondern „Lage": „Menschen sind in der Lage, etwas zu tun; und Menschen befinden sich in einer jeweiligen Lage zur Welt. Im einen Fall bezeichnen wir damit anthropologische Fähigkeiten und Auszeichnungen; im anderen Fall bezeichnen wir das menschliche (Geworden-)Sein in Raum und Zeit, sein relationales hic et nunc. Diese raumzeitliche Verfasstheit menschlichen Zur-Welt- und In-der-Welt-Seins sind verschiedene wesenhafte Seinsverfassungen des existenzialen Daseins. Aus der Lage geraten wir in eine Situation, wenn die Welt widerständig, problematisch, herausfordernd wird. In der Situation treten praktische Lebensdimensionen in den Vordergrund – nicht selten das In-der-Welt-Sein dezentrierend: wenn bspw. die unsichere Selbstanfrage erfolgt, in welcher Lage sich jemand befindet und was gerade (ihm) passiert" (vgl. auch korrespondierend Lebenslage bei Kraus, 2013, S. 150; Ziemann, 2013, S. 7). Einige für die Untersuchung wesentliche Aspekte wollen wir aus diesem Zitat extrahieren: 1. „Lage" ist ein Begriff für die gewordene Gegenwart. 2. Sie bezieht sich immer auf ein Individuum, das in einer Lage ist, und hat einen räumlich-zeitlichen Bezug. 3. Situation ist nicht in der gleichen Weise beschreibbar. Sie hat eher ein Moment der Reflexion von Lage. In diesem Sinne ist Situation ebenso an Individuen gebunden wie Lage, aber nicht im gleichen Maß an Raum und Zeit. „Die Situation ist nicht die Lage, in der jemand an einem bestimmten Raum-Zeit-Punkt (objektiv) ist, sondern ‚Situation' ist die subjektive Wahrnehmung und Deutung all der oben genannten Faktoren zu einem bestimmten Raum-Zeit-Punkt" (Reichertz, 2013, S. 159). Zur Beschreibung von Situation sind wir also nicht darauf angewiesen, ihre Verfasstheit in Raum und Zeit zu untersuchen. Sie ist selbst nicht an Raum und Zeit gebunden – wie die Lage –, sondern verweist nur darauf. So lassen sich Situationen völlig unräumlich vorstellen, etwa soziale Situationen ohne räumlichen Kontakt der beteiligten Individuen. Und auch unter der Perspektive von Zeit können wir annehmen, dass es Situationen gibt, die sich nicht auf einen konkreten Zeitpunkt beziehen, sondern sich bspw. über eine Zeitspanne erstrecken, ggf. sogar zunächst ohne Endpunkt.

Situation ist also nicht lediglich eine empirische Entität, die es zu erkennen und beschreiben gilt. Vielmehr bekommt sie erst dann Bedeutung, wenn Individuen ihr

---

14 Mein Dank gilt an dieser Stelle Georg Cleppien, dessen kritische Auseinandersetzung mit einer vorherigen Fassung dieses Teils mir wesentlich geholfen hat, die Schere im Kopf zu schließen, die darauf beharrte, Situation als Bestandteil von Raum zu betrachten.

Bedeutung zumessen (Thomas-Theorem, Thomas & Thomas, 1928, S. 571). Wir können davon ausgehen, dass mindestens eine Person an einer Situation beteiligt sein oder zumindest ihre Aufmerksamkeit auf sie lenken muss, damit sie Bedeutung erlangt. Situationen ‚sind' also nicht an sich, sondern bedürfen erst der ‚Entdeckung' durch das Subjekt. Dabei hindert uns jedoch die Barriere zwischen Innen- und Außenwelt daran, dass Situationen ‚zu uns kommen'. Wir können Erfahrungen immer nur mit Erfahrungen vergleichen, nie mit der ontischen Welt selbst (vgl. Glasersfeld, 1998), sodass Situationen, die uns präsent sind und die wir als solche thematisieren, etwas Subjektives sind, das nur in unserer Definition real wird: „Zwischen den externalen, aussersubjektiv existierenden und in diesem Sinn objektiven Gegebenheiten einerseits und der subjektiven Rezeption und Interpretation dieser Gegebenheiten andererseits besteht eine Differenz, die wir mit Hilfe methodologischer Regeln und methodischer Kontrollen zu überbrücken versuchen, niemals aber wirklich zu überwinden oder zu dispensieren vermögen" (Heid, 2001, S. 515).

Situation als etwas ‚Gegebenes' anzusehen, findet sich in der Literatur öfter. So schreibt bspw. Beck: „Er [der Situationsbegriff, d. V.] bezeichnet dort nämlich in fast allen zeitgenössischen Ansätzen den entscheidenden Bezugspunkt jeder Argumentation: eine Konstellation von Gegebenheiten, Bedingungen und Möglichkeiten, für die es zu bestimmen gilt, in welche Folgekonstellation sie unter Einwirkung einer Person überführt werden soll" (Beck, 1996, S. 88). Die Dichotomie zwischen „Konstellation von Gegebenheiten" und „Folgekonstellation", die Beck hier aufmacht, ist allerdings keine; es handelt sich vielmehr um ein und dieselbe Situation, a priori und a posteriori. Die Situation verändert sich nicht dadurch, dass sie thematisiert wird (s. u.). Von Situation als Gegebenheit zu sprechen, ist dabei nach unseren bisherigen Ausführungen ohnehin etwas problematisch. Hier wird die Dualität von Außenwelt und Innenwelt betont und die Annahme vertreten, Situationen seien per se präsent und müssten nur noch „erkannt" werden. Das impliziert jedoch eine umstandslose Verbindung von a priori und a posteriori, die so zumindest nach Kants transzendentaler Ästhetik (siehe Kant, 2003) ebenso wenig postuliert werden kann wie nach phänomenologischen oder konstruktivistischen Ansätzen. „Der Begriff der Situation ist ja dadurch charakterisiert, daß man sich nicht ihr gegenüber befindet und daher kein gegenständliches Wissen von ihr haben kann. Man steht in ihr, findet sich immer schon in einer Situation vor, deren Erhellung die ganz zu vollendende Aufgabe ist" (Gadamer, 1960, zit. nach Fischer, 2013, S. 64 f.). Situationen sind jedoch nichts Definierendes und auch nichts Definiertes, sondern etwas zu Definierendes. Sie „verdanken ihre ‚Existenz' einer subjektiven Konstruktionsleistung" (Beck, 1996, S. 92), gleichwohl sie als a priori mögliche Situationsdefinitionen bereits in der Lebenswelt vorhanden sind. Mit anderen Worten wird eine Situation erst zu einer Situation, wenn ein Ausschnitt aus der Lebenswelt bewusst und/oder zum Gegenstand gemacht wird. Das passiert dadurch, dass man ihn thematisiert, ihm also eine (subjektive oder intersubjektive) Bedeutung verleiht. Mit dieser Definition von Situation wird zugleich Komplexität reduziert, indem aus der Vielzahl möglicher Situationsdefinitionen selektiert wird.

3.3.3 Lebenswelt

Die Welt, oder vielmehr die „Welten", die Gegenstand der Konstruktion des/der Handelnden sind und in denen die Situativität des Handelns demnach gegeben ist bzw. erzeugt wird, klassifiziert Habermas. Er unterscheidet zwischen objektiver, subjektiver, sozialer und Lebenswelt (Habermas, 1987a). Handeln in seinen verschiedenen Formen geschieht mit Bezug zu einer oder mehrerer dieser Welten. Während die objektive, die subjektive und die soziale Welt *Ziel*welten von Handlungen darstellen, kann die Lebenswelt als Ausgangspunkt betrachtet werden. Sie konstituiert sich als gemeinsame Deutung und Konstruktion der Welt über Kommunikation, ist „durch einen kulturell überlieferten und sprachlich organisierten Vorrat an Deutungsmustern repräsentiert" (Habermas, 1987b, S. 189). Im Zusammenhang mit verständigungsorientiertem Handeln werden die Unterschiede deutlich. Während die Lebenswelt den Hintergrund bildet, vor dem Verständigung überhaupt erst erfolgen kann, bilden „die formalen Weltbegriffe ein Bezugssystem für das, *worüber* Verständigung möglich ist" (ebd., S. 192).

Folgen wir einem phänomenologischen Ansatz, dann ist eine Situation ein Ausschnitt aus Verweisungszusammenhängen unserer Lebenswelt (ebd., S. 187). Der zunächst von Edmund Husserl geprägte und später u. a. von Alfred Schütz übernommene Lebensweltbegriff beschreibt „die vorwissenschaftliche gemeinsame Erfahrungswelt, das ‚Reich der ursprünglichen Evidenzen'" (Dietz, 1993, S. 31). Sie ist nicht Gegenstand von Interpretationen des Menschen, sondern der Rahmen, innerhalb dessen interpretiert wird. „Die Lebenswelt ist gleichsam der transzendentale Ort, an dem sich Sprecher und Hörer begegnen; wo sie reziprok den Anspruch erheben können, daß ihre Äußerungen mit der Welt (der objektiven, der sozialen oder der subjektiven Welt) zusammenpassen; und wo sie diese Geltungsansprüche kritisieren und bestätigen, ihren Dissens austragen und Einverständnis erzielen können" (Habermas, 1987b, S. 192).[15] Dabei ist diese Lebenswelt entstanden aus den bereits erfolgten Konstruktionen und Interpretationen von Welt, besteht aus den intersubjektiven Gewissheiten und zu Selbstverständlichkeiten gewordenen Deutungen. Bildlich gesprochen liegt die Lebenswelt als *erworbener* Vorrat möglicher Deutungen zwischen dem a priori Gegebenen und der a posteriori strukturierten Welt.

Die Lebenswelt bezieht sich nun immer schon auf mögliche Situationsdefinitionen. „Verweisungszusammenhang" im vorliegenden Kontext bedeutet, dass die Situation bereits den Verweis auf den korrespondierenden Ausschnitt der Lebenswelt enthält: „Das herzustellende Werk als das *Wozu* von Hammer, Hobel, Nadel hat seinerseits die Seinsart des Zeugs. Der herzustellende Schuh ist zum Tragen (Schuhzeug), die verfertigte Uhr zur Zeitablesung. Das im besorgenden Umgang vornehmlich begegnende Werk – das in Arbeit befindliche – läßt in seiner ihm wesenhaft zugehörigen Verwendbarkeit je schon mitbegegnen das Wozu *seiner* Verwendbarkeit. Das bestellte Werk ist seinerseits nur auf dem Grunde seines Gebrauchs und des in diesem

---

15 Der von Habermas verwendete Lebensweltbegriff ist nicht ganz eindeutig und unproblematisch (Dietz, 1993, S. 95 ff.). Wir werden versuchen, nur eine Variante zu verwenden, nämlich die der „Lebenswelt als das gemeinsame und im aktuellen Handeln als unproblematisch vorausgesetzte Hintergrundwissen" (Habermas, 1987a, S. 455).

entdeckten Verweisungszusammenhanges von Seiendem" (Heidegger, 1967, S. 70). Situation als Ausschnitt aus der Lebenswelt präsentiert sich damit als Wechselspiel zwischen der Definition einer Situation einerseits und der Beeinflussung des/der Definierenden durch eine Situation im Kontext des Verweisungszusammenhangs andererseits: „Die Situation verändert ... in höchst merkwürdiger Weise die innere Wesensart des Menschen; er muss sich situationsgemäß geben, auch wenn er sich ganz wahr und persönlich verhalten möchte; andererseits wird die Situation nie in ‚photographischer' Treue und Ungebrochenheit von den Menschen aufgenommen, sondern der Ichheit entsprechend umgewandelt" (Wiese 1924, zit. nach Markowitz, 1979, S. 37).[16] Es ist daher nicht die Situation selbst, die sich verändert, sondern der in einer Situation handelnde Mensch, der wiederum durch seine Definition der Situation eine Interpretation derselben erschafft.

Die Definition einer Situation im Rahmen der Lebenswelt ist im Weiteren begrenzt durch den *Horizont*. Dieser kann auch als Begrenzung möglicher Situationsdeutungen verstanden werden, die durch Erfahrungen, die in unserer Lebenswelt präsent sind, geformt werden; d. h., wir definieren nur solche Situationen, die in unsere Lebenswelt eingebettet sind und nicht über den Horizont hinausgehen. Die Lebenswelt wiederum, und mit ihr der Horizont, verändern sich mit jeder neuen Erfahrung und natürlich mit dem Lernen. „Perspective and horizon are the interrelated features of what is phenomenologically called a situation (...). Being situated is the ongoing *movement from the actual to the possible*, the present to the future, the given to the new, the real to the imaginary. This movement or change is the principle of what we call experience and behaviour. To live means to live in and toward changing horizons" (Graumann, 1989, S. 97).

3.4 Lernen und Situation

Graumann beschreibt mit seinem „ongoing movement from the actual to the possible" etwas, das eine enge Verbindung zu Lernen aufweist. Denn der Aufbruch aus dem Jetzt in ein Zukünftiges in Bezug auf die Lebenswelt und den Horizont bedeutet auch und vielleicht vor allem Lernen. Lernen findet in Situationen statt (bspw. Lave, 1991) und es meint auch die Erweiterung der Lebenswelt und mit ihr des Horizontes, allerdings auf der Basis des aktuellen Zustandes von beidem. Wir können, mit anderen Worten, nur von dem ausgehend lernen, was in unserer Lebenswelt bereits eingebettet und durch unseren persönlichen Horizont begrenzt ist, aber ebendiese und ihren Horizont durch Lernen erweitern.[17]

---

16 Hier lassen sich Parallelen zu Humboldts Beschreibung von Bildung erkennen, die bereits auf die Wechselwirkung zwischen Welt und Mensch im Prozess der Bildung rekurrieren: „Die letzte Aufgabe unsres Daseyns: dem Begriff der Menschheit in unsrer Person, sowohl während der Zeit unsres Lebens, als auch noch über dasselbe hinaus, durch die Spuren des lebendigen Wirkens, die wir zurücklassen, einen so grossen Inhalt, als möglich, zu verschaffen, diese Aufgabe löst sich allein durch die Verknüpfung unsres Ichs mit der Welt zu der allgemeinsten, regesten und freiesten Wechselwirkung" (Humboldt, 1995, S. 235 f.).
17 Das gilt im Übrigen nicht nur für Lernen, sondern auch für Handeln.

Für den vorliegenden Zweck ist jetzt nicht nur das Lernen selbst von Bedeutung, sondern insbesondere das Lernen miteinander, in Gruppen. Betrachten wir diesen Fall, so haben wir es mit dem Problem zu tun, dass die Situationen, in denen Lernende agieren, nicht mehr lediglich individuell bestimmt werden können; vielmehr bedarf es einer *gemeinsamen* Definition der jeweils anstehenden Situation. „Die Situation ist jedem erst einmal aus seiner Perspektive gegeben und damit für jeden einzigartig, oft auch nicht genau bestimmt, sondern nur vorläufig oder vage, und die Deutungen sind entwicklungsoffen" (Reichertz, 2013, S. 161). Das ist auch mit den oben ausgeführten intentionalen Aspekten verknüpft: prä-, para- und subintentionale Aspekte von Absichten sind je individuell und biografisch gebunden. Sie beeinflussen die Möglichkeiten und Grenzen der Definition von Situation, tragen zum individuellen Horizont bei. Sie zeigen sich bspw. im jeweiligen Habitus: „Yet, contrary to what Bourdieu sometimes implied, but following up Schutz on 'because motives,' all human activity, from the smallest tic to the most elaborate life plan, from the most 'automatic' to the apparently 'rational,' 'reflexive,' or deliberated, flows from the habitus. This is so because, to put it in a formula, the habitus forms the horizon of our experience" (Atkinson, 2018, S. 16). Soll nun eine gemeinsame Lernsituation gesteuert und bewältigt werden, so bedarf es des Bewusstwerdens und der Externalisierung der jeweils eigenen Lebenswelt einerseits, des Verstehens und Akzeptierens der jeweils anderen Lebenswelt andererseits, beides verbunden mit dem Erkennen der eigenen und fremden Horizonte.

Eine solche gemeinsame Situationsdefinition kann nach Habermas über kommunikative Aushandlungsprozesse erreicht werden, in dem sich die Beteiligten auf eine gemeinsame Deutung verständigen (siehe Habermas, 1987b). Dabei scheinen Situationstheorien oftmals davon auszugehen, dass alle an der Situation Beteiligten vergleichbar in der Lage sind, die Situation zu deuten resp. in entsprechende kommunikative Aushandlungsprozesse einzutreten (bspw. Reichertz, 2013, S. 167). Davon können wir jedoch nicht umstandslos ausgehen, und es ist insbesondere in inklusiven Lehr-Lern-Situationen nicht gegeben. Denn es setzte voraus, dass sich die Lebenswelten der Beteiligten und ihre Horizonte deutlich ähneln. Nun können wir in vielen alltäglichen Situationen dieses zwar annehmen, und auch in ‚traditionellen' Unterrichtssituationen ist das möglicherweise öfter der Fall. Je weiter jedoch die Lebenswirklichkeiten der Beteiligten auseinanderliegen, desto entfernter sind auch ihre Lebenswelten. Wenn es dann darum geht, dass Menschen mit und ohne Behinderungen/Benachteiligungen gemeinsam lernen und handeln, ergo zu gemeinsam geteilten Situationsdefinitionen kommen, dann ist unmittelbar einsichtig, dass diese Ähnlichkeiten zumindest anfangs noch geringer ausfallen.

Daher ist es zunächst angeraten, Möglichkeiten gemeinsamer Situationsdefinitionen zu schaffen. Da wir nicht von zu großen Ähnlichkeiten in der Lebenswelt ausgehen können, müssen die Beteiligten in die Lage versetzt werden, die Lebenswelt der jeweils anderen zu verstehen. Damit einher geht, dass die unterschiedlichen Horizonte als Begrenzungen der Lebenswelt verdeutlicht und gegenseitig akzeptiert werden müssen. Mit anderen Worten müssen die Erwartungshaltungen der an der Situation beteiligten kompatibel werden: „Viele Situationen sozialen Handelns sind geprägt durch mehr oder weniger feststehende Erwartungen darüber, was in der betreffenden Situation angemessenes Handeln ist bzw. welche Verhaltensweisen typischerweise welche Handlungen sind. Diese Erwartungen bilden dann den Handlungsrahmen der Situation, durch den mehr oder weniger stark vorgegeben ist, welches Tun oder Unterlassen als welches Handeln gelten wird. Angemessen zu handeln bedeutet hier: bei der subjektiven Handlungskonstitution zu berücksichtigen, als welche Handlung oder Nicht-Handlung welches Verhalten in der betreffenden Situation gelten wird, d. h. mit anderen Worten: die handlungswirksame Wirklichkeit der zugeschriebenen Handlungen in Rechnung zu stellen" (Schulz-Schaeffer, 2009, S. 166).

Gelingt es, die Lebenswelten der Beteiligten gegenseitig verstehbar zu machen, so kann es zu gemeinsamen Situationsdefinitionen kommen: „Den Hintergrund einer kommunikativen Äußerung bilden also Situationsdefinitionen, die sich, gemessen am aktuellen Verständigungsbedarf, hinreichend überlappen müssen. Wenn diese Gemeinsamkeit nicht vorausgesetzt werden kann, müssen die Aktoren mit verständigungsorientiert eingesetzten Mitteln strategischen Handelns versuchen, eine gemeinsame Situationsdefinition herbeizuführen oder (...) direkt auszuhandeln" (Habermas, 1987b, S. 185). Diese wiederum sind Voraussetzung dafür, dass die psychischen Systeme am sozialen System Unterricht teilnehmen und strukturell gekoppelt werden können. Für die Anschlussfähigkeit und das Verstehen von Kommunikation ist es außerdem notwendig, dass die Komplexität des sozialen Systems die psychischen Systeme nicht über- oder unterfordert. Die Lebenswelt als „kulturell überlieferter und sprachlich organisierter Vorrat an Deutungsmustern" (ebd., S. 189) können wir dabei als *Strukturierungshilfe* für das psychische System betrachten. Legt die Kommunikation im sozialen System nun psychische Vorgänge nahe, die sich in der Struktur nicht nur nicht wiederfinden, sondern deutlich darüber hinausgehen, fehlt die Anschlussmöglichkeit und die strukturelle Kopplung kann nicht funktionieren.[18] Insofern ist ‚Lernen' immer auch eine Gratwanderung der latenten Überforderung psychischer Systeme, die im Gelingensfall und unter der Voraussetzung grundständiger Lebensweltkompatibilität zu einer Veränderung dieser Lebenswelt führt. Durch Komplexitätsaufbau im sozialen System findet so eine indirekte Beeinflussung der Entwicklung der Lebenswelt und der Horizonte statt.

---

18 Das kann bspw. dann eintreten, wenn sich der Habitus der Lehrkräfte grundsätzlich von dem der Schüler*innen aufgrund von sozialer Herkunft und Sozialisation signifikant unterscheidet.

4 Lebenswelt und Situationsdefinition – Vom Erkennen zum Vermitteln

Lehr-Lern-Prozesse als soziale Systeme entstehen dadurch, dass Lernende und Lehrende als psychische Systeme daran strukturell koppeln. In einer solchen Kopplung stellt das eine System dem jeweils anderen seine Komplexität zur Verfügung, was für den Bestand des sozialen Systems sorgt, indem dort eine Homöostase zwischen Über- und Unterkomplexität angestrebt wird. Die Komplexität des psychischen Systems wird dabei auch durch die jeweilige Lebenswelt repräsentiert. Wir können uns das so vorstellen, dass die Lebenswelt der Hintergrund ist, vor dem Situationen gedeutet (definiert) werden. Die Situationsdefinition wiederum bestimmt, ob der Einzelne zu einer Kommunikation etwas beitragen kann (konvergierende Situationsdefinition) oder nicht (divergierende Situationsdefinition), siehe Abbildung 4.

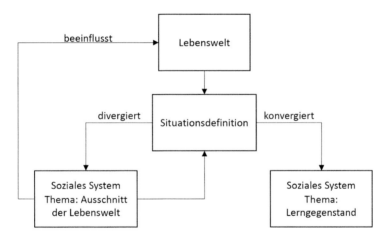

Abbildung 4: Von der Lebenswelt zum sozialen System

Kommt es zu divergierenden Situationsdefinitionen, sollte sich das soziale System von der Kommunikation über den Lerngegenstand zu einem kommunikativen Aushandlungsprozess über die Situationsdeutung vor dem Hintergrund der eigenen Lebenswelt ändern: „Die Lebenswelt ist gleichsam der transzendentale Ort, an dem sich Sprecher und Hörer begegnen; wo sie reziprok den Anspruch erheben können, daß ihre Äußerungen mit der Welt (der objektiven, der sozialen oder der subjektiven Welt) zusammenpassen; und wo sie diese Geltungsansprüche kritisieren und bestätigen, ihren Dissens austragen und Einverständnis erzielen können" (Habermas, 1987b, S. 192). Das Thema, das ein soziales System ausmacht, wäre dann nicht mehr das gemeinsame Lernen, sondern der Verstehensprozess der unterschiedlichen Lebenswelten. Dieser Verstehensprozess bildet also die Voraussetzung für die Etablierung eines sozialen Systems „Lernen". Dabei kann es natürlich nicht um das Verstehen der Lebenswelt des anderen im Ganzen gehen. Vielmehr genügt es (und ist auch nur realistisch), den für die jeweilige Situation relevanten Ausschnitt der Lebenswelt verstehbar zu machen. Ist ein solcher Verständigungsprozess erfolgt, kann eine erneute Situationsdefinition entweder konvergieren und so zur Kommunikation über den Lerngegenstand führen oder divergieren und erneute Aushandlungsprozesse erfordern. Gemeinsames Lernen ist erst dann möglich, wenn sich die Situationsdefinitionen ausreichend angenähert haben, um ein gemeinsames soziales System zu begründen. Im Zuge des Verständigungsprozesses kommt es dabei auch zu Veränderungen der Lebenswelt (‚Lernen') in dem Sinne, dass bei Überschreiten des jeweils subjektiven Horizontes der eigenen Situationsdefinition die Grenze der Lebenswelt sich verändert und im besten Falle die unterschiedlichen Situationshorizonte sich aufeinander zubewegen und so künftig konvergierende Situationsdefinitionen wahrscheinlicher machen.

Diese Anmerkungen gelten natürlich für alle Lernprozesse, nicht nur für inklusive. Allerdings sinkt die Wahrscheinlichkeit konvergierender Situationsdefinitionen mit zunehmender Divergenz der relevanten Lebenswelten resp. Ausschnitte derselben. Insofern kommt bei steigender Heterogenität der Schülerschaft dem Abgleichen der Lebenswelten erhöhte Bedeutung zu. Es kann jedoch nicht erwartet werden, dass solche kommunikativen Aushandlungsprozesse umstandslos von allein stattfinden: „Kommunikation ist unwahrscheinlich. Sie ist unwahrscheinlich, obwohl wir sie jeden Tag erleben, praktizieren und ohne sie nicht leben würden" (Luhmann, 1981, S. 26). Der Lehrkraft kommt daher eine kommunikationsvermittelnde und -stiftende Rolle zu, und das gilt auch und insbesondere für die Aushandlung gemeinsamer Situationsdefinitionen und das Verständlichmachen der unterschiedlichen Lebenswelten. Allerdings sind die Schüler*innen in gleicher Weise aufgefordert, sich gegenseitig ihre Lebenswelt in dem Maße zu offenbaren, wie sie für gemeinsame Situationsdefinitionen notwendig sind. Diese Überlegungen führen nun zu folgenden Fragestellungen in Bezug auf die Beförderung inklusiven Lehrens und Lernens:
- Wie können individuelle Lebenswelten für andere zugänglich und verständlich gemacht werden?
- Wie können Grenzen der Lebenswelten aufgezeigt und verstehbar gemacht werden?
- Mit welchen Strategien versuchen Lehrer*innen bereits, verschiedene Lebenswelten und Horizonte für andere sichtbar zu machen?
- Wie machen Schüler*innen (mit und ohne Beeinträchtigungen) ihre Lebenswelt für andere verstehbar, um gemeinsame Situationsdefinitionen möglich zu machen?

Diesen Fragen gehen wir im Weiteren anhand der Aussagen von Lehrkräften, Ausbilder*innen und Schüler*innen nach. Dazu wurden (siehe den Abschnitt Methodik im Anhang) zunächst in einer Interviewstudie diese Zielgruppen befragt und in einem weiteren Schritt die dort gefundenen Ansätze operationalisiert und in einer bundesweiten Befragung von Berufsschullehrkräften überprüft.

4.1 Die Suche nach Zugängen zu anderen Lebenswelten

Ein Unterricht, der darauf ausgerichtet ist, inklusives Lernen dadurch zu ermöglichen, dass die Schüler*innen die jeweils andere Lebenswelt begreifen, bedarf zunächst einiger Methoden, wie Lebenswelten verstanden und zugänglich gemacht werden können. Die Lehrkraft stellt dabei den ‚Verstehensvermittler' dar, sie muss ergo zunächst selbst Zugang zu anderen Lebenswelten bekommen, bevor sie dieses Wissen in Unterrichtsstrategien zur Lebensweltvermittlung umsetzen bzw. in Situationsdefinitionen zum inklusiven Lernen einfließen lassen kann. Es geht darum, Zugang zu dem Ort zu bekommen, an dem „wir als Menschen unter Mitmenschen in natürlicher Einstellung Natur, Kultur und Gesellschaft erfahren, zu ihren Gegenständen Stellung nehmen, von ihnen beeinflußt werden und auf sie wirken. In dieser Einstellung ist die Existenz der Lebenswelt und die Typik ihrer Inhalte als bis auf Widerruf fraglos gegeben hingenommen" (Schütz, 1972, S. 153).

Nun ist das „fraglos Gegebene" individuell verschieden. Da es sich aus der jeweiligen Entwicklung inklusive Erziehung und Sozialisation speist, ist das, was unsere Lebenswelt ausmacht, nur dann für andere leicht verständlich, wenn diese Gegebenheiten sich ähneln. Ist dies (wie in inklusiven Lehr-Lern-Situationen) nicht der Fall, ist ein Verstehensprozess nötig, der darauf ausgerichtet ist, die Strukturen der Lebenswelt des anderen zu begreifen. Das ist nicht allein damit getan, bspw. die Lebenswirklichkeit des anderen physisch aufzusuchen – auch wenn das, siehe obigen Interviewausschnitt, zum Verständnis beitragen kann –, es gehört dazu auch der Prozess der Interpretation dieser anderen Lebenswelt im Zusammenhang mit der Selbstreflexion darüber, dass wir diese andere Lebenswelt immer auch nur vor dem Hintergrund unserer eigenen deuten können (Konstruktion der Konstruktion): „Das fraglos Gegebene ist in erster Annäherung als das uns vertraute ‚Selbstverständliche' zu bezeichnen, das als solches eine Form unseres Welt- und Selbstverständnisses in der natürlichen Einstellung ist" (ebd., S. 153). Den Lehrkräften in unserer Untersuchung ist das intuitiv bewusst. Sie versuchen daher auf unterschiedliche Weise, Zugang zur Lebenswelt ihrer Schüler*innen zu bekommen (vgl. Abbildung 5).

Abbildung 5: Zugänge zu Lebenswelten

Direkt-kommunikativer Zugang

Die in Unterrichtssituationen naheliegendste und auch in den Gesprächen am häufigsten genannte Variante ist der Versuch, über direkte Kommunikation einen Einblick in die Lebenswelten der Schüler*innen zu bekommen. Die Lehrkräfte berichten darüber, dass sie bspw. Aussagen von Schüler*innen versuchen zu reflektieren, um sich eine Vorstellung von der jeweiligen Lebenswelt zu machen. Oftmals dienen sie als Ansprechpartner*innen für Privates der Schüler*innen: „da reden wir auch gerne mit unserer Kochlehrerin, (die) ist eigentlich eine richtig, richtig Coole, und mit der können wir eigentlich über alles reden. Oder auch unsere Vertrauenslehrerin, (...) mit der können wir eigentlich auch immer über alles reden und da ist eben halt auch meistens die Klasse dann dabei" (Sch 18, 112). Die Schüler*innen offenbaren auf diese Weise Teile ihrer Lebenswelt von selbst, was die Lehrkräfte für ein besseres Verständnis nutzen. Bei diesen Ansätzen ist ein Einblick in die Lebenswelt oftmals eher ein Nebeneffekt der kommunikativen Zuwendung. So berichtet eine Lehrkraft, wie sie mehr erfährt „auch durch persönliche Gespräche mit den Schülern. Also, ich gehöre zu den Kollegen hier an der Schule, die von den Schülern gerne wahrgenommen werden, oder in Anspruch genommen werden, wenn persönliche Probleme da sind, also wenn sie das Gefühl haben, mit der Ausbildung oder auch zu Hause im Persönlichen oder auch im Nebenberuflichen Probleme sind. Dann werde ich auch gerne mal kontaktiert und dadurch erfahre ich auch sehr viel von den Schülern selbst über Gespräche" (LK 01, 14). Eine Funktion als Beratungslehrer*in ist dabei oftmals nützlich.

Gezielter sind Herangehensweisen, die mehr oder weniger explizit zum Gegenstand haben, mehr über Lebensumstände Einzelner zu erfahren, bspw. eine Vorstellungsrunde im ersten Kontakt mit einer Klasse oder gezieltes Nachfragen zu Beziehungsgeflechten innerhalb einer Gruppe: „Also ich nehme mir ganz viel Zeit am

Anfang, wenn die Klassen zusammenkommen. Dann machen wir 101 Kennenlernspiele. Schon allein deswegen, weil ich sonst die Namen nicht lerne. Also ich muss auch ehrlich sagen, ich gehe da immer so ein bisschen so einen kleinen Umweg über die Notlüge ‚Ich muss das Lernen, ihr macht das wegen mir'" (LK 24, 51). Auch die Ausbilder*innen sehen das als probates Mittel des Zugangs zur Lebenswelt an: „Oder gleich am Einstieg, dass wir wirklich erstmal ein Gruppengespräch geführt haben, dass wir immer erstmal nachgefragt haben, ja: ‚Was haben sie bis jetzt erlebt? Wie sehen sie sich?' Auch mal so ein bisschen reingegangen, ja: ‚Was siehst du für dich für Stärken? Was siehst du für Schwächen?' und in den normalen Arbeiten" (Ausb 04, 11).

Beobachtender Zugang

Weniger obstrusiv als die direkte Ansprache der Schüler*innen erscheint zunächst die Beobachtung ihres Verhaltens in unterschiedlichen Kontexten zu sein. Sie bietet zwar die Möglichkeit, Aspekte von Lebenswelt zu erkennen, ist aber zugleich im Weiteren stärker auf Interpretation angewiesen als ein direkterer kommunikativer Zugang, bei dem die Schüler*innen selbst lebensweltliche Facetten thematisieren. Allerdings entfernen sich dieser und die weiteren Zugänge immer mehr von den Träger*innen der Lebenswelt. Noch relativ nah ist eine Beobachtung des Verhaltens in Unterrichtssituationen, umso mehr, wenn die Lehrkraft ihre Beobachtungen mit den Schüler*innen anschließend thematisiert:

> „Also ich weiß von den Hintergründen eigentlich immer recht viel. Ich sage immer, jeder Schüler hat seinen Rucksack, den er mitbringt. Und ich versuche so in den ersten Wochen, aber auch dann über die ganze Zeit der Schullaufbahn, in diesen Rucksack reinzugucken und da werden natürlich dann auch Wirklichkeiten aufgedeckt, wo ich sage: ‚Ok, dann versteht man natürlich auch manche Handlungen' (...) Die sind als neue Schüler eben hier und guck die ersten paar Mal, die ersten Stunden so im Unterricht, wie sind die so und dann über Erzählungen; irgendwie habe ich das Talent, kleine Geheimnisse aus denen zu locken bzw. mir die Erlaubnis einzuholen, dass ich in diesen Rucksack mal reingucken kann." (LK 22, 24)

Die Lehrkräfte achten dabei insbesondere auch auf die Körpersprache der Schüler*innen und auf Stimmungsschwankungen. Lebenswelt zeigt sich in der Abweichung, im Wechsel von Rollen (vgl. Mead, 1998), wenn auf bewährte Muster der eigenen Lebenswelt zur Deutung von Situationen zurückgegriffen wird. „Aber es gehört zur Natur des als fraglos gegeben Hingenommenen, daß es jederzeit infrage gestellt werden kann, wie sich auch das Selbstverständliche jederzeit als das Unverständliche erweisen mag" (Schütz, 1972, S. 153). Während jedoch der kommunikative Zugang in den Berichten eher weniger problembehaftet zu sein scheint, merken die Lehrkräfte beim Versuch, Lebenswelt durch Beobachtung zu erschließen, dass die Interpretation voraussetzungsreicher ist: „Ihren [den einer Schülerin, d. V.] Autismus als solchen habe ich nicht wahrgenommen, also dass sie bestimmte Schwierigkeiten im sozialen Bereich hat. Wahrnehmungen ja, aber sie ist jetzt, sagen wir mal, nicht besonders herausgefallen, dass ich sie jetzt, ne, eigentlich im Verhalten teilweise sogar ruhiger oder besser als andere Schüler aus BVJ-Klassen... Also jetzt direkt den Fakt Autismus, ne, kann ich nicht sagen. Vielleicht bin ich auch kein so guter Beobachter" (LK 23, 36).

Gerade in der beruflichen Bildung lernen Schüler*innen nicht lediglich am Lernort Schule. Ihre Rolle als Schüler*innen tauschen sie regelmäßig mit der eines/r Praktikanten*in bzw. Auszubildenden in einer Organisation bzw. einem Unternehmen. Auch dort – und in Ausnahmefällen auch bei den Schüler*innen zu Hause – versuchen Lehrkräfte, sie zu beobachten, um sie in diesen anderen Rollen zu erleben:

> „Ich habe sehr gute Verbindungen zur Praxis, also ich kenne eigentlich jedes Praxisunternehmen. Also in meiner Freizeit gehe ich auch in die Praxis, kein Ding, ne. Bin manchmal drei Stunden dort. [...] Dann habe ich auch in meiner Freizeit, ge, ich bin auch in verschiedenen Vereinen, dass man da die Eltern kennt, die Großeltern kennt, in dem Sinne, nor. Also, dass man da auch Querverbindungen setzen kann und da ein bisschen was weiß von dem Menschen, der da vor einem sitzt. Das ist mir wichtig, dass man auch so Kontakte zu dem Menschen/Schüler hat, um den so besser betreuen zu können. Ich habe hier von meiner Friseurin die Tochter, ich habe hier von meiner Physiotherapeutin den Sohn [...].“ (LK 12, 68)

Auch im Betrieb wird diese Herangehensweise, sich die Lebenswelten der Jugendlichen beobachtend zu erschließen, häufig genannt. Hier legen die Ausbilder*innen zudem eine besondere Aufmerksamkeit auf die praktischen Tätigkeiten und das Miteinander: „Ja, gut an ihren Äußerungen, an dem Umgang untereinander, Umgang mit uns, an ihrem Verhalten, ja, was jetzt die Abarbeitung vielleicht von Arbeitsaufträgen betrifft. Daran kann man schon irgendwo vieles festmachen. Manche Sachen sind ganz einfach nur Verstehen und Erkennen und vielleicht im Umgang miteinander, na ja. Ich sage mal, dadurch, dass man in einer Werkstatt ist, kriegt man ja dann auch viel mit, wie die auch untereinander agieren. Wie sie sich vielleicht betiteln oder wie auch immer. Oder was es da vielleicht für Probleme gibt. Also da ist glaube ich schon auch immer wichtig, dass man als Ausbilder vor Ort ist und dort ein Teil da mit dabei ist in dieser Gruppe" (Ausb 02, 52).

Beobachtungen werden außerdem eingesetzt, um zu beurteilen, wie die Schüler*innen untereinander versuchen, die Lebenswelten der anderen zu erschließen. Solche Versuche zeigen dabei auch zugleich einen Ausschnitt der Lebenswelt der Beobachteten: „Dass es immer wieder Schüler gibt, die mit viel Mitgefühl auf andere Schüler eingehen, das sind meistens Schüler, die selber schon schwierige Situationen durchgemacht haben. Die also selbst schon bemerkt haben, dass sie nach hintenangestellt wurden oder dass sie für irgendwas ausgelacht wurden, für das sie selber nichts können" (LK 24, 4). Verhaltensbeobachtung ist dann auch oftmals Anknüpfungspunkt für Unterrichtsstrategien zum Umgang mit Heterogenität. Die Ausbilder*innen beschreiben ähnliche beobachtende Herangehensweisen, um sich die Lebenswelten der Jugendlichen zu erschließen und zu ergründen, wie diese sich die Lebenswelten der anderen erschließen: „Also es ist unterschiedlich, ich finde immer, Jugendliche, die sehr geistig rege sind und auch schon eine gewisse Ruhe, persönliche Reife mitbringen, zeigen sehr viel Verständnis, Anteilnahme, Hilfsbereitschaft, sitzen das aus. Also wenn sie dann sitzen müssen und müssen warten, weil der Teilnehmer noch nicht fertig ist, ist da kein Problem. Andere finden das sehr ‚kuschelig', wenn sie jetzt Zeit haben, dann befassen sie sich eben mit dem Handy oder führen Eigengespräche, finden eben diese Pause auch recht gut" (Ausb 04, 9).

Indirekt-kommunikativer Zugang
Während der direkt-kommunikative Zugang und die Beobachtung noch eine Konstruktion 2. Ordnung darstellen, so müssen wir bei den nächsten beiden Zugängen – dem indirekt-kommunikativen Zugang und dem Zugang über Dokumente – bereits von einer Konstruktion 3. Ordnung sprechen. Denn in diesen Zugängen wird versucht, über Berichte anderer (2. Ordnung) über die Lebenswelt (1. Ordnung) diese zu rekonstruieren (3. Ordnung). Es ist leicht ersichtlich, dass die Entfernung zur Lebenswelt selbst damit weiter zunimmt und auch die Interpretation seitens der Lehrkraft schwieriger wird, ist diese doch auf die Zuverlässigkeit der Konstruktion 2. Ordnung anderer angewiesen, anstatt sie selbst vorzunehmen. Andererseits sind diese Wege auch konfliktfreier und in dem Sinne ‚bequemer', dass sich die Lehrkraft, anstatt sich direkt mit den Schüler*innen selbst auseinanderzusetzen, sich auf die Beurteilung Dritter verlassen könnte.

Tabelle 2: Zugänge 2. und 3. Ordnung

	Komponente				Mittelwert
	1	2	3	4	
Ich baue Kontakt zu den Eltern meiner Schüler*innen auf.			.738		3,07
Ich tausche mich mit den Klassenlehrer*innen meiner Schüler*innen aus.				.792	1,61
Ich pflege persönlichen Kontakt zu den Ausbilder*innen meiner Schüler*innen.					2,41
Ich hole mir Informationen bei den Sozialarbeiter*innen meiner Schüler*innen ein.			.735		2,68
Informationen über meine Schüler*innen bekomme ich aus meinem eigenen privaten Umfeld.			.526		3,66
Wir tauschen uns im Lehrerkollegium über Schüler*innen aus.				.806	1,49
Ich lese die Lebensläufe meiner Schüler*innen.	.787				2,62
Ich lese die Ausbildungsverträge meiner Schüler*innen.	.714				2,83
Ich lese die Schulzeugnisse meiner Schüler*innen.	.842				2,40
Ich lese medizinische Gutachten meiner Schüler*innen.	.664				2,68
Ich lese die Schülerakten meiner Schüler*innen.	.788				2,61
Ich informiere mich in aktueller Literatur zum Umgang mit Heterogenität.		.895			2,53
Ich informiere mich über die öffentlichen Medien zum Umgang mit Heterogenität.		.882			2,53
Um Lebenswelten vorstellbar zu machen, lade ich betroffene Externe ein.		.400			3,19

Eine Faktorenanalyse über die entsprechenden Fragebatterien in der quantitativen Untersuchung ergab vier Kategorien (KMO ,813), welche sinnvoll interpretierbar waren. Die quantitativen Ergebnisse zeigen dabei, dass der indirekt-kommunikative Austausch hauptsächlich im Lehrer*innenkollegium stattfindet. Auf einer vierstufigen Likertskala, differenziert in sehr häufig (1), häufig (2), selten (3), nie (4), erhielten die Items, sich mit dem/r Klassenlehrer*in ($M = 1,61$) oder im Lehrer*innenkollegium ($M = 1,49$) auszutauschen, hohe Zustimmungswerte. Beide Items ergaben in der Faktorenanalyse einen gemeinsamen Faktor, treten also häufig gemeinsam auf. Eltern der Schüler*innen ($M = 3,07$), Schulsozialarbeiter*innen ($M = 2,68$) oder das eigene private Umfeld ($M = 3,66$) werden dagegen eher weniger konsultiert. Dies erscheint dahingehend nachvollziehbar, als dass Angelegenheiten über Schüler*innen in Vieraugengesprächen oder im Lehrerzimmer direkt ausgetauscht werden. Die weiteren genannten Zugänge über Dritte sind für die Lehrkräfte auch mit einem zeitlichen Mehraufwand verbunden, welchen diese eventuell nicht gewillt sind, auf sich zu nehmen. Weiterhin sind nicht an allen Berufsschulen Schulsozialarbeiter*innen beschäftigt, auf welche zur Informationsbeschaffung zurückgegriffen werden könnte. Informationsquellen wie öffentliche Medien oder aktuelle Literatur werden ebenso teilweise herangezogen, wenn es darum geht, andere Lebenswelten besser verstehen zu können.

In den Gesprächen war jedoch häufiger bereits zu erkennen, dass der indirekt-kommunikative Zugang eher als Ergänzung und zur Vervollständigung des eigenen Bildes, der eigenen Konstruktion der Lebenswelten der Schüler*innen in Kombination mit einem der Zugänge 2. Ordnung wie dem persönlichen Gespräch verwendet wird: „Wir haben auch Auffälligkeiten oder eben ist einfach so, dass sich manche jungen Frauen z. B. eher zu einer Lehrerin hingezogen oder sie auch als Vertraute haben. Und dass wir uns da austauschen, weil dort eben viele Dinge noch zur Sprache kommen, die mit mir nicht so nach vorne dringen oder auch nicht gesagt werden" (LK 08, 14). Die generalisierten Aussagen der quantitativen Erhebung offenbaren dabei eher einen anderen Weg der Entschlüsselung der Lebenswelten. Für die Analyse wurden Items zur Konstruktion 2. Ordnung und 3. Ordnung einer gemeinsamen Faktorenanalyse unterzogen. Dabei ergaben sich fünf Faktoren (KMO ,864). Im Zusammenhang mit der Lektüre von Dokumenten, welche in Verbindung mit den Schüler*innen stehen, kommt es eher zu einem Austausch mit den jeweiligen Ausbilder*innen, in selteneren Fällen auch zu einem Besuch in den Betrieben. Erhobene Dokumente mit Schüler*innenbezug, erneut mit vierstufiger Likertskala und Abfrage der Häufigkeit der Nutzung, waren Lebensläufe ($M = 2,62$), Ausbildungsverträge ($M = 2,83$), Schulzeugnisse ($M = 2,4$), medizinische Gutachten ($M = 2,68$) und Schüler*innenakten ($M = 2,61$). Interessanterweise finden sich im selben Faktor der persönliche Kontakt mit den Ausbilder*innen ($M = 2,83$) sowie der Kontakt zu den Eltern (3,07), welcher in der Praxis aber erkennbar selten ausfällt. Insbesondere Kolleg*innen in der Schule und Ausbilder*innen in den Betrieben dienen dabei als Quelle, um einen erweiterten Einblick in Lebenswelten zu bekommen, bspw. weil sich das Verhalten in anderen Kontexten anders zeigt: „Und auch was sicher immer sehr gut ist, ist der

Austausch mit dem Sportlehrer. Weil, manche Schüler zeigen dann im Sport auch ihr wahres Gesicht. Also dass sie, wenn sie sich frei fühlen, dass sie dann sich engagieren und spielen, mannschaftsdienlich spielen. Da kommen noch einmal Grundzüge zum Tragen, die so in einer Klassensituation wenig sichtbar sind. Die aber dann im Sport, wo die frei agieren, sehr deutlich werden. Und da ist der Austausch auch sehr wichtig, dass dann gesagt wird, ja die drückt sich oder der drückt sich und der ist aber voll dabei und spielt auch mannschaftsdienlich. Und zieht die anderen mit" (LK 08, 14). Dies zeigt sich allerdings auch in den quantitativ erhobenen Daten recht deutlich. Eigene Deutungen zur Lebenswelt von Schüler*innen, welche durch Beobachtung oder direktes Kommunizieren gewonnen wurden, werden im Kollegium oder mit dem/r Klassenlehrer*in abgeglichen. In diesem Fall werden Konstruktionen 2. Ordnung um Konstruktionen 3. Ordnung ergänzt. So findet sich in der Faktorenanalyse der Zugänge 2. und 3. Ordnung ein Faktor, welcher das angesprochene Vorgehen widerspiegelt.

Tabelle 3: Feststellen anderer Lebenswelten bei unerwartetem Verhalten

	Mittelwert
Ich spreche Schüler*innen direkt an, wenn ich ein für sie untypisches Verhalten bemerke.	1,82
Bei Auffälligkeiten lasse ich mir von den betreffenden Schüler*innen ihr Verhalten erklären.	1,87
Ich deute Stimmungsschwankungen von Schüler*innen.	2,22
Ich deute die Körpersprache meiner Schüler*innen.	1,95
In Gruppenarbeiten beobachte ich gezielt den Umgang unter den Schüler*innen. (Beobachtung von Verhalten)	1,66

Auffällig ist, dass die befragten Lehrkräfte andere Lebenswelten häufig an unerwartetem oder abweichendem Verhalten festmachen (Tabelle 3). In Verbindung mit der direkten Ansprache bei untypischem Verhalten ($M = 1,82$) mit dem Ziel, sich dieses erklären zu lassen ($M = 1,87$), sowie der Beobachtung von Stimmungsschwankungen ($M = 2,22$), dem Deuten der Körpersprache ($M = 1,95$) und dem gezielten Beobachten von Schüler*innen in Gruppenarbeiten ($M = 1,66$) tritt eine Verbindung mit Konstruktionen der 3. Ordnung auf. Dies ist dann der Fall, wenn die eigenen Konstruktionen über Schüler*innen im Kollegium oder mit dem/der Klassenlehrer*in besprochen werden, also ein Abgleich mit Konstruktionen 3. Ordnung erfolgt. Anders ausgedrückt: Die entsprechende Lehrkraft holt sich eine zweite Meinung ein und unterzieht ihre Deutungen einem Realitätstest. Diese Form eines indirekt-kommunikativen Zugangs zu den Lebenswelten spielt auch für die Ausbilder*innen eine Rolle, die in den Interviews von ähnlichem Vorgehen berichten: „Und dann war es eben für uns wichtig, dass z. B. der Lehrer, der Stützlehrer, der Ausbilder und der Sozialpädagoge, das war ja bei uns das Team, die haben sich natürlich verständigt, zu der Gruppe und zu jedem Einzelnen. Dann hat jeder natürlich immer was dazu beigetragen und hat gesagt: ‚Na bei mir ist er heute so drauf und da musste gucken und lass den mal heute in Ruhe, tu den mal nicht ganz so' oder, was weiß ich, ‚Der hat die und die Erlebnisse und, und, und'" (Aus 02, 10).

Neben Kolleg*innen sind es auch Externe, von denen sich weitergehende Interpretationen beschafft werden. Das sind bspw. die Eltern, Sozialarbeiter*innen oder Behörden: „Ich hatte zwei Fälle gehabt, die wirklich sehr stark psychische Probleme haben, und die eine auch so angekündigt hat, dass sie selbstmordgefährdet ist, und die hat also einige Stunden bei unserer Sozialarbeiterin mit Gesprächen zugebracht und ich hab mich dann hinterher wiederum mit unterhalten, was dabei rausgekommen ist, worauf man achten müsste, was sie nun so rausgehört hat, ja, da ist die Rückkopplung immer da und das läuft auch ganz gut" (LK 17, 22). In diesen Fällen geht es dann nicht nur darum, einen Einblick zu bekommen, sondern es ist vielmehr zusätzlich von Bedeutung, dass diese Externen als ‚Expert*innen' für solche Lebenswelten betrachtet werden, die außerhalb des eigenen Erfahrungsbereichs liegen. In der quantitativen Auswertung stellt sich der Kontakt zur/zum Schulsozialarbeiter*in als ein Zugang dar, welcher eher selten genutzt wird ($M = 2{,}68$). Dies könnte auch daran liegen, dass nicht jede Berufsschule mit Schulsozialarbeiter*innen ausgestattet ist. Das Gleiche gilt in ähnlicher Form dann auch für den Zugang über Dokumente, wie wir sehen werden. Trotz eines ‚Expertenstatus' entlässt der indirekt-kommunikative Zugang die Lehrkräfte nicht aus der Verantwortung, die Ergebnisse mit ihren eigenen Deutungsmustern in Übereinklang zu bringen: „Ja, also und Sie müssen bedenken, eine Sehkraft von 10 %, sie sehen ja nur noch Umrisse und das ist das, was ich mir im Vorfeld. Wir hatten im Sommer ein Gespräch mit der Behörde und ich habe mich wirklich zu Hause hingesetzt und habe erstmal überlegt: ‚Wie gehst du dem entgegen?'" (LK 14, 16). Exemplarisch zeigt diese Aussage die Schwierigkeit des Verstehens anderer Lebenswelten auf der Grundlage der eigenen.

Eine andere Möglichkeit, Informationen zu erhalten, ist der kommunikative Austausch in institutionalisierten Zusammenkünften, wie in Aufnahmegesprächen vor Schulantritt, bei Elternabenden oder Schülerkonferenzen. Im persönlichen Austausch mit den Schüler*innen sowie deren Eltern lernen Lehrkräfte die Lebenswirklichkeiten kennen und können Nachfragen stellen. „Also, wir haben ja Aufnahmegespräche, an denen ich teilnehme. Dort lernen wir die Eltern kennen und auch die Schüler erhalten dort das Wort zu sprechen" (LK 06, 6). Zudem wird der Zugriff auf Informationen externer Stellen genutzt. Darunter fällt der Austausch mit Kolleg*innen (schulintern und schulextern), Sozialpädagog*innen, Schulsozialarbeiter*innen, Mitarbeiter*innen der ausbildenden Betriebe: „Also, das finde ich sehr schwierig, wenn man da so ohne Ausbildung in dem Sinne, also ich war auch regelmäßig bei den Sozialpädagogen und habe mir Hilfe gesucht, weil ich dann teilweise mit den Situationen überfordert war, weil man ihnen ja doch helfen möchte" (LK 04, 13).

Zugang über Dokumente

Tabelle 4: Zugang über Dokumente

	Mittelwert
Ich lese die Lebensläufe meiner Schüler*innen.	2,62
Ich lese die Ausbildungsverträge meiner Schüler*innen.	2,83
Ich lese die Schulzeugnisse meiner Schüler*innen.	2,40
Ich lese medizinische Gutachten meiner Schüler*innen.	2,68
Ich lese die Schülerakten meiner Schüler*innen.	2,61

Ebenfalls eine Konstruktion 3. Ordnung stellt der Versuch dar, Lebenswelten über Dokumente – die in der Regel keine Autobiografien sind – zu erschließen. Hier handelt es sich um Fördergutachten, Lebensläufe etc. In ihnen haben andere ihre Meinung zu den Gegebenheiten der Lebenswelt der Betroffenen direkt oder indirekt wiedergegeben. Lebensläufe ($M = 2{,}62$), Ausbildungsverträge ($M = 2{,}83$) sowie medizinische Gutachten ($M = 2{,}68$) und Schülerakten ($M = 2{,}61$) gehören zu den Dokumenten, die eher seltener von den Lehrkräften genutzt werden. Schulzeugnisse ($M = 2{,}40$) hingegen, wohl auch, da diese leichter zugänglich sind, dienen häufiger zur Informationsbeschaffung. Diese Dokumente werden nun benutzt, um das eigene Verständnis zu untermauern oder auch erst zu ermöglichen. Das führt dabei zu einer gewollten oder ungewollten Abhängigkeit von der Qualität der Konstruktion Dritter, ermöglicht auf diese Weise aber auch, die Verantwortung für diesen Prozess auf andere zu schieben und sich auf Formalia zurückzuziehen: „Also selbst, wenn wir Schüler aus der (Bereich) bekommen, die ganz einfach hier eine Ausbildung machen, haben wir als Lehrer keinen Einblick, warum sitzt der überhaupt in der (Bereich). Das ist ganz einfach nicht irgendwo, dass man da eine Information kriegt, man nimmt den als Schüler xyz wahr" (LK 20, 28). In den Gesprächen fiel dabei auf, dass, anders als bei indirekt-kommunikativen Zugängen, Dokumente eher als alleiniger Zugang benutzt werden resp. dass die Bemühungen um ein eigenes Verstehen der Lebenswelt beim Vorhandensein von Gutachten, Schülerakten oder Attesten tendenziell geringer ausgeprägt wirkten: „Wir kriegen dann immer so einen Zettel, wo die Behinderungen draufstehen. Nur mal so ein Beispiel, ne, und die liest man und die tut man dann wieder weg. Ich habe 19 verschiedene Klassen, d. h., ich weiß manchmal gar nicht die Namen, ne, so. Und dann sitze ich im Unterricht, die schreiben noch Arbeit z. B., und da bin ich ehrlich, das ist jetzt die Erfahrung, die ich gemacht habe, und da bin ich ehrlich, da gucke ich erstmal, wer ist denn das überhaupt mit welcher Behinderung" (LK 16, 59). Die quantitativen Daten bestätigen, dass ein Zugang über Dokumente eher als alleiniger Zugang genutzt wird. Als Ergänzung treten lediglich der Besuch von Betrieben und der Kontakt zu den Ausbilder*innen auf. In der Faktorenanalyse zum gemeinsamen Auftreten der Zugänge 2. und 3. Ordnung tritt die Nutzung von Dokumenten lediglich gemeinsam mit dem Kontakt zu Ausbilder*innen auf.

Lehrkräfte suchen beim Erschließen von Lebenswelten häufig nach Formalia, nach Gutachten oder Bewertungen anderer, die ihnen Orientierung bieten können. Dabei verlassen sie sich auf Deutungen von beauftragten offiziellen Stellen, welche Erkrankungen diagnostizieren oder Benachteiligungen feststellen. Weiterhin findet ein Austausch mit Kolleg*innen statt, deren Deutungen dann mit der eigenen Deutung in Relation gesetzt werden. So erfolgt eine Ko-Konstruktion der Lebenswelten von Schüler*innen. „Also wir unterhalten uns ja nun auch, wenn mehrere in einer Klasse sind, und wir tauschen uns ja auch ein bisschen aus. (...) Wir wissen sehr, sehr wenig" (LK 03, 22). In Verbindung mit den anderen Strategien zum Erschließen von Lebenswelt sowie den Erkenntnissen aus den Beobachtungen der Schüler*innen versuchen Lehrkräfte, sich ein genaueres Bild über deren Lebenswelt zu verschaffen. Teilweise geschieht dies vor Beginn eines Schuljahres, wenn sich Lehrkräfte über ihre neuen Schulklassen informieren, aber auch im laufenden Lehrbetrieb, wenn Herausforderungen im Umgang mit Schüler*innen auftreten. Indem sie Informationen zusammentragen, erweitern Lehrkräfte die Horizonte ihrer eigenen Lebenswelt, was wiederum dazu führt, das mögliche Situationsdefinitionen auf korrespondierende Abschnitte in der Lebenswelt der Lehrkräfte verweisen können. Eine übereinstimmende Situationsdefinition von Schüler*innen und Lehrkraft wird so wahrscheinlicher.

Ein Zugang erfolgt über formale Unterlagen, welche Informationen über Schüler*innen enthalten. „Na ich hab, also wir fordern ja am Anfang des Schuljahres immer die Schülerunterlagen aus der abgebenden Schule an, und wenn es ein Fördergutachten gibt, dann fordern wir das mit ein. Meistens kriegen wir das, manchmal kriegen wir es nicht" (LK 13, 30). Teilweise sind diese von einer spezialisierten zuständigen Institution aufbereitet, wodurch diese von den Lehrkräften als besonders glaubwürdig eingestuft werden. So können bspw. sonderpädagogische Fördergutachten, bereits bestehende Schülerakten, eventuell Lebensläufe, ärztliche Atteste und in bestimmten Fällen Krankenakten eingesehen werden. Die Ausbilder*innen beklagen dagegen, dass eben diese Informationen – insbesondere bei kurzfristigen überbetrieblichen Lehrgängen – häufig fehlen bzw. nicht mehr so umfangreich zur Verfügung stehen, wie das in früheren segregierten Ausbildungen der Fall war:

> „Weil, wenn ich eine neue Lehrlingsgruppe kriege, kriege ich einen Zettel. Der sieht folgendermaßen aus. Das ist so ein Zettel und da habe ich das Alter, Geburtsdatum, Wohnort und die Ausbildung, die er macht. So, und das war es. Ich kenne keine Schulbildung, ich weiß nicht, aus was für einem Haushalt der kommt, ob er vielleicht im Heim ist oder was weiß ich. Nichts, ich habe ja keine Information. Ich kann mir das alles nur stückchenweise erarbeiten. Es gibt zwar dann so einen Laufzettel von der EU wegen den Fördermitteln, wo sie dann mal ankreuzen, ob sie Migrationshintergrund haben und was für eine Schulbildung sie haben und da sehe ich das erste Mal, was sie für eine Schulbildung haben, wenn ich sie nicht selber fragen würde. Aber ich hätte ja normalerweise ja gar nicht das Recht dazu, die auszufragen. Das ist ja nun nicht meine Aufgabe. Früher bei der Reha-Ausbildung hatte ich eine Akte, die ich von der Sonderschule gekriegt habe und die bin ich dann mit dem Sozialpädagogen durch vorher, und da wussten wir schon mal, wo sind manche Probleme, was hat der vorherige Sozialpädagoge oder Lehrer geschrieben." (Ausb 05, 22)

Daher greifen die Ausbilder*innen dann in der Regel auf direkte Zugänge zu den Lebenswelten der Auszubildenden zurück: „Der Autismus wird mir vor dem nicht gesagt, also ich treffe auf die Jugendliche ohne irgendwelche Vorinformationen, dass ich erstmal mir selber ein Bild mache" (Ausb 04, 2).

Prokrastination

Der Umgang mit Heterogenität, insbesondere auch mit gesteigerter Heterogenität im Rahmen von Inklusion, ist eine Herausforderung, der sich nicht alle Lehrkräfte in unseren Gesprächen so ohne Weiteres stellen wollten. Was sich im Zugang über Dokumente bereits andeutet, findet hier seinen Niederschlag, nämlich das Verschieben der Versuche, Zugänge zur Lebenswelt der Schüler*innen zu bekommen, auf einen späteren, eher unbestimmten Zeitpunkt. Das wurde dann damit begründet, dass sie sich nicht qualifiziert genug fühlten: „Das Problem, was ich so sehe, auch als Lehrer, dass dieser Bereich in meiner Ausbildung, die ist jetzt noch nicht so lange her, aber da wurde sowohl in der universitären Ausbildung als auch jetzt im Studienseminar noch relativ wenig gemacht, obwohl man eigentlich so viel mit so einer pädagogischen Schüler, also Schüler die mit sonderpädagogischen Bedarf hier sitzen, zu tun hat. Man ist da relativ alleingelassen auf dem weiten Feld. Das hat mich jetzt auch bewegt dazu, so eine Zusatzqualifizierung noch zu machen, die ich jetzt nebenbei angefangen habe" (LK 18, 6). Es zeigt zugleich die Notwendigkeit, in der Aus- und Weiterbildung von Lehrkräften verstärkte Anstrengungen zu unternehmen, den Lehrkräften Mittel des Umgangs mit Heterogenität an die Hand zu geben.

Es zeigt sich jedoch auch, dass indirekt-kommunikative Zugänge in Form von Formalia auf eine weitere Weise Wirksamkeit in der Praxis erzeugen. Als Ursache für das Misslingen des Erkennens und Verstehens der Lebenswelten der Schüler*innen verweisen Lehrkräfte auf Faktoren, auf die sie, ihrer eigenen Einschätzung nach, keinen Einfluss haben oder die als unveränderbar angesehen werden. Die Nichtberücksichtigung von Bedarfslagen Einzelner wird mit strukturellen Zwängen (Zeit, Frequenz, Prüfungsdruck, Einhaltung des Lehrplans) oder einer generellen Unvereinbarkeit von Behinderung und Beschulung im Kontext der Berufsschule (Divergenz von Person und Schulsystem) begründet und somit von der eigenen Verantwortung für das Unterrichtsgeschehen entkoppelt. Wie unserer Befragung der Schüler*innen zu entnehmen ist, werden solche Formen der Nichtberücksichtigung, wie bspw. der Verweis auf mangelnde Zeit, durchaus wahrgenommen. Ihrer Einschätzung zufolge kennen sie Berufsschullehrkräfte, „denen ist das halt einfach egal und sie machen ihr Ding und denken sich: ‚Ja, die hat, die werden schon zusehen und oder muss zusehen, wie sie da halt mitkommt, und kann ja auch andere Mitschüler fragen und ich habe dafür keine Zeit'" (Sch 19, 65). Die Lehrer*innen berichten zudem über eine hohe Anzahl von Schulklassen, welche sie durch das Schuljahr begleiten. Eine Zuordnung von Personen zu einer bekannten Behinderung oder Benachteiligung scheint auf diese Weise erschwert. „Ich habe 19 verschiedene Klassen, d. h., ich weiß manchmal gar nicht die Namen, ne, so. Und dann sitze ich im Unterricht, die schreiben noch Arbeit z. B., und da bin ich ehrlich, das ist jetzt die Erfahrung, die ich gemacht habe, und da bin ich ehrlich, da gucke ich erstmal, wer ist denn das überhaupt mit welcher Behinderung" (LK 16, 59). In Bezug auf die Klassengröße stützen die befragten Schüler*innen die Einschätzung der Lehrkräfte, dass in ihren Berufsschulklassen ein ungünstiges Betreuungsverhältnis zwischen Lehrer*in und Schüler*innen herrscht: „Wenn die Klassen halt größer sind. Z. B. jetzt meine Klasse sind 29 Schüler, da kann der Lehrer halt nicht auf jeden Einzelnen so eingehen" (Sch 06, 06) und „es war eigentlich ganz angenehm, wenn die Gruppe kleiner war, weil da konnte sich der Lehrer halt besser auf einen konzentrieren" (Sch 06, 06).

Berichtet wird auch, dass natürlich Unterrichtszeit, welche normalerweise mit Unterrichtsinhalten gefüllt ist, aufgewandt werden muss, um die Lebenswelten der Schüler*innen tiefer zu durchdringen, was nicht immer als unproblematisch oder gewollt betrachtet wird: „Und auch das ist wieder mit Arbeit verbunden, mit Unterrichtszeit, die verloren geht, aber letztendlich kann man sich so in die Schüler hineinversetzen. Man *muss* ihnen einfach zuhören. Und gerade bei unseren hier, die freuen sich sehr, wenn man ihnen zuhört" (LK 06, 10). Allerdings, und dies zeigt sich in dieser Aussage deutlich, sind Lehrkräfte immer wieder bereit, diese Zeit zu investieren. Andere Gesprächspartner*innen sehen das duale System in seiner Struktur als hinderlich für inklusive Prozesse an: „Das Problem, was wir haben im dualen System, ist, sie sind jetzt bei uns gerade zwei Tage oder im Blockunterricht eine Woche hier und danach sind sie in der Praxis und dann versucht man eher Lerninhalte, auf diese persönliche Schiene ist immer schwer einzugehen" (LK 20, 18). Durch den Wechsel der Lernorte und die damit verbundene Diskontinuität im Kontakt mit den Schüler*innen sowie die begrenzte Zeit in der Berufsschule (im Durchschnitt 12h/Woche) berichten einige Lehrkräfte von Herausforderungen, die Lebenswelten besser zu verstehen zu können. Auch von den Ausbilder*innen wird ein ähnliches Phänomen beschrieben, welches insbesondere für zeitlich begrenzte überbetriebliche Ausbildungsanteile konstatiert wird: „Muss man sich entsprechend drauf einstellen, aber wie gesagt, man darf sich da auch selbst als Ausbilder die Ziele nicht zu hoch selbst stecken. Was soll ich denn in einer Woche machen? Bei einer Ausbildung, die 3,5 Jahre geht, ist das was anderes. Da kann ich ja bestimmt auch, bestimmte Sachen auch bewirken und machen, aber wie gesagt, bei so einem Kurs, eine Woche, na ja, das ist eher schwieriger" (Ausb 06, 48). So verstanden dienen Formalia dann als Rückzugpunkt, persönliche Entlastung oder sogar Freisprechung von eigener Verantwortung für das Schaffen resp. Nichtschaffen inklusiver Settings. Den Lehrkräften erscheint es dann, in ihren gegebenen Rahmenbedingungen, unmöglich, anders zu handeln: Es erfolgt ein Rückzug von der individuellen Ebene der Lehrkraft auf die institutionelle Ebene der Berufsschule, die eine zunehmende Heterogenität und damit Komplexität nicht verarbeiten kann.

4.2 Zum Verstehen von Lebenswelten

Die unterschiedlichen Varianten der Zugänge zu Lebenswelten sind nur ein erster Schritt. Das dort Vorgefundene muss im Weiteren verarbeitet, also rekonstruiert werden (zweiter Schritt, vgl. Abbildung 6), damit es in einem dritten Schritt zur Grundlage inklusiver Lehr-Lern-Prozesse werden kann. Einen Zugang zu ihnen zu bekommen ist die Voraussetzung, um sie im Weiteren verstehen zu lernen (Entwicklung von Verständnis). Dabei wird im Verstehensprozess auch oftmals deutlich, dass eigene Grenzen den Zugang behindern und überwunden werden müssen.

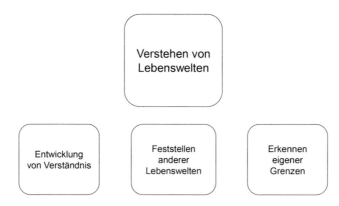

Abbildung 6: Verstehen von Lebenswelten

Die jeweils eigene Lebenswelt dient immer als Ausgangspunkt, um andere Lebenswelten zu erschließen. In der Regel geschieht das unbewusst, einige Lehrkräfte konnten das jedoch explizieren und so ihren Verstehensprozess verbessern, indem sie ihre eigene Lebenswelt explizit als Konstruktionshintergrund verwenden. „Konstruktionshintergrund" verweist dabei auf den konstruktivistischen Charakter des Erkennens- und Verstehensprozesses: Bereits das Bewusstwerden der eigenen Lebenswelt stellt keine Tatsachenbeobachtung, sondern eine je eigene Konstruktion dar. Wird diese Lebenswelt expliziert und von anderen verarbeitet, so stellt diese Verarbeitung selbst wieder eine Konstruktion dar, mithin eine Konstruktion der Konstruktion des anderen[19], also eine Konstruktion anderer Lebenswelten. Ebenfalls vor diesem Hintergrund berichten die Lehrkräfte davon, dass sie die Lebenswelten zu verstehen versuchen, indem sie versuchen, sich in den anderen hineinzuversetzen. Dieses ‚Hineinversetzen' ist so der Versuch, mithilfe der eigenen Rationalität die des anderen zu verstehen: „Es ist offenbar: daß, wenn man sich ein denkend Wesen vorstellen will, man sich selbst an seine Stelle setzen und also dem Objecte, welches man erwägen wollte, sein eigenes Subject unterschieben müsse" (Kant, 2003, A 223).

---

19 Es ist in vielerlei Hinsicht aufgezeigt worden, dass das Verstehen des anderen immer darauf beruht (resp. beruhen muss), dass man seine eigenes Selbst als Ausgangspunkt nimmt, um das des anderen zu erfassen. Vgl. bspw. Glasersfeld, 1998; Kant, 2003; Mead, 1998.

4.2.1 Entwicklung von Verständnis

Selbst wenn ein Zugang zur Lebenswelt anderer gelingt, so bedeutet das noch nicht, dass das Vorgefundene auch umstandslos verstanden wird bzw. es gewollt ist, die Lebenswelt zu verstehen. Was wir in den Gesprächen beobachten konnten, war mitunter, dass sich erst mit dem Zugang zur Lebenswelt ein Verständnis für die Verschiedenheit entwickelte. Die Konfrontation mit anderen Lebensumständen verändert dabei auch die eigenen Deutungsmuster: „Ich wusste z. B. *nicht*, dass z. B. Gehörlose eine völlig andere Denkstruktur, eine andere auch Informationsstruktur haben. Und da habe ich ein paar Mal abends mit jemandem gechattet, der selbst gehörlos ist, um erstmal zu erkennen, dass so feine Wörter gar nicht wichtig sind, so formulierungsmäßig, dass das für die alles sehr pragmatisch läuft" (LK 03, 12). Obschon Lehrkräfte beruflicher Schulen Heterogenität bereits durch die Struktur des beruflichen Bildungssystems gewöhnt sind, bewirken Einblicke in die Lebenswelten der Schüler*innen bei denen, die sich darauf einlassen, Überraschungsmomente, die dann zum Umdenken und so zu einer Sensibilisierung für andere Lebenswelten führen. Das Beispiel einer Lehrkraft, die ursprünglich aus der allgemeinbildenden Schule stammt, verdeutlicht die skizzierte Entwicklung: „Mein Weltbild hat sich ganz stark geändert. Ich habe nur mal eine klassische Ausbildung am Gymnasium gemacht, ich bin eigentlich Gymnasiallehrerin, hab aber hier dann mal ein Praktikum gemacht und dachte Berufsschule, wo man Pädagoge sein kann, das ist meine Herausforderung. Und das ist auch genau die Herausforderung" (LK 06, 16). Auch seitens der Ausbilder*innen wird von Veränderungen des eigenen Umgangs mit den Auszubildenden berichtet:

> „Also in meiner Entwicklung hat es mich positiv beeinflusst, weil ich verschiedene Lebensmodelle kennengelernt habe und weil ich die Erfahrung machen konnte, dass das, was ich als richtig empfunden habe, oft nicht richtig ist, dass ich also auch, ich habe manchmal gedacht: ‚Aus der wird Nichts.' Und dann wurde es. Das habe, also da habe ich mich geändert. Also heute mache ich das nicht mehr so einfach, dass ich eine Schublade aufmache, da jemanden reinstecke, weil ich heute denke, viel geht mit Unterstützung gut, und wenn sich die Lebensumstände ändern bei den Mädels, Auszubildenden, kann vieles gut gehen, auch bei denen, die große Schwierigkeiten motorisch hatten, wo man denkt, die können doch nie in dem Beruf Fuß fassen, arbeiten viele heute noch und haben sich trotzdem eingefunden." (Ausb 03, 32)

Es wird sogar teilweise berichtet, dass sich dadurch die eigene Persönlichkeit stark verändert bzw. entwickelt hat: „Was bin ich überhaupt für eine Persönlichkeit? Und ich bin eigentlich von Hause aus ein Analytiker, im höchsten Maße. Und über die Jahre bin ich sehr kooperativ geworden, also ein Analytiker ist ja sehr, einer, der viel arbeiten kann, aber so die zwischenmenschlichen Beziehungen eigentlich nicht immer würdigt. Gegenstände, alles was so im Raum ist. Geld, sage ich jetzt mal so, ist wichtiger als der Mensch und in den Jahren hat man einfach gemerkt, diese kooperative Seite, die soziale Seite ist ausgeprägter geworden und man hat das Empfinden für viele Dinge, die so zwischenmenschlich passieren, auch in der Kommunikation passieren, dass man auch zwischen den Zeilen lesen kann, also hören, lesen kann und das beeinflusst mich" (Ausb 04, 17).

Wie weit die Lebenswelten voneinander entfernt sind, lässt sich auch dadurch erahnen, dass auch jenseits von Behinderungen Lebensweltdiskrepanzen aufscheinen, die bei den Lehrkräften durch individuelle Betroffenheit einen Umdenkens- und Verstehensprozess anstoßen: „Und da war ein 17-jähriges Mädchen, die sagte zu mir: ‚Oh Frau XY, ich freue mich so auf Weihnachten'. Ich sage: ‚Warum freuen Sie sich denn so?' ‚Ich bekomme meine erste eigene Uhr, Armbanduhr'. Da war ich so platt, das sind so, so diese Erfahrungen, und sich da reinzuversetzen" (LK 14, 28).

Erfahrungen mit heterogenen Gruppen wirken sich nach Ansicht unserer Lehrkräfte auf das Verständnis für die besonderen Lagen des/der Einzelnen positiv oder – bei einem Scheitern – negativ aus. Gehen wir davon aus, dass die Auseinandersetzung mit den besonderen Lebenswelten behinderter oder benachteiligter Schüler*innen das Verständnis für diese erhöht, dann kann es gelingen, sich besser in ihre Lebenswelt hineinzuversetzen bzw. diese besser zu rekonstruieren.

> „Simples Beispiel: Warum haben die alle ihr Handy mit, die Geflüchteten? Wo ich krank war und musste mit der Rettung ins Krankenhaus gebracht werden, war das Erste, woran ich gedacht habe: ‚Mein Handy.' Also, ich meine, ähnliche Situation, mir ging es nicht gut, ich musste, mir musste geholfen werden, ich musste weggebracht werden ins Krankenhaus. Der einzige Gedanke war: ‚Mein Handy', weil, das ist die Verbindung zur Außenwelt, so kann ich mit meinen Leuten ... kommunizieren. Und das sind so Effekte, wenn man einfach mal einen Meter über sich drüber guckt und mal über den Schatten rausguckt, dass man sich in so Situationen reinversetzen kann und dann eben die Schüler eben dadurch auch kennenlernt." (LK 22, 28)

Das gilt auch für die Entwicklung von Verständnis unter den Schüler*innen selbst. So äußerte eine der befragten Schüler*innen, sie „finde es manchmal interessant, andere Dinge so zu sehen (...), wie die anderen das versuchen" (Sch 02, 36) und „z. B. mit der Mitschülerin, die ein Kind bekommen möchte, habe ich es am Anfang gar nicht verstanden, (...) sie hatte eine abgeschlossene Ausbildung, (...) Wo ich mir gesagt habe, okay, also ich persönlich, ich (...) brauche es nicht, ich gehe nach meinem Weg und für mich würde das gar nicht infrage kommen. Also, dafür war ich (...) erstmal schockiert, weil ich gedacht habe, okay, andere denken so, okay (...). Es gibt noch andere Varianten, sein Leben so anders gehen zu lassen" (Sch 02, 38). Hier wird bereits angedeutet, dass Verständnis die Kenntnis von lebensweltlichen Horizonten und Grenzen voraussetzt und die Öffnung der Lebenswelt für den anderen entsprechendes Vertrauen erfordert. Das Vertrauen wiederum benötigt Akzeptanz der Grenzen und Horizonte des anderen, um dessen Öffnungsprozess nicht zu hemmen. Die Entwicklung von Verständnis für die Schüler*innen kann begünstigt werden, wenn bei beobachtetem (Fehl-) Verhalten der Schüler*innen die dahinterliegenden Entscheidungsprozesse und Motive der Schüler*innen ebenfalls berücksichtigt werden. Gespräche über Ursachen von abweichendem Verhalten helfen dabei, Verständnis zu entwickeln.

Offenheit ist eine individuelle Charaktereigenschaft der Schüler*innen, die mal mehr und mal weniger ausgeprägt ist. Die Neigung zur Offenbarung der Lebenswelten der Schüler*innen oder zum Verschweigen hängt also auch mit der jeweiligen Persönlichkeit der einzelnen jungen Menschen zusammen. Offenbarung wird dadurch erleichtert oder stößt an eine Grenze. Je offener bzw. umfangreicher die Schüler*innen ihre Lebenswelt offenbaren, desto leichter fällt der Lehrkraft der Umgang mit diesen Schüler*innen und die Entwicklung des Verständnisses: „Also ich weiß, dass jemand psychische Probleme hatte oder extrem in Stresssituationen war aufgrund der Vergangenheitsbewältigung. Dass der dann auch häufiger dann einfach mal, ja ausrasten, ist jetzt das falsche Wort. Also eigentlich ein stiller Typ, aber wenn es jetzt, manchmal wird es auch laut durch Diskussionen, privater Natur, als auch im Unterricht, aber diese Schülerdiskussionen, dass ihn das einfach so gestresst hat, dass er einfach danach mal gesagt hat: ‚Jetzt mal Ruhe einkehren' oder so. Was man eigentlich nicht von ihm erwartet" (LK 02, 66).

Der Prozess, die Lebenswelten der Schüler*innen nachzuvollziehen, um Verständnis zu entwickeln, kann für die Lehrkräfte motivierend und herausfordernd sein. Konstruktionen zur Lebenswelt des anderen sind zum einen Ergebnis des sich entwickelnden Verständnisses für den anderen, bilden aber auch eine Grundlage für die Weiterentwicklung des Verständnisses. Jedoch sehen nicht alle Lehrkräfte es als ihre Aufgabe an, mithilfe des Verstehens von Lebenswelten in heterogenen Gruppen zu vermitteln: „Aber ich neige auch wirklich dazu, das nicht so viel einfließen zu lassen. *Weil meine Hauptaufgabe darin besteht, diesen Stoff zu vermitteln und diesen Stoff bis 28. Juni, glaube ich, durchzuhaben. Das ist meine Hauptaufgabe*" (LK 21, 56; Hervorh. d. V.). Hier zeigt sich ein strukturelles Problem der bildungspolitischen Ansprüche einerseits und der schulischen Realität andererseits, das für inklusive Bildung noch zu bearbeiten wäre.

4.2.2 Das Feststellen anderer Lebenswelten

Die Lehrkraft muss im Verlauf des Unterrichts einschätzen, welche Kommunikation anschlussfähig ist und welche nicht. Um besser antizipieren zu können, wann dies der Fall sein könnte, oder im laufenden Unterrichtsprozess feststellen zu können, ob eine anschlussfähige Kommunikation vorherrscht, bedarf es eines Verständnisses der Lebenswelt der Schüler*innen. Im Gespräch mit den Lehrkräften und der anschließenden Auswertung wurde untersucht, auf welche Art und Weise sie andere Lebenswelten ausmachen. „Feststellen" ist dabei nicht als Ausdruck zu verstehen, der etwas statisch ‚*feststellt*', sondern er beschreibt allgemein das Erkennen oder das Aufmerksamwerden auf eine andere Lebenswelt.

Das Feststellen anderer Lebenswelten durch die Lehrkraft erfolgt anscheinend dann, wenn ein Abweichen von auf irgendeine Art und Weise gesetzten Werten und Verhaltensnormen wahrgenommen und hinterfragt wird oder bei den Schüler*innen Frustrationsgrenzen erreicht werden, bzw. in Konflikt- und Problemsituationen. Zwei Items aus der quantitativen Analyse bestätigen diese Annahme. Schüler*innen werden angesprochen, wenn sie sich untypisch verhalten ($M = 1{,}82$). Weiterhin erfolgt darauf meist die Aufforderung, das eigene Verhalten zu explizieren ($M = 1{,}87$). Lehrkräfte entwickeln über die Zeit des gemeinsamen Arbeitens ein Bild, verbunden mit Erwartungen zu Verhalten und Auftreten ihrer Schüler*innen. Werden bspw. Stimmungsschwankungen beobachtet ($M = 2{,}22$), versuchen Lehrkräfte im kommunikativen Austausch, die Hintergründe zu erfahren. Das Feststellen anderer Lebenswelten geht dabei über die reine Beobachtung von Verhalten oder Handeln hinaus, da dieses reflektierend mit Wissen über die Lebensumstände, Erlebnisse und Erfahrungen der Schüler*innen verknüpft wird. Auf diese Weise versucht die Lehrkraft, eine holistische, sicher nie vollständige Durchdringung der Lebenswelt der Schüler*innen zu erreichen. Dabei kommen die im Punkt „Zugänge zu anderen Lebenswelten" bereits besprochenen Ansätze zum Einsatz. Die daraus extrahierten Erkenntnisse setzen Lehrkräfte bewusst oder unbewusst ins Verhältnis zu ihren eigenen Erfahrungen und den dadurch etablierten Sichtweisen. So versuchen sie, die Lebenswelt der Schüler*innen in den Grenzen ihrer eigenen Lebenswelt zu erschließen. Dies geschieht nicht immer erfolgreich und wird teilweise auf der Grundlage des eigenen Habitus als sehr herausfordernd beschrieben:

> „Weil, mich hineinzuversetzen, im Prinzip in die Lebenswirklichkeit einzudringen, würde ja auch heißen, ich müsste ja im Prinzip deren Lebenswirklichkeit verstehen. Die verstehe ich aber zu großen Teilen nicht, weil ich aus einer ganz anderen Richtung auch komme, aus sozial anderen Richtungen, aus bildungsmäßig anderen Richtungen als manche Schüler. Muss man ja ehrlich gesagt auch sagen. Ich glaube, jemand der sein ganzes Leben von Hartz IV gelebt hat und von seinen Eltern das z. B. nur so wahrnimmt, dass es auch irgendwie so geht, und der sich dann quält, in die Schule zu gehen, dem seine Lebenswirklichkeit kann ich nicht verstehen. Ist für mich unheimlich schwierig zu verstehen zumindestens." (LK 03, 26)

In diesem Fall kommt die Lehrkraft zum Ergebnis, dass sich die eigene Lebenswelt von der einer Familie, welche Hartz IV bezieht, deutlich unterscheidet. Gleichzeitig werden bereits einige Annahmen über die jeweils andere Lebenswelt mitkonstruiert, wenn erwähnt wird, dass ein Jugendlicher aus diesem Umfeld wahrscheinlich eher weniger Lust verspürt, in die Schule zu gehen. Hier liegen Aspekte der Lebenswelt des Schülers außerhalb des Horizonts der Lehrkraft. Ähnlich wird dies auch von den Ausbilder*innen beschrieben: „Ja, also ich hatte mal einen Auszubildenden, der hat mich da ganz wüst beschimpft mitten im Unterricht. Er war halt mit irgendwas unzufrieden und das konnte ich mir überhaupt nicht erklären. Und wenn das, ja, wenn ich das bei Ihnen hier machen würde, würden Sie sagen: ‚Na, der hat aber eine!' und dann hat der Herr (Name des Ausbilders): ‚Du, der sieht das nicht so. Bei ihm zu Hause ist das so. Da ist das der Umgangston so und da fallen halt auch mal solche Worte und der meint das aber gar nicht so'" (Ausb 02, 10). Auch hier lagen Teile der Lebenswelt des Auszubildenden zunächst außerhalb des Horizonts, was jedoch durch ein Gespräch mit einem Ausbilderkollegen geklärt werden konnte.

Abbildung 7 stellt die einzelnen Facetten des Feststellens anderer Lebenswelten noch einmal zusammenfassend dar:

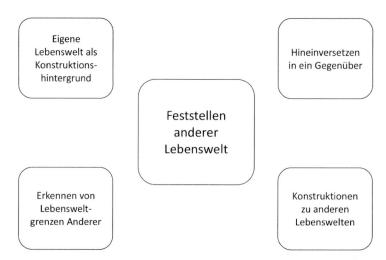

Abbildung 7: Feststellen anderer Lebenswelt

Hineinversetzen in ein Gegenüber

Das Sich-Hineinversetzen in die Schüler*innen und das Nachvollziehen ihrer Emotionen scheinen wichtige Grundlagen für den Umgang mit den Schüler*innen zu sein. Bildlich gesprochen versuchen Lehrkräfte dabei, in den Schuhen des Gegenübers zu stehen, dessen Perspektive einzunehmen, dann dadurch reflektierend die unbekannte Lebenswelt zunächst rein kognitiv zu erschließen. Dabei wird bewusst versucht, die jeweiligen Lebenswirklichkeiten und Begleitumstände mitzudenken und die jeweiligen Empfindungen zu antizipieren. Das wiederum bedeutet auch, dass Lehrkräfte über die jeweiligen Lebenswirklichkeiten informiert sein sollten. Die emotionale Ebene ist bei der Ausdeutung von Lebenswelt ebenso von Bedeutung. Das folgende Beispiel zeigt einen solchen Ansatz:

> „Was ich auch mache ist, ich versuche mich in solche Situationen reinzudenken und was ich in so einer Situation machen würde. Ne also, anderes Beispiel, jetzt nicht mit Behinderung oder so, aber die Ausländer. Warum sind die geflohen? Wie ging es denen? Was haben die unterwegs alles erlebt? So dieses berühmte über den Tellerrand drüber gucken und dann eben gucken, wie würde ich in so einer Situation reagieren, und da erschließen sich manche Sachen, wo ich sage: Ok ich würde es vielleicht genauso machen." (LK 22, 28)

Diese Passage zeigt auf, dass das Erschließen einer anderen Lebenswelt in Relation zur eigenen Lebenswelt erfolgen könnte, indem sich Lehrkräfte reflektierend bewusst in die Situation der Schüler*innen begeben und deren Horizonte und die sich daraus ergebenden Konstruktionen zu anderen Lebenswelten ins Verhältnis setzen.

Auch die Ausbilder*innen haben ähnliche Herangehensweisen beschrieben, in denen sie versuchen, sich in die Lebenswelten der Auszubildenden hineinversetzen: „Aber die haben dann schon gesagt: ‚Na ja, das und das' oder: ‚Ja, achte mal darauf' und: ‚Das sind vielleicht seine Erfahrungen gewesen', ob Kindheit oder Familie, wie auch immer, und dann hat man sich ganz einfach wieder ein Stück zurück erst einmal versetzt und gesagt: ‚Ok, wenn ich mich jetzt da reindenke, dann kann ich mir das eher vorstellen, dass der so schnell da die Contenance verliert'. Und dann passiert es halt auch einmal, aber das ist, ja, fast überall in Gruppen, dass es auch mal bisschen überschwappt. Es ist nie ernst gewesen, muss ich sagen" (Ausb 02, 54). Auch hier erfolgt eine Konstruktion zur Lebenswelt, nachdem sich bewusst in die Situation hineinversetzt und das festgestellte Verhalten reflektiert wurde. Die Passage zeigt zudem, dass solche Prozesse neben dem Auslöser eines Fehlverhaltens auch durch Gespräche mit Kolleg*innen initiiert werden können.

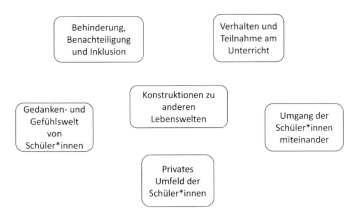

Abbildung 8: Konstruktionen zu anderen Lebenswelten

Konstruktionen zum Verhalten und zur Teilnahme im Unterricht

Dabei stehen Einstellungen zur Schule/Ausbildung, Motive und Motivation, Interesse und Volition, Lernverhalten bzw. Lern- und Leistungsfähigkeit im Fokus der Konstruktion, denen mögliche Ursache zugeschrieben werden. Diese Ursache-Wirkungs-Zuschreibungen bilden Verstehensprozesse der Lehrkräfte ab. Dabei kann es zu einer sehr pessimistischen Prognose bezüglich der Motivation und Leistungsbereitschaft einiger Schüler*innen kommen. „Das merkt man natürlich stark im Unterricht, was so die Einstellung zur Schule anbelangt, was sie überhaupt für Fähigkeiten haben, und da ist es wirklich schwirig, denen, die wollen, gerecht zu werden, mit denen, die praktisch ihre Schulzeit hier absitzen, weil sie noch berufsschulpflichtig sind" (LK 17, 2). Letztlich zeigt sich bereits in dieser kurzen Passage, welche Herausforderungen bezüglich der Heterogenität die Lehrkräfte wahrnehmen. Im Sinne der dargelegten Ansätze zur Situationsdefinition erlangen Konstruktionen zum Verhalten oder zur Teilnahme am Unterricht an Bedeutung, wenn die Lehrkraft den eigenen Unterricht plant und das Verhalten der Schüler*innen in bestimmten Unterrichtssituationen abzuschätzen versucht. Auch die Ausbilder*innen berichten von vergleichbaren Konstruktionen zu Lebenswelten und Leistungsbereitschaft ihrer Auszubildenden:

> „Ja, man sieht es dann eigentlich mehr oder weniger an den Leistungen, sage ich mal. Der eine ist mit mehr, na doch, der eine ist mit mehr zufrieden, der andere eben mit weniger. Obwohl die meisten, die mit weniger zufrieden sind, eigentlich viel mehr machen könn-

ten, aber die machen dann nur so viel wie nötig. Und wenn man da die Lebenswelt dahinter sieht, da sind wir wieder bei dem Thema. Der eine, der mehr in der linken Richtung ist, sage ich mal, den man eher den ganzen Tag antreiben muss, obwohl er eigentlich schlau ist. Das kommt obendrein noch mit dazu. Also, er war ja noch nicht sein ganzes Leben lang so. Aber als wir ihn eingestellt haben, hat er gerade sein Abitur fertig gemacht und ich glaube nicht, dass er da in der Lebenswelt mit drin war. Im Übrigen ist er dann auch noch einer, der ist zugewandert, kann man das so sagen, aber eigentlich auch nicht von hier kommt. Er kommt irgendwo aus Weißrussland. Irgendwie, keine Ahnung, also irgendwo im östlichen Teil von Europa, ja. Der hat auf jeden Fall schon mal etwas anderes gesehen, also ihm ging es in der Kindheit, glaube ich, auch nicht ganz gut da drüben, wie gesagt. Er ist dann mit Vater und Mutter hierhergezogen und seitdem hat er sich eben geschworen, so hat er es uns damals z. B. im Vorstellungsgespräch gesagt, wenn er hier den Job kriegen würde und wüsste, was er, und er wüsste, ob er sie hat und er hat auch gute Noten gehabt beim Abitur. Und wie er die Ausbildung hier angefangen hat, da war glaube ich irgendwie ein Jahr dazwischen, ging es dann leicht bergab. Und wie gesagt, ich weiß auf jeden Fall, er ist kein Dummer, er kann auch arbeiten. Aber er ist eben in so einer Phase drin zurzeit, wo er eben ein bisschen was schleifen lässt. Also auch in der Berufsschule sieht man das ja. Der schreibt auch nur Einsen und Zweien. Also er kommt da locker mit. Aber in der Arbeit kannst du ihm eben beim Laufen die Schuhe besohlen. Und da sind wir eben gerade dran, den da so ein bisschen zu ertüchtigen, wollen wir es so sagen. Also, wie gesagt, auch bei ihm wird es von seiner Lebenswelt her, ja, sieht man auch schon" (Ausb 01, 57).

Auch hier werden Konstruktionen zu Ursachen und Wirkungen zum Verhalten und der Teilnahme – in diesem Fall in Prozessen der betrieblichen Leistungserstellung – und den Lebenswelten der Jugendlichen hergestellt. In diese Konstruktionen fließen sowohl das Wissen um die Lebenswelten der Jugendlichen ein als auch die Beobachtungen in den betrieblichen Prozessen. Anhand dieser Konstruktionen versuchen die Auszubilder*innen, entsprechend auf die Jugendlichen einzuwirken.

Konstruktionen zum Umgang der Schüler*innen miteinander

Lehrkräfte entwickeln im Lauf der Zeit eine Erwartung daran, wie Schüler*innen miteinander umgehen werden. Differenziert nach der jeweiligen Schulklasse ergeben sich daraus Konstruktionen, wie sich das Klassenklima darstellt. Berichtet werden Konstruktionen zur Offenheit oder Verschlossenheit der Schüler*innen, Toleranz und Verständnis füreinander, zu Umgangsformen und zur Kommunikationskultur. Auch hier werden mögliche Ursachen zugeschrieben, um beobachtetes Verhalten nachvollziehen und verstehen (oder ablehnen) zu können. So werden Schüler*innen erwähnt, welche die Schulklasse als Bühne für ihre eigene Selbstdarstellung nutzen. „Ja, ist schon wieder etwas anderes, sage ich jetzt mal, aufgrund ihres Verhaltens, dass sie vielleicht einfach nur immer im Mittelpunkt stehen wollen und dadurch vielleicht so viel auch andere auf sich aufmerksam machen wollen, aber nicht durch effektives Lernen, effektive Zielstellungen, sondern indem sie nur auf sich, auf ihre Charaktereigenschaften lenken wollen, ja" (LK 05, 2). Ähnliches berichten dazu auch die Ausbilder*innen: „Eher Selbstdarstellung. Sie wollen ihre Schwächen durch die große Klappe, auf Deutsch gesagt, wie soll ich es ausdrücken, verschleiern" (Ausb 05, 65).

Lehrkräfte äußern sich auch über Beobachtungen zur Gruppendynamik in ihren Schulklassen, wenn bspw. dargelegt wird, „dass immer wieder jemand dazukommt und sich in diese Gruppe einfügen musste, war das, glaube ich, für diese problembehaftete Klasse gut. Als wenn mit einmal 15 Leute da sind und da versucht dann jeder seine Position zu finden. Und dass natürlich da auch zwei, drei starke Persönlichkeiten drin sind" (LK 21, 65). Solche Prozesse des Einfindens in eine Gruppe werden auch in der praktischen Ausbildung beobachtet: „Kommt es wieder auf diesen, auf diese Person persönlich an, was er für ein persönlicher Mensch ist. Ist es ein sehr netter Mensch, der gut mit allen zurechtkommt, nur leistungsschwach ist, dann ist das überhaupt kein Problem. Dann kriegt der auch teilweise, merke ich auch, von Lehrlingen Unterstützung. Ist es aber einer dabei, der vielleicht noch eine große Klappe hat oder rumstänkert. Ja, dann ist er irgendwann der Loser in der Gruppe, dann wird noch gelästert und sich lustig gemacht über ihn, wenn er einen Fehler macht oder wenn er was nicht versteht" (Ausb 05, 18).

Dabei berichten Lehrkräfte von einem gewaltbehafteten Umgang von Schüler*innen untereinander: „Je weniger gewalttolerant, und jetzt nicht Gewalt als körperliche Gewalt, sondern auch als Gewalt so nach dem Motto, du bist doch ein Arschloch oder irgend sowas, da gehen die relativ schnell hoch. Oder die springen auch mal auf den Tisch, die greifen einfach mal über den Tisch" (LK 03, 46).

Konstruktionen zum privaten Umfeld der Schüler*innen

Zentraler Aspekt bei den Konstruktionen zum privaten Umfeld der Schüler*innen sind die Familienverhältnisse, die einerseits den sozioökonomischen Status der Schüler*innen bestimmen, andererseits aber auch für die Vermittlung von Werten und Normen, aber auch allgemein für die Erziehung und Prägung der Jugendlichen stehen. Auch die regionale oder nationale Herkunft der Schüler*innen und damit einhergehende kulturelle Unterschiede spielen bei diesen Konstruktionen eine Rolle. Die Kenntnis über diese Aspekte der Lebenswelten der Schüler*innen ist Ausgangspunkt für Konstruktionen, in denen unterschiedliche private Umfelder sowie soziale Herkunft als Ursache für gezeigtes Verhalten zugeschrieben werden. „Aber es ist sehr erleichternd für das Miteinander, wenn man etwas Hintergrundwissen hat. Wir kommen da ganz anders miteinander hin. Anders geht es auch gar nicht, anders geht es auch nicht. Davon bin ich felsenfest überzeugt, das ist meine jahrzehntelange Erfahrung" (LK 07, 52). Auch die Ausbilder*innen berichten, wie sie anhand von Beobachtungen äußerlicher Anzeichen und des Verhaltens ihrer Auszubildenden Konstruktionen zu deren privatem Umfeld und ihren Familienverhältnissen herstellen: „Also, man sieht es auch an der Kleidung, man sieht es an der Körperhygiene, nicht immer, aber oft. Das ist auch kein Abstrich, den ich da machen will, aber es ist einfach so. Die Zähne ganz häufig, das ist wahr. Wer von zu Hause aus ganz sehr behütet ist und behütet aufwächst und sich die Eltern kümmern, der hat auch immer ordentliche Zähne heutzutage. Und dann sehe ich das schon. Kleidung spielt natürlich heutzutage auch eine Rolle, Markenartikel, wie man sich zurechtmacht, wie man auftritt. Das ist alles was, was man natürlich als Ausbilder wahrnimmt und schon weiß, wo jemand aufgewachsen ist und wie oft, natürlich kann ich mich auch irren, aber das ist selten der Fall" (Ausb 03, 16).

Konstruktionen zur Gedanken- und Gefühlswelt der Schüler*innen

Aufgrund des Verhaltens von Schüler*innen und des Wissens über die Lebenswelten der Schüler*innen versuchen Lehrkräfte, die Emotionen, psychischen Zustände und Gedankengänge der Schüler*innen zu rekonstruieren. Dabei sind erneut verschiedene W-Fragen im inneren Dialog der Lehrkräfte von Bedeutung: Was hat der/die jeweilige Schüler*in erlebt? Was denkt oder fühlt er/sie aufgrund der Erlebnisse? In diesem Prozess der kognitiven Reflexion versuchen Lehrkräfte, ihre Schüler*innen besser zu verstehen. Dieses Verstehen führt zu Konstruktionen über die Gefühlswelt von Schüler*innen, welche wiederum auch einen Inklusionsbezug innehaben können. „Und deshalb sage ich immer, also für mich ist das sehr schwierig auseinanderzuhalten, welche Schüler sind denn jetzt eigentlich beeinträchtigt? Nur die, wo ich es sehe, nur die, wo ich bestätigt bekommen hab, der hat jetzt eine Lese-Rechtschreib-Schwäche, oder auch diejenigen, wo das Herz, die Gefühle, die Emotionen kaputt sind?" (LK 06, 28). Sehr ähnlich gehen auch die Ausbilder*innen vor, um die Gedanken- und Gefühlswelt der Auszubildenden zu konstruieren: „Aber sie kann mit Lob, können die wenig anfangen, die Schwächeren, und nehmen mehr Tadel von anderen auf. Das ist meine Erfahrung. Sind es nicht gewöhnt, gelobt zu werden. Die können den Blickkontakt nicht halten, die zeigen keine Emotionen oft, wenn sie Lob bekommen. Es ist einfach nicht ihr Schema, glaube ich" (Ausb 03, 6).

Konstruktionen zu Behinderungen, Benachteiligungen und Inklusion

Zentral ist hier der Versuch, die Bedeutung von Behinderungen und Beeinträchtigungen zu verstehen und das Handeln (oder Nichthandeln) der betreffenden Schüler*innen vor dem Hintergrund des Umgangs mit ihren Behinderungen/Benachteiligungen einzuordnen. Solche Konstruktionen lassen sich auch in den Interviews mit den Ausbilder*innen finden: „Also wie gesagt, ich kenne es von früher, meine Eltern. Ich weiß nicht, wann mal irgendein Hörender da war außer vielleicht zu einer Familienfeier, weil ja alle anderen da aus meiner Verwandtschaft, sage ich mal, hörend sind, außer meinen Eltern. Meine Eltern waren so. Die haben sich mehr oder weniger auch alles nur in ihrem gesucht, in ihrem Metier. Und so ist das bei denen unten, die wir haben, glaube ich zu wissen, auch" (Ausb 01, 19). Die besondere Herausforderung für die Lehrkräfte – und ebenso für die Ausbilder*innen – besteht darin, generalisierende Konstruktionen zu vermeiden und die Schüler*innen nicht einzig unter dem Duktus der Behinderung/Benachteiligung wahrzunehmen. Wird bspw. eine Beeinträchtigung des Hörens bei Schüler*innen auf eine angenommene kognitive Beeinträchtigung erweitert und dominiert die Kommunikation, kommt es mitunter zu belastenden Situationen in der Beziehung zwischen Lehrkraft und Schüler*in. Die Ambition, sich zu offenbaren, kann dadurch stark gehemmt werden, wie die folgende Aussage eines/r Schüler*in zeigt:

> „Hm, ja, dass man mich nicht sieht, sondern eher nur die Beeinträchtigung, mit mir anders redet, mit mir ganz anders umgeht, obwohl ich ja ganz normal bin. Also es fehlt mir im Prinzip nichts (...). Deshalb, also, ich hatte auch schon viele Lehrer, die dann sehr mit mir so gesprochen haben: Ja.. Hallo.. Mir..geht..es..gut. So richtig monoton und alles so

> total komisch rübergebracht, wo ich mir gedacht habe: Sie können ruhig ganz normal mit mir reden! Ich bin genauso ein Mensch wie Sie! Also davor hatte ich am meisten Angst, dass sie so.. ja.. keine Ahnung, so ganz anders mit mir reden, ja." (Sch 02, 14)

Ebenso wird bei Konstruktionen zu Behinderungen/Benachteiligungen das eigene Verständnis von Inklusion offenbart oder hinterfragt: Was ist notwendig, um Nachteile auszugleichen? Leistet das der vorgesehene Nachteilsausgleich? In welchen Bildungsgängen ist das möglich? Was tun die Betroffenen selbst, um mit Nachteilen umgehen zu können? In der Beantwortung dieser Fragen kann die Lehrkraft ihren Unterricht so ausrichten, dass eine Ansprache und Aufbereitung der Inhalte darauf ausgerichtet sind, dass alle an die Kommunikation im Unterricht anschließen können. Die folgende Passage zeigt auf, wie eine Lehrkraft, aufgrund von verschiedenen Schulabschlüssen, den familiären Hintergrund sowie die erwartete Leistung im Unterricht konstruiert:

> „Das ist eben dann, wenn man dann im Prinzip in, wenn ich das so einschätzen kann, bei Leuten, die Abitur (haben), kann man ja davon ausgehen, dass da auch irgendwie vom Elternhaus auch schon ein bisschen mehr Struktur dahinter ist. Das muss nicht so sein, aber man könnte es ja pauschal annehmen. Die sind dann auch alle ein bisschen abgeklärter. Und was Sie vielleicht in Ihrer Geschichte auch noch weiter betrachten sollten, ist die Altersstruktur. Weil, wir fangen hier an bei Leuten, die gerade mal 16 Jahre, ihren Hauptschulabschluss haben, irgendwo in einer Regelschule gemacht haben, bis Leute, die weit über 40 sind. Und das ist natürlich auch eine soziale, zu großer sozialer Unterschied und der auch dann in diese Geschichte reinwirkt, sehe ich zumindestens so." (LK 03, 46)

Diese Passage zeigt aus Sicht eines inklusiven Unterrichts bereits sehr diverse Denkansätze und Herausforderungen. Zunächst findet sich in Berufsschulen eine große Heterogenität bezüglich der Altersstruktur. Alter an sich stellt noch keine Benachteiligung dar, jedoch lassen sich Unterschiede in der persönlichen Reife feststellen, was die befragte Lehrkraft hier auch berichtet. Gleichzeitig stellt sie eine Verbindung zwischen erreichtem Schulabschluss und familiären Verhältnissen her. Mit „mehr Struktur" könnten auch Sekundärtugenden bzw. vermittelte Werte wie Sorgfalt, Pünktlichkeit und respektvoller Umgang gemeint sein, welche bei niedrigeren Abschlüssen eher weniger vertreten wären. Damit wäre eine Konstruktion von sozialer Benachteiligung durch die Lehrkraft festzustellen. Wobei diese Konstruktionen zu Altersunterschieden auch eine umgekehrte Konnotation haben können, wenn durch Alter und Lebenserfahrung bedingt eine Sperrung der Auszubildenden erfolgt, wie hier in den Interviews mit den Ausbilder*innen berichtet wird.: „Ja, das ist halt in der Gruppe. Also wenn man eine Gruppe hat, ganz egal mit drei oder sechs Leuten, und dann muss man es auch wieder altersabhängig machen. Wenn ich jetzt die Umschüler sehe, die jetzt weit aus ihrem jugendlichen Alter raus sind. Die sind auch oftmals sehr beratungsresistent, die haben schon Lebenserfahrung, die haben schon gesellschaftlich vieles mitgemacht, ob das beruflich ist oder Privates" (Ausb 04, 29).

In der Auswertung der Interviews konnte eine weitere Herausforderung beim Feststellen von anderen Lebenswelten durch die Lehrkräfte beobachtet werden. Lehrkräften fällt es offenbar leichter, physische Behinderungen/Benachteiligungen zu erkennen und gedanklich diese Lebenswelten nachzuvollziehen. In der quantitativen Analyse wurde der Umgang mit den verschiedenen Formen von Behinderungen mittels Zustimmungsfragen erhoben. Wiederum unter Anwendung einer vierstufigen Likertskala mit Ausprägungen von „Ich stimme zu (1), Ich stimme eher zu (2), Ich stimme eher nicht zu (3) und Ich stimme nicht zu (4)". Die quantitativen Daten spiegeln die Vermutung, Lehrkräften fiele der Umgang mit physischen Behinderungen leichter, allerdings nicht ganz wider. Zwar scheint der Umgang mit geistigen Erkrankungen etwas erschwerter ($M = 2{,}39$), jedoch ist dieser Wert nicht so weit entfernt von den Herausforderungen im Umgang mit körperlichen Einschränkungen ($M = 2{,}99$).

Tabelle 5: Geistige und körperliche Behinderung

	Mittelwert
Das Verstehen der Lebenswelt von Schüler*innen mit geistigen Behinderungen fällt mir schwer.	2,39
Das Verstehen der Lebenswelt von Schüler*innen mit körperlichen Behinderungen fällt mir schwer.	2,99

Psychischen Behinderungen/Beeinträchtigungen hingegen stellen Lehrkräfte vor größere Herausforderungen beim Erkennen und folglich auch beim Verstehen. Das ist ein Umstand, der auch bei Untersuchungen zu Inklusion in allgemeinbildenden Schulen bereits festgestellt wurde: „Zudem variieren Lehrkrafteinstellungen zur Inklusion bzw. Integration je nach Art des sonderpädagogischen Förderbedarfs: Der Einbezug von Kindern mit Autismus, geistigen Behinderungen und Mehrfachbehinderungen in den Regelschulbetrieb wird zumeist sehr skeptisch betrachtet. Auch Schülerinnen und Schüler mit externalisierenden Verhaltensstörungen und schweren Beeinträchtigungen des Sehens und Hörens gelten als nur schwer zu integrieren (...). Die Unterrichtung von Kindern mit körperlichen Behinderungen, leichten Gesundheits- oder Sprachproblemen in der Regelschule wird hingegen mehrheitlich als unproblematisch angesehen (...)" (Kopmann et al., 2016, S. 265). Psychische Erkrankungen kommen scheinbar eher seltener in den Lebenswelten der Lehrkräfte vor, was dann das Verstehen der jeweils anderen Lebenswelt erschwert. Konstruktionen zu Behinderungen/Benachteiligungen bestimmen so auch auf gewisse Weise den Umgang damit: „Also die ganzen, also Inklusionstipps, wenn es körperliche Schäden sind, okay, aber jetzt die reinen schulischen Schäden, sprich geistige Fähigkeiten, Machbarkeiten, Schreiben, Lesen, Hören, ist ja in dem Fall auch wieder alles unterschiedlich" (LK 09, 6). So zeigt sich hier, dass aus pädagogischer Sicht auf körperliche Beeinträchtigungen eher unproblematisch, eher pragmatisch, reagiert werden kann. Geistige Beeinträchtigungen hingegen weisen diffizilere Zugänge auf. Das liegt auch daran, dass die Kommunikation mit jenen Personen nicht störungsfrei verläuft, was auf die Unterschiedlichkeit der Lebenswelten zurückzuführen wäre: „Diese körperlichen Behinderungen sind meistens ja gar kein Problem im Großen und Ganzen, weil ich ja mit den Leuten problemlos kommunizieren kann" (LK 15, 4). Auch die folgende kurze

Aussage weist darauf hin: „Da sehe ich viel mehr ein Problem, in diesem unterschwelligen Bereich, in Lernschwierigkeiten, Konzentrationsschwierigkeiten, aber der wirklich [körperlich, Anm. d. V.] Behinderte in Anführungsstrichelchen ist kein Problem in den Berufsschulen" (LK 10, 92). Der Begriff „unterschwellig" deutet hier auf den so berichteten herausforderneren Zugang hin.

In diesen Passagen zeigt sich deutlich, dass Lehrkräfte in Berufsschulen im Umgang mit körperlichen Behinderungen/Beeinträchtigungen eher weniger Herausforderungen verspüren. Abhängig vom erlernten Beruf fanden sich Jugendliche mit bspw. Amputationen oder verschiedenen Ausprägungen sozialer Benachteiligung immer schon vereinzelt in der beruflichen Bildung wieder. So fällt bspw. das Hineinversetzen in die Lebenswelt einer Person mit Amputation vermeintlich leichter, kann sogar im Rollenspiel nachvollzogen werden. Dies geschieht auch teilweise im Unterricht, wenn Personen die Augen verbunden werden, um die Lebenswirklichkeit einer blinden Person zu simulieren und erlebbar zu machen. Aufklärungsbedarf besteht hingegen offenbar bei psychischen Erkrankungen. Einerseits deutet sich in den Gesprächen fehlendes Wissen über die verschiedenen Formen derartiger Erkrankungen an, auf welches Lehrkräfte, wie oben beschrieben, in der Konstruktion von Lebenswelt zurückgreifen könnten. Somit verbleibt dieser Teil der Lebenswelt des Gegenübers ein Rätsel. Dies führt auf der anderen Seite dazu, dass eine methodisch-didaktische Ausrichtung des Unterrichts auf die jeweiligen Bedürfnisse erschwert zu sein scheint.

Erkennen von Lebensweltgrenzen anderer

Betrachten wir die Lebenswelt als Erfahrungs- und damit auch Möglichkeitsraum des Agierens und Deutens in der Welt, so ist unmittelbar deutlich, dass dieser Raum nicht unendlich ist, sondern Grenzen besitzt. Damit sind nicht Grenzen des Willens gemeint, im Sinne von „bis hierher und nicht weiter". Es geht vielmehr um Grenzen des Verstehens, die sich unmittelbar aus der Verschiedenheit der Lebenswelten ergeben. Jenseits dieser Grenzen verlassen wir unsere sicheren Deutungsmuster.

Die Grenzen der Lebenswelt stellen zugleich die Horizonte der Situationen resp. ihrer Definitionen dar. Situationen, die auf der Grundlage von Bestandteilen von anderen Lebenswelten definiert werden, die jenseits der Grenzen der eigenen Lebenswelt liegen, werden für die Betroffenen nicht mehr bewältigbar. Für inklusives Lernen ist es daher erforderlich, dass im Lernprozess – insbesondere, aber nicht nur seitens der Lehrkraft – Situationen definiert werden, die innerhalb oder zumindest in einer Schnittmenge der Grenzen der Lebenswelten der Schüler*innen liegen. Nun haben wir bereits oben herausgearbeitet, dass die Lebenswelten der Mitglieder einer Gruppe sich umso mehr unterscheiden, je heterogener die Gruppe ist. Daher ist es umso wichtiger, dass diese Lebenswelten explizit und zum Thema gemacht werden können, damit in einem Akt der Verständigung die Lebenswelten beeinflusst und so möglichst (im Rahmen von Lernprozessen) ihre Grenzen so weit verschoben werden können, dass die Horizonte der Situationsdefinitionen sich im besten Fall überschneiden und es zu gemeinsamen Handlungen kommen kann (vgl. Abbildung 4). Dazu ist es jedoch zunächst wichtig, diese Grenzen überhaupt zu erkennen, sowohl bei anderen als auch bei sich selbst.

In Bezug auf das Erkennen von Grenzen anderer berichten die Lehrkräfte in unseren Gesprächen im Wesentlichen zwei unterschiedliche Zugänge: entweder kommunikativ durch direkte explizite Äußerungen der Schüler*innen oder beobachtend anhand des Verhaltens. Dabei spiegeln sich durch die Schüler*innen explizit geäußerte Grenzen oftmals auch in ihrem Verhalten wider:

> „Grenzen des Verstehens… Wie soll man das beschreiben? Dass manche Schüler einfach nicht verstehen, dass andere es nicht können. Das ist z. B. etwas, wo ich z. B. sehe, aha, das ist jetzt irgendwie, das verstehe ich. Ich verstehe manchmal nicht, weswegen die nicht verstehen, dass es andere nicht können. (…) Ich hatte vor Jahren hier mal einen Fall, dass Einer gekommen ist zu mir und hat gesagt: ‚Ja, wieso nehmen Sie denn so viel Rücksicht auf die Doofen hier? Wir haben doch nicht genug Zeit. Wir brauchen doch die Zeit, damit wir hier alle was lernen!'" (LK 03, 48–60)

In der Beobachtung und der Reflexion von Situationen werden die Grenzen deutlich, die Schüler*innen am gemeinsamen Lernen hindern, aber es auch befördern können. Hilfreich erscheinen dabei solche Lagen, in denen das Offenbaren und auch das Akzeptieren von und das Umgehen mit Grenzen gefordert sind:

> „dass auf einmal unsere kleine Schülerin mit dem Herzfehler ganz stramm vorausgegangen ist. Und einem älteren Schüler, 18 ist er, glaube ich, der Höhenangst hat, geholfen hat. Und gesagt hat, guck mal, wenn du einfach nur geradeaus guckst, ich helfe dir, ich bringe dich da hinüber. Und der ältere Schüler, der sonst der coole Typ in der Klasse ist, hat auf einmal auf unsere Kleine gehört. Und da habe ich gedacht, ok, solche Aktivitäten außerhalb des Schulraums, wo die Schüler sich untereinander helfen müssen, helfen ganz stark, um das Verstehen untereinander zu begreifen. Dass auf einmal eine kleine Schülerin einem 1,90 Meter Großem sagen kann, so kannst du es besser machen, dann klappt das. Und das empfand ich als sehr schönes Erfolgserlebnis." (LK 06, 4)

Die Ausbilder*innen berichten im Zusammenhang mit dem Erkennen der lebensweltlichen Grenzen insbesondere, wie sie diese in der Praxis feststellen: „Also ich hatte persönlich (lachend) also das Beste war, ich hatte einen jungen Mann vor mir, der wollte gerne etwas mit Autos machen, KFZ-Mechatroniker, konnte mir aber nicht erklären, wer oder was ein Porsche ist (lachend). Also jetzt wird es, also solche Extreme gibt es tatsächlich, wo man dann sagen muss, wo man erstmal auch eine gewisse Hinführung braucht, also gerade im Berufsleben und eine Vorbereitung dafür, dass es dann eben also wirklich auch klappt" (Ausb 06, 20).

In den Beispielen, die unsere Gesprächspartner*innen für das Erkennen lebensweltlicher Grenzen vorbrachten, ist auffällig, dass sie sich fast ausnahmslos auf Beobachtung und verbale Äußerungen beziehen. Während in den Zugängen zur Lebenswelt auch Dokumente und Gespräche mit Dritten zu finden sind, scheinen diese bei der Interpretation der Lebenswelt eine geringere Rolle zu spielen. Grenzen werden offenbar vorrangig in der Konstruktion 2., nicht aber in der 3. Ordnung erkannt. Eine Faktorenanalyse über die Items zum Erkennen von Verstehens- und Toleranzgrenzen in Verbindung mit Items zu Konstruktionen 2. und 3. Ordnung ergab drei Faktoren (KMO ,834). Diese bestätigt die getätigte Annahme. In den ersten Faktor laden ausschließlich Items aus der Fragebatterie zu den Verstehens- und Verhaltensgrenzen. Diese implizieren jeweils schon eine Interpretation, ein Verstehen der Lebenswelt der Schüler*innen. Wenn bspw. beobachtet wird, dass sich Schüler*innen abfällig über das Arbeitstempo von Mitschüler*innen äußern (M = 2,89) oder Vorurteile gegenüber anderen geäußert werden (M = 2,71), setzt dies bereits eine Interpretation voraus. Die Konstruktionen 2. und 3. Ordnung gehen auf die bereits weiter oben angeführten Zusammenhänge ein.

Tabelle 6: Items zu Konstruktionen 2. und 3. Ordnung

	Komponente			Mittelwert
	1	2	3	
Ich baue Kontakt zu den Eltern meiner Schüler*innen auf.		.522		3,07
Ich tausche mich mit den Klassenlehrer*innen meiner Schüler*innen aus.				1,61
Ich pflege persönlichen Kontakt zu den Ausbilder*innen meiner Schüler*innen.		.486		2,41
Ich hole mir Informationen bei den Sozialarbeiter*innen meiner Schüler*innen ein.		.442		2,68
Informationen über meine Schüler*innen bekomme ich aus meinem eigenen privaten Umfeld.				3,66
Wir tauschen uns im Lehrerkollegium über Schüler*innen aus.				1,49
Ich lese die Lebensläufe meiner Schüler*innen.		.805		2,62
Ich lese die Ausbildungsverträge meiner Schüler*innen.		.670		2,83
Ich lese die Schulzeugnisse meiner Schüler*innen.		.833		2,40
Ich lese medizinische Gutachten meiner Schüler*innen.		.720		2,68
Ich lese die Schülerakten meiner Schüler*innen.		.798		2,61
Ich informiere mich in aktueller Literatur zum Umgang mit Heterogenität.			.848	2,53
Ich informiere mich über die öffentlichen Medien zum Umgang mit Heterogenität.			.873	2,53
Schüler*innen äußern sich abfällig über das Arbeitstempo von Mitschüler*innen.	.605			2,89
Schüler*innen äußern sich abfällig über das Verhalten von Mitschüler*innen.	.711			2,57
Schüler*innen äußern Vorurteile gegenüber anderen Schüler*innen.	.737			2,71

(Fortsetzung Tabelle 6)

	Komponente			Mittelwert
	1	2	3	
Schüler*innen meiden aufgrund von Vorurteilen andere Schüler*innen.	.694			2,74
Schüler*innen sprechen sich selbst ihr eigenes Können ab.	.495			2,33
Schüler*innen fragen öfter nach, um einen Unterrichtsinhalt verstehen zu können.				2,26
Schüler*innen ziehen sich im Unterricht zurück.	.608			2,35
Schüler*innen verweigern den Unterricht.	.689			2,83
Das Arbeitstempo der Schüler*innen lässt im Unterricht nach.	.637			2,17
Schüler*innen verhalten sich anders, als ich es von ihnen gewohnt bin.	.478			2,88
Schüler*innen können aufgrund einer Behinderung/Benachteiligung eine Aufgabe nicht bearbeiten.	.560			2,87

Eigene Lebenswelt als Konstruktionshintergrund

Situationen werden in den Grenzen der eigenen Lebenswelt gedeutet. Das bedeutet auch, dass bereits in jeder Situation ein Verweisungszusammenhang eingebettet ist (vgl. Heidegger, 1967; Joas, 1996), welcher ihre Deutung vorwegnimmt. Die Lebenswelt der Lehrkräfte besteht aus bereits erfolgten Konstruktionen und Interpretationen von Welt im Verlauf der jeweiligen Biografie. Einige Lehrkräfte waren in der Lage, diesen doch eher unbewussten Prozess zu explizieren und ihre eigene Lebenswelt ins Verhältnis zu der ihrer Schüler*innen zu setzen. Im Kontakt mit Schüler*innen und unter dem Einfluss der dabei gemachten Erfahrungen verändert sich die Lebewelt von Lehrkräften. Um die eigene Lebenswelt als Hintergrund für die Konstruktion der Lebenswelten der Schüler*innen zu nutzen, kann beobachtetes Verhalten der Schüler*innen mit dem eigenen Verhalten und den dazugehörigen Motiven aus vergangenen Lebensabschnitten verglichen werden (eigene Jugend, eigene Ausbildungs-/Studienzeit, Elternzeit etc. der Lehrkraft): „Ich sage mal so, ich habe es ja eben schon mal ganz kurz angerissen, aus den einfachsten Verhältnissen komme ich selber auch nicht und ich denke mal, ich bin sozial ziemlich engagiert, wollen wir es so sagen, und auch ziemlich nah dran. Mein Vorteil ist glaube ich auch, dass ich mehr, hört sich jetzt blöd an, aber, und dass ich wirklich mehr von unten kam, sage ich mal, und mich da vielleicht auch ein bisschen hochgearbeitet habe, aber ich werde auch niemals vergessen, wie es war weiter unten, wollen wir es so sagen, deswegen. Ich denke mal, ich habe eine ziemlich gute Empathie auch. Ich kann mich da ziemlich gut reinversetzen in meine Auszubildenden. Zumindest in ihre Lebenssituationen" (Ausb 01, 19). Darüber hinaus können solche Vergleiche auch mit der eigenen Familie erfolgen. Bspw. als Vergleich zwischen den Einstellungen sowie dem Verhalten der eigenen Kinder und dem der Schüler*innen, um Einflüsse der Elternhäuser auf die Schüler*innen zu antizipieren. Weiterhin kann eine Konstruktion der Lebenswelten der Schüler*innen vor dem Hintergrund der eigenen aktuellen Lebenswirklichkeit erfolgen (z. B. Vergleich von Belastungs- und Verpflichtungssituationen, Verantwortlichkeit).

> „Ganz klar. Bei mir war das ganz klassisch. Grundschule, Gymnasium, Ausbildung, Uni, Lehrer geworden. Bei unseren Schülern ist es hier so, dass sie zum Teil von vielen, vielen anderen Schulen verwiesen worden sind, wegen schlechtem Benehmen, Schwänzen, nicht erbrachte Leistungen. Was auch immer das ist, da kann ich mich schwer hineinversetzen, weil für mich die Schule immer wichtig war." (LK 06, 10)

Nach Habermas konstruiert sich die Lebenswelt als gemeinsame Deutung und Konstruktion von Welt über Kommunikation (Habermas, 1987b, S. 189). In den Interviews zeigen sich Ansätze, in denen Lehrkräfte aus ihrer eigenen Biografie berichten und auslegen, warum sie wie in welcher Situation gehandelt haben. Dabei berichten sie ganz bewusst über ihre Motive und die Dilemmata, welche im Prozess der Aushandlung zu unternehmender Handlungen offensichtlich wurden. Die Schüler*innen können diese Narrationen nutzen, um eigene Erfahrungen dazu in Beziehung zu setzen oder um künftige Situationen antizipativ bewältigen zu können. Die kommunikative Darstellung der eigenen Lebenswelt wird mitunter auch dazu genutzt, die Schüler*innen im Gespräch zu ermutigen, ihre eigene Lebenswelt sprachlich zu offenbaren. Dies führt dazu, dass im offenen Unterrichtsgespräch ein kommunikativer Austausch der Lebenswelten aller Schüler*innen stattfinden kann, was dann allerdings eher eine Herangehensweise zur Vermittlung von Lebenswelt darstellt. Um solche Prozesse zu ermöglichen, können Werte und Normen der eigenen Sozialisation kommuniziert und ggf. etabliert werden, um Regeln für den Umgang und die Kommunikation in der Klasse zu schaffen. Auf welche Weise die Lebenswelt von Lehrkräften im Unterricht wirksam werden kann, verdeutlicht folgende Passage:

> „Ich berichte aus meinen eigenen Erfahrungen, wenn die sagen, ‚Mensch, wir verstehen hier die Mutti nicht' oder ‚Wir verstehen das nicht, dass ich sage ‚Guckt mich an, ich bin selber Mutter von drei Kindern, schaut mich an', ich (...) sag immer, ich bin chronisch blind, weil ich eine starke Sehschwäche habe; hätte ich die Brille nicht, hätte auch ganz andere Beeinflussungen bei mir. Jeder von euch hat Besonderheiten, jeder müsste einfach nur mal in sich reingucken und dann einfach dieses Aufmachen, dieses Reflektieren und dieses Bewusstwerden. Und auch wenn die Diskussionen mal gehen." (LK 01, 6)

Deutlich zeigt sich in diesem Auszug, wie die Lehrkraft ihr eigene Lebenswelt im Unterricht offenbart und sich dieser mitsamt den entsprechenden Grenzen bewusst ist. Am Beispiel der Brille initiiert die Lehrkraft für die gesamte Klasse einen Perspektivwechsel und fordert eine tiefere Auseinandersetzung mit der eigenen Lebenswelt. Das zeigt, welchen hervorgehobenen Einfluss die eigene Lebenswelt in der Deutung anderer Lebenswelten spielt. Dies ist zunächst ein Prozess, der rein kognitiv und in einer reflexiven Denkhaltung vollzogen wird.

4.2.3 Erkennen von eigenen Grenzen

Während es für die Interpretation der Lebenswelten anderer wesentlich ist, deren Lebensweltgrenzen zu erkennen, ist es insbesondere für den Umgang mit Heterogenität und im Weiteren für das Gestalten inklusiver Lehr-Lern-Situationen zumindest hilfreich, auch die Reichweite der eigenen Lebenswelt zu kennen. Da „Lebenswelt" jedoch gerade den vorwissenschaftlichen, in der Regel unreflektierten Weltzugang bedeutet, sind die eigenen Grenzen normalerweise nicht präsent: „Sie [die Lebenswelt, d. V.] ist die sedimentierte Gruppenerfahrung, die die Probe bestanden hat und vom einzelnen nicht auf ihre Gültigkeit nachgeprüft werden muss. (...) In der natürlichen Einstellung tritt mir der mangelnde Einklang meines Wissensvorrats nur dann ins Bewußtsein, wenn eine neuartige Erfahrung nicht in das bishin als fraglos geltende Bezugsschema hineinpaßt" (Schütz & Luckmann, 2003, S. 35).

Solche „neuartigen Erfahrungen" entstehen bspw. in der Konfrontation mit anderen Situationsdeutungen bzw. durch den Zugang und das Verstehen anderer Lebenswelten, wenn der eigene „Wissensvorrat" erweitert werden muss. Insofern berichteten unsere Lehrkräfte auf Nachfrage auch von Situationen, in denen sie gemerkt haben, dass sie an ihre eigenen Deutungsgrenzen stoßen und diese überwinden mussten, um die Situationsdefinition anderer nachvollziehen zu können, was wiederum die Voraussetzung dafür darstellt, in Unterrichtssituationen gezielt zu gemeinsamen Situationsdeutungen anzuregen.

Generell erfordert das Feststellen eigener Grenzen einiges an Selbstreflexion, die nicht immer leichtfällt:

> „Ich glaube, ich nehme die maximal wahr. Weil, mich hineinzuversetzen, im Prinzip in die Lebenswirklichkeit einzudringen, würde ja auch heißen, ich müsste ja im Prinzip deren Lebenswirklichkeit verstehen. Die verstehe ich aber zu großen Teilen nicht, weil ich aus einer ganz anderen Richtung auch komme, aus sozial anderen Richtungen, aus bildungsmäßig anderen Richtungen als manche Schüler. Muss man ja ehrlich gesagt auch sagen. Ich glaube, jemand der sein ganzes Leben von Hartz IV gelebt hat und von seinen Eltern das z. B. nur so wahrnimmt, dass es auch irgendwie so geht, und der sich dann quält, in die Schule zu gehen, dem seine Lebenswirklichkeit kann ich nicht verstehen. Ist für mich unheimlich schwierig zu verstehen zumindestens" (LK 03, 26).

Hier ist gut zu erkennen, dass die eigene Grenze – hier bedingt durch einen differenten Habitus – als Barriere gesehen wird, die Lebenswelt anderer nachvollziehen zu können. Sie äußern sich bspw. als eigene Verständnisgrenzen und Wissensgrenzen bzgl. Behinderungen und Benachteiligung, Grenzen der eigenen Empathie bzw. Fähigkeit, etwas nachvollziehen zu können, aber darin festzustellen, dass das Ausmaß, in dem Schüler*innen bereit sind, sich selbst zu öffnen, unmittelbar eine eigene Grenze des Zugangs der Lehrkraft zu Lebenswelten der Schüler*innen bildet: „Aber es gibt auch genügend Fälle, wo ich es nicht sehe und wo die Leute ganz normal vor mir sitzen und die haben eine schwere Behinderung, das sieht man ihnen aber nicht an" (LK 15, 38). Diese Grenzen, einen Zugang zu einer fremden Lebenswelt zu erhalten oder diese gar nachzuvollziehen, können auch dazu führen, dass der Rat von Expert*innen bzw. eine Verweisung der Jugendlichen an Expert*innen erfolgt, wie es hier bspw. von den Ausbilder*innen berichtet wird.: „Also das sind ja auch für mich Grenzen, sage ich mal, wenn ich jetzt wirklich einen Härtefall hätte, dann verweise ich lieber auf sie (die Sozialpädagogin). Also, wie gesagt, es ist ja manchmal schon ein bisschen grenzwertig, wollen wir es so sagen." (Ausb 01, 21).

Der Umgang mit diesen eigenen erkannten Grenzen bezogen auf das Erschließen der Lebenswelten der Schüler*innen kann einerseits in der Trennung von zwischenmenschlichen (Umgang/Verständnis) und formalen Aspekten (Leistung/Anforderungen, Zeit) münden. Dabei werden formale Aspekte auch als Rechtfertigung für das Hinnehmen dieser bestehenden bzw. identifizierten eigenen Grenzen der Erschließung anderer Lebenswelten genutzt. Andererseits kann das Arbeiten an einer erkannten eigenen Grenze auch als Entwicklungsmöglichkeit bzw. Chance genutzt werden, um diese Grenze bei der Erschließung der Lebenswelten der Schüler*innen zu überwinden: „Ja, jetzt wieder beim Autismus. Der gibt mir dann das Feedback, was kann ich anders machen. Also er sagt, wo er seine Probleme hat und mir das, ich meine, da habe ich ihn jetzt neulich auch gelobt, dass das einfach auch wirklich eine große Hilfe ist, wenn er mir das Feedback gibt, dass ich auch merke: ‚Aha, da sind meine Defizite und vielleicht kann ich, dass ich auch noch einfacher strukturiere, wie ich unterrichte'" (LK 02, 12). Allerdings werden eigene Grenzen gelegentlich auch schlicht als Schutzschild akzeptiert, um nicht in die Verlegenheit zu kommen, zu weit in die Lebenswelten anderer eintauchen zu müssen: „Wenn ich ganz überspitzt formuliere, versuche ich das gar nicht, weil, wenn ich deren Probleme ganz dicht an mich heranlasse, dann kann ich nachts nicht mehr schlafen. Also, ich schiebe deren Probleme als nicht meine Verantwortlichkeit ab" (LK 10, 94). Solche „Selbstschutzmechanismen" werden auch von den Ausbilder*innen beschrieben: „Und zum anderen, gehe ich, möchte ich auch nicht so tief da hineingehen, das hat was auch im gewissen Grad was mit Eigenschutz zu tun. Je mehr ich damit beschäftige und je tiefer ich da reingehe, umso mehr nehme ich dann mit nach Hause, das ist nicht gut und die Rate, dass man hinterher enttäuscht ist, ist sehr, sehr hoch" (Ausb 06, 22).

Die Kenntnis von Grenzen und deren Ursachen führt zur Neubewertung von Situation durch das Hinterfragen bisheriger eigener Sichtweisen und so auch zur Entwicklung von Verständnis. Die Verweigerung des Hinterfragens eigener Sichtweisen verhindert dies dagegen eher. Der Umgang mit behinderten/benachteiligten Schüler*innen erweitert mitunter auch den eigenen Horizont. Durch die Kenntnis von Grenzen der Schüler*innen werden dann Ansichten und Entscheidungen neu überdacht (auch auf der privaten Ebene und auf der Ebene der allgemeinen ‚Weltanschauung'): „Ich kann jetzt für mich beobachten, dass ich im Umgang außerhalb der Schule bewusster mit anderen Menschen umgehe, auch mit anderen Menschen, die Beeinträchtigungen haben (...), das habe ich vorher gar nicht so wahrgenommen, aber die Menschen sind mir mittlerweile wertvoller geworden (...) über die ich vielleicht früher auch hinweggeguckt habe (...)" (LK 18, 40).

Die zusätzlichen Bedarfe benachteiligter und behinderter Schüler*innen (z. B. mehr Hilfebedarf) beeinflussen die Einstellung zur Arbeit als Lehrkraft insofern, dass Horizonte und Grenzen der benachteiligten bzw. behinderten Schüler*innen mitgedacht bzw. mitbedacht werden. Zum einen kommt es so zum Hinterfragen der Unterrichtsgestaltung durch Kenntnis über Behinderung und die daraus resultierenden Förderbedarfe, zum anderen auch zum Hinterfragen des eigenen Berufsverständnisses über die Rolle des reinen Wissensvermittlers hinaus und zur Neudefinition der eigenen Rolle als Lehrkraft. Eigene Entwicklungsbedarfe, bspw. die Notwendigkeit einer Erweiterung des eigenen Horizonts durch eigene Weiterentwicklung (Fortbildung, Weiterbildung), können so identifiziert und bearbeitet werden: „Das macht mich nachdenklich. Ich denke viel und oft drüber nach und bin manchmal schockiert über die Statik in unserem System. Und die vielen seltsamen Vorkommnisse. Was mich dazu bewogen hat, mich für eine Weiterbildung zu bewerben. Ich werde Beratungslehrer hier an der Schule und mache gerade die Weiterbildung und hoffe ganz einfach, dass ich da weiterkommen kann" (LK 24, 24). Allerdings kann dieses Agieren an eigenen Grenzen ebenfalls als starke zusätzliche Belastung empfunden werden, wie es in den Interviews mit den Ausbilder*innen geschildert wurde: „Und mich hat das so beeinflusst, dass ich versuche, diese Schwelle in der Gruppe zu minimieren von den ganz oben und den mit Schwierigkeiten. Das gelingt mir nicht immer und manchmal, muss ich auch sagen, bin ich auch überfordert damit. Das ist auch ganz klar Fakt, also ich habe schon viele Tage auch erlebt, wo ich hier raus bin und hab gedacht: ‚Ich kann jetzt nicht mehr. Ich will auch nicht mehr.' Dann geht der nächste Tag wieder los und es ist positiver und dann geht es wieder, aber es hat mich auch nervlich viel, viel gekostet schon. Das muss ich auch sagen" (Ausb 03, 32).

4.3 Erzeugen von Situationen durch Lehrkraft

Auf das Erkennen und Deuten von Lebenswelten der Schüler*innen durch die Lehrkraft folgt im nächsten Schritt der Übertrag auf die Handlungsebene, indem nun den Schüler*innen von der Lehrkraft geholfen werden soll, einen ähnlichen Prozess des Erkennens und Deutens der Lebenswelten untereinander zu durchlaufen. Dazu ist es jedoch notwendig, seitens der Lehrkraft entsprechende Situationen zunächst zu reflektieren, um anschließend anhand von Unterrichtsansätzen ein Erkennen und Verarbeiten von Lebenswelten bei den Schüler*innen zu ermöglichen. Demnach werden zunächst unsere Erkenntnisse bezüglich des Reflektierens von Situationen als Voraussetzung zur Verdeutlichung anderer Lebenswelten dargelegt, bevor anschließend die Unterrichtsansätze zum Erzeugen von Situationen in den Fokus rücken.

Beim Reflektieren von Situationen zeigen sich vor allem zwei Möglichkeiten, um die Interaktionen im Unterricht zu deuten:

> „Und ja, das Reflektieren in der Nachbereitung des Unterrichts ‚Wie lief es?', ne, oder ‚Hast du da eben wirklich, na gut, bist du gar nicht darauf eingegangen auf den einen oder anderen Schüler', gerade, was jetzt so die Behinderungen betrifft oder die unterschiedlichen Leistungsniveaus, was ich jetzt als Erfahrung noch mehr habe. Ja, man muss viel hinterfragen, das ist richtig." (LK 16, 68)

Vergleichbare (Selbst-)Reflexionsprozesse schildern auch die Ausbilder*innen:

> „Ja und wie gesagt, auch immer eine Rückkopplung am Ende des Tages, dass sie eben reflektieren, was haben sie heute verstanden, was ist ihnen schwergefallen, was ist ihnen leichtgefallen, was hat ihnen nicht so gefallen. Auch immer wieder das Persönliche suchen, dass sie wirklich nie die Angst bekommen, ich habe jetzt die und die Probleme, ich spreche das aber nicht an. Sondern immer wieder auch auf sie eingehe und sage: ‚Hast du heute was schlecht gefunden? Hast du jetzt Kritik auch an mich?', weil ich denke, irgendwann sieht man den Wald vor lauter Bäumen nicht mehr und ich bin immer auch dankbar, wenn ich eine Reflexion bekomme." (Ausb 04, 23)

Relativ etabliert scheinen Reflexionsprozesse in der Vor- und Nachbereitung des Unterrichts zu sein. Es lassen sich zwar keine Aussagen finden, wie regelhaft oder strukturiert diese Prozesse ablaufen, sie dienen jedoch der Generierung von Erkenntnissen, die Auswirkungen auf den Unterricht haben. Dabei werden der Unterricht im Allgemeinen sowie verschiedene angewandte Methoden und deren Brauchbarkeit reflektiert. Hier versuchen unsere Lehrkräfte, keine Rezepte für die Durchführung ihres Unterrichts zu erstellen, sondern sehen den Unterricht als dynamischen Prozess, in dem festgelegte Regelsets – dem Umstand geschuldet, dass jede Schulklasse ein individuelles Vorgehen erfordert – fortwährend erweitert und neu etabliert werden. Die Lehrkräfte fragen sich dabei, wie in bestimmten Unterrichtssituationen anders gehandelt werden könnte, hinterfragen auch eigene Fehler – sowohl selbstreflexiv als auch offensiv mit den Schüler*innen – und setzen innerhalb dieses dynamischen Prozesses an den Stärken im eigenen Unterricht an. Insgesamt findet dabei eine Reflexion der eigenen Unterrichtsmethodik statt, die auch immer wieder auf den aktiven Einbezug aller Schüler*innen abzielt. Ebenfalls eine wichtige Rolle wird der Akzeptanz geänderter Umgangsformen der aktuellen Generation zugeschrieben:

> „Ja, das sind eben so Sachen. Die Zeiten ändern sich stets und ständig. Wie gut gehen wir da mit? Müssen wir immer die alten Dinge, die so unwichtig sind, wenn der nett zu mir ist ‚Ey, Alter', hört man ja am Ton, dann muss ich nicht verrückt werden (...)." (LK 09, 164)

Dabei wird der Generation der Schüler*innen eher eine Abkehr von tradierten Werten und eine Fokussierung auf Werte des Miteinanders und des Zusammenhalts, z. B. des Solidaritätsgedankens innerhalb der Klasse, zugeschrieben, auf deren Basis durch gegenseitiges Erklären und das ‚Mitnehmen' der Mitschüler*innen inklusive Prozesse erst ermöglicht und letztlich sogar zum Selbstläufer werden, wie bspw. ein*e Schüler*in berichtet:

> „Und wenn dann der Lehrer nicht auf sie eingeht, bleibt es halt an uns leistungsstarken Schülern hängen, ihr das auch noch einmal nach dem Unterricht zu erklären. Wir haben jetzt auch so eine Lerngruppe über WhatsApp eingerichtet, mit ihr zusammen. Vier leistungsstarke Schüler und sie. Und wir tauschen uns dann auch über unsere Hausaufgaben oder Arbeiten oder Sonstiges aus." (Sch 12, 68)

Solche Reflexionsprozesse finden auch im Unterricht selbst statt. Auslöser sind dabei Störungen des Unterrichts, die es erforderlich machen, dahinterliegende Probleme oder Herausforderungen im Unterricht zu klären.

> „Und auch möglichst direkt und gar nicht auf die lange Bank schieben. Wenn ein Problem auftritt, das passiert bei mir im Unterricht auch. Ich nehme es nicht mehr mit nach Hause. Das schaffe ich nicht. Sondern ich versuche, den Schüler gleich zu kriegen, das gleich zu lösen, und manchmal sagen sie dann auch: ‚Haben sie mal fünf Minuten vor der Tür für mich Zeit?' Dann bekomme ich eine Erklärung und das hilft. Und das hilft mir, indem ich nach Hause gehe und sage, ich gehe nicht mit einem Grummeln im Bauch und der Schüler fühlt sich verstanden. Und das ist wesentlich und wirklich wichtig." (LK 06, 12)

Eine andere Form des Reflektierens lässt sich anhand krisenhafter Situationen feststellen. Die Lehrkraft beobachtet krisenhaftes Verhalten, in dem Teile der Lebenswelt offenbart werden, was einen Reflexionsprozess über Handlungen und Deutungen auslöst. In den Interviews mit unseren Lehrkräften steht dies häufiger in Zusammenhang mit Schüler*innenverhalten, welches durch Aggression oder fehlende Leistungsmotivation geprägt ist oder aber auch mit verschiedenen Formen der Benachteiligung in Zusammenhang steht. Gerade in sehr heterogenen Gruppen haben die Schüler*innen ein nahezu unüberschaubares Angebot an Lebensentwürfen. Teilweise haben einige auch sehr krisenbehaftete Lebenswirklichkeiten. Die Lehrkräfte reflektieren dann über das Verhalten einer Person, versuchen, Horizonte von Schüler*innen zu erkennen und wägen Optionen in einer bestimmten Situation im Klassengeschehen ab.

> „Interviewer: Und in solchen Situationen, vor allem in den Extremsituationen, erkennen und verstehen Sie dann auch die lebensweltlichen Horizonte von den Schülerinnen und Schülern? Lehrkraft: Im Nachhinein schon. Also in der Situation glaube ich, ist es menschlich, wenn ich das nicht verstehe. Aber dann im Nachhinein versteht man sicherlich manche Aggressionen oder sowas." (LK 21, 31)

Auf der Grundlage solcher Reflexionsprozesse können Lehrkräfte Maßnahmen ergreifen, adäquate Unterrichtsansätze wählen und diese je nach Bedarfslage im Unterricht ausgestalten. Aus den Interviews ließen sich nun Rückschlüsse darüber ziehen, welche Ansätze von Lehrkräften im Unterricht genutzt werden, um sich und den Schüler*innen die Möglichkeit zu bieten, gegenseitig Lebenswelten zu erkennen und zu verstehen. Diese Unterrichtsansätze galt es, aus etlichen subjektiven Erfahrungsberichten der Lehrkräfte herauszufiltern und in drei Bereiche zu strukturieren. Daraus entstand eine schematische Grundlegung für das Erzeugen von Situationen.

Zunächst unterscheiden sich die berichteten Unterrichtsansätze in ihrem Bezugspunkt, von dem aus Situationen durch die Lehrkraft erzeugt werden, sprich: *Wer oder was* ist handlungsleitend für die Situation? Eine weitere Unterscheidung findet sich hinsichtlich der Frage, *wem* in der erzeugten Situation eine Unterstützung beim Erkennen und Verstehen von Lebenswelten zukommen soll. Zuletzt wird anhand kommunikativer und erfahrungsorientierter Ansätze ersichtlich, *wie* der Austausch von Lebenswelten in den seitens der Lehrkraft erzeugten Situationen vonstattengeht.

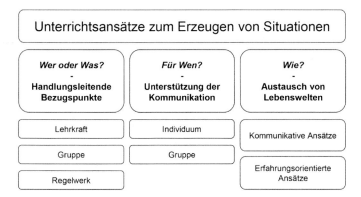

Abbildung 9: Unterrichtsansätze zum Erzeugen von Situationen

Diese aus den Interviews abgeleitete Darstellung der Unterrichtsansätze findet sich auch in den quantitativen Daten wieder. Eine Faktorenanalyse (KMO ,812) mit fünf Faktoren strukturiert die Items in großer Übereinstimmung mit der Abbildung.

Tabelle 7: Rotierte Komponentenmatrix aus Faktorenanalyse und Mittelwerte aus T-Test zu Unterrichtsansätzen zum Erzeugen von Situationen

	Komponente					Mittelwert
	1	2	3	4	5	
... lege ich meinem Unterricht einen eigenen Verhaltenskodex zugrunde, den ich in jeder Schulklasse etabliere.	.574					2,09
... setze ich bewusst Unterrichtszeit dafür ein, in Gesprächen Klassenkonflikte zu lösen.	.474	.469				2,19
... muss ich persönlich die Schüler*innen daran erinnern, sich an die Verhaltensregeln zu halten.	.481		.410			2,16
... erarbeite ich gemeinsam mit meinen Schüler*innen einen Verhaltenskodex.	.599					2,33
... ermahnen sich die Schüler*innen untereinander von selbst, die Verhaltensregeln einzuhalten.						2,32
... achte ich ganz bewusst auf deutliche Aussprache im Unterrichtsgespräch.	.567					1,90
... nutze ich Unterrichtszeit, um eine gute Grundstimmung in der Klasse zu schaffen.	.410					1,80
... löse ich Krisensituationen im Klassengefüge selbst.			.444			2,23
... werden Krisensituationen von der Klassengemeinschaft gelöst.						2,40
... erläutere ich die Gründe für eine unterschiedliche Behandlung von Schüler*innen mit Benachteiligungen vor der gesamten Klasse.						2,63
... verzichte ich bewusst auf eine Bevor- oder Benachteiligung von Schüler*innen.				.530		1,84

(Fortsetzung Tabelle 7)

	Komponente					Mittel-wert
	1	2	3	4	5	
... lebe ich den Schüler*innen einen respektvollen Umgang mit den anderen vor.				.555		1,22
... berichte ich von Erfahrungen aus meiner eigenen Biografie, um den Schüler*innen Sachverhalte zu verdeutlichen.						2,00
Bei Gruppenarbeiten weise ich die Schüler*innen den Gruppen zu, sodass es zu Wechseln in den Arbeitsgruppen kommt.	.526					2,15
Im Unterricht fordere ich die Schüler*innen auf, sich gegenseitig zu unterstützen.	.610					1,57
In meinen Schulklassen setze ich Schüler*innen mit Lernbeeinträchtigungen bewusst neben die besten Schüler*innen der Klasse.	.434					2,59
Gruppenarbeiten bewerte ich mit einer gemeinsamen Gruppennote.						2,33
Ich habe Beeinträchtigungsmerkmale meiner Schüler*innen bereits als Unterrichtsinhalt mit der ganzen Klasse besprochen, um eine besseres Verständnis zu erreichen.		.421				2,88
Ich verwende alltagsweltliche Beispiele aus dem Leben meiner Schüler*innen, um Unterrichtsinhalte verständlicher zu machen.						1,66
In großen Schulklassen gestalte ich meinen Unterricht frontal.			.648			2,39
Den Einsatz von Gruppenarbeiten mache ich von der Klassenzusammensetzung abhängig.			.602			2,49
An Gruppenarbeiten müssen bei mir alle Schüler*innen teilnehmen.				-.773		1,50
Ich lasse Schüler*innen, die nicht mit anderen zusammenarbeiten möchten, Gruppenaufgaben auch allein lösen.				.701		3,05
Ich versuche, unter den Schüler*innen eine Klassenatmosphäre zu schaffen, die es den Schüler*innen erleichtert, sich zu öffnen.					.442	1,51
Im offenen Unterrichtsgespräch achte ich darauf, dass auch ruhigere Schüler*innen am Unterricht teilhaben.	.415					1,66
Im offenen Unterrichtsgespräch gestatte ich ruhigeren Schüler*innen, sich zurückzuziehen.				.560		2,50
Meine Schüler*innen tauschen ihre Lebenswelten von allein aus.					.433	2,04
In meinen Klassen finden offene Diskussionen statt.		.641				1,88

Ein erster Faktor fasst Items zusammen, welche auf das Aufstellen eines Verhaltenskodexes zielen, sei es allein durch die Lehrkraft ($M = 2,09$) oder gemeinsam mit den Schüler*innen ($M = 2,33$). Dazu fügen sich Items mit Bezug zu Gruppenarbeiten. So achten Lehrkräfte darauf, dass sich Schüler*innen in wechselnden Arbeitsgruppen ($M = 2,15$) zusammenfinden und sich gegenseitig unterstützen ($M = 1,57$). Die Lehrkraft selbst achtet auf eine deutliche Aussprache im Unterrichtsgespräch ($M = 1,90$). Der zweite Faktor fokussiert auf kommunikativen Austausch. Offene Diskussionen ($M = 1,88$) in der Schulklasse kommen dabei etwas häufiger vor als das gemeinsame Deuten von Mitschüler*innen ($M = 2,71$) oder diskursive Erschließen von Lebenswelten ($M = 2,50$). Das Anpassen des Unterrichts an die Schulkasse, bei großen Klassen frontal ($M = 2,39$) und bei Gruppenarbeiten je nach Klassengefüge ($M = 2,49$), findet sich in einem dritten Faktor. Faktor vier verdeutlicht eingehender, wie Lehrkräfte mit Gruppenarbeiten umgehen. In der Regel sind alle Schüler*innen aufgefordert, an Gruppenarbeiten teilzunehmen ($M = 1,50$). Ein Arbeiten allein wird dabei zumeist ausgeschlossen ($M = 3,05$). Lehrkräfte selbst versuchen, in ihrer Rolle ein Vorbild im Klassenverband darzustellen, indem sie auf Bevor- und Benachteiligung einzelner Schüler*innen verzichten ($M = 1,84$) und einen respektvollen Umgang vorleben ($M = 1,22$), wie Faktor fünf verdeutlicht (vgl. Tabelle 7).

Handlungsleitende Bezugspunkte beim Erzeugen von Situationen

Um das Erzeugen von Situationen zum Erkennen der Lebenswelten unter den Schüler*innen zu initiieren und zu rahmen, lassen sich in den Interviews drei Ebenen finden. Zunächst stellen sich Lehrkräfte in der Durchführung von Unterrichtsansätzen häufig selbst in den Mittelpunkt. Indem Lehrkräfte das eigene Handeln bewusst auf die Bedarfe der Schüler*innen ausrichten, auf korrekte Aussprache achten, einen respektvollen Umgang mit den Schüler*innen und deren lebensweltlichen Informationen sowie weitere Sekundärtugenden vorleben, wird die Rahmung jener Situationen von der Lehrkraft aufrechterhalten. Ebenso in der Verantwortung der Lehrkräfte liegt die Anpassung des Anforderungsniveaus im Unterricht. In den Interviews zeigt sich hier eine Tendenz zur Anpassung auf unterste bis durchschnittliche Niveaustufen, ausgehend von der Leistung der Schüler*innen. Die Analyse der quantitativen Daten zeigt ein ähnliches Ergebnis. Durch vier Items wurde die Adaption des Unterrichtsniveaus der Lehrkräfte abgefragt. In Bezug auf das Leistungsvermögen der Klasse wird auch hier das Unterrichtsniveau an die schwächsten Schüler*innen angepasst ($M = 2,92$). Jedoch passen die Lehrkräfte ihren Unterricht vielmehr an die Erfordernisse des Lehrplans an ($M = 1,93$) und wählen dabei ein durchschnittliches Anforderungsniveau ($M = 1,96$). Weiterhin zeigt die Analyse, dass das individuelle Leistungsvermögen der Schüler*innen ($M = 2,42$) auch berücksichtigt wird. Der jeweilige Lehrplan stellt sich als wichtigstes Element der Strukturierung des Unterrichts dar, wobei individuelle Bedürfnisse Berücksichtigung finden und ein durchschnittliches Unterrichtsniveau, bezogen auf die jeweilige Schulklasse, gewählt wird. Auch obliegt die Klärung der Frage nach (Un-)Gleichbehandlungen, und inwieweit die Gründe dafür den Schüler*innen erläutert werden, den Lehrkräften. Mit dem Wissen über die Lebenswelten der Schüler*innen als Grundlage wirkt die Lehrkraft letztlich entscheidend auf die Klassenatmosphäre ein.

Auf einer zweiten Ebene richten die Lehrkräfte in Unterrichtsansätzen den Blick auf die Zusammenarbeit der Schüler*innen untereinander. Für das Erkennen der Lebenswelten sollen die Schüler*innen sich gegenseitig unterstützen und gegebenenfalls bei unverständlichen Sachverhalten als Lebensweltenmittler*innen agieren, jene also in eigenen Worten und eigenem Tempo wiedergeben. Inwieweit die befragten Lehrkräfte auf die Klassenatmosphäre einwirken und den Lebensweltaustausch unter den Schüler*innen in Gruppenarbeitsphasen anregen bzw. steuern, wird unter dem Punkt *Didaktische Facetten des Lebensweltaustauschs* näher erläutert werden.

Auf der dritten Ebene rückt der Fokus auf Formen von Regelwerken, die den Lehrkräften bei der Erzeugung oder Aufrechterhaltung von Situationen dienlich sind. Werte wie Respekt, Solidarität und Loyalität sowie die Einführung von Umgangsregeln bilden die Grundlage für eine Atmosphäre, die eine Lebensweltöffnung unter den Schüler*innen möglich werden lässt:

> „Die einen gucken auf die anderen und sagen, dass sind die, die in den Blocks wohnen, und dann, sensibilisieren ist ganz schwierig. Ich versuche, da eher so ein Miteinander zu schaffen, dass sie eine gewisse Art von Respekt voneinander zeigen, ob ich sie sensibilisieren kann für die Lebenswelt." (LK 08, 28)

Dabei scheint es laut den Aussagen der Lehrkräfte einen Unterschied zu machen, ob ein Regelsystem den Schüler*innen oktroyiert und durch Druck aufrechterhalten wird oder ob sie selbst an der Erstellung beteiligt waren und in die Kontrolle zur Einhaltung der Regeln eingebunden sind.

Unterstützung der Kommunikation der Schüler*innen

Den Aussagen der befragten Lehrkräfte zufolge unterscheiden sich die Ansätze zur Unterstützung der Schüler*innen darin, ob sie sich auf ein Individuum oder eine Gruppe beziehen. Ersteres zeigt sich in der individuellen Anpassung schulischer Abläufe und Strukturen, wie etwa im Sportunterricht, wenn Schüler*innen mit körperlichen Einschränkungen „(...) bspw. in einen speziellen Kraftraum gehen können, um dort sozusagen an ihrer restlichen Körperhaltung zu arbeiten" (LK 04, 04) oder durch die individuelle Nutzung zusätzlicher Medien:

> „Sie fährt jeden Tag (...) und hat jetzt noch zur Unterstützung (...) diese Tafelkamera, wo sie, die sie an ihren Laptop anschließen kann, und sie kann dann alles, was wir an die Wand werfen, ob Beamer, Polylux, ganz egal, kann sie über die Kamera auf ihren Laptop übertragen, sodass sie da eigentlich gar keine Benachteiligung insofern mehr hat, dass sie etwas nicht lesen könnte, was andere auch zur Verfügung kriegen." (LK 17, 06)

Diese Formen des Nachteilsausgleichs werden jedoch auch von einigen wenigen der interviewten Lehrkräfte als Sonderbehandlung aufgefasst, dementsprechend nur bedingt gewährt und als Benachteiligung gegenüber den anderen Mitschüler*innen verstanden. In den quantitativen Daten stellt sich das ähnlich dar. Hier wird der Nachteilsausgleich mehrheitlich akzeptiert und nur von einigen wenigen Lehrkräften als Form der Sonderbehandlung angesehen (M = 3,12). Weitere Ansätze zur Unterstützung Einzelner sind dagegen weniger strukturell und zielen eher auf inhaltliche Hilfestellungen ab. So werden Aufgaben für Einzelne differenziert, der Druck auf Schüler*innen mit risikoreicher Emotionsregulierung gesenkt, Inhalte beständig wiederholt oder Leistungsschwächere mit Argumenten und Leistungsstärkere mit Zusatzaufgaben motiviert.

Bezieht sich die Unterstützung der Lehrkraft auf Gruppen, werden die benannten Maßnahmen auf den Klassenverband ausgeweitet. Was zuvor als Nachteilsausgleich einzelnen Schüler*innen vorbehalten war, ist in dieser Bezugsform für alle unabhängig von ihrer Leistung zugänglich. Neben der Etablierung eines durchschnittlichen Unterrichtsniveaus, Binnendifferenzierung und vermehrten Pausen ermöglicht vor allem eine verstärkt visuelle oder handlungspraktische Aufbereitung der Inhalte allen Schüler*innen, am Unterrichtsgeschehen teilzuhaben:

> „Die müssen die Sachen anfassen (...) Wenn ich erzähle von Gabelstapler oder irgendwas, ne, das ist schwierig. Also muss ich es irgendwie anschaulich machen. Und das machen wir eben durch Bilder, durch Anfassen, durch Probieren, durch Kosten, durch Testen, durch Hingehen zu den Leuten, die es machen." (LK 13, 22)

Austausch von Lebenswelten

Um den lebensweltlichen Austausch der Schüler*innen untereinander im Unterricht anzuregen, greifen die befragten Lehrkräfte sowohl auf kommunikative als auch auf erfahrungsorientierte Ansätze zurück. Rückt die Kommunikation in den Mittelpunkt, zielt die Gestaltung des Unterrichts darauf ab, die Schüler*innen in größtmöglichem Maße zu Wort kommen zu lassen und sich mit Sachverhalten diskursiv auseinanderzusetzen. Gesprächsrunden, Kennenlernspiele und Partnerinterviews bringen die Schüler*innen dazu, anhand gesetzter Themen miteinander zu kommunizieren und sich auszutauschen. Dem entgegen steht ein weiterer kommunikativer Ansatz, auf die Strukturierung von Situationen zu verzichten und den Schüler*innen die Verantwortung des Lebensweltaustauschs zu übertragen. In einem bewusst gewährten Freiraum sollen hier die Schüler*innen eigene Kommunikationsformen entwickeln und sich kennenlernen. Diese Annahme wird durch die Lehrkräfte entweder mit großem Vertrauen oder auch mit dem Gefühl, für das Vordringen in die Lebenswelten keine Berechtigung zu haben, begründet:

> „Das machen die ganz von allein, das machen die im Klassenverband. Als Lehrer kann man bestimmt, wenn es irgendwelche ganz prägnanten Ereignisse sind oder so, nochmal darauf eingehen. Ansonsten mache ich das nicht, dass ich sage, weil ich gar nicht berechtigt bin, die Lebenswelt des anderen in die Klasse zu tragen, aber das machen die voneinander, also denke ich mal, wenn sie sich finden." (LK 20, 49)

Auch die Ausbilder*innen berichten dies aus der praktischen Ausbildung: „Und dann kommt das dazu, dass wir in der praktischen Arbeit immer wieder mal zu den Gesprächen kommen, auch im Privaten. Man merkt auch, die Teilnehmer oder die Lehrlinge wollen sich einfach auch mitteilen" (Ausb 04,11).

Rücken wiederum Erfahrungen in den Mittelpunkt der Unterrichtsansätze, finden zunächst spezifische Methoden mit individuellen Lebensweltbezügen Anwendung (siehe *Biografische Erfahrungen als Grundlage für gemeinsamen Unterricht*). Ausgangslage für einen an Biografien orientierten Unterricht sind lebensweltliche Beispiele, sowohl von den Schüler*innen als auch von den Lehrkräften. Der Austausch von persönlichen Erfahrungen betrifft in diesem Fall alle am Unterricht beteiligten Personen. Auf diese Weise knüpfen lebensweltliche Themen als Unterrichtsinhalte an Lebenswelten von Schüler*innen und der Lehrkraft an. Im Falle traumatischer Erlebnisse wird jedoch auch auf lebensweltliche Bezugnahmen zu konkreten Erfahrungen verzichtet oder sogar eine thematische Nähe bewusst gemieden.

> „Was ich natürlich auch wieder in meinen Unterricht mit reinnehme, wenn ich grenzwertige Themen, wie z. B. Vergewaltigung unterrichten müsste. Dann versuche ich, das natürlich so zu machen, dass es den, der da diese Erfahrung gemacht hat, nicht unbedingt auch noch triggert. Oder die Ausländer, wenn ich weiß, die sind mittels Schlauchboots hierhergekommen, und zwar hochriskant und vielleicht das Nachbarboot ist untergegangen und solche Sachen, dann werde ich jetzt natürlich nicht eine Klassenfahrt oder einen Klassenausflug machen, eine Schlauchbootfahrt (...) oder sowas. Das sind ja alles solche Dinge, das muss ich ja alles irgendwo wissen, um entsprechend auf jeden Schüler den Unterricht so zugeschnitten haben (...)." (LK 22, 24)

In dem Fall würden entsprechende Situationen bewusst nicht erzeugt bzw. umgangen. Andererseits bringen diese Themen aus Sicht der betroffenen Schüler*innen – sofern diese thematisiert werden können – der übrigen Klasse Einblicke in die Lebenswelt dieser Schüler*innen, wodurch sie zur Erzeugung von gemeinsamen Situationsdefinitionen herangezogen werden können. Dieser Ausschnitt aus der Lebenswelt der betroffenen Schüler*innen in der Klasse kann daraufhin gemeinsam reflektiert und verstanden werden. Somit wird Lebenswelt für Mitschüler*innen sichtbar und gleichzeitig mit Lebensweltbezug etwas zum Thema gelernt.

Eine weitere Form des erfahrungsorientierten Lebensweltaustauschs geht darüber hinaus, indem auch eine Öffnung für Personengruppen außerhalb des Unterrichts stattfindet. So werden Situationen erzeugt, in denen für einen kurzen Zeitraum im Unterricht höchst unterschiedliche Lebenswelten aufeinandertreffen und bspw. Menschen mit Behinderung als Expert*innen in eigener Sache von ihren Erfahrungen und Ansichten berichten und diese zur Disposition stellen können. Ein besonderes Augenmerk der befragten Lehrkräfte liegt auch auf den Erfahrungen der Schüler*innen in den Ausbildungsbetrieben. Für sie eignet sich diese Form von Unterrichtsansätzen, um an unterschiedlichsten Erfahrungen anzuknüpfen, ohne dabei allzu sehr in die Lebenswelten der Schüler*innen vordringen zu müssen. Als Lernort außerhalb des Schulkontextes folgt der betriebliche Bereich der Ausbildung ganz anderen Strukturen, was wiederum zu differenten Erfahrungen führt. Unterrichtssituationen, in denen diese Erfahrungen dann thematisiert werden, gelten mitunter als gelungener Lebensweltaustausch:

> „(...) der eine verkauft Lebensmittel, der Nächste Schuhe, der Nächste Bekleidung oder was und dann profitieren sie davon und lernen voneinander, auch wenn sie jetzt sagen: ‚Ich verkaufe keine Lebensmittel, aber es ist schon mal interessant, auch für mich als Privatperson, das und das und das bspw. zu hören.'" (LK 13, 18)

Die schemenhafte Darstellung und grundlegende Einordnung der uns berichteten Unterrichtsansätze boten zunächst einen ersten Überblick darüber, von welchem Bezugspunkt aus wem Unterstützung zukommt und auf welche Weise Lehrkräfte dies dann in die Tat umsetzen bzw. Situationen im Unterricht zu erzeugen versuchen. Im Folgenden sollen diese verschiedenen Perspektiven um tiefergehende Betrachtungen einzelner Unterrichtsansätze erweitert werden. Hierbei werden zunächst mit dem „Feststellen anderer Lebenswelten", der „Offenbarung von Lebenswelten" sowie dem „Erkennen der Grenzen anderer" drei Ansätze näher beleuchtet, die elementar für das Erzeugen von Situationen sind.

4.3.1 Feststellen anderer Lebenswelten durch Schüler*innen

Bezog sich das Feststellen anderer Lebenswelten hinsichtlich des Erkennens und Deutens noch auf die Lehrkräfte selbst, so kommt diesen im Hinblick auf das Erzeugen von Situationen die Verantwortung dafür zu, dass nun die Schüler*innen gegenseitig ihre Lebenswelten festzustellen lernen. In Anlehnung an den Prozess des Feststellens der Lebenswelt der Lehrkräfte bedarf es auch für die Schüler*innen untereinander einer Abweichung von Normerwartungen, die wiederum mit dem vorhandenen Wissen über die Mitschüler*innen verknüpft wird. Solch eine Normabweichung fällt den befragten Schüler*innen besonders im Hinblick auf das unterschiedliche Lernverhalten im Unterricht auf:

> „Ja, na beim Lernen also (...) die Leistungsbereitschaft, ich meine, nun gut, von denen haben ja auch Leute Abitur (...). Und das merkt man dann auch so vielleicht ein bisschen an der Einstellung hier und da, dass die dann vielleicht noch nicht so, quasi das so ernst nehmen oder sowas (...). Das ist, denke ich mal, ist eine Einstellungsfrage und wie weit man dann halt Lust drauf hat." (Sch 01, 22)

Indem das gemeinsame Lernen bzw. der gemeinsame Unterricht Schüler*innen mit unterschiedlichen Lebenswelten zusammenbringt, können diese überhaupt erst Verhaltensabweichungen oder Wertevorstellungen bei ihren Mitschüler*innen erkennen. Eine Unterrichtsmethode diesbezüglich ist das Tandemlernen, das es sowohl den Schüler*innen untereinander als auch der beobachtenden Lehrkraft erlaubt, die Lebenswelten festzustellen. Tandems aus stärkeren und schwächeren Jugendlichen sollen, neben gegenseitiger Unterstützung, auch ein gegenseitiges Verständnis fördern. Neben gemeinsamen Lernsituationen sind es insbesondere Konfliktsituationen, in denen bei den Mitschüler*innen Abweichungen von der eigenen Lebenswelt offenkundig werden. Erreichen Schüler*innen ihre Frustrationsgrenze, wird dies den Mitschüler*innen bereits in alltäglichen Unterrichtssituationen ersichtlich: „Allein jetzt wie mit der Toleranz, wenn jetzt z. B. Arbeiten zurückgegeben werden, die Akzeptanz von Noten. (...) Aber auch mit Meinungen von anderen. Also da haben auch manche ganz große Probleme" (LK 21, 54). Verglichen mit den Lehrkräften gehen die Ausbilder*innen dabei ähnlich vor: „Dann versuche ich immer, dass ich einen schwächeren Lehrling mit einem besseren zusammenstecke, dass die zusammenarbeiten, dass es dadurch etwas schneller geht, aber es hat auch manchmal Nachteile, dass eben dann der schwächere Lehrling auf Kosten des guten etwas ausruht" (Ausb 05, 04). Bei den Lehrkräften zeigt sich weiter, dass die lebensweltlichen Informationen, die die Schüler*innen voneinander beziehen, häufig aus sozialen Medien stammen. Wie bereits erwähnt, wird dieses Wissen von einer Person aus digitalen Bezugsquellen, ähnlich wie bei den Lehrkräften die Zuhilfenahme von Dokumenten, mit den beobachteten Abweichungen verknüpft, um schließlich die Lebenswelt des anderen festzustellen. Somit ist die Nutzung sozialer Medien nicht nur Teil der Lebenswelten der Schüler*innen, in denen sie agieren, sondern darüber hinaus auch ein Mittel zum Feststellen der Lebenswelten anderer:

> „Also, ganz viel natürlich über diese WhatsApp-Gruppen. Da zeigen mir auch manche Schüler irgendwas. Also, wenn der eine wieder durchgedreht ist oder sowas. Also, die sind nur eine Gruppe hier in der Schule, also, die kommen alle unterschiedlich her. Und sobald sie dieses Schulgebäude verlassen, sind sie auch alle separat. Aber durch die Medien an sich, da ist, findet diese Kommunikation statt." (LK 21, 69)

Indem Lehrkräfte diese Bedeutung der sozialen Medien für die Schüler*innen erkennen, können sie für sich und ihren Unterricht einen sensiblen Umgang mit diesem Teil der Lebenswelten finden, der gleichzeitig Situationen erzeugt, in denen Schüler*innen andere Lebenswelten feststellen können. Um den Schüler*innen dies zu ermöglichen, sind neben der Anerkennung der lebensweltlichen Informationsquellen insbesondere Prozesse des Sich-Öffnens erforderlich. Diese Öffnungsprozesse der Schüler*innen können in entsprechenden Situationen bzw. Anlässen im Unterricht (Gespräche, Tandemlernen etc.) stattfinden. Die Verknüpfung von Lerninhalten mit individuellen Lebenswelten der Schüler*innen fördert insbesondere eine Klassenatmosphäre, in der die Öffnung der Lebenswelten gewünscht erscheint. Umfeldbedingte Hemmnisse, die die Schüler*innen daran hindern, sich zu öffnen, gilt es ebenso abzubauen, wie es notwendig ist, die Förderung einer generellen gegenseitigen Wertschätzung aufzubauen. Außerhalb des eigentlichen Unterrichts (auf Klassenfahrten, Feiern etc.) wiederum entfallen schulische Zwänge und Verhaltensvorgaben ein Stück weit, wodurch sich das Miteinander der Schüler*innen anders darstellt und weitere Facetten der Lebenswelten der Mitschüler*innen festgestellt werden können.

> „Ich versuche, durch kleine Sachen den Klassenverbund zu stärken, und zwar hier mit meiner FL habe ich eine kleine Weihnachtsfeier gemacht. Zwei Stunden am Ende des Tages, kurz bevor sie wieder weg sind, und dann merkt man auch, die wollten unbedingt wichteln. Ist in Ordnung. Sie wollten unbedingt was zu essen bestellen und sie wollten schön gemütlich zusammensitzen. Und das haben wir alles gemacht. Und diese zwei Stunden sind wertvoller wie sonst alles. (…) Weil sie dann gekommen sind: ‚Ach dann, wir müssen uns nochmal unterhalten' und so." (LK 14, 26)

Auch für die befragten Schüler*innen sind nach eigener Aussage außerschulische Kontakte mit Lehrkräften eine Möglichkeit, Lebenswelten festzustellen: „Wie z. B. gestern waren wir mit unserem Klassenlehrer zusammen unterwegs in ein Restaurant. Haben wir zusammen gegessen und getrunken gehabt, fast alle Klassenkameraden. Das ist auch eine Möglichkeit" (Sch 09, 34). Eine weitere Möglichkeit, als Lehrkraft die Schüler*innen beim gegenseitigen Feststellen der Lebenswelten zu unterstützen, ist die Kommunikation des eigenen lebensweltlichen Wissens über die Schüler*innen. Lehrkräfte, die die Lebenswelten ihrer Schüler*innen identifiziert und bereits festgestellt haben, können wiederum in vermittelnder Rolle ihre Informationen und Deutungen den Mitschüler*innen zukommen lassen, um somit das Feststellen der Lebenswelten der anderen zu erleichtern.

4.3.2 Offenbarung von Lebenswelten

Die Offenbarung der Lebenswelt erfordert Vertrauen. Die Ausgangssituation ist dabei von Klasse zu Klasse erst einmal völlig unterschiedlich, da stets individuelle Charaktereigenschaften – mehr oder weniger offen bzw. verschlossen – der Schüler*innen vorliegen. So gibt es Schüler*innen, die sich in unseren Interviews als besonders auskunftsfreudig beschrieben und diese Charaktereigenschaft in Verbindung zum gemeinsamen Lernen setzten:

> „Also ich bin (...) 'nen sehr offener Mensch und bin da auch gerne bereit, jedem viel von mir zu erzählen und auch aus meinem Leben zu erzählen. (...) Ist für mich überhaupt gar kein Problem, weil ohne, dass man sich kennt, kommt man nicht voran. Das wird nichts, also gerade gar nicht, wenn man zusammenarbeiten soll." (Sch 03, 43)

Da dies jedoch nicht durchgängig vorzufinden ist, muss ein Vertrauensverhältnis zunächst in der Klasse wachsen, damit eine solche Offenbarung der Lebenswelten stattfinden kann. Als wir die *Externalisierung der eigenen Lebenswelt* näher untersucht haben, konnten wir bereits feststellen, dass für eine Öffnung der eigenen Lebenswelt für andere eine geschützte Umgebung und ein respektvoller Umgang mit den preisgegebenen Informationen erforderlich sind: „Das macht ganz viel, (...) ich empfinde das jetzt nicht als Zwiespalt oder so, aber viele Sachen erzählen mir ja die Schüler im Vertrauen. D. h. also, ich muss sehr sorgsam mit diesen Informationen umgehen und wenn ich sie in irgendeiner Form verwenden will (...)" (LK 13, 42). Die Lehrkräfte sind also an dieser Stelle auch auf das Einverständnis der betreffenden Schüler*in und das Vorliegen der geschützten Umgebung innerhalb der Klasse angewiesen, wenn ein – zuvor im Vertrauen – offenbarter Teil der Lebenswelt innerhalb des Klassenverbandes zum Gegenstand gemacht werden soll. Die Initiierung eines derartigen Prozesses kann nicht willkürlich erfolgen. Ist eine solche Vertrauensebene entstanden, wird sie auch von Schüler*innen mit Behinderung genutzt, um die eigene Lebenswelt Schritt für Schritt zu offenbaren:

> „Deswegen war ich ziemlich vorsichtig am Anfang und war nicht direkt offen, sondern bin erstmal zum Lehrer und habe gesagt, okay, das sage ich Ihnen im Vertrauen und ich möchte, dass das die Klasse nicht so mitbekommt, weil ich weiß noch nicht, wie die reagiert, und habe das dann von mir aus dann offengelegt." (Sch 02, 12)

Die Lehrkraft ist dadurch zunächst die Vertrauensperson und evtl. auch Ratgeber*in. So wird eine schrittweise Offenbarung der Lebenswelt der Schüler*innen ermöglicht. Wenn diese vertrauensvolle Atmosphäre in der Klasse nur selten vorliegt, findet eine solche Offenbarung auch entsprechend seltener statt: „Wenn sie mir nichts preisgeben als Schüler habe ich keinen Einfluss, da irgendwo ganz einfach Einsicht zu nehmen. Also, es ist wirklich nur das, was wirklich in zwischenmenschlichen Gesprächen mal rauskommt, ansonsten habe ich keinen Einfluss darauf oder kein Wissen" (LK 20, 26). Auch die Ausbilder*innen betonen die Freiwilligkeit der Offenbarung von Lebenswelten durch die Jugendlichen: „Je nachdem, wie offen eben ein Auszubildender ist. Und da muss ich auch wieder ehrlicherweise sagen, wenn ein Auszubildender nicht offen ist, also nicht so offen, also das muss er ja nicht. Er muss ja nicht. Er muss ja nicht Privates eigentlich preisgeben" (Ausb 01, 15). Die Lehrkräfte können eine Atmosphäre, die eine Öffnung ermöglicht, schaffen bzw. beeinflussen, indem sie sich in einer Art ‚Vorbildfunktion' selbst öffnen bzw. offenbaren. Das Auftreten der Lehrkraft kann dabei einen Einfluss auf die Offenbarung anderer haben: „Und die Schüler sehen – ich weiß nicht, ob es daran liegt, dass ich noch eine junge Kollegin bin – in mir ganz oft auch eine Freundin, eine große Schwester, eine Tante oder was auch immer, sodass sie mir auch Probleme von sich aus erzählen" (LK 06, 06). Gestützt wird die Einschätzung der Lehrkraft auch durch Aussagen von Schüler*innen, denn „wenn ich jetzt aber z. B. eine Lehrkraft nehme, die jetzt vielleicht, ich sage mal so, wir hatten welche, die waren Mitte 30 Jahre, also ich sage mal so vielleicht zehn Jahre älter als wir selber. Das war schon wieder, die hat auch gut und die hatten ihre eigene Art und Weise wieder und die haben halt auch schon wieder gelehrt bekommen, dass man halt individuell manchmal auf die Schüler eingehen muss" (Sch 10, 42). Ein geringerer Altersunterschied und ein freundschaftliches Auftreten zwischen Lehrkraft und Klasse, also eine größere Nähe zu den Schüler*innen, können dies offenbar erleichtern. Zudem kann die Entstehung einer vertrauensvollen Atmosphäre gefördert werden, indem Raum neben dem eigentlichen Unterricht geschaffen wird (z. B. durch Gemeinschafts-/Kennenlernstunden, Exkursionen, Beratungs-/Gesprächsstunde, Gespräche in einer Pause etc.) – systemtheoretisch betrachtet durch die Schaffung von Situationen zur strukturellen Kopplung außerhalb des eigentlichen (inhaltlichen) Unterrichtsgeschehens: „Und das haben wir alles gemacht. Und dass, diese solche zwei Stunden sind wertvoller wie sonst alles. Und was meinen Sie, was ich in den zwei Stunden auch über den ein' oder anderen erfahren habe" (LK 14, 26).

Eine besondere Form der Entwicklung einer vertrauens- und respektvollen Atmosphäre kann durch die Offenbarung der eigenen Lebenswelt, speziell der eigenen Werte als Beispiel bzw. als Richtlinie für den Umgang in der Klasse erfolgen. Diese Offenbarung kann dazu beitragen, den Schüler*innen Vergleiche und Konstruktionen von Lebenswelten zu ermöglichen bzw. zu erleichtern: „Ich berichte aus meinen eigenen Erfahrungen, wenn die sagen, ‚Mensch, wir verstehen hier die Mutti nicht' oder ‚Wir verstehen das nicht', dass ich sage, ‚Guckt mich an, ich bin selber Mutter von drei Kindern, schaut mich an'" (LK 01, 06). Auch von den Ausbilder*innen wird berichtet, dass ein Vertrauensverhältnis als Basis für die Öffnung der Teilnehmenden innerhalb der Gruppen dadurch erzeugt wird, dass eine Offenbarung der eigenen Lebenswelt zur Initiierung genutzt wird:

> „Ich finde recht viel, weil wenn ich mit einem Lehrgang beginne oder, ich gehe jetzt auch mal auf die Umschüler, die ich hab, stelle ich mich vor und erzähle von meinem Leben und auch recht lange und auch von den Tiefen, die ich hatte, oder was ich verkehrt gemacht habe, sodass erstmal dieser, also nicht Lehrer-Schüler da ist, sondern dass so ein Vertrauen schon mal da ist und dann frage ich und lasse jeden erzählen von seinen Verhältnissen und ich glaube, bei mir ist es auch oder ja bei mir ist es auch so, ich bin 30 Jahre hier und ich erkenne recht schnell, aus welchen Verhältnissen jemand kommt." (Ausb 03, 16)

Ebenso muss die Offenbarung der Lebenswelten der Schüler*innen von der Lehrkraft zugelassen werden, damit sie – insbesondere im Unterricht – stattfinden kann. Das ist in den Interviews mit den Ausbilder*innen zu sehen, die ihren Auszubildenden entsprechende Signale geben: „Aber wenn sich jemand öffnen will, kann er es gerne machen" (Ausb 01, 15). Zudem kann die persönliche Einstellung der Lehrkraft, insbesondere das Interesse an den Lebenswelten der Schüler*innen, entscheidend dafür sein, ob die Offenbarung der Lebenswelt der Schüler*innen bei der Lehrkraft ankommt und die offenbarten Informationen auch genutzt werden. Dabei müssen die Lehrkräfte aber ebenfalls darauf achten, dass die Offenbarung der eigenen Lebenswelt nicht zur Schwächung ihrer Position oder ihrer Autorität führt, wenn bspw. ‚zu private Dinge' offenbart werden. Seitens der Schüler*innen kann die Offenbarung ihrer Lebenswelten auch Grenzen haben, insbesondere im privaten Bereich (Familie, Finanzen), da diese Informationen Vergleiche oder Rankings unter den Schüler*innen initiieren können, die dann für Einzelne nachteilig ausfallen:

> „Aber so soziale Verhältnisse, welche finanziellen Mittel sie haben oder sowas, dafür habe ich keinen Einblick. Das ist ja, das ist auch etwas, was auch mittlerweile so weit ist, das gibt auch keiner mehr so offen auf. Das ist ja eine sehr große Hemmschwelle. Auch Familie ist mittlerweile bei vielen Schülern eine große Hemmschwelle geworden." (LK 03, 24)

Die Offenbarung der Lebenswelt erfolgt zumeist durch verbale Äußerungen. Aufforderungen zur Verbalisierung der eigenen Lebenswelten der Schüler*innen durch die Lehrkraft fördern dabei diese Offenbarung. Ziel ist dabei, das Verstehen des anderen zu ermöglichen. Ein möglicher bzw. oft genannter Anlass, die Schüler*innen zur Verbalisierung der Lebenswelt aufzufordern, ist die Wahrnehmung von Problemen bei Einzelnen in der Klasse. Neben verbalen Äußerungen erfolgen Offenbarungen der Lebenswelt auch durch beobachtbares emotionales Verhalten oder durch schriftliche Offenbarung. Häufig geschieht dabei die Offenbarung der Lebenswelt in Form des Kenntlichmachens von eigenen Grenzen. Als weiterer Anlass für die Lehrkraft, die eigene Lebenswelt zu offenbaren, wurde das Feststellen von Nicht-Verstehen des anderen unter den Schüler*innen genannt.

Diese Offenbarung der eigenen Lebenswelt soll wiederum veranlassen, dass die Schüler*innen sich selbst öffnen und ihre Lebenswelten offenbaren. Sie erlaubt einerseits innerhalb der Klasse Einblicke untereinander. Andererseits wird die Offenbarung der Lebenswelten der Schüler*innen auch als Schlüssel zum Kennenlernen und Nachvollziehen der unterschiedlichen Lebenswelten innerhalb der Klasse für die Lehrkraft (z. B. Familienverhältnisse, Umfeld, sozioökonomischer Status) beschrieben (vgl. Kapitel 4: Die Suche nach Zugängen zu anderen Lebenswelten und Entwicklung von Verständnis). Darüber hinaus trägt die Offenbarung der eigenen Lebenswelt und der Gründe für das eigene Handeln durch die Lehrkraft selbst dazu bei, dass die Schüler*innen die Lehrkraft besser verstehen. Es besteht aber auch das Risiko, dass sie zu Unverständnis führt, wenn die andere Lebenswelt nicht akzeptiert wird, da sie bspw. nicht gesetzeskonform ist oder sie aus der jeweils eigenen Perspektive nicht nachvollzogen werden kann: „,Warum muss ich mehr machen, nur weil ich leistungsstärker bin? Ein leistungsschwächerer Schüler muss nicht so viel tun. Und warum soll ich permanent jetzt dem anderen helfen? Nur weil ich selber keine Hilfe brauche, muss ich immer welche geben'" (LK 13, 8), zitiert eine Lehrkraft einen Kommentar aus der Schülerschaft. Diesem Unverständnis und eventuellen Widerständen muss die Lehrkraft begegnen können, um die Bereitschaft zur Schaffung einer vertrauensvollen Atmosphäre herzustellen und somit die Offenbarung von Lebenswelt innerhalb der Klasse zu ermöglichen. Denn eine solche Offenbarung führt nur dann zu einer gemeinsamen Situationsdefinition, wenn gemeinsam darüber kommuniziert wird:

> „Ja, ja, also ich denke schon gerade, wie gesagt, in der Klasse, wo einmal die Rheumaschülerin war und dann eben auch die Schülerin mit der Hirnhautentzündung, die haben das beide sehr offen kommuniziert, haben auch beide sehr offen über ihre Schulbiografie, wie sie bisher gelernt haben, was so bisher ihr Leben war, was so Hindernisse waren oder Schwierigkeiten, womit sie auch jetzt noch Schwierigkeiten haben. Sie haben das sehr offen kommuniziert. Und wenn das jemand sehr offen kommuniziert, dann wird das von den Schülern auch sehr gut wahrgenommen und akzeptiert und dann verarbeiten die das auch in dem Sinne, dass die dann auch so ein Verständnis dafür entwickeln. Das funktioniert sehr gut. Also man braucht aber auch wirklich dann von den Schülern die Bereitschaft, das dann auch offen anzugehen und im Zweifel auch, ja, Widerstände damit aufzubrechen." (LK 01, 44)

Für die Lehrkräfte und die Schüler*innen ohne Behinderungen oder Beeinträchtigungen sind Kenntnisse über eventuelle Krankheitsbilder und die daraus resultierenden Einschränkungen nicht per se selbstverständlich. Wenn es bisher keine eigenen lebensweltlichen Bezüge – bspw. im familiären Umfeld oder im Freundeskreis – gab, sind diese zunächst fremd. Die Offenbarung der Lebenswelt durch die Schüler*innen mit einer Behinderung oder Beeinträchtigung leistet dann einen wichtigen Beitrag, um der übrigen Klasse das Verstehen zu erleichtern:

> „Die Rheumaschülerin, die hat jetzt, mit der konnte jeder gut arbeiten, weil sie hier Leistung gebracht hat. Sie hat immer gesagt: ‚Ich kann nichts Körperliches machen. Ich bin nicht die Schnellste auf dem Gang oder ich kann jetzt auch nicht fünfmal den Gang hoch und runter und Wege erledigen, aber was ich machen kann: Ich kann mich an den Computer setzen, ich kann Ausarbeitungen schreiben oder ich kann mich beim Vorbereiten von Plakaten und so weiter engagieren. Das ist alles kein Problem.' Also da hat man, das

> hat sie von sich aus von Anfang an kommuniziert, bzw. die Gruppe hat dann auch wirklich immer gesucht, was kann sie gut machen mit ihrer Beeinträchtigung und was können wir für sie übernehmen. Das hat immer gut funktioniert und dadurch gab es auch keine Grenzen oder Berührungsängste oder derart." (LK 01, 40)

Es ist also entscheidend, dass die lebensweltlichen Grenzen (in diesem Fall die Grenzen der körperlichen Leistungsfähigkeit) von allen erkannt werden können, damit gemeinsames Arbeiten und Lernen innerhalb der je individuellen Grenzen möglich sind. Zugleich sei aber auch betont, dass die Offenbarung der eigenen Lebenswelt insbesondere für Schüler*innen mit Behinderung eine besondere Herausforderung darstellt:

> „Ja, ich bin erst zum Lehrer hin, dass er das nur wusste, und ich wollte nicht so speziell behandelt werden, weil damit habe ich auch Erfahrungen gemacht, wo man mich dann halt sehr, ja, nicht als Mensch gesehen hat, sondern eher meine Behinderung oder Benachteiligung und Beeinträchtigung und das wollte ich nicht, dass das auffällt. Ich wollte ganz normal behandelt werden, wie jeder andere Schüler." (Sch 02, 08)

An diesem Beispiel lässt sich gut illustrieren, wie Inklusion funktionieren kann und welche Hindernisse gleichzeitig bestehen. Einerseits wünscht sich der/die Schüler*in, am sozialen System Unterricht, wie jede*r andere auch, teilzuhaben, andererseits erschwert die nicht offensichtliche Unterschiedlichkeit der Lebenswelten genau diese Teilhabe. Das verdeutlicht einmal mehr die Bedeutung, die dem Vermitteln zwischen Lebenswelten zukommt. Die Offenbarung von Lebenswelten als ein kommunikativer Ansatz zum Lebensweltaustausch ist somit ein Ausgangspunkt für die Lehrkräfte zur Unterstützung der Schüler*innen bei der Suche nach Zugängen zu anderen Lebenswelten sowie eine Voraussetzung, die Grenzen anderer Lebenswelten zu erkennen.

4.3.3 Erkennen von Grenzen anderer

> „Grenzen des Verstehens. Wie soll man das beschreiben? Dass manche Schüler einfach nicht verstehen, dass andere es nicht können. Das ist z. B. etwas, wo ich z. B. sehe, aha, das ist jetzt irgendwie, das verstehe ich. Ich verstehe manchmal nicht, weswegen die nicht verstehen, dass es andere nicht können." (LK 03, 48)

Wie wir bereits bei der Auseinandersetzung mit dem Erkennen eigener Grenzen festgestellt haben, werden Grenzen des Verstehens einerseits als Barriere für pädagogisches Handeln oder die eigene Zuständigkeit verstanden (vgl. Kapitel 4: Erkennen von eigenen Grenzen). Das Feststellen einer Fehldeutung der Grenzen von Schüler*innen sowie des beobachteten Verhaltens in der Klasse lässt also wiederum auch eigene Grenzen beim Feststellen von Grenzen anderer erkennen. Sie können aber andererseits auch einen ‚Aha-Effekt' auslösen und so zum Hinterfragen bisheriger Sicht- und Herangehensweisen herangezogen werden und neue Handlungsansätze bei den Lehrkräften initiieren. Im letzteren Fall stellt sich die Frage, wie mit den erkannten Grenzen der Lebenswelten umzugehen ist. Dies gilt gleichermaßen für die Grenzen der Lebenswelten, die die Lehrkräfte bei den Schüler*innen feststellen. Wie bereits im Kapitel ‚Lernen und Situation' aufgezeigt wurde, entsteht eine (Lern-)Situation erst dann, wenn ein Ausschnitt aus der Lebenswelt bewusst zum Gegenstand gemacht wird und eine anschlussfähige Kommunikation in einem sozialen System durch strukturelle Kopplung der psychischen Systeme erfolgen kann. Eine solche gemeinsame Situationsdefinition reduziert die Komplexität möglicher anderer individueller Situationsdefinitionen innerhalb der Lebensweltgrenzen der Beteiligten (vgl. Kapitel 3: Lernen und Situation). Es ist also zur Erzeugung einer Lernsituation erforderlich, diese innerhalb dieser Grenzen stattfinden zu lassen, indem an Situationsdeutungen innerhalb der jeweiligen Horizonte angeknüpft wird, und sie um die neuen Situationsdeutungen des Lerngegenstandes zu erweitern. Dabei ist zu beachten, dass die beteiligten Schüler*innen einer Klasse unterschiedliche Horizonte als Begrenzungen möglicher Situationsdeutungen sowie unterschiedliche Grenzen ihrer Lebenswelten aufweisen.

Hinzu kommt, dass auch unter den Schüler*innen ein solches Erkennen (oder auch Nichterkennen) von Grenzen der Lebenswelten anderer stattfindet. So bemerkt eine*r der befragten Schüler*innen, dass: „wenn man die Fragen schon so kompliziert stellt, dass man schon gar keine Antwort mehr darauf weiß, dann merkt man halt auch bei einigen Schülern, die wollen die Frage schon gar nicht mehr beantworten, die gucken einfach nur noch mit dem Kopf nach unten und ignorieren das einfach nur noch, was der Lehrer sagt" (Sch 12, 22). Ansätze des Umgangs unserer Lehrkräfte mit festgestellten Grenzen anderer sind zum einen das Anpassen der Kommunikation. Hierbei erkennt in erster Linie die Lehrkraft Grenzen der Schüler*innen – aber in neuen Situationen oft auch eigene – und arbeitet damit:

> „Ich wusste z. B. nicht, dass z. B. Gehörlose eine völlig andere Denkstruktur, eine andere auch Informationsstruktur haben. Und da habe ich ein paar Mal abends mit jemandem gechattet, der selber gehörlos ist, um erstmal zu erkennen, dass so feine Wörter gar nicht wichtig sind, so formulierungsmäßig, dass das für die alles sehr pragmatisch läuft." (LK 03, 12)

Die so erkannten Grenzen können dann als ‚Steuergröße' für den Unterricht genutzt werden, sowohl hinsichtlich der Anpassung des Unterrichts an die wahrgenommenen Grenzen als auch als Ausgangspunkt, neue Ansätze zu entwickeln, um als Lehrkraft mit diesen Grenzen umgehen zu können. Auch die Ausbilder*innen berichten von solchen erkannten Grenzen der Auszubildenden:

> „Du hast einmal das Verhalten, wenn du jetzt ein hyperaktives Kind hast, damit kann ich sehr gut umgehen, weil ich das sofort erkenne. Da habe ich überhaupt kein Problem mit, wenn einer sehr zappelig und unruhig ist. Solange er sich ganz normal benimmt, aber ich hatte letztes Jahr erst wieder einen, rotzfrech; egal was du sagst, kommt eine blöde Antwort. Und auch andere immer angepöbelt und selber bringt er nichts Gescheites fertig." (Ausb 05, 69)

Dieses Beispiel zeigt, dass abweichendes Verhalten an sich noch kein Problem darstellt, solange es den Unterricht – bzw. in diesem Fall die praktische Ausbildung – nicht stört. Erst wenn es zur Störung des Arbeits- oder Sozialklimas kommt, wird es als problematisch wahrgenommen. Mit anderen Worten: Eine differierende Lebenswelt stellt nicht nur für ihre*n Träger*in ein Hindernis für gemeinsame Situationsdefinitionen dar, sie wird auch für andere zum Problem, wenn sie nicht verstanden wird und zugleich droht, das soziale System Unterricht resp. Ausbildung aus dem Gleichgewicht zu bringen. In den Interviews mit den Ausbilder*innen wurden Beispiele dafür genannt, wie die Unterrichtsstrategie an die festgestellten Grenzen der Auszubildenden angepasst wird:

> „Also ich habe nicht mehr den Anspruch an mich und an die Gruppe, dass ich alle dort abliefer', wo ich das am Anfang vorgehabt habe, weil das geht nicht. Also das habe ich akzeptiert und dann liefer' ich halt jeden dort ab, wo er ankommt für sich. Und das ist immer ein großes Stück und das ist immer gut, weil danach gibt es immer Möglichkeiten, weiterzumachen." (Ausb 03, 46)

So rückt anstelle eines vorher festgelegten Ziels der Weg zu diesem Ziel mehr in den Fokus. Zum anderen kann es beim Erzeugen von Unterrichtssituationen zur gemeinsamen Erörterung von Grenzen kommen. Hier will die Lehrkraft diese Grenzen für die anderen erkennbar und nachvollziehbar machen. Ein probates Mittel dafür scheint Kooperation der Schüler*innen zu sein: „Also ich habe drüben, bei den Verkäufern quasi ist es so, wenn die Guten fertig sind, gehen sie zu den Schwachen. Und die gehen dann wieder zu den nächsten. Also so, wie es im Prinzip auch vorgesehen ist. So, dass ich im Endeffekt sehr viel mehr Kommunikation habe zwischen den Schülern in der Klasse" (LK 15, 32). In diesem Beispiel setzt die Lehrkraft darauf, dass durch die gemeinsame Kommunikation am Lerngegenstand sich die Horizonte der Schüler*innen und die Fähigkeit für das Erkennen der Grenzen des anderen entwickeln bzw. erweitern. Zudem wird eine Überwindung dieser Grenzen als solche durch gegenseitiges Verständnis, gegenseitigen Respekt und gegenseitige Akzeptanz für die Grenzen des anderen und einen angemessenen Umgang damit angestrebt. Dies bestätigt sich auch in den Interviews mit den Ausbilder*innen:

> „An der Arbeitsleistung erkennst du es nur, dass sie eben langsam sind und mehr Erklärungen brauchen, dass du es mehrfach erklären musst. Und dass du vielmals, im Handwerk ist es so, du musst mehrere Arbeitsgänge auf einmal abklären. So, und da merkst du halt, dass du bei manchen Schritt für Schritt, und das ist natürlich im Handwerk sehr schwierig, jeden Schritt zu erklären. Es geht zwar, aber es ist natürlich auch zeitintensiv dann. Aber manche können sich wirklich nicht zwei, drei Arbeitsschritte auf einmal merken. So, wenn ich das dann weiß, wenn ich das mitgekriegt habe mit der Zeit, dann gehe ich dann, ich mach das trotzdem so und mach erstmal die zwei, drei Arbeitsschritte und wenn ich gemerkt habe, ich guck dann, jetzt haben sie den ersten Schritt fast fertig, dann gehe ich hin und sage: ,So, jetzt der nächste Schritt wäre der und der'. Manchmal wissen sie es noch und manchmal freuen sie sich, dass sie dann die Information kriegen." (Ausb 05, 46)

Diese Passage verdeutlicht noch einmal, dass einerseits das beobachtete Verhalten hinsichtlich der Arbeitsleistung und des Verstehens des Arbeitsauftrages als Indikator für eine bestehende Grenze herangezogen wird und wie andererseits über eine kleinschrittigere Vorgehensweise, begleitet von entsprechender Kommunikation mit den Schüler*innen, mit der erkannten Grenze umgegangen wird. Eine besondere Rolle kommt unhinterfragbaren bzw. unverrückbaren Grenzen zu. Berichtete Indikatoren für das Erkennen der Unhinterfragbarkeit einer Grenze sind dabei (zumeist ablehnende) Äußerungen, die sich in Stereotypen und Vorurteilen zeigen, sowie ablehnendes Verhalten, wie die Nicht-Teilnahme bzw. Verweigerung. Als Ursachen bzw. Ursprünge unverrückbarer Grenzen wird von kultureller Prägung oder auch von politischen Einstellungen berichtet: „Ja, emotional gesteuert und gerade bei kritischen Themen, ob das Flüchtlinge oder so sind, die sind sehr bauchgesteuert und nach vorgefertigten Meinungen. Die sind gar nicht in der Lage, offen da umzugehen. (...) Vorgefestigte Meinungen: ‚Das ist doch so und so'" (LK 10, 136–138). In diesen Fällen versuchen die Lehrkräfte und Ausbilder*innen zumeist, die Jugendlichen mit den ihnen bisher fremden Lebenswelten durch gemeinsame Aktivitäten zu konfrontieren und sie so in einen Prozess der kommunikativen Auseinandersetzung damit zu bringen.

Mit dem Erkennen der Grenzen anderer öffnet sich für die Lehrkräfte anschließend auch ein breites Spektrum an Optionen, wie in heterogenen Gruppen damit umgegangen werden kann. Wie bereits im Schema zu Unterrichtsansätzen verkürzt dargelegt, stellt sich für die Lehrkraft die Frage, welcher handlungsleitende Bezugspunkt für einen Unterrichtsansatz gewählt wird. In den Interviews zeigte sich, dass Lehrkräfte dabei nicht selten ein Regelwerk bzw. Formalia als Rahmung von Unterrichtssituationen nutzen.

4.3.4 Orientierung an Formalia

In den Ausführungen zum *Erkennen und Deuten der Lebenswelten* wurde bereits dargestellt, dass die Orientierung an formalen Kriterien eine Möglichkeit ist, sowohl die Horizonte der eigenen Lebenswelt zu erweitern als auch Aspekte der Lebenswelt der Schüler*innen zu erfassen und zu deuten. Darüber hinaus wird auch ein Misslingen des Erkennens und Deutens mit formalen, sich dem Einfluss der Lehrkräfte entziehenden Kriterien begründet. Während in diesen Fällen die Zuhilfenahme formaler Kriterien vorrangig außerhalb der Unterrichtszeiten bspw. in der Vor- und Nachbereitung oder in Reflexionsprozessen erfolgt, dient sie den Lehrkräften in Bezug auf das Erzeugen von Situationen insbesondere in kritischen Unterrichtsgegebenheiten als Hilfestellung. So wird seitens der Lehrkräfte bspw. auf gesellschaftlich verankerte Wertvorstellungen des Miteinanders wie Respekt, Toleranz und gegenseitige Anerkennung Bezug genommen, um eine Lösung herbeizuführen. In Momenten des gegenseitigen Nicht-Verstehens im Unterricht verweisen Lehrkräfte mitunter auf institutionell festgelegte Regelsets wie die Hausordnung, um in den entsprechenden Situationen den eigenen Standpunkt und etwaige sanktionierende Handlungen zu rechtfertigen: „(...) das führt dann natürlich zu einem Konflikt, wenn ich die Hausordnung versuche durchzusetzen und nicht alles weiß" (LK 15, 38), denn „es gibt ja eine Hausordnung, an die sich jeder halten muss, und es gibt auch solche internen Klassenregeln, die vorherrschen" (LK 21, 58).

Solche institutionell festgelegten Regelsets spielen in der praktischen Ausbildung ebenso eine strukturierende Rolle: „Ich sage mal so, auch da wieder, ich würde das nicht so trennen: Wir haben alle unsere Werte, sage ich mal, und die werden auch von (Firmenname) großgeschrieben. Fragen Sie mich jetzt bitte nicht nach den fünf Stück. Jedenfalls eins davon, Offenheit, Transparenz, Vertrauen etc., und das sind auf jeden Fall fünf Werte, die jeder kennt. Also, bei einem von Grund auf, bei dem anderen eben erziehungsmäßig dann, wollen wir es so sagen, oder muss es angelernt werden" (Ausb 01, 71). Der Ausbilder bezieht sich hier auf ein firmenweit etabliertes, standortübergreifendes Regelset, welches den Umgang der Mitarbeiter*innen inklusive der Auszubildenden untereinander organisieren soll.

Die ebenfalls von den Lehrkräften benannten Klassenregeln oder auch der Klassenkodex beruhen, entgegen der Hausordnung einer Schule, nicht auf externen Festlegungen. Vielmehr sind es gemeinsam geschlossene Vereinbarungen, an deren Entstehung und Weiterentwicklung die Schüler*innen aktiv mitwirken können, wodurch sie für die individuellen Lebenswelten der Schüler*innen Relevanz erlangen: „Also wir legen so Grundregeln fest am Anfang. Dann gibt es immer nochmal einen großen Knall, dann habe ich in meinem Plan als Klassenlehrerin schon drin, okay, wir machen jetzt so einen Klassenkodex" (LK 24, 52). Im Kontext des inklusiven Lernens geht solch einem Klassenkodex also auch immer ein Prozess der Offenbarung und des Austausches stark divergierender Lebenswelten voraus. Zwar kann dieser Umstand die Suche nach einem für alle akzeptablen Konsens erschweren, doch ergibt sich zugleich für die Lehrkraft frühzeitig ein erster Einblick in die Lebenswelten der Schüler*innen. Neben der Orientierung an formalen Kriterien zur Rahmung von (kritischen) Unterrichtssituationen übertragen Lehrkräfte mitunter weite Teile der Handlungsverantwortung zur Aufrechterhaltung von Situationen auf die Gruppe selbst.

4.3.5 Erzeugen gemeinsamer Herausforderungen

Das Erzeugen von gemeinsamen Herausforderungen stellt einen Ansatz dar, welchen Lehrkräfte u. a. dazu nutzen, um einen Lebensweltaustausch innerhalb der Klasse, aber auch außerhalb des Unterrichts zu initiieren. Bewusst werden die Schüler*innen in sozialen Situationen auf sich selbst bezogen und müssen einen kommunikativen Austausch untereinander aufbauen. Auf diese Weise können sich Lebenswelten offenbaren. Dass sich alle in die Gruppe einbringen können und an der Kommunikation partizipieren, ist jedoch nicht in jedem Fall gewährleistet. Dieser Umstand ist einigen Lehrkräften auch bewusst. Grundsätzlich lassen sich zwei Ansätze des Erzeugens gemeinsamer Herausforderungen erkennen.

Zum einen werden gemeinsame Herausforderungen innerhalb des Unterrichts erzeugt. Diese Ansätze wurden auch in der quantitativen Erhebung erfragt. In einer Faktorenanalyse (KMO, 869) lassen sich fünf verschiedene Muster erkennen.

Tabelle 8: Rotierte Komponentenmatrix aus Faktorenanalyse und Mittelwerte aus T-Test zur Förderung des Lebensweltaustausches

	Komponente					Mittelwerte
	1	2	3	4	5	
Bei Gruppenarbeiten weise ich die Schüler*innen den Gruppen zu, sodass es zu Wechseln in den Arbeitsgruppen kommt.				.501		2,15
Im Unterricht fordere ich die Schüler*innen auf, sich gegenseitig zu unterstützen.				.538		1,57
In meinen Schulklassen setze ich Schüler*innen mit Lernbeeinträchtigungen bewusst neben die besten Schüler*innen der Klasse.				.621		2,59
Ich habe Beeinträchtigungsmerkmale meiner Schüler*innen bereits als Unterrichtsinhalt mit der ganzen Klasse besprochen, um eine besseres Verständnis zu erreichen.				.491		2,88
Ich verwende alltagsweltliche Beispiele aus dem Leben meiner Schüler*innen, um Unterrichtsinhalte verständlicher zu machen.		.549				1,66
An Gruppenarbeiten müssen bei mir alle Schüler*innen teilnehmen.				-.640		1,50
Ich lasse Schüler*innen, die nicht mit anderen zusammenarbeiten möchten, Gruppenaufgaben auch allein lösen.					.606	3,05
Ich fordere die Schüler*innen auf, Erfahrungen in anderen Lebenswelten zu machen (z. B. in Praktika).						1,90
Ich bringe bewusst Unterrichtsinhalte ein, welche die Schüler*innen irritieren.			.507			2,85
Unsere Schule bietet Gemeinschaftsveranstaltungen, bei denen sich unsere Schüler*innen kennenlernen können.						2,72
Ich führe Partnerinterviews durch.	.736					2,87
Ich setze Stuhlkreise in meinem Unterricht ein.	.696					2,86
Ich setze Gruppengespräche in meinem Unterricht ein.	.634	.480				2,23
Ich führe offene Unterrichtsgespräche.		.620				1,94
Ich führe themenzentrierte Unterrichtsgespräche.		.522				1,91
Um Lebenswelten vorstellbar zu machen, lade ich betroffene Externe ein.	.650					3,19
Ich führe Biografiearbeit in meinem Unterricht durch.	.651					3,23

(Fortsetzung Tabelle 8)

	Komponente					Mittelwerte
	1	2	3	4	5	
Ich bespreche in meinen Klassen Konflikte offen.		.552				1,93
Wenn Schüler*innen in (fremder) Muttersprache reden, rede ich selbst in einer fremden Sprache, um zu zeigen, dass Lebenswelt dann undeutbar ist.			.546			3,57
Ich zeige Sprachbarrieren auf, die dann in meinem Unterricht besprochen werden.			.711			2,87
Ich kläre meine Schüler*innen über bestimmte Grenzen von benachteiligten Mitschüler*innen auf.			.681			2,82
Ich hinterfrage bereits vorhandene Deutungen in meinen Klassen.			.602			2,51
Im Unterricht führe ich Kennenlernspiele durch.	.473					2,06
Mit meinem Auftreten gegenüber meinen Schüler*innen versuche ich, sie zur Öffnung ihrer Lebenswelten zu ermutigen.		.734				1,81
Ich biete meinen Schüler*innen Raum neben dem eigentlichen (inhaltlichen/stofflichen) Unterricht, damit sie ihre Lebenswelten offenbaren können.		.641				2,21
Wenn einzelne Schüler*innen in meinem Unterricht nicht mitkommen, gibt es vermehrt Pausen für die gesamte Klasse.					.463	2,93
Unterricht für Schüler*innen mit Benachteiligungen gestalte ich eher handlungspraktisch und an den Sinnen orientiert (z. B. durch Bilder, Anfassen, Probieren, Schmecken, Testen).				.468	.424	2,57
Wenn ich bei meinen Schüler*innen Grenzen erkenne, steuere ich das Anforderungsniveau meines Unterrichts entsprechend.					.416	2,12
Ich erzeuge Unterrichtssituationen, in denen Grenzen nachvollziehbar für die anderen erörtert werden.						2,62
Ich erzeuge Unterrichtssituationen, in denen Grenzen durch ggs. Verständnis, Respekt und Akzeptanz für die Grenzen des anderen überwunden werden können.						2,29

Es finden sich zunächst diskursive Ansätze, welche im Unterricht einen Lebensweltaustausch forcieren sollen. Dazu gehören u. a. Partnerinterviews ($M = 2,87$) und Stuhlkreise ($M = 2,86$). Zentrale Unterrichtsmethoden unserer Lehrkräfte sind auch Gruppenarbeiten und Gruppendiskussionen ($M = 2,23$) als Räume für soziale Interaktion, in denen gemeinsame Situationsdefinitionen kommunikativ erzeugt werden können. Ein weiterer Faktor verweist auf die Wichtigkeit von Interaktionen beim Austausch von Lebenswelten. Die Lehrkräfte versuchen, durch ihr eigenes Auftreten eine Öffnung ihrer Schüler*innen zu erreichen ($M = 1,81$) und bieten, neben der Vermittlung von Unterrichtsstoff, Raum für Öffnungen ($M = 2,21$). Offene ($M = 1,94$) und themenzentrierte ($M = 1,91$) Unterrichtsgespräche sind dann die Folge. Dabei offenbaren sich Grenzen der Lebenswelten von Schüler*innen, zusammengefasst in einem dritten Faktor, auf welche Lehrkräfte entsprechend reagieren. So werden eventuelle auftretende Sprachbarrieren ($M = 2,87$), bspw. bei Schüler*innen mit Migrationshintergrund, aufgezeigt, Grenzen von benachteiligten Mitschüler*innen thematisiert ($M = 2,82$) oder eventuell vorurteilsbehaftete Deutungen in der Schulklasse aufgedeckt ($M = 2,51$). Dabei versucht die Lehrkraft durchaus, Einfluss auf die Gruppendynamiken zu nehmen. Es wird auf wechselnde Arbeitsgruppen geachtet ($M = 2,15$), gegenseitige Unterstützung gefordert ($M = 1,57$) und bewusst Einfluss auf die Sitzverteilung im Klassenraum genommen ($M = 2,59$). Von Gruppenarbeiten ist in der Regel kein*e Schüler*in ausgeschlossen, es wird erwartet, dass alle teilnehmen ($M = 1,50$). Ein Lösen von Aufgaben allein im Sinne von Einzelarbeit, während alle anderen in Gruppen arbeiten, wird von vielen Lehrkräften nicht unterstützt ($M = 3,05$) (vgl. Tabelle 8). Dabei geht es weniger um die Strukturierung von Gruppenarbeiten als didaktisches Mittel des Lebensweltaustauschs, vielmehr steht hier die Herausforderung, vor die die Schüler*innen gestellt werden, im Mittelpunkt. Um die soziale Interaktion zu fördern, finden diese Gruppenarbeiten teilweise unter der Prämisse der kollektiven Bewertung statt:

> „Ich glaube, wenn man es ganz frech sagen würde, könnte man sagen, was bringt sie eigentlich dazu, miteinander zu arbeiten, indem man sagt, hört zu, ihr kriegt alle zusammen auf dieses Projekt eine Note und wenn ihr jetzt hier nicht alle mitarbeitet, dann wird es schwierig. (...) Aber wenn man dann gleichzeitig in dieser Gruppenstruktur noch anfängt und sagt, okay, ich mache jetzt eins, ich strukturiere das so raus, dass die Arbeit nur schaffbar ist, wenn alle in dem Team mitarbeiten, dann funktioniert es auch meistens." (LK 03, 66)

Ähnlich gehen auch die Ausbilder*innen vor: „Und dann habe ich es auch schon drastisch gemacht, dass ich Aufgaben gebe, Projekte gebe und die kriegen eine Note drauf, auf das Projekt. Und die sind einfach gezwungen, das zusammen zu machen. Und das, finde ich, greift" (Ausb 03, 50).

Ein anderer Ansatz ist die Erzeugung gemeinsamer Herausforderungen außerhalb des Unterrichts, was vor allem durch gemeinsame Exkursionen umgesetzt wird. Dabei kann einerseits die Situation für die Klasse durch eine zentrale, vom Unterricht völlig losgelöste Herausforderung geprägt sein: „Wie gesagt, wir waren jetzt nun auf dieser Hängebrücke, wo sie sich gegenseitig helfen mussten. Man muss es als Lehrer gut leiten, ich hatte da den Leitsatz ‚Gemeinsam sind wir stark'. Um dieses Gemeinschaftsgefühl zu fördern" (LK 06, 28). Andererseits wird durch die Herauslösung aus dem Unterrichtsalltag, z. B. im Rahmen einer solchen Exkursion, die ggf. auch mit Übernachtung verbunden sein kann, ein Anlass geschaffen, auch lebensweltliche

Aspekte, die sich fernab vom schulischen Kontext im Privatleben der Schüler*innen abspielen, zu thematisieren:

> „Genau, oder wenn man unterwegs man mal zu einem Exkursionstag, da bietet sich es auch immer mal an, so in anderer Atmosphäre oder es kommt eben eine und sagt: ‚Ich brauch eine Freistellung, ich muss los, das Kind ist krank', dass man dann erst in der Situation überhaupt erfährt, dass die ein Kind hat, das steht ja nirgends mehr wo. Ja, und das ist schwierig, also diesen privaten Hintergrund irgendwie mal zu erfahren, und da wissen wir oft vieles auch nicht, muss ich sagen." (LK 17, 16)

Auch die Ausbilder*innen initiieren gemeinsame Herausforderungen, die sich außerhalb der eigentlichen Unterrichtsinhalte abspielen, um so die Jugendlichen und deren Lebenswelten einander näherzubringen:

> „Und dann habe ich auch gesagt: ‚So, und wir feiern Fasching, alle zusammen.' Na ja, und das wurde auch aufgenommen und ihr könnt euch nicht vorstellen, was wir für eine Freude hatten beim, wir haben getanzt, wir hatten alle uns angemalt, die haben sich gegenseitig angemalt. Dann haben wir Essen gekocht ohne Schweinefleisch alle zusammen, ich hatte verschiedene Grills mit und haben eben unterschiedliche Essensgewürze mal probiert. Und es war so ein Spaß und so eine Freude und so eine Toleranz auf einmal da, dass ich auch da so, das sind dann für mich die schönsten Erlebnisse in meinem Berufsleben, wenn dann das erreicht wird. Mehr als jetzt fachliche Dinge, die man erreichen kann, sind so menschliche Dinge, wenn man dann merkt, da brechen Schwellen auf und jetzt führen, kommen die zusammen, die nichts miteinander tun wollten. Und das ist das Schöne, dass ich das hier machen kann." (Ausb 03, 50)

Diese Passage macht zudem deutlich, dass diese Förderung zwischenmenschlicher Aspekte – in diesem Fall interkulturelles Verständnis – auch als Teil der eigenen Arbeit und dementsprechend als erfüllend betrachtet wird. Das Erzeugen gemeinsamer Herausforderungen als kommunikativer Ansatz bildet zudem eine Grundlage dafür, die Aufmerksamkeit der Schüler*innen auf die Lebenswelten der anderen zu lenken sowie diese bei der Suche nach entsprechenden Zugängen zu unterstützen.

4.3.6 Unterstützung der Schüler*innen bei der Suche nach Zugängen zu anderen Lebenswelten

In welcher Weise die befragten Lehrkräfte versuchen, die Lebenswelt ihrer Schüler*innen für sich zu erschließen, konnte bereits dargelegt werden. Die herausgestellten Zugänge ermöglichen es der Lehrkraft, sowohl direkt als auch indirekt gewonnene lebensweltliche Informationen der Schüler*innen in ihre Unterrichtshandlungen zu übertragen. Solch eine Kenntnis der Lebenswelten der anderen ist hinsichtlich einer inklusiven Lehr-Lern-Situation ganz besonders für die Schüler*innen untereinander bedeutsam, um ein Verständnis für das Handeln bzw. Nicht-Handeln ihrer Mitschüler*innen entwickeln zu können. Dementsprechend unterstützen die Lehrkräfte das Erschließen der Lebenswelten seitens der Schüler*innen innerhalb der Klasse und initiieren eine gegenseitige Öffnung der Lebenswelten, indem sie Situationen im Unterricht erzeugen, in denen dies möglich ist. Diese bewusste Unterstützungsleistung seitens der Lehrkraft beim Erschließen von Lebenswelten zeigt sich in den Interviews in drei Ansätzen:

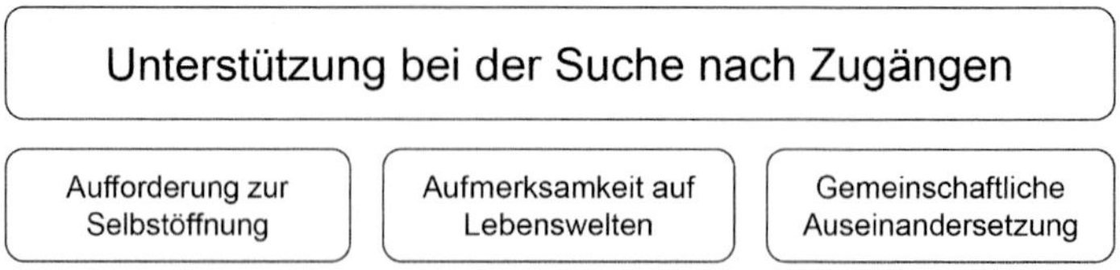

> **Unterstützung bei der Suche nach Zugängen**
>
> Aufforderung zur Selbstöffnung | Aufmerksamkeit auf Lebenswelten | Gemeinschaftliche Auseinandersetzung

Abbildung 10: Unterstützung bei der Suche nach Zugängen

Aufforderung zur Selbstöffnung der Lebensweltbezüge vor der Gruppe

Ein von den Lehrkräften häufiger ins Feld geführter Ansatz ist die Bitte an die Schüler*innen, Facetten ihrer Lebenswelt in Anwesenheit ihrer Mitschüler*innen zu explizieren bzw. offenbar werden zu lassen, sowie eine Rahmensetzung, die diesen Prozess begünstigt. Eine Faktorenanalyse (KMO ,834) mit den entsprechenden Items aus der Fragebogenerhebung bestätigt diese Erkenntnis.

Tabelle 9: Rotierte Komponentenmatrix aus Faktorenanalyse und Mittelwerte aus T-Test zu Unterstützung der Schüler*innen bei der Suche nach Zugängen durch die Lehrkräfte

	Komponente			Mittelwerte
	1	2	3	
Ich frage die Schüler*innen, welche Freundschaften in Schulklassen bestehen.	.426			2,85
Ich führe Vorstellungsrunden durch, wenn ich eine Schulklasse neu übernehme.	.511			1,31
Private Anliegen werden in meinem Unterricht besprochen.	.609			2,61
Ich fordere die Schüler*innen dazu auf, den Alltag in ihren Ausbildungsbetrieben zu beschreiben.	.475			1,87
Bei Auffälligkeiten lasse ich mir von den betreffenden Schüler*innen ihr Verhalten erklären.	.571			1,87
Ich lasse meine Schüler*innen vor Unterrichtsbeginn von aktuellen Problemen berichten.	.657			2,65
... lege ich meinem Unterricht einen eigenen Verhaltenskodex zu Grunde, den ich in jeder Schulklasse etabliere.			.740	2,09
... muss ich persönlich die Schüler*innen daran erinnern, sich an die Verhaltensregeln zu halten.			.795	2,16
... erarbeite ich gemeinsam mit meinen Schüler*innen einen Verhaltenskodex.		.456	.511	2,33
... ermahnen sich die Schüler*innen untereinander von selbst, die Verhaltensregeln einzuhalten.				2,32

(Fortsetzung Tabelle 9)

	Komponente			Mittelwerte
	1	2	3	
… nutze ich Unterrichtszeit, um eine gute Grundstimmung in der Klasse zu schaffen.	.556			1,80
… lebe ich den Schüler*innen einen respektvollen Umgang mit den anderen vor.				1,22
Ich biete meinen Schüler*innen Raum neben dem eigentlichen (inhaltlichen/stofflichen) Unterricht, damit sie ihre Lebenswelten offenbaren können.	.544			2,21
Ich erzeuge Unterrichtssituationen, in denen Grenzen nachvollziehbar für die anderen erörtert werden.		.847		2,62
Ich erzeuge Unterrichtssituationen, in denen Grenzen durch ggs. Verständnis, Respekt und Akzeptanz für die Grenzen des anderen überwunden werden können.		.852		2,29

Es können drei Faktoren ausgemacht werden, die das Vorgehen von Lehrkräften bei der Aufforderung zur Selbstöffnung von Schüler*innen konkretisieren. Der erste ist erneut ein interaktionistischer Ansatz, der die Öffnung eher in die Verantwortung der Schüler*innen übergibt. Insbesondere in neuen Klassenkonstellationen scheint die Vorstellungsrunde ($M = 1{,}31$) im Repertoire vieler Lehrkräfte Standard zu sein. Hierbei kann die Lehrkraft mit Vorgabe der lebensweltlichen Kriterien (Wohnort, Interessen usw.) den Prozess der Öffnung bewusst steuern. Da sie mittels dieser Methodik selbst nach Zugängen zu den Lebenswelten der Schüler*innen suchen kann und der Prozess stark standardisiert ist, bleibt anzunehmen, dass die gegenseitigen Einblicke der Schüler*innen in ihre Lebenswelt oberflächlich ausfallen. Tiefgreifender scheinen jene Ansätze zu sein, in denen die Schüler*innen nahezu beiläufig zu kleineren Erzählungen angeregt oder konkret zu Berichten aufgefordert werden, die es den Mitschüler*innen ermöglichen, einen Einblick in die Lebenswelt der mit den Erzählungen verbundenen Personen zu erhalten. So regen Lehrkräfte bspw. Erzählungen aus den Ausbildungsbetrieben ($M = 1{,}87$) an. Nachfragen zu Freundschaften in der Schulklasse sind eher selten ($M = 2{,}85$), ebenso wie das Besprechen privater Anliegen im Unterricht ($M = 2{,}61$); sie sind aber in der Unterrichtspraxis zu finden. Eine durch die Lehrkraft mitgetragene gute Grundstimmung im Unterricht ($M = 1{,}80$) und Raum für eben solche Gespräche ($M = 2{,}62$) bilden die Basis für eine Selbstöffnung im Unterricht (vgl. Tabelle 9). Um diese Aufforderung durch die Lehrkraft authentisch zu gestalten, geht dies mitunter mit der Aufforderung an die Schüler*innen einher, gleichzeitig die eigene Lebenswelt zu öffnen. Wie bereits erwähnt, fällt es den Schüler*innen leichter, sich in ähnlicher Weise vor den anderen zu öffnen, sobald die Lehrkraft von eigenen Erfahrungen berichtet. Zudem wird Raum zur Reflexion der eigenen Lebenswelt geschaffen:

> „Dass ich die Schüler erklären lasse, aber dann auch zwischendurch durch Gespräche, einfach durch offene Gespräche, die manchmal auch aus der Situation heraus entstehen, wenn wir ein bestimmtes Unterrichtsthema haben, z. B. Entwicklung oder Behinderung ist ja auch ein Teil in der Ausbildung, und dass ich von meinen Erfahrungen berichte, dass ich die Schüler frage: ‚Welche Erfahrungen haben Sie gemacht?'." (LK 01, 08)

Die Frage der Lehrkräfte nach den Erfahrungen der Schüler*innen beschränkt sich dabei nicht nur auf Unterrichtsinhalte. Ein Zugang der Schüler*innen zur Lebenswelt ihrer Mitschüler*innen können auch die berichteten Erfahrungen in den jeweiligen Ausbildungsbetrieben sein. Die Erzählungen der Schüler*innen aus ihrem teilweise stark unterschiedlichen Ausbildungsalltag fern des Klassenraums werden dann durch die Lehrkraft wieder aufgegriffen und im Unterricht thematisiert: „Sie arbeiten alle in unterschiedlichen Betrieben, d. h. also, wir nehmen uns Beispiele aus unterschiedlichen Betrieben immer mal her (...) und dann profitieren sie davon und lernen voneinander" (LK 13, 18). Indem die betrieblichen Erfahrungen der Schüler*innen durch die Lehrkraft als unterrichtsrelevant und gewinnbringend eingestuft werden, ergeben sich Situationen, in denen die Schüler*innen ermutigt werden, die Zugänge zu ihren Lebenswelten, d. h. wie sie mit unterschiedlicher betrieblicher Sozialisation Welt deuten, untereinander offenzulegen.

Aufmerksamkeit auf Lebenswelten der anderen lenken

Eine weitere Möglichkeit, den Schüler*innen etwaige Zugänge zu anderen Lebenswelten aufzuzeigen, besteht darin, Momente des Kontaktes bzw. eine Art produktive Konfrontation mit unterschiedlichen Lebenswelten herzustellen. So stellt auch der zweite Faktor der Faktorenanalyse Items zueinander, die aufzeigen, wie Lehrkräfte Unterrichtssituationen erzeugen, in denen Grenzen von Mitschüler*innen nachvollziehbar werden ($M = 2{,}62$) und gegenseitiger Respekt sowie Akzeptanz erzeugt werden sollen ($M = 2{,}29$). Dabei stellen Lehrkräfte teils eigene Verhaltenskodexe auf ($M = 2{,}09$), deren Aufrechterhaltung in eigener Verantwortung gesehen wird ($M = 2{,}16$). Dieses Einbringen von Verhaltensregeln stellt einen dritten Faktor dar. In den Momenten der gegenseitigen Konfrontation erleben die Schüler*innen andere Lebenswelten und sammeln Erfahrungen, die ihnen dabei helfen, Zugänge zu den Lebenswelten ihrer Mitschüler*innen zu finden. Ähnlich wie bei der Methode der Vorstellungsrunde im vorherigen Absatz greifen auch hier die Lehrkräfte vereinzelt auf Kennenlernspiele zurück, damit die Schüler*innen „schon einmal untereinander die Stimmen hören, schon einmal etwas über ein paar Hobbys erfahren" (LK 06, 28) und über die Offenbarung der eigenen Lebenswelt hinaus auch in Kontakt mit anderen treten. Dadurch wird den Schüler*innen die Möglichkeit gegeben, erste Lebensweltbezüge untereinander auszumachen, ohne selbst initiativ werden zu müssen. Eine Lehrkraft beschreibt dies den Schüler*innen gegenüber als „Notlüge ‚Ich muss das Lernen, ihr macht das wegen mir'. Und das nimmt so ein bisschen den Druck raus. Dass die sich jetzt zwanghaft kennenlernen müssen" (LK 24, 51). Ebenso werden Methoden des Austauschs in Gruppenarbeiten, Partnerinterviews und Projekten zur Verstärkung der Aufmerksamkeit auf die jeweils andere Lebenswelt genutzt. Verlaufen diese Arbeitsphasen für die beteiligten Personen positiv, können sie für die Schüler*innen eine Form der Wertschätzung und eine Initialzündung sein, andere an ihrer Lebenswelt teilhaben zu lassen, wie sich in diesem Bericht eine*r Schüler*in zeigt:

> „Wir mussten mal ein Gruppen..., also ein Projekt durchführen, wo ich dann gesagt habe, okay, ich mache etwas mit der Gebärdensprache z. B. und habe so versucht, wie es ist, wenn man nichts mehr hört. Also, sie durften nur noch lautlos sprechen und (…) ich habe versucht, ihnen das Alphabet mal näher beizubringen und so ein bisschen so in das Geschehen so von Gehörlosen zu zeigen oder was ist, wenn man nicht richtig hört, oder wie ist es, wenn man nicht alles gerade versteht. Daraufhin hat die Klasse sehr interessiert reagiert. Und, was ich überhaupt nicht gedacht habe, kam dann nachher noch zu mir und hat gesagt ‚Boah, das ist total cool, dass du das kannst! Kannst du mir da nicht mehr beibringen?' oder so. Wo ich mir dann gedacht habe, okay, also so schlimm ist es auch nicht und so hat die Gruppe mich dann auch kennengelernt und hat gesagt: ‚Okay, super, ich kann das supergut nachvollziehen' (…) Das ist wirklich schön, dass man sich dann so verstanden gefühlt hat und gesagt hat, okay, jetzt hat die Klasse so einen Einblick von meiner Welt manchmal bekommen, wenn ich etwas nicht richtig verstehe." (Sch 02, 54)

Entscheidend bei der Frage, inwieweit gemeinsame Aktivitäten im Klassen- oder Schulverband tatsächlich Situationen zum Erschließen von Lebenswelten entstehen lassen, scheint den Lehrkräften zufolge die Art der gemeinsamen Herausforderung zu sein, der sich die Schüler*innen dabei stellen müssen. Anhand der Lehrer*inneninterviews wird darüber hinaus deutlich, dass insbesondere Momente mit dem Fokus auf einzelne, abweichende Lebenswelten eine hohe Intensität für die Schüler*innen und somit erhöhte Aufmerksamkeit erzeugen können. Diese besondere Aufmerksamkeit auf andere Lebenswelten kann wiederum die Suche nach Zugängen zu ihnen erleichtern. Hierbei lassen sich unterschiedliche Abstufungen der von der Lehrkraft initiierten Konfrontation herausstellen. Zunächst kann die Auseinandersetzung mit einer anderen Lebenswelt im Unterricht auf einer rein theoretischen Ebene verbleiben. So binden Lehrkräfte bewusst lebensweltliche Themen in ihren Unterricht mit ein, um Irritationen seitens der Schüler*innen auszulösen:

> „Was man natürlich versucht, ist, wenn man so bestimmte Themen aufmacht wie Diversität, wie Inklusion, wie Entwicklung, Behinderung, (…) ja Verhaltensauffälligkeiten, also alles, was so Dinge sind, so Grenzthemen (…) Das sind so Dinge, die nehme ich dann in den Unterricht, um eigentlich eher den Horizont zu öffnen. Also ich sage nicht von mir aus: ‚Also hier ist jetzt die Grenze des Schülers und deswegen spreche ich das Thema jetzt nicht an.'" (LK 01, 30)

Ein Ansatz, der den Rahmen der rein theoretischen Auseinandersetzung verlässt, ist die Nutzung der Lebenswelt einzelner Schüler*innen als Anschauungsbeispiel im Unterricht. Hierbei nimmt die Lehrkraft Bezug auf eine im Klassengefüge abweichende Lebenswelt bzw. auf Merkmale, die in einem direkten Zusammenhang zum Unterrichtsinhalt stehen. Mit dem Ansinnen einer praxisnahen Wissensvermittlung wird gleichzeitig ein Moment erzeugt, in dem Mitschüler*innen Zugänge zur hervorgehobenen Lebenswelt entdecken können. In welcher Form und unter welchen Bedingungen dieser Ansatz bei den befragten Lehrkräften Anwendung findet, wird im späteren Verlauf weiter ausgeführt.

Ging der Impuls zur Lenkung der Aufmerksamkeit der Schüler*innen auf eine bestimmte Lebenswelt in den vorherigen Beispielen von der Lehrkraft sowie den Schüler*innen aus, so setzt ein weiterer Ansatz auf die Konfrontation mit einer Lebenswelt außerhalb des Klassengefüges. Von Benachteiligung betroffene Personen zu Gesprächen einzuladen, ist für die befragten Lehrkräfte ebenso ein probates Mittel: „Also, da hat mal eine ehemalige Schülerin aus ihrem Praktikum eine Behinderte, ein behindertes Mädchen hierher eingeladen. Dieses behinderte Mädchen hat von ihrer Lebenswelt berichtet, was natürlich auch wieder den Fokus (...) der Schüler öffnet" (LK 01, 08). Der Umstand der Nicht-Zugehörigkeit der berichtenden Person zum Klassenverband erleichtert dabei eine offene und unbefangene Annäherung an eine abweichende Lebenswelt durch die Schüler*innen.

Wie bereits eingangs erwähnt sind in den Ansätzen der Lehrkräfte, die Aufmerksamkeit der Schüler*innen auf eine bestimmte Lebenswelt zu richten, unterschiedliche Ebenen zu erkennen. Von der Anwendung simpler Kennenlernspiele bis hin zu herausfordernden Expert*innengesprächen schöpfen die Lehrkräfte aus einem breiten Methodenangebot, um die Schüler*innen bei der Suche nach Zugängen zu den Lebenswelten ihrer Mitschüler*innen zu unterstützen. Ein letzter Ansatz, der schlussendlich den räumlichen Rahmen der Schule verlässt und dennoch die Aufmerksamkeit der Schüler*innen auf divergierende Lebenswelten lenkt, ist die Aufforderung, andere Lebenswelten zu erleben. Gemeint ist die Motivierung der Schüler*innen, sich bspw. im Rahmen schulischer Praktika willentlich mit Lebenswelten auseinanderzusetzen, die in größtmöglichem Abstand zur eigenen vermutet werden: „Besucht mal bewusst nicht nur die Kindergärten und Schulen in eurem Praktikum, sondern geht eben mal über eure Komfortzone hinaus. In die Heime, Integrationseinrichtungen, in Förderschulen, Behinderteneinrichtungen, offene Kinder-, Jugendarbeit, wo ich eben hauptsächlich mit sozialer Beeinträchtigung konfrontiert bin, und lernt da die Lebenswelten kennen" (LK 01, 42). Die Lehrkraft fordert die Schüler*innen damit auf, sich in der Suche nach Zugängen zu den Lebenswelten anderer auch ohne die Beobachtung und Steuerung durch die Lehrkräfte zu üben und sich bewusst und selbstverantwortlich in Momente des Kontaktes und der Konfrontation zu begeben. Der gewünschte Effekt besteht hier aus einer wirksamen Peer-to-Peer-Beziehung sowie einem einsetzenden Verstehen der anderen Lebenswelt. „Und darüber passiert ganz viel, weil da eben dann die Kinder und Jugendlichen aus ihrer Sicht erzählen und dann unsere Schüler das eben für sich dann gut verarbeiten können. Also, ein guter Weg ist immer, von Jugendlichen zu Jugendlichen" (LK 01, 42).

Gemeinschaftliche Auseinandersetzung mit Lebenswelten

Neben der Aufforderung an die Schüler*innen, ihre Lebenswelten in unterschiedlicher Weise vor der Gruppe zu offenbaren, sowie den Ansätzen, die Aufmerksamkeit der Schüler*innen gezielt auf bestimmte Lebenswelten zu lenken, arbeiten die befragten Lehrkräfte auch mit den von den Schüler*innen gewonnenen lebensweltlichen Einblicken im Gruppensetting. Wie bereits festgehalten wurde, nutzen einige Lehrkräfte gemeinschaftliche schulische Aktivitäten wie „eben mal ein gemeinsames Frühstück, gemeinsame Aktionen, (...) einen gemeinsamen Projekttag" (LK 08, 22), um informellen Austausch unter den Schüler*innen anzuregen. Wenngleich es hierbei nicht zwangsläufig zu Momenten des diskursiven Lebensweltaustausches kommen muss, hoffen die Lehrkräfte zumindest auf einen gruppenbildenden Effekt, „eine Solidarität und eine Loyalität" (ebd.) im Klassenverband, um auf dieser Grundlage gemeinschaftlich-diskursive Auseinandersetzungen zwischen den Lebenswelten führen zu können. Bei offenen Diskussionen werden Facetten, die die Lebenswelten der Schüler*innen tangieren, gemeinschaftlich besprochen und unterschiedliche Standpunkte eingenommen. In diesen durch die Lehrkraft initiierten und geleiteten Situationen können die Schüler*innen sowohl Facetten ihrer Lebenswelt durch eigene Redebeiträge offenlegen als auch in Diskussionen gemeinsam die Lebenswelten anderer ausdeuten:

> „Also da nehmen wir solche Themen natürlich auch auf, nehmen auch, wenn wir wissen, wir können die Schüler als Beispiele nehmen, bewusst auf und sagen: ‚Hier, das ist Schüler X/Y, der ist in dieser Situation. Was hat er für Möglichkeiten. Wie sieht seine Situation aus? Wie kann man damit umgehen?'." (LK 01, 32)

Auch die Ausbilder*innen berichten von Unterrichtsansätzen, die der Offenlegung der jeweiligen eigenen Lebenswelten der Jugendlichen dienen sollen: „Entweder gab es irgendwelche Eskalationen, dass dann Klärung, Bedarf da ist. Oder gleich am Einstieg, dass wir wirklich erstmal ein Gruppengespräch geführt haben, dass wir immer erstmal nachgefragt haben, ja: ‚Was haben sie bis jetzt erlebt? Wie sehen sie sich?' Auch mal so ein bisschen reingegangen, ja: ‚Was siehst du für dich für Stärken? Was siehst du für Schwächen?' und in den normalen Arbeiten" (Ausb 04, 11). Auf diese Weise konnten die Auszubildenden – unabhängig davon, ob mit oder ohne Behinderung oder Benachteiligung – Besonderheiten aus den jeweils anderen Lebenswelten im direkten, von den Ausbilder*innen angeleiteten Gespräch erfahren und besprechen. Anhand des Ansatzes der gemeinschaftlich-diskursiven Auseinandersetzung werden zum einen Situationen erzeugt, in denen die Schüler*innen eigene Zugänge zu den Lebenswelten *untereinander* finden können. Zum anderen erhalten die unterschiedlichen Lebenswirklichkeiten der Schüler*innen Einzug in das Unterrichtsgeschehen bzw. nimmt der Unterricht Bezug auf die Lebenswelten der Schüler*innen, was im Folgenden konkretisiert wird. Der Austausch von Lebenswelten erfolgt dabei sowohl mittels kommunikativer als auch erfahrungsorientierter Unterrichtsansätze.

4.3.7 Kommunikative Vermittlung von Lebenswelten

In den Aussagen der befragten Lehrkräfte finden sich stets kommunikative Ansätze zum Austausch von Lebenswelten. Kommunikation ist dabei eine Grundvoraussetzung für die Erzeugung von Situationen. Entsprechend verfolgen die Lehrkräfte kommunikative Ansätze, um Situationen im und auch außerhalb des eigentlichen Unterrichtsgeschehens zu erzeugen. Wie bereits festgestellt, kann ein soziales System mit dem Thema Lerngegenstand nur auf Basis konvergierender Situationsdefinitionen entstehen bzw. bestehen. Liegen divergierende Situationsdefinitionen vor, kommt eine Kommunikation über den Lerngegenstand nicht zustande und ein Abgleich ist erforderlich. Das Thema des sozialen Systems ändert sich dann zu „Kommunikation über Ausschnitte aus der Lebenswelt". Die Vermittlung von Lebenswelten erfordert daher Kommunikation über Lebenswelten. Des Weiteren gingen wir davon aus, dass in stärker heterogenen Gruppen bzw. Klassen mehr unterschiedliche Lebenswelten aufeinandertreffen, die sich den Beteiligten zunächst nicht zwingend erschließen (vgl. Kapitel 3: Lernen und Situation). Es steht also die Aufgabe im Raum, diese Lebenswelten kommunikativ zu vermitteln bzw. eine solche kommunikative Vermittlung zu initiieren und zu moderieren – mithin entsprechende Situationen zu erzeugen, in denen Lebenswelten vermittelt werden – bzw. sowohl den Schüler*innen Zugänge zu anderen Lebenswelten zu verschaffen als auch sie in die Lage zu versetzen, ihre eigene Lebenswelt den Mitschüler*innen zugänglich zu machen, indem sie sie kommunizieren. Unsere Lehrkräfte beschreiben in den Interviews vier verschiedene Teilansätze, in denen sie in der Rolle als ‚Verstehensvermittler*innen' Lebenswelten mittels Kommunikation verständlich machen bzw. diese Kommunikation anregen:

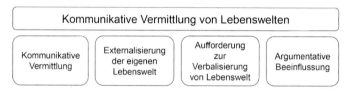

Abbildung 11: Kommunikative Vermittlung von Lebenswelten

Im ersten Teilansatz, der kommunikativen Vermittlung zwischen verschiedenen Lebenswelten, hat die Lehrkraft eher eine Moderations- bzw. Mediationsrolle. Mittels gezielt eingesetzter Unterrichtsmethoden und/oder gezielt gewählter Themen versuchen die Lehrkräfte, Situationen zu erzeugen, in denen innerhalb der Klasse ein kommunikativer Austausch über die Lebenswelten initiiert wird. Dieser Austausch bildet letztlich die Grundlage für Konstruktionen fremder Lebenswelten durch gemeinsame Kommunikation in der Form kommunikativen Handelns (vgl. Habermas, 1987a). Beim zweiten Teilansatz, der Externalisierung der eigenen Lebenswelt, stehen dagegen die eigenen Lebenswelten der Lehrkräfte im Fokus. Zum einen ermöglichen die Lehrkräfte auf diese Weise eine Projektion von eigenen Lebenswelten auf andere Personen und einen Vergleich von unterschiedlichen Lebenswelten (Joas, 1989, S. 91 ff.; vgl. Mead, 1998, S. 187 ff.). Zum anderen wird mit diesem Ansatz verfolgt, dass die Öffnung der Lebenswelt der Lehrkraft für die Schüler*innen auch umgekehrt eine Öffnung der Lebenswelten der Schüler*innen im Klassenverband initiiert. Im dritten Teilansatz ist die Aufforderung zur Entäußerung von Lebenswelt zentral, die seitens der Lehrkräfte an die Schüler*innen gerichtet wird. Im vierten Teilansatz steht die argumentative Beeinflussung der Schüler*innen durch die Lehrkräfte im Fokus.

Kommunikative Vermittlung zwischen verschiedenen Lebenswelten

Unsere Lehrkräfte berichten von Versuchen, sowohl innerhalb als auch außerhalb des Unterrichtes zwischen den verschiedenen Lebenswelten der Schüler*innen zu vermitteln. Diese Vermittlung ist oft mit der Kommunikation von Werten bzw. Wertvorstellungen gekoppelt, sodass währenddessen gleichsam der Versuch erfolgt, Werte wie Respekt und Toleranz im Umgang innerhalb der Klasse bzw. Gruppe sowie gegenüber der Lehrkraft zu etablieren: „Manche Schüler verstehen das schon mal (lacht), andere nicht. Aber schon ganz am Anfang, bevor ich irgendeine Klasse neu kennenlerne, stelle ich meine Werte vor und auch meine Regeln. Und da sie ja von mir respektvoll behandelt werden wollen, möchte ich das auch gerne von ihnen" (LK 04, 94). Um dies umzusetzen, bedienen sich die Lehrkräfte unterschiedlicher Methoden, die teilweise auch als ritualisierte Vermittlungen in der Klasse durchgeführt werden, wie Stuhlkreise, Gruppengespräche oder angeleitete Partnerinterviews. Weitere berichtete Methoden zur kommunikativen Vermittlung sind u. a. das offene oder themenzentrierte Unterrichtsgespräch sowie Biografiearbeit. Zudem werden situationsbedingte Anlässe genutzt, um bestimmte Themen mit Lebensweltbezug kommunikativ zu vermitteln. Dazu werden bspw. Konflikte in der Klasse offen besprochen, Sprachbarrieren aufgezeigt und besprochen, die Schüler*innen über bestimmte Sachverhalte (z. B. Nachteilsausgleich, Asperger-Syndrom etc.) informiert und aufgeklärt oder gemeinsam Alternativen zu bereits vorhandenen Deutungen diskutiert. Eine Korrelationsanalyse zeigt, dass insbesondere in inklusiven Settings relevante Themen wie Behinderung und Benachteiligung ($r = .718$) sowie (eigene) Kindheit und Sozialisation ($r = .638$) miteinander korrelieren und folglich im Zusammenhang kommuniziert werden. Als besonders wichtig wird dabei das gemeinsame und offene Besprechen unter Einbezug der gesamten Klasse erachtet:

> „(...) Also wir machen dann auch Biografiearbeit und versuchen dann solche Faktoren dann mit zurande zu ziehen. Genau, und das wird immer öffentlich in der Gruppe diskutiert, sodass eben auch das Dorfkind erfährt, wie es ist, hier am (Ortsbezeichnung) großgeworden sein oder im (Ortsbezeichnung) Stadtrand oder in der Altbauwohnung oder in der Kleinstadt, wie auch immer. Also das, so weit, wie es geht, mache ich das auch immer öffentlich in der ganzen Klasse." (LK 01, 32)

Besonders das gemeinsame diskursive Erschließen der Lebenswelten spielt eine wichtige Rolle, das zudem mit anderen Erschließungsprozessen wie offenen Diskussionen in den Klassen ($r = .490$) und dem gemeinsamen Erschließen von Lebenswelten ($r = .490$) korreliert. Dies kann auch durch relevante Externe erfolgen: „Das einfach auch durch Reflexion, durch Diskussion, durch Gesprächsführung (.) teilweise wenn es uns möglich ist, das hat ein Kollege schon von uns gemacht, eben auch mal Betroffene einzuladen" (LK 01, 08). Ziel der Lehrkraft ist es dabei, den Schüler*innen Einblicke in andere Lebenswelten zu ermöglichen, was dann im sprachlichen Austausch gemeinsam in der Klasse verarbeitet wird. Die Lehrkräfte erachten es deshalb als wichtig, alle Schüler*innen dazu einzuladen, damit ein argumentativer Austausch und ein gemeinsames Nachvollziehen und Deuten von bestimmten Handlungen stattfinden können. Dass der Austausch mit betroffenen Externen hauptsächlich im Rahmen gemeinsamer Diskussionen erschlossen wird, zeigt sich auch in einer Korrelationsanalyse mit den Daten der quantitativen Erhebung. Die Einladung betroffener Externer korreliert hier – wenn auch nur schwach – hinsichtlich gemeinsamer Erschließungsprozesse insbesondere mit dem gemeinsamen diskursiven Erschließen (r = .327) und gemeinsamen Aktivitäten zum informellen Austausch (r = .386). Inhaltlich ist die Arbeit mit Externen mit den Themen Behinderung (r = .321), Benachteiligung (r = .350) und Sozialisation (r = .347) korreliert. Hinsichtlich eingesetzter Methoden zeigten sich hier die stärksten Korrelationen zu Partnerinterviews (r = .409) und Biografiearbeit (r = .488). Solche Gespräche in der Gruppe werden von den Ausbilder*innen ebenfalls angeregt:

> „Genau, also da [..] ja muss man dann wirklich situationsabhängig entscheiden als Ausbilder. Ob man dort vielleicht auch eingreift oder eben auch mal nicht eingreift. Im Endeffekt, wenn es zu Konflikten kommt und die nicht selber gelöst werden können, haben wir natürlich auch schon mal mit den Teilnehmern gesprochen und gesagt, ja, das kann wirklich auch ein Gruppengespräch sein, haben wir Gruppengespräche gemacht und haben dann auch mal abgefragt, was weiß ich, Vorstellungen oder warum ist das jetzt so entstanden, was weiß ich, haben sich offenbar gekloppt und dann hat man halt mal versucht, das rauszukriegen, wo dort die Probleme stehen und vielleicht auch erstmal zu bezeichnen, ja die Standpunkte, die einzelnen, warum ist denn sowas entstanden, was weiß ich, hatte halt schlechte Erfahrungen in der Kindheit gehabt und der sagt irgendwas und der Zünder ist ausgelöst. Also ich denke mal, das war eigentlich auch immer ganz wichtig bei uns, dass wir das versucht haben dann, wenn es nicht anders ging, wirklich auch in der Gruppe und durch die Gruppe zu lösen." (Ausb 02, 50)

Gelegentlich bedienen sich die Lehrkräfte dabei sehr kreativer Mittel, wie bspw. selbst in einer fremden Sprache zu reden, um den Schüler*innen zu zeigen, dass Lebenswelt dann undeutbar ist:

> „(...) weil sie können sich untereinander nicht alle in ihrer Muttersprache verständigen, sondern müssen sich dann auf Deutsch verständigen und wenn sie mal in kleineren Gruppen, weil es gibt ja dann doch mehrere, die aus einem Land kommen, miteinander in ihrer Muttersprache sprechen, dann spreche ich Russisch und dann sage ich: ‚Achso, ihr habt mich nicht verstanden? Na, wenn ich euch nicht verstehe, müsst ihr mich auch nicht verstehen.' (lachend) Ne, und dann kann man das im Prinzip so wieder als Herausforderung betrachten, dann sprechen wir doch bitte weiter Deutsch." (LK 13, 14)

Um eine generalisierte Sichtweise über die eingesetzten Methoden von Lehrkräften zu gewinnen, wurden diese in einer Faktorenanalyse zusammengeführt. Es ergaben sich fünf Faktoren (KMO ,878).

Tabelle 10: Rotierte Komponentenmatrix aus Faktorenanalyse und Mittelwerte aus T-Test zu Methoden im Unterricht

	Komponente				Mittel-werte
	1	2	3	4	
Ich führe Partnerinterviews durch.	.724				2,87
Ich setze Stuhlkreise in meinem Unterricht ein.	.693				2,86
Ich setze Gruppengespräche in meinem Unterricht ein.	.571	.554			2,23
Ich führe offene Unterrichtsgespräche.		.687			1,94
Ich führe themenzentrierte Unterrichtsgespräche.		.595			1,91
Um Lebenswelten vorstellbar zu machen, lade ich betroffene Externe ein.	.687				3,19
Ich führe Biografiearbeit in meinem Unterricht durch.	.657				3,23
Ich bespreche in meinen Klassen Konflikte offen.		.586			1,93
Wenn Schüler*innen in (fremder) Muttersprache reden, rede ich selbst in einer fremden Sprache, um zu zeigen, dass Lebenswelt dann undeutbar ist.			.621		3,57
Ich zeige Sprachbarrieren auf, die dann in meinem Unterricht besprochen werden.			.763		2,87
Ich kläre meine Schüler*innen über bestimmte Grenzen von benachteiligten Mitschüler*innen auf.			.760		2,82
Ich hinterfrage bereits vorhandene Deutungen in meinen Klassen.		.408	.609		2,51
Im Unterricht führe ich Kennenlernspiele durch.	.465				2,06
Mit meinem Auftreten gegenüber meinen Schüler*innen versuche ich, sie zur Öffnung ihrer Lebenswelten zu ermutigen.		.727			1,81
Ich biete meinen Schüler*innen Raum neben dem eigentlichen (inhaltlichen/stofflichen) Unterricht, damit sie ihre Lebenswelten offenbaren können.		.627			2,21
Wenn einzelne Schüler*innen in meinem Unterricht nicht mitkommen, gibt es vermehrt Pausen für die gesamte Klasse.				.540	2,93
Unterricht für Schüler*innen mit Benachteiligungen gestalte ich eher handlungspraktisch und an den Sinnen orientiert (z. B. durch Bilder, Anfassen, Probieren, Schmecken, Testen).				.615	2,57
Wenn ich bei meinen Schüler*innen Grenzen erkenne, steuere ich das Anforderungsniveau meines Unterrichts entsprechend.				.732	2,12
Ich erzeuge Unterrichtssituationen, in denen Grenzen nachvollziehbar für die anderen erörtert werden.			.411	.522	2,62
Ich erzeuge Unterrichtssituationen, in denen Grenzen durch ggs. Verständnis, Respekt und Akzeptanz für die Grenzen des anderen überwunden werden können.					2,29

In einen ersten Faktor laden Methoden, die auf Interaktionen der Schüler*innen untereinander abzielen. Stuhlkreise ($M = 2{,}86$) sowie Partnerinterviews ($M = 2{,}87$) sind Ansätze, welche Lehrkräfte gelegentlich einsetzen. Dabei treten die Schüler*innen in einen direkten kommunikativen Austausch und werden auf diese Weise mit der Lebenswelt des Gegenübers konfrontiert. Dass Externe, die eine Form der Behinderung/Benachteiligung aufweisen, zu einem Gespräch eingeladen werden, kommt eher selten vor ($M = 3{,}19$). Biografiearbeit als strukturierte Reflexion der eigenen Vergangenheit findet so gut wie nie statt ($M = 3{,}23$). Ein zweiter Faktor fasst das Aufzeigen von Grenzen und Barrieren durch die Lehrkraft zusammen. Thematisiert werden aufkommende Sprachbarrieren ($M = 2{,}87$), falls sich Schüler*innen mit Migrationshintergrund in der Klasse befinden, aber auch Barrieren bei bestimmten Formen von Benachteiligungen ($M = 2{,}82$). Eine sehr plastische Weise, Grenzen von Lebenswelten aufzuzeigen, ist das Reden in einer anderen Sprache, was interviewte Lehrkräfte wie oben berichteten. Es kommt mitunter vor, dass Jugendliche mit Migrationshintergrund während des Unterrichts in ihrer Muttersprache reden. Wer dieser Sprache nicht mächtig ist, hat keine Chance zu verstehen, was im Moment verhandelt wird, kann also die Situation nicht deuten. Einige Lehrkräfte nutzen die Kenntnis anderer Sprachen, um den Jugendlichen genau dies zu verdeutlichen. Die quantitative Analyse zeigt allerdings, dass dies eher eine Ausnahme im Schulalltag darstellt ($M = 3{,}57$). In einen dritten Faktor fallen Items, welche sich als das Öffnen von Räumen oder das Schaffen von Gelegenheiten verallgemeinern lassen. So führen Lehrkräfte mit ihren Schüler*innen Kennlernspiele ($M = 2{,}06$) durch oder schaffen mit ihrem eigenen Auftreten eine vertraute bzw. vertrauensvolle Atmosphäre ($M = 1{,}81$). Mitunter werden auch Angelegenheiten von Schüler*innen im Unterricht, welcher dann natürlich nicht wie geplant durchgeführt wird, behandelt ($M = 2{,}21$). Rein gesprächszentrierte Ansätze wurden in einem weiteren Faktor zusammengeführt. Im Fragebogen wurde dazu nach Gruppengesprächen ($M = 2{,}23$), offenen Unterrichtsgesprächen ($M\ 1{,}94$) sowie themenzentrierten Unterrichtsgesprächen ($M = 1{,}91$) gefragt. Alle drei Gesprächsformen werden häufig eingesetzt. Als fünften Faktor ergab die Auswertung die Zusammenführung von Items, welche eine Adaption der Lernumgebung an die jeweiligen Bedürfnisse einzelner Schüler*innen oder der gesamten Schulklasse beschreiben. Bei nachlassendem Arbeitstempo Einzelner werden teilweise vermehrt Pausen eingesetzt ($M = 2{,}93$), bei Schüler*innen mit Benachteiligungen wird der Unterricht handlungspraktischer gestaltet ($M = 2{,}57$), das Anforderungsniveau wird angepasst ($M = 2{,}12$), es werden Situationen erzeugt, die auch anderen die Grenzen der jeweiligen Mitschüler*innen verdeutlichen ($M = 2{,}62$) und es wird für Akzeptanz und Toleranz ($M = 2{,}29$) geworben (vgl. Tabelle 10).

Des Weiteren kommt es auch zum Ausbleiben von Versuchen, Lebenswelten abzugleichen, und es findet keine Vermittlung statt. Dies ist bspw. dann der Fall, wenn die Lehrkraft wegen der Grundannahme, dass Fronten verhärtet sind, auf einen solchen Abgleich von Lebenswelt verzichtet oder weil keine Vermittlung möglich ist, da sich die Schüler*innen nicht freiwillig äußern:

„Vorgefestigte Meinungen: ‚Das ist doch so und so'. (...) Das kann und da kann man dann auch mit Argumenten wenig machen. (I2: Es kommt dann nicht zum diskursiven Austausch?) Nein, nein, natürlich nicht. (...) Nee, das nicht. Gut, ich versuche, es dann auf anderer Seite nochmal deutlich zu machen, dass man vielleicht das ja auch anders sehen könnte. (...) Aber ich muss das auch einfach hinnehmen." (LK 10, 138)

Tabelle 11: Zusammenfassung der Häufigkeitsverteilungen zur Initiierung eines Lebensweltabgleichs

	Gültige Prozente			
	sehr häufig	häufig	selten	nie
Ich fordere die Schüler*innen auf, Erfahrungen in anderen Lebenswelten zu machen (z. B. in Praktika).	39,05 %	38,54 %	15,62 %	6,79 %
In meinen Klassen finden offene Diskussionen statt.	28,35 %	55,35 %	15,96 %	0,34 %
In meinem Unterricht deuten die Schüler*innen gemeinsam die Lebenswelten von Mitschüler*innen.	5,75 %	30,84 %	50,52 %	12,89 %
Ich fordere meine Schüler*innen explizit auf, sich in die Situation einer anderen Person hineinzuversetzen.	24,87 %	52,16 %	21,07 %	1,90 %
Ich fordere meine Schüler*innen zu Perspektivübernahmen auf.	18,45 %	54,06 %	24,17 %	3,32 %
Ich spreche mit den Schüler*innen über das Thema Flucht.	5,03 %	23,96 %	57,64 %	13,37 %
Ich spreche mit den Schüler*innen über das Thema Verhalten.	27,46 %	54,92 %	16,41 %	1,21 %
Ich spreche mit den Schüler*innen über das Thema Behinderung.	9,86 %	22,15 %	58,30 %	9,69 %
Ich spreche mit den Schüler*innen über das Thema Benachteiligung.	12,48 %	34,66 %	46,10 %	6,76 %

Die quantitative Erhebung zeigt allerdings einen Trend, der nahelegt, dass Lehrkräfte eher aktiv und optimistisch versuchen, einen Lebensweltabgleich der Schüler*innen untereinander sowie der Lebenswelten außerhalb der Schule zu initiieren. Die Häufigkeitstabellen auf die Fragen zum Lebensweltabgleich bestätigen dies. Über 77 % der befragten Lehrkräfte geben an, ihre Schüler*innen häufig oder sehr häufig aufzufordern, Erfahrungen in anderen Lebenswelten zu sammeln. Wird bspw. ein Praktikum in einem völlig neuen und unbekannten Bereich durchgeführt, birgt dies großes Potenzial, die Grenzen der eigenen Lebenswelt zu erweitern. Offene Diskussionen in den Schulklassen, genutzt von 83,7 % der befragten Lehrkräfte, bieten ebenso eine Basis, die Lebenswelt der Mitschüler*innen zu ergründen. Eher weniger wird darauf zurückgegriffen, die Lebenswelt von Mitschüler*innen gemeinsam zu deuten, was andererseits auch einen großen Eingriff in deren Privatsphäre darstellt und tendenziell nicht bzw. sehr selten vorkommt. In den Interviews war bereits aufgefallen, dass Lehrkräfte in bestimmten Situationen dazu auffordern, sich einmal ganz bewusst in eine andere Person, in deren Gedanken- und Gefühlswelt sowie auch die finanzielle oder räumliche Lage hineinzuversetzen, um deren Lebenswelt nachvollziehen zu können. Dies findet sich auch auf verallgemeinerter Ebene wieder (77 %). Es zeigt sich auch, dass 72,5 % der Lehrkräfte häufig oder sehr häufig zum Perspektivwechsel auffordern. Oft wird auch das Verhalten einiger Schüler*innen thematisiert. 82,4 % der Lehrkräfte machen dies regelmäßig. Weitere Themen wie Flucht, Behinderung oder Benachteiligung kommen im Unterricht dagegen seltener vor (vgl. Tabelle 11).

Externalisierung der eigenen Lebenswelt

Ein zweiter Teilansatz zur kommunikativen Vermittlung zeigt, wie die Lehrkräfte selbst ihre eigene Lebenswelt externalisieren und welche Strategie sie damit verfolgen. Dabei sind die Inhalte, welche transportiert werden, ganz unterschiedlich. Es fällt auf, dass bei unseren Lehrkräften die Öffnung der eigenen Lebenswelt oft mit der Hoffnung verbunden ist, dass die Schüler*innen selbst ihre Lebenswelten ebenfalls öffnen – also eine offene Kommunikationskultur und ein Teilen eigener Lebensweltbezüge durch die Lehrkräfte vorgelebt wird.

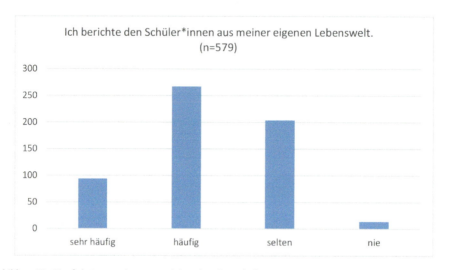

Abbildung 12: Häufigkeitsverteilung zu „Ich berichte den Schüler*innen aus meiner eigenen Lebenswelt."

Abbildung 13: Häufigkeitsverteilung zu „Ich offenbare meine eigene Lebenswelt, um Schüler*innen mein Vertrauen zu zeigen."

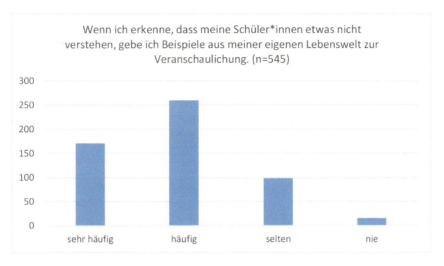

Abbildung 14: Häufigkeitsverteilung zu „Wenn ich erkenne, dass meine Schülerinnen etwas nicht verstehen, gebe ich Beispiele aus meiner eigenen Lebenswelt zur Veranschaulichung."

Im Fragebogen wurden drei Items verwendet, die Hinweise darauf geben, ob Lehrkräfte Erzählungen aus ihrer eigenen Lebenswelt im Unterricht einbinden. Tatsächlich geben 62,3 % der Lehrkräfte an, häufig oder sehr häufig aus ihrer eigenen Lebenswelt zu berichten (vgl. Abbildung 12). Um gegenüber den Schüler*innen das eigene Vertrauen zu zeigen, offenbaren 59,4 % der Befragten ihre Lebenswelt häufig oder sehr häufig (siehe Abbildung 13). Falls Schüler*innen Sachverhalte nicht verstehen, führen 79,1 % der Lehrkräfte Beispiele aus ihrer eigenen Lebenswelt an (vgl. Abbildung 14). Ob sich daran auch die Erwartung anschließt, die Schüler würden sich öffnen, kann nicht genau nachvollzogen werden. Werden die drei Items zur Offenbarung der eigenen Lebenswelt mit Items zur kommunikativen Vermittlung von Lebenswelt korreliert, ergeben sich keine oder nur sehr schwache Zusammenhänge.

Durch die Externalisierung ihrer eigenen Lebenswelt sollen Situationen erzeugt werden, in denen die Schüler*innen gemeinsame Situationsdefinitionen aushandeln können:

> „(…) das hat auch teilweise im Unterricht, wenn ich von meiner Lebenswelt erzähle, wie mir geht, wie es mir ging, als Schüler, als Student, als junge Mutti. Wie es mir jetzt geht und dadurch entstehen dann Gespräche, dass auch die Schüler dann erzählen, wie es ihnen geht und so. Das ist so ein Potpourri aus allem, woraus ich mir was rausziehe." (LK 01, 14)

Bei dieser ersten Form der Externalisierung der eigenen Lebenswelt durch die Lehrkräfte stehen Berichte über eigene Erfahrungen zu Entscheidungen oder anderen biografischen Ereignissen im Vordergrund. Darunter fällt auch die Darlegung reflektierter eigener Rollenmuster (z. B. als Mutter, Schüler*in, Student*in etc.). Die Lehrkräfte signalisieren damit die Bereitschaft, zu helfen und sich zu öffnen. Sie agieren gleichsam als Vorbilder für eine offene Kommunikation der eigenen Lebenswelt. In einer zweiten Form äußern Lehrkräfte eigene Meinungen oder Deutungen zu bestimmten Situationen in der Klasse oder zu bestimmten Themen, welche situativ im Vordergrund stehen, z. B. ein eigener Eindruck von einer Situation, bisherige Erfahrungen mit Behinderung oder auch eigene Unkenntnis über eine gewisse Behinderung oder Beeinträchtigung, Umgang mit Menschen im Sinne von „alle gleich behandeln", eigene Überzeugungen oder als Hinweis auf eine Unterrichtstörung als eigene Deutung und Norm von Unterricht: „Oder Störungen des Unterrichts, ne, da muss ich sagen: ‚Stopp, so geht das nicht. Hier, so und anders nicht', ne, ist wichtig. Das muss ich aber auch sachlich nehmen, auf jeden Fall" (LK 07, 50). In beiden Fällen bietet die Lehrkraft eine Projektionsfläche, die den Schüler*innen eine Art von Abgleich mit ihren eigenen Deutungen ermöglicht. Wichtig ist dabei auch, dass die Lehrkräfte den Schüler*innen einen sensiblen Umgang mit Berichtetem zusichern und diesen auch praktizieren. Wie dies in konkreten Unterrichtsansätzen geschieht, wird noch näher betrachtet werden.

Aufforderung zur Verbalisierung von Lebenswelt

In Situationen, in denen eine Lehrkraft eine bestimmte Handlung oder ein Verhalten eines Schülers oder einer Schülerin nicht deuten kann, fordert die Lehrkraft ausdrücklich zur Offenlegung der Lebenswelt auf, um so eine Situation zu erzeugen, die eine gemeinsame Ausdeutung ermöglicht: „Was gibt es da bei euch? Das habe ich ja überhaupt noch nie gehört. Erzähl doch mal ein bisschen" (LK 13, 40). Die entsprechenden Items aus der quantitativen Analyse, „direkte Ansprache bei untypischen Verhalten" ($M = 1,82$) sowie „bei Auffälligkeiten Verhalten erklären lassen" ($M = 1,87$), bestätigen diese Vermutung. Dabei ist auffällig, dass eine problematische bzw. unsichere Deutung der Situation vorausgeht und als Folge eine Nachfrage initiiert wird. Dazu gehört immer eine Form der Beobachtung der Schüler*innen und ein Abgleich mit den eigenen Konstruktionen durch die Lehrkraft (vgl. Kapitel 4: Die Suche nach Zugängen zu anderen Lebenswelten). Diese Annahme unterstützend, zeigt die Faktorenanalyse (KMO ,848) mit Items zu Beobachtung von Schüler*innen sowie darauffolgende Konstruktionen und kommunikativer Ansätze genau diese Tendenz.

Tabelle 12: Rotierte Komponentenmatrix aus Faktorenanalyse und Mittelwerte aus T-Test zu Verbalisierung von Lebenswelt

	Komponente			Mittelwerte
	1	2	3	
Ich deute Stimmungsschwankungen von Schüler*innen.	.732			2,22
Ich deute die Körpersprache meiner Schüler*innen.	.796			1,95
In Gruppenarbeiten beobachte ich gezielt den Umgang unter den Schüler*innen. (Beobachtung von Verhalten)	.696			1,66
Ich vergleiche die Erlebnisse der Schüler*innen mit meinen eigenen Erfahrungen, damit ich diese besser verstehen kann.		.692		2,02

(Fortsetzung Tabelle 12)

	Komponente			Mittelwerte
	1	2	3	
Ich spreche offen über die Erfahrungen in meinem Leben, damit die Schüler*innen wissen, warum ich einige Dinge anders sehe als sie.		.769		2,08
Meine Erfahrungen als Elternteil helfen mir dabei, meine Schüler*innen besser zu verstehen.		.491		2,23
Meine Erfahrungen aus meiner Jugend helfen mir dabei, meine Schüler*innen besser zu verstehen.		.720		2
Ich frage bei den Schüler*innen nach, ob sie dem Unterricht folgen können.			.498	1,77
Ich frage die Schüler*innen, welche Freundschaften in Schulklassen bestehen.			.562	2,85
Ich spreche Schüler*innen direkt an, wenn ich ein für sie untypisches Verhalten bemerke.	.560		.402	1,82
Ich führe Vorstellungsrunden durch, wenn ich eine Schulklasse neu übernehme.			.485	1,31
Private Anliegen werden in meinem Unterricht besprochen.			.585	2,61
Aussagen von Schüler*innen über ihre Lebenswelt beschäftigen mich intensiv.			.460	2,12
Im Unterrichtsgespräch berichte ich den Schüler*innen von meiner eigenen Biografie.		.551		2,29
Ich fordere die Schüler*innen dazu auf, den Alltag in ihren Ausbildungsbetrieben zu beschreiben.			.433	1,87
Bei Auffälligkeiten lasse ich mir von den betreffenden Schüler*innen ihr Verhalten erklären.	.591		.421	1,87
Ich lasse meine Schüler*innen vor Unterrichtsbeginn von aktuellen Problemen berichten.			.632	2,65

Es ergeben sich drei Faktoren, wobei der erste Faktor genau oben beschriebene Annahme widerspiegelt. Lehrkräfte deuten Stimmungsschwankungen ($M = 2,22$) und die Körpersprache ihrer Schüler*innen ($M = 1,95$). Weiterhin beobachten Lehrkräfte Schüler*innen in Gruppenarbeiten ($M = 1,66$). Daraus leiten sich Konstruktionen 2. Ordnung ab. Im gleichen Faktor finden sich dann Vorgehensweisen, diese Konstruktionen zu überprüfen. So sprechen Lehrkräfte ihre Schüler*innen bei untypischem Verhalten ($M = 1,82$) an und lassen sich dieses erklären ($M = 1,87$). Dabei lassen sich verschiedenen Vorgehensweisen bei unseren Lehrkräften feststellen (vgl. Tabelle 12). So erfolgen aufgrund einer vorangegangenen Beobachtung und Deutung von Verhalten sowohl direkte Nachfragen, Abfragen von Bedürfnissen der Schüler*innen oder auch direkte Aufforderungen zu Verhaltensänderungen (in der Regel in Verbindung mit einer Begründung) ad hoc im Unterricht. Dabei ist eine Öffnung der Lebenswelt der Schüler*innen zwar gewünscht, diese wird aber keinesfalls forciert, sondern es wird auch, wenn erforderlich, entsprechend ein Ansatz im Einzelgespräch gewählt: „(…) Ich mir den gleich geschnappt, wir beide Vieraugengespräch" (LK 14, 24). Auch die Ausbilder*innen fragen konkret nach, wenn sie innerhalb der Gruppen der Auszubildenden Probleme mit der Kommunikation oder dem Verhalten beobachten: „Ich habe auch gestern das gemerkt, dass mit der Förderschülerin anders umgegangen wird, und dann habe ich sie gefragt: ‚Empfindest du das auch so, dass die mit dir ein bisschen, ja, forscher sind, grober sind?' und dann sagt sie: ‚Nö.' Ich glaube, die ist das gewöhnt von Anfang an schon, dass sie anders behandelt wird. So habe ich das Gefühl" (Ausb 03, 04).

Diese Herangehensweise ist keineswegs speziell auf den inklusiven Berufsschulunterricht begrenzt – sie ist freilich in jeder Klasse anwendbar. Im gemeinsamen Unterricht von Schüler*innen mit und ohne Behinderung/Benachteiligung kann dieser Ansatz jedoch noch um die Aufforderung, entsprechende Dokumente und/oder Hilfsmittel für den Nachteilsausgleich mitzubringen, ergänzt werden: „Wir haben das, da gibt es zwei Schülerinnen, die auch hier waren, das sind die aus meiner Klasse. Die haben mir das mitgebracht, wir belehren vorher, habt ihr Fördergutachten wie Lese-Rechtschreib-Schwäche etc. Was ist mit dem Nachteilsausgleich, damit wir Bescheid wissen über gewisse Sachen, dann müssen die das mitbringen" (LK 21, 26).

Argumentative Beeinflussung anderer und damit ihrer Lebenswelt

Eine argumentative Beeinflussung folgt in der Regel auf eine Beobachtung oder eine Aussage von Schüler*innen hin. Lehrkräfte versuchen, auf verschiedene Weise Einfluss auf die Lebenswelt junger Menschen zu nehmen. Dies scheint zunächst keine neue Erkenntnis zu sein, da Berufsschulunterricht darauf ausgelegt ist, neue Inhalte in Lebenswelten (zumeist) Jugendlicher zu bringen. Eine argumentative Einflussnahme stellt jedoch eine sprachliche Externalisierung dar, welche darauf abzielt, Denkweisen oder Handlungen der Schüler*innen zu beeinflussen. Dabei zeigen sich Ansätze, wie die Lehrkräfte versuchen, eine einheitliche Situationsdefinition herbeizuführen oder zumindest die Deutung der Situation und damit auch die Konsequenzen aus Situationen zu vereinheitlichen:

> „Indem ich versuche, ihnen das eigentlich immer wieder klarzumachen, dass sie ja mit bestimmten Sachen auch anders behandelt werden wollen und dass sie eben dann das eigentlich nicht den anderen gegenüber; also sie sollen die anderen so behandeln, wie sie eigentlich selbst auch gerne behandelt werden möchten oder sich sehen, und da ist eben das wichtig. (…) Und dann einfach das gegenüberstellen und dann in so einer Situation, ja, es auch einfach mal dann darauf noch einmal ansprechen: ‚Hast du jetzt gerade gemerkt, was du gemacht hast? Du möchtest das und das nicht, aber du hast gerade im selben Augenblick das ihm gegenüber gemacht und dich so verhalten'. Ist natürlich ein langer Weg und meistens kriegst du dann auch wieder dumme Antworten, aber, ja, in die Richtung. Also sind wir wieder dabei, bei Respekt und Toleranz." (LK 23, 58)

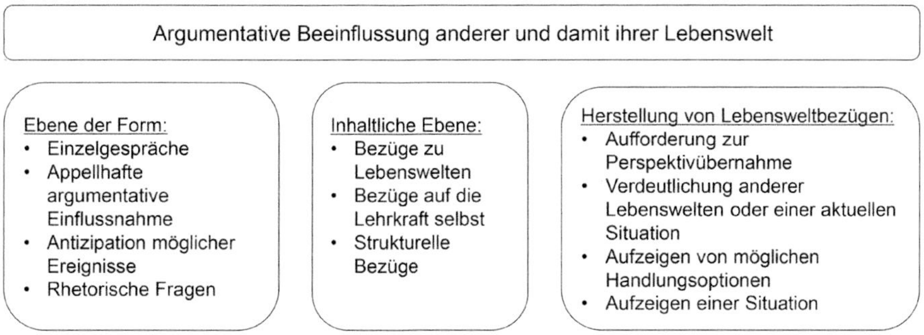

Argumentative Beeinflussung anderer und damit ihrer Lebenswelt

Ebene der Form:
- Einzelgespräche
- Appellhafte argumentative Einflussnahme
- Antizipation möglicher Ereignisse
- Rhetorische Fragen

Inhaltliche Ebene:
- Bezüge zu Lebenswelten
- Bezüge auf die Lehrkraft selbst
- Strukturelle Bezüge

Herstellung von Lebensweltbezügen:
- Aufforderung zur Perspektivübernahme
- Verdeutlichung anderer Lebenswelten oder einer aktuellen Situation
- Aufzeigen von möglichen Handlungsoptionen
- Aufzeigen einer Situation

Abbildung 15: Argumentative Beeinflussung anderer und damit ihrer Lebenswelt

Es lassen sich bei unseren Lehrkräften verschiedene Formen der argumentativen Beeinflussung sowie unterschiedliche Inhalte identifizieren. Auf der Ebene der Form findet die argumentative Beeinflussung in Einzelgesprächen, in appellhaften, argumentativen Einwirkungen auf die Lebenswelt der Schüler*innen, durch Antizipationen von möglichen Ereignissen oder durch den Einsatz rhetorischer Fragen, die Denkprozesse bei Schüler*innen initiieren sollen, statt. Auf der inhaltlichen Ebene lassen sich Ansätze mit Bezügen zu Lebenswelten, mit Bezügen auf die Lehrkraft selbst und mit strukturellen Bezügen identifizieren. Lebensweltbezüge werden dabei häufig durch Aufforderungen zu Perspektivübernahmen, Verdeutlichen anderer Lebenswelten oder einer aktuellen Situation oder durch das Aufzeigen von möglichen Handlungsoptionen in einer Situation hergestellt. In den Lehrkräfteinterviews zeigten sich diese Ebenen und eine Bezugsherstellung oft in Kombinationen, wie z. B. in dieser Passage:

> „Wie ist es bei Ihnen? Wenn Sie so richtig Stress haben und Angst haben, Prüfungen, dann brauchen Sie auch nur ein falsches Wort und Sie explodieren.', ich sage: ,Das sind auch nur Menschen.' und durch solche Beispiele versuche ich dann immer so diese: ,Wir gehen jetzt mal Weg A, da kommt das raus, wir gehen Weg B, da kommt das raus'. Also so ein paar Alternativen und dann sollen die gucken, wo würden sie sich am ehesten sehen, und dann verstehen die auch verschiedene Situationen. Anderes Beispiel: ,Warum sind so viele junge Männer hier?' Ich sage: ,Versetzt euch mal in die Lage! Die Männer haben die Möglichkeit gehabt, in Syrien für den IS zu kämpfen oder für die dortige Armee. Fakt ist, beide Varianten müssen kämpfen, ergo sie könnten sterben. Ich bin eine Mutter von einem kleinen Sohn. Mein Sohn wäre der Erste, der aus dem Land rausginge. Und genauso haben es die Mütter in Syrien gemacht. Die haben ihre Söhne, die haben das Geld zusammengekratzt, haben ihre Söhne weggeschickt, damit denen das eben nicht passiert'." (LK 22, 56)[20]

In den Schüler*inneninterviews war zu beobachten, dass solche Versuche durchaus wahrgenommen werden und es mitunter tatsächlich zu Verständnisprozessen in Bezug auf andere Lebenswelten kommt. Bereits das Erzeugen von Momenten des tages-

---

[20] Die Lehrkraft bringt hier den Schüler*innen näher, warum unter den Flüchtenden besonders viele Jugendliche und vor allem junge Männer sind. Sie erklärt dies aus ihrer eigenen Perspektive als Mutter eines Sohnes. Den Schüler*innen war zuvor unklar, warum nicht immer komplette Familien gemeinsam flüchten.

politischen Austauschs im Unterricht durch die Lehrkraft ermöglicht den Schüler*innen Einblicke in die Lebenswelten ihrer Mitschüler*innen: „Also, bei solchen Situationen merkt man das, vor allem (...), wenn wir Sozialkunde haben, macht unser Lehrer jeden Dienstag, wenn wir Berufsschule haben, aktuell politische (...). Ist momentan Angela Merkel [die Bundeskanzlerin, d. V.] und Flüchtlingskrise sehr weit oben und da merkt man es auch extrem, die Weltunterschiede. Wie manche denken" (Sch 14, 94). Ebenso erzeugen die Ausbilder*innen Situationen, in denen innerhalb der gesamten Gruppe über andere bzw. fremde Lebenswelten gemeinsam gesprochen und das Verständnis für diese anderen Lebenswelten beeinflusst wird:

> „Ich habe jetzt ein Beispiel: Ich hatte letzte Woche mit dem zweiten Lehrjahr Unterricht gemacht, hab da einen Albaner mit dabei, 36 Jahre, der eine Umschulung macht, ist ja im Prinzip auch nichts anderes. Der hat meiner Meinung kaum eine Schulbildung genossen. Er sagt zwar, er war ein paar Jahre in der Schule, aber... Und die hatten jetzt eine Pause von etwa drei Monaten, die sie nicht hier waren, und ich habe Wiederholungen gemacht und der hat die Grundlagen, die er alle eigentlich fast beherrscht hatte hier, waren schon wieder weg. So und da habe ich im Unterricht, in der Vorbereitung das alles noch einmal erzählt, noch einmal und da ging es schon immerzu in der Runde: ‚Och, wie oft sollen wir das denn noch hören.', die anderen. Ich sage: ‚Bitte Geduld. Er muss es nochmal hören' und sie sehen es dann ein, sind dann auch wieder mal ruhig, es gibt keinen Ärger, aber es nervt dann die anderen, dass sie manche Sachen zehn Mal hören." (Ausb 05, 16)

Ein Bezug auf die Lehrkraft selbst zeigt sich anhand des Festlegens von Regeln (bspw. eines Umgangs in der Klasse, ohne jemanden zu blamieren), durch die Darlegung eigener Begründungen, durch das Aufzeigen und Erläutern von Fehlverhalten, aber auch durch Unterbindungen von Aussagen durch die Lehrkraft. Um strukturelle Bezüge herzustellen, nutzen die Lehrkräfte bspw. eigene Konstruktionen zur späteren Arbeitswelt, die sie den Schüler*innen verbal präsentieren. Solche Ansätze haben allerdings auch ihre Grenzen: „(...) Vorgefestigte Meinungen: ‚Das ist doch so und so'. (...) Das kann und da kann man dann auch mit Argumenten wenig machen. (...) Aber ich muss das auch einfach hinnehmen" (LK 10, 137).

Dass unterschiedlichste Ansätze von Kommunikation im Unterricht eine Grundlage für einen gelingenden Austausch von Lebenswelten sind, scheint nach den bisherigen Erkenntnissen aus den Interviews unbestritten. Weitere Unterrichtsansätze, die mindestens ebenso förderlich sein können, nehmen nun nochmal in den Blick, wie es der Lehrkraft gelingen kann, die Lebenswelten der Schüler*innen merklich Teil des Unterrichtsgeschehens werden zu lassen.

4.3.8 Bezugnahme auf Lebenswelt des anderen

In den bisherigen Ausführungen wurde mehrfach festgestellt, dass die befragten Lehrkräfte die Bezugnahme auf die Lebenswelt der Schüler*innen als einen vielversprechenden Ansatz benennen, um den gemeinsamen Unterricht zu ermöglichen. Um auf die Lebenswelten der Schüler*innen Bezug zu nehmen, müssen die Lehrkräfte diese zunächst erkannt und gedeutet haben. Ist dies geschehen, berichten sie von verschiedenen Möglichkeiten, diesen Erkenntnisprozess auch unter den Schüler*innen zu initiieren:

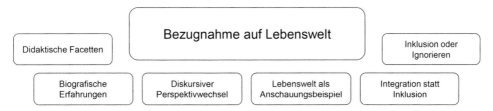

Abbildung 16: Bezugnahme auch Lebenswelt

Didaktische Facetten des Lebensweltaustauschs
Zunächst lassen sich verschiedene, sowohl tradierte als auch moderne Facetten erkennen, mit welchen Lehrkräfte versuchen, die Lebenswelten der Schüler*innen untereinander deutlich zu machen. Der Fokus liegt hierbei auf didaktischen Maßnahmen, die sich in den Lehrer*inneninterviews auffinden lassen. Neben der Initiierung der sozialen Interaktion innerhalb der Gruppen bzw. innerhalb der Klasse ist zudem das Erzeugen einer positiven Gruppendynamik das Ziel. Gerade vor dem Hintergrund stark heterogener Klassen spielt bei Gruppenarbeiten die Frage nach der Zusammensetzung eine besondere Rolle, um den Schüler*innen ihre jeweils unterschiedlichen Lebenswelten einander näherbringen zu können. In unserer Befragung zeigt sich, dass die Umsetzung und die Steuerung von Gruppenarbeiten seitens der Lehrkräfte mitunter höchst different sind. Zwei Ausprägungen lassen sich dabei herausstellen. In der ersten steuert die Lehrkraft die Gruppenkonstellation gezielt, sodass manche Personen aufgrund einer von der Lehrkraft vorgenommenen Einschätzung immer in gleichen Gruppenzusammensetzungen arbeiten:

> „Also bei mir, wenn ich Gruppenarbeit mache, ich versuche, das dann schon immer so hinzukriegen, dass die gleichmäßig aufgeteilt sind. Also nicht alle Beeinträchtigten in einer Gruppe und alle in Anführungszeichen Guten in der anderen Gruppe, sondern dass dann wirklich das gleichmäßig aufgeteilt ist. Dazu machen wir ja vorher die Analysen. Wie sind die Klassen aufgebaut? (...) weil immer die Guten auch von mir animiert werden, die Benachteiligten ein bisschen mitzunehmen." (LK 22, 08)

Der Einsatz solcher Methoden hängt jedoch auch vom Zutrauen der Lehrkraft in die Fähigkeiten der Schüler*innen zu sozialer Interaktion ab, sodass es auch zum Vermeiden von Gruppensituationen im Unterricht kommen kann: „Also ich muss ja sagen, in der Klasse z. B., in der Problemklasse, mache ich größtenteils Frontalunterricht. Weil alles andere nicht möglich ist. Also Gruppenarbeit, dass sie selber miteinander zusammenarbeiten müssen, sich austauschen müssen, habe ich in der Problemklasse eigentlich noch gar nicht gemacht" (LK 21, 40). In der zweiten Ausprägung der Steuerung der Gruppenkonstellation finden sich zufällige Durchmischungen und folglich stets neue Gruppenkonstellationen, denen keine Einschätzung der Passungsfähigkeit der Schüler*innen untereinander vorausging. Diese willkürlichere

Form der Steuerung wird mitunter von den befragten Schüler*innen kritisch bewertet:

> „Gruppenarbeit (...) wenn man zusammen irgendwas ausarbeiten musste, da wurde es einfach deutlich, (...) es war dann schwierig, gerade, wenn die Lehrer die Gruppen eingeteilt haben, dann artete das manchmal total aus. Da gab's Geheule, da gab's Geschrei, das war, also, weil die Lehrer nicht gucken so richtig, meiner Meinung nach, wer, da wurde dann oft Losverfahren gemacht. Jeder zieht 'nen Zettel und dann waren zwei zusammen, wo ich einfach schon genau weiß, das funktioniert nicht. Die können sich nicht richtig unterstützen." (Sch 03, 33)

Diese Aussage verdeutlicht, dass Schüler*innen sich hinsichtlich ihres Lernverhaltens gegenseitig durchaus kritisch einschätzen und Entscheidungen der Lehrkraft durchaus auch ebenso betrachten. In Bezug auf inklusive Lehr-Lern-Settings ist jedoch aus den Lehrer*inneninterviews nicht auszumachen, welche der beiden Ausprägungen förderlich oder hemmend wirkt. In beiden Fällen kann die Lehrkraft, um die Lebenswelt der Schüler*innen wissend, sensibel und umsichtig auf Beeinträchtigungen Einzelner reagieren. Des Weiteren wird ersichtlich, dass Lehrkräfte bemüht sind, eine der Offenbarung von Lebenswelten förderliche Klassenatmosphäre und einen wertschätzenden Umgang zu schaffen:

> „Dann frage ich eben einfach: ‚Ich möchte mich gerne mal mit Ihnen unterhalten und erzählen Sie mir doch mal so ein bisschen, wie ist denn das bei Ihnen gewesen?' Und da stelle ich schon recht gezielte Fragen und scheinbar, ja, ist es bei mir so, dass die so ein Vertrauen zu mir haben und die erzählen mir das dann auch wirklich alles. Die wissen aber auch, dass es bei mir bleibt, also ich tratsch das dann nicht draußen rum. Die wissen wirklich, das, was unter vier Augen gesprochen worden, ist meins, das ist mein Wissen, was ich aber für mich für den Unterricht dann eben auch brauch." (LK 22, 26)

Neben dem Erzeugen einer vertrauensvollen Atmosphäre im Unterricht besteht für die Lehrkraft bspw. im offenen Unterrichtsgespräch immer wieder die Möglichkeit, auch ruhigere Schüler*innen mittels direkter Ansprache am Unterricht teilhaben zu lassen. Ebenso ist die Verbindung lebensweltlicher Präferenzen mit dem Bruch schulischer Gepflogenheiten ein Mittel der Bezugnahme. So entstehen bspw. bei Leseabenden mit Lieblingsbüchern fern der gängigen Schulzeiten Situationen, in denen Schüler*innen untereinander ihre Lebenswelten offenlegen. Ebenso ist die Einbindung lebensweltlich relevanter und dennoch im schulischen Kontext eher unüblicher Kommunikationsmittel wie die Nutzung des Smartphones zu Recherche- und Informationszwecken ein moderner Ansatz, Einblicke in die gegenseitigen Lebenswelten zu ermöglichen. Öffnet sich die Lehrkraft für moderne Formen der Informationsgewinnung aus den Lebenswelten der Schüler*innen, werden zugleich eigene Lebenswelthorizonte offenbart und neue Formen der Kommunikation unter den Schüler*innen wertgeschätzt. Dies kann sowohl für die Lehrkraft selbst als auch für die Schüler*innen ein Zugang sein, um einander kennenzulernen.

Biografische Erfahrungen als Grundlage für gemeinsamen Unterricht

Mit diesem Ansatz wird der Unterricht durch die Lehrkraft so gestaltet, dass er an den biografischen Erfahrungen der Schüler*innen ansetzt und ein subjektbezogenes Lernen in den Vordergrund rückt. Indem an den lebensweltlichen Vorerfahrungen der Schüler*innen angeknüpft wird, soll das Lernen an sich erleichtert werden. Diesem Prozess geht zunächst die Offenlegung von Facetten der einzelnen Lebenswelten voraus und er führt schließlich auch zu einem Austausch der Schüler*innen untereinander. Lebensweltlich relevante Themen von Schüler*innen werden so zu Unterrichtsinhalten. Theoretisches Wissen in Verbindung mit lebensweltlichen Bezügen der Schüler*innen und folglich einer persönlichen Nähe kann, so die Annahme der Lehrkräfte, einfacher verinnerlicht und auf andere Situationen übertragen werden (auch wenn im folgenden Beispiel die Lehrkraft eher auf die Lebenswirklichkeit als auf die Lebenswelt rekurriert):

> „Was, glaube ich, auch meinen Unterricht für die Schüler so interessant macht, dass ich die Lebenswelt der Schüler aufgreife und damit auch Theoriethemen wie gruppendynamische Prozesse oder Sozialisationstheorien dann einfach an ihren Lebenswelten, an ihrer eigenen Sozialisation oder Biografie aufmachen kann. (...) Das kann ich anhand der Lebenswelten der Schüler sehr gut aufmachen. Wenn das der Schüler an sich selbst versteht, versteht er es auch bei anderen." (LK 01, 24)

Neben Themen, die in den Lebenswelten der Schüler*innen von Bedeutung sind, bieten insbesondere aktuelle krisenhafte Lebenswirklichkeiten der Schüler*innen Anlass, sich als Lehrkraft im Unterricht auf die entsprechende Lebenswelt zu beziehen. Aus dem Umstand, dass private Krisen die Schüler*innen in jedem Falle beeinflussen und somit Einzug in den Unterricht erhalten, ergibt sich die Möglichkeit für die Lehrkraft, Unterrichtsinhalte mit den Biografien zu verknüpfen und gleichzeitig eine Klassenatmosphäre der Wertschätzung und Anerkennung zu erzeugen. Durch diese Form der Bezugnahme können auch Biografien und Lebenswelten Dritter offenbart und in den Erfahrungshorizont der Schüler*innen gerückt werden: „Einmal hat sogar eine Schülerin ihre Schwester und ihr Kind mitgebracht. Dann haben wir über Familienbeziehungen gesprochen. Man muss dann als Lehrer spontan sein, keine Frage, aber die Schüler lieben es, wenn wir ihre Lebenswelt in unseren Unterricht miteinbeziehen" (LK 06, 06).

Begleiteter diskursiver Perspektivwechsel

Hierbei bedient sich die Lehrkraft des bereits beschriebenen Ansatzes der kommunikativen Vermittlung. Wie bereits ausgeführt, werden die Schüler*innen explizit dazu aufgefordert, sich in die Situation einer anderen Person hineinzuversetzen. Dabei externalisiert die Lehrkraft auch ihre eigene Lebenswelt, was wiederum die Authentizität erhöht. Dies führt dazu, dass Schüler*innen durch eine akzeptierte Autorität weitere oder neue Zugänge zu oder gar Deutungsweisen von Lebenswelten erfahren. In Anlehnung an die vorherigen Ausführungen zur gemeinschaftlichen Auseinandersetzung mit Lebenswelten findet auch ein von der Lehrkraft begleiteter Perspektivwechsel im diskursiven Austausch statt. Gemeinsam werden dabei auch die Handlungen, Empfindungen und Handlungsoptionen der anderen Person besprochen und herausgestellt:

> „Indem ich wirklich auch Beispiele nehme, wenn mir die Schüler das erlauben, und sage: ‚So, und jetzt versuchen wir alle, uns mal da reinzuversetzen'. Und dann gehe ich diese Situation mit denen durch, dass ich einfach sage: ‚Ok, wir haben jetzt Situation A, wir versuchen das jetzt mal alle durchzuspielen. Wir sind, was weiß ich, auf der Flucht jetzt mal', (…) und dann sollen die überlegen, was würden die denn in so einer Situation machen." (LK 22, 56)

Die Bandbreite der berichteten Themen, die einen Anlass zum Initiieren von Perspektivwechseln bieten, erstreckt sich von Behinderung und Benachteiligung über Verhalten, Kindheit und Sozialisation bis hin zu religiösen Festen und Fluchterfahrungen.

Lebenswelt von Schüler*innen als Anschauungsbeispiel

Diese Form der Bezugnahme spielte unter dem Gesichtspunkt der Unterstützung der Schüler*innen bei der Suche nach Zugängen zu den Lebenswelten ihrer Mitschüler*innen bereits eine Rolle. Bei diesem Ansatz werden bewusst Merkmale von Schüler*innen im Unterricht als Anschauungsbeispiel genutzt und „sozusagen gleich mit in den Lernfeldunterricht integriert" (LK 04, 04). Dieser Unterrichtsansatz fällt zunächst in einer eher gegenständlich orientierten Berufsausbildung, wie bspw. der Orthopädietechnik, auf. Themen sind hier neben Amputationen und einem markanten Gangbild auch sonstige lebensweltliche Umstände, die von Schüler*innen in den Unterricht eingebracht werden. Als unabdingbare Voraussetzung bei jedem dieser Anschauungsbeispiele aber gilt, und dies wird mehrfach betont, dass zuvor das Einverständnis der betroffenen Person eingeholt werden muss, da diese Form der Bezugnahme im Unterricht einen immensen Eingriff in die Privatsphäre darstellen kann:

> „Und wir müssen uns reinfühlen, gucken, was ist. Wir haben Schüler, bei denen ist es ganz offensichtlich, wir haben Schüler, die sind amputiert und lernen den Beruf. Aber auch da müssen wir dann vorsichtig uns reinfragen, ja, wie sehr ist das Trauma vorhanden, auch seelisch natürlich (…) Grenzen, die betroffene Schüler vielleicht verletzen würden." (LK 02, 18)

Trotz der Gefahr einer Grenzüberschreitung und der gebotenen Sensibilität wird diese Form der Bezugnahme positiv konnotiert: „Also, das finde ich, was diese Verletzungen angeht, finde ich super, kann man genial mit arbeiten. (…) Kann man auch super mit einbauen" (LK 04, 61). Die Methodik der Einbindung reicht von offenen Gesprächsrunden bis zum Redestuhl. Auch können vor Unterrichtsbeginn eingebrachte Problemlagen als Anschauungsbeispiel dienen. Insgesamt gewinnt die Lebenswelt der betroffenen Person durch die Bezugnahme der Lehrkraft an Aufmerksamkeit und wird indirekt wertgeschätzt. Zudem haben die Schüler*innen so die Möglichkeit, die herausgestellte Lebenswelt ausführlich kennenzulernen, und können diese Erfahrung später in ihre weitere persönliche und berufliche Entwicklung einbringen.

Integration statt Inklusion

Wie bereits in den theoretischen Ausführungen zu den Differenzlinien zwischen Integration und Inklusion dargestellt wurde, bedarf es bei der Einschätzung von Lehr-Lern-Situationen einer genauen Trennung. Situationen, die nicht zuletzt aufgrund eines unklaren Inklusionsbegriffes als inklusiv bewertet werden, stellen sich mitunter bei genauerer Betrachtung als integrativ dar. Diese Einschätzung ist auch in den Interviews zu finden, indem die Bezugnahme durch die Lehrkraft gleichzeitig Gruppen innerhalb der Klasse konstruiert. Aufgrund einer berichteten Situation, eines Umstandes oder eines einschränkenden Merkmals passt die Lehrkraft dann den Umgang mit der betroffenen Person an. Des Weiteren kann eine solche Anpassung auf dem Wissen beruhen, welches die Lehrkraft über die Person bspw. anhand von Schülerakten, Fördergutachten usw. eingeholt hat. Dabei kann es sich um krisenhafte aktuelle Lebenssituationen handeln oder um Merkmale, die in der Person begründet sind. Die Teilnahme am Unterricht ist weiterhin gewährleistet und die Lehrkraft lebt einen sensiblen Umgang mit der betroffenen Person vor. Dabei wird den Schüler*innen gegenüber ein offensiver, aber sensibler Umgang verdeutlicht. In diesem Ansatz zeigt sich, dass manche Formen der Bezugnahme auf die Lebenswelt der Schüler*innen mitunter in der Konstruktion zweier Gruppen, den Normgerechten und den Abweichenden, münden.

> „Ich hab das z. B. in meinen Arbeiten auch so gemacht, ich hab gesagt, dass die und die Schüler, das habe ich auch so kommuniziert, die haben inhaltlich die gleichen Aufgaben, nur das Aufgabenblatt sieht anders aus, damit sie einfach bestimmte Inhalte schneller erfassen. Das mache ich bei den Migranten z. B. so, das mache ich auch bei denen mit der LRS oder mit dem ‚Förderbedarf Lernen' so und das ist für die anderen auch völlig ok gewesen. Ich hab das einfach angesagt (...)." (LK 18, 26)

Die dahinterstehende Zwei-Gruppen-Theorie steht in Anlehnung an das sonderpädagogische Entwicklungsphasenmodell (Bürli, 1997), dessen Adaption (Sander, 2003) und die darauffolgende Kritik (Wocken, 2015) vielmehr für Integration statt Inklusion. Somit erweist sich so manches vermeintlich inklusive Setting als eher integrativ. In unserem Kontext der Definition inklusiver Lehr-Lern-Situationen kann das kontraproduktiv sein, entlässt es die Beteiligten doch aus der Pflicht, *miteinander* zu lernen, indem es sie *nebeneinander* arbeiten lässt. Eine strukturelle Kopplung aller an das Unterrichtssystem ist so schwerlich zu erreichen, vielmehr werden so mehrere, voneinander weitgehend unabhängige soziale Systeme begründet. Den Ausbilder*innen ist dieser Umstand durchaus bewusst, wie folgende Passage aus einem Interview verdeutlicht:

> „Also eine richtige Inklusion war ja das bei uns auch nicht, wir haben also schon einen separaten Ausbilder gehabt für die Reha-Gruppe, aber es war zu mindestens ein integratives Lernen würde ich sagen. (...) Doch auch, schon der Ausbilder, wir konnten das ja nie so machen, dass wir sagen: ‚Ok der Ausbilder ist nur für die Reha zuständig.' Es gab auch Tage und Wochen, wo ganz einfach, ja, zwei oder drei verschiedene Klientelgruppen anwesend waren. Aber es war nicht das Permanente, also eine richtige Inklusion, sage ich mal, dass man sagt zusammenlernen, das ging schon deswegen nicht, weil die natürlich auch ein anderes Berufsbild hatten." (Ausb 02, 02–04)

Gelingende Inklusion oder gänzliches Ignorieren

Entfällt die Bezugnahme auf die Lebenswelten der Schüler*innen gänzlich, ist dies auf zwei sehr unterschiedliche Gründe zurückführen. Es kann vorkommen, dass Lehrkräfte ganz bewusst keine Unterschiede im Umgang mit ihren Schüler*innen machen. Dabei kann dennoch eine Sensibilität gegenüber verschiedenen Lebenswelten angenommen werden, da individuelle Beeinträchtigungen erkannt, jedoch nicht in den Vordergrund gestellt oder im Klassenverband verhandelt bzw. legitimiert werden. Ist dies der Fall, findet keine Gruppenbildung zwischen Norm und Abweichung statt, wodurch eine Grundvoraussetzung für Inklusion per definitionem gegeben ist. Diese Herangehensweise ist jedoch nur dann und so lange erfolgreich, wie die Situationsdefinitionen der Schüler*innen trotzdem noch gemeinsame Horizonte aufweisen. Ist das nicht mehr der Fall, dann ist das Negieren von Unterschieden nicht mehr erfolgreich.

Die andere Form der entfallenden Bezugnahme zeigt, dass Lehrkräfte die Verantwortung für den Umgang mit unterschiedlichen Lebenswelten und den dahinterstehenden Schüler*innen ablehnen und die Verantwortung des gemeinsamen Lernens nicht bei sich sehen, sondern vielmehr bei den Individuen belassen. Im Extremfall kommt es gar zu einer bewusst segregierenden Klasseneinteilung, die ein Aufeinandertreffen divergierender Leistungs- und Lebenswelten a priori verhindern soll:

> „(...) wir fassen schon auch Klassen zusammen, wo man sagt, also, wenn wir das machen können, dass wir uns die Bildungsabschlüsse davor und dass wir vielleicht diese Klassen so ein bisschen gestalten können. Wenn das möglich ist. Wir haben z. B. zwei Verkäuferklassen, da ist das meistens möglich, die Leistungsschwächeren meist in eine Klasse, dass dieser Abstand nicht ganz so groß ist, aber das geht auch nur, wenn wir die nötigen Schülerzahlen haben und eben zwei Klassen aufmachen können, ansonsten ist es bunt gemischt." (LK 20, 02)

Auch die Ausbilder*innen berichten in den Interviews – teilweise rekurrierend auf vorherige segregierende Ausbildungsmodelle wie spezielle Reha-Ausbildungen o. Ä. – von Grenzen der inklusiven beruflichen Bildung. Jedoch bleiben auf diese Weise Lebensweltbezüge unter den Jugendlichen aus und es kann eher von einem Nebeneinander statt einem Miteinander ausgegangen werden: „Und ich finde immer wieder, Inklusion ist in manchen Ebenen sehr gut, aber wenn die Jugendlichen merken, dass sie mit dem Leistungspotenzial nicht hinterherkommen, finde ich, ist es nicht mehr förderlich, es ist einfach, geht ins Negative. Und die anderen Jugendlichen, die immer wieder auf diese Mitschüler warten müssen, sind gelangweilt, beschäftigen sich mit Handy, mit anderen Dingen und das finde ich nicht so nett, schön" (Ausb 04, 02). Es muss die Frage hier unbeantwortet bleiben, ob das geschilderte Nebeneinander in den konkreten Fällen an mangelnden Versuchen liegt, gemeinsame Situationen zu erzeugen, oder ob sich hier nicht auch Grenzen inklusiver Berufsbildung zeigen, welche in einer Bildungsbiografie vergleichsweise spät und damit oftmals nach einer bereits segregierten Bildungskarriere erfolgt.

5 Erkundungen zu Strategien zum Umgang mit heterogenen Lebenswelten

Wie sich in der bisherigen Auswertung der qualitativen Interviewstudie zeigte, haben die befragten Berufsschullehrkräfte verschiedenste Ansätze, um mit heterogenen Gruppen in Unterrichtssituationen zu interagieren, unterschiedliche Lebenswelten zu erschließen und Situationen des Lebensweltaustausches zu initiieren.

Die Lehrkräfte entwickeln dabei sowohl Ansätze, um selbst die unterschiedlichen Lebenswelten der Schüler*innen erschließen zu können, als auch solche, mit denen sie Situationen erzeugen können, in denen ein Lebensweltaustausch innerhalb der Klasse stattfinden kann. Wurden vereinzelt Beispiele festgestellt, in denen Erkennen von und Austausch über andere Lebenswelten stattfinden, so zielen diese auf eine bewusste Einflussnahme der Lehrkraft auf diese Prozesse in der Klasse ab. Ihre Anwendung ist nicht auf das Unterrichtshandeln der Lehrkraft begrenzt, wenngleich hier der Schwerpunkt unserer Betrachtungen verortet ist.

Die in den qualitativen Interviews aufgefundenen Ansätze wurden mittels einer bundesweiten, online durchgeführten Fragebogenerhebung zu Strategien verdichtet und auf ihre Verallgemeinerbarkeit überprüft. Dem inhaltlich-thematischen Aufbau der qualitativen Befragung folgend unterteilt sich auch der quantitative Teil in die Fragenbereiche (1.) Erschließen von Lebenswelt durch Lehrkräfte sowie (2.) Strategien zur Erzeugung von Situationen, die einen Lebensweltabgleich der Schüler*innen begünstigen. Abschließend finden sich in der Befragung auch verschiedene Fragbatterien, welche eine Positionierung zu unterschiedlichen Themenkomplexen der Inklusion erfordern (3.). Alle drei Bereiche werden im Folgenden auf auftretende verallgemeinerbare Strategien im Umgang mit Heterogenität untersucht, um daraus Typen ableiten zu können, welche beim Auffinden von Handlungsempfehlungen bezüglich eines inklusiven Unterrichts erhellend sein können.

Anhand der Ergebnisse der quantitativen Onlinebefragung verdichten sich die erwähnten Ansätze zu Strategien und häufig genutzte Handlungsoptionen bzw. -variationen lassen sich herausstellen. Dabei lassen sich zum einen Strategien zum Erschließen anderer Lebenswelten durch die Lehrkraft und zum anderen Strategien zum Erzeugen von Situationen durch die Lehrkraft identifizieren.

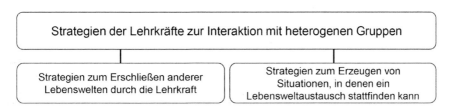

Abbildung 17: Strategien der Lehrkräfte zur Interaktion mit heterogenen Gruppen

5.1 Strategien zum Erschließen

Die ersten sechs Fragebatterien fokussieren Strategien zum Erschließen der Lebenswelt durch die Lehrkraft. Die Items entstammen aus den vorangegangenen Interviews und wurden zuvor in einem Pretest überprüft. Die sechs Fragen bilden die berichteten Herangehensweisen von Lehrkräften ab. Es wurde bereits herausgearbeitet, dass die Schaffung von Zugängen zu anderen Lebenswelten auf sehr differente Weise geschehen kann und zwischen Zugängen, welche auf Konstruktionen 2. und 3. Ordnung beruhen, unterschieden werden kann. Unter Zugängen 2. Ordnung wurden in der qualitativen Erhebung Vorgehensweisen subsumiert, die sich als direkt-kommunikativ oder beobachtend beschreiben lassen. Diese Zugänge zeichnen sich dadurch aus, dass die Lehrkraft im gemeinsamen Gespräch, sei es im Klassenverband oder eher persönlich im Zwiegespräch, versucht, die Lebenswelt der Schüler*innen zu entschlüsseln. Dabei beobachtet die Lehrkraft die Schüler*innen in Unterrichtssituationen und achtet auf deren Äußerungen und Verhalten. Ein indirekt-kommunikatives Vorgehen sowie das Erschließen über Dokumente sind Zugänge zu anderen Lebenswelten 3. Ordnung. In diesen Zugängen unternimmt die Lehrkraft den Versuch, über Berichte anderer (2. Ordnung) über die Lebenswelt (1. Ordnung) diese zu rekonstruieren (3. Ordnung). Die Konstruktionen der Lebenswelt von Schüler*innen gestaltet sich auf diese Weise schwieriger, da die Entfernung zu ihren Lebenswelten zunimmt.

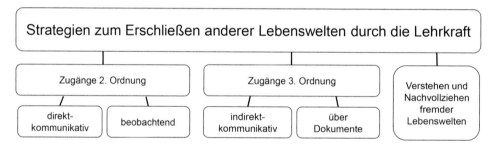

Abbildung 18: Strategien zum Erschließen anderer Lebenswelten durch die Lehrkraft

Die Vorgehensweisen zum Erschließen anderer Lebenswelten durch die Lehrkraft, welche zu Konstruktionen 2. und 3. Ordnung führen, wurden jeweils mittels gesonderter Fragen erhoben. Abgeleitet wurde diese aus den Aussagen der Lehrkräfte in der qualitativen Erhebung. Das Aufschieben des Erschließens wird ebenfalls anhand eigener Fragen erhoben. Auf der Suche nach Strategien wurden die Items der Fragen, je nach Fragestellung, gemeinsamen Faktorenanalysen unterzogen, wodurch schlussendlich Strategien des Erschließens aufgedeckt werden können.

Tabelle 13: Zuordnung Fragenbatterien zu Strategien des Erschließens von Lebenswelt

Konstruktionen 2. Ordnung	
direkt-kommunikativ	Varianten des Erschließens (Item 1–10)
beobachtend	Erkennen von Grenzen durch Verhaltensbeobachtung/Varianten des Erschließens (Item 11–15)
Abgleich eigene Lebenswelt	Varianten des Erschließens (Item 28–31)
Konstruktionen 3. Ordnung	
indirekt-kommunikativ	Varianten des Erschließens (Item 16–21)
Dokumente	Varianten des Erschließens (Item 22–28)
Aufschieben des Erschließens	
Prokrastination	Voraussetzungen des Erschließens

Alle Items wurden einer gemeinsamen Faktorenanalyse unterzogen. Ziel war es, zu untersuchen, welche Vorgehensweisen gemeinsam auftreten, welche Muster sich zeigen und auf welche Weise Konstruktionen 2. und 3. Ordnung gemeinsam auftreten. Dabei zeigte sich bereits in den ersten Analysen, dass die Items der Fragen nach dem Erkennen von Grenzen durch Verhaltensbeobachtung einen Faktor allein bilden. Daher wird dieser Faktor für sich ausgewertet, die Fragen zu den Varianten des Erschließens in einer gemeinsamen Faktorenanalyse.

Tabelle 14: Faktorenanalyse Erkennen von Grenzen durch Verhaltensbeobachtung

	Komponente		Mittelwerte
	1	2	
Schüler*innen äußern sich abfällig über das Arbeitstempo von Mitschüler*innen.	.733		2,89
Schüler*innen äußern sich abfällig über das Verhalten von Mitschüler*innen.	.772		2,57
Schüler*innen äußern Vorurteile gegenüber anderen Schüler*innen.	.819		2,71
Schüler*innen meiden aufgrund von Vorurteilen andere Schüler*innen.	.661		2,74
Schüler*innen sprechen sich selbst ihr eigenes Können ab.			2,33
Schüler*innen fragen öfter nach, um einen Unterrichtsinhalt verstehen zu können.			2,26
Schüler*innen ziehen sich im Unterricht zurück.		.573	2,35
Schüler*innen verweigern sich dem Unterricht.	.423	.557	2,83
Das Arbeitstempo der Schüler*innen lässt im Unterricht nach.		.705	2,17
Schüler*innen verhalten sich anders, als ich es von ihnen gewohnt bin.		.646	2,88
Schüler*innen können aufgrund einer Behinderung/Benachteiligung eine Aufgabe nicht bearbeiten.		.643	2,87

Die Faktorenanalyse ergibt nach Eigenwertkriterium zwei Faktoren, welche unterschiedliche Vorgehensweisen in der Beobachtung von Schüler*innen aufzeigen. Eine Strategie verweist dabei auf Beobachtungen des Schüler*innenverhaltens in sozialer Interaktion, die andere auf beobachtetes Verhalten einzelner Schüler*innen, jeweils im Unterricht. Die Mittelwerte der vier erfassten Items bewegen sich in Richtung Skalenwert selten ($M = 2,89$; 2,57; 2,71; 2,74). Die Items in der zweiten Strategie, welche direkte Bezüge zum Unterricht und individuellen Verhalten zusammenfasst, werden häufiger beobachtet. Die Ausnahme bilden die Fragen danach, ob Schüler*innen mit Behinderung/Beeinträchtigung einige Aufgaben nicht bearbeiten können, sowie die Beobachtung der Verweigerung des Unterrichts. Dies scheint eher seltener der Fall ($M = 2,87$; 2,83). Die Faktoren verweisen auf eine grundsätzliche Unterteilung im beobachtenden Zugang von Interaktionen von Schüler*innen untereinander sowie das Beobachten einzelner Schüler*innen im Unterricht. Der Zugang 2. Ordnung über Beobachtung kann in dieser Hinsicht weiter differenziert werden, nämlich in das Erschließen von Lebenswelten über das Verhalten von einzelnen Personen einerseits und über Beobachtung von Interaktionen andererseits, in diesem Sinne direkt personengebunden vs. interaktionsgebunden. In beiden Fällen ist ein hohes Maß an Interpretation der Beobachtung nötig. Es steht jedoch zu vermuten, dass die interaktionsgebundene Variante ggf. direkteren Aufschluss über die Lebenswelt ermöglicht, da in der Interaktion symbolvermitteltes Handeln stattfindet, während in der Verhaltensbeobachtung ggf. die Interpretation von Gesten vorherrschend sein könnte (vgl. Mead, 1998). Die Deutung der Symbole wiederum gibt direkteren Aufschluss über Deutungsmuster und damit über lebensweltliche Bestandteile als das Verhalten an sich.

Den Fokus auf die Beobachtung zur Teilnahme am Unterricht von Schüler*innen zu legen, entspricht eher dem Rollen- und Auftragsverständnis von Lehrkräften. Dies könnte ein Grund für die häufigeren Beobachtungen sein. Grundsätzlich ist die Konstruktion der Lebenswelt durch die Lehrkraft vollständiger, wenn die Schüler*innen in der sozialen Interaktion mit anderen sowie im Unterricht einzeln beobachtet werden.

Die weiteren Items zum Erschließen der Lebenswelt durch Lehrkräfte wurden einer gemeinsamen Faktorenanalyse unterzogen. Auf diese Weise besteht die Möglichkeit, zu analysieren, ob, und wenn ja auf welche Weise, Zugänge der 2. und 3. Ordnung in Verbindung stehen. Dadurch können Strategien von Lehrkräften verallgemeinert werden, die dazu führen, Empfehlungen für das Erschließen von Lebenswelt zu formulieren.

Tabelle 15: Faktorenanalyse Varianten des Erschließens von Lebenswelten

	Komponente						Mittelwerte
	1	2	3	4	5	6	
Ich frage bei den Schüler*innen nach, ob sie dem Unterricht folgen können.							1,77
Ich frage die Schüler*innen, welche Freundschaften in Schulklassen bestehen.			.487				2,85
Ich spreche Schüler*innen direkt an, wenn ich ein für sie untypisches Verhalten bemerke.		.564					1,82
Ich führe Vorstellungsrunden durch, wenn ich eine Schulklasse neu übernehme.					.519		1,31
Private Anliegen werden in meinem Unterricht besprochen.			.516				2,61
Aussagen von Schüler*innen über ihre Lebenswelt beschäftigen mich intensiv.			.483				2,12
Im Unterrichtsgespräch berichte ich den Schüler*innen von meiner eigenen Biografie.				.542			2,29
Ich fordere die Schüler*innen dazu auf, den Alltag in ihren Ausbildungsbetrieben zu beschreiben.					.612		1,87
Bei Auffälligkeiten lasse ich mir von den betreffenden Schüler*innen ihr Verhalten erklären.		.519					1,87
Ich lasse meine Schüler*innen vor Unterrichtsbeginn von aktuellen Problemen berichten.			.471				2,65
Ich besuche meine Schüler*innen zu Hause.			.638				3,89
Ich besuche meine Schüler*innen in ihren Ausbildungsbetrieben.					.594		2,83
Ich deute Stimmungsschwankungen von Schüler*innen.		.511					2,22
Ich deute die Körpersprache meiner Schüler*innen.		.564					1,95
In Gruppenarbeiten beobachte ich gezielt den Umgang unter den Schüler*innen. (Beobachtung von Verhalten)		.611					1,66
Ich baue Kontakt zu den Eltern meiner Schüler*innen auf.	.415		.583				3,07
Ich tausche mich mit den Klassenlehrer*innen meiner Schüler*innen aus.			.665				1,61
Ich pflege persönlichen Kontakt zu den Ausbilder*innen meiner Schüler*innen.	.425				.511		2,41
Ich hole mir Informationen bei den Sozialarbeiter*innen meiner Schüler*innen ein.			.511				2,68
Informationen über meine Schüler*innen bekomme ich aus meinem eigenen privaten Umfeld.							3,66

Es ergeben sich sechs Faktoren zu Strategien, welche Rückschlüsse auf das Vorgehen von Lehrkräften geben. In den ersten Faktor laden ausschließlich Items, welche das Erschließen von Lebenswelt mittels Dokumenten, also die Konstruktion 3. Ordnung, erfassen. Zwei weitere Items laden stärker auf andere Faktoren und werden dort in die Analyse einbezogen. Beim Erschließen mittels Dokumenten zeigt sich, dass Dokumente, welche in ihrer Erreichbarkeit einfacher zugänglich sind, wie bspw. Schulzeugnisse ($M = 2{,}40$) oder auch Schülerakten ($M = 2{,}61$) sowie Lebensläufe ($M = 2{,}62$), etwas häufiger in das Entschlüsseln der Lebenswelt einbezogen werden als Ausbildungsverträge ($M = 2{,}83$). Diese Dokumente stellen in der Regel Konstruktionen 2. Ordnung anderer über die Schüler*innen dar. Schülerakten sind Einschätzungen anderer Lehrkräfte eine bestimmte Person betreffend, unterlagen also bereits einer Konstruktion. Lesen andere Lehrkräfte diese Berichte, kommt eine weitere Konstruktionsebene hinzu. Liegen über Schüler*innen medizinische Gutachten vor, werden diese ebenso, jedoch seltener ($M = 2{,}68$), herangezogen. Lebensläufe listen (aus-)bildungsrelevante Stationen in der bisherigen Biografie der Schüler*innen auf und werden meist von diesen selbst verfasst. Diese stellen eine Besonderheit dar, da in diesen Konstruktionen 1. Ordnung aufgeführt werden und sie daher eine große Nähe zur Lebenswelt der Schüler*innen aufweisen. Es findet keine statistisch nachweisbare Verknüpfung mit Zugängen 2. Ordnung statt. Eine Kombination direkt-kommunikativer oder beobachtender Herangehensweisen, um die aus den gewonnenen Dokumenten gewonnen Erkenntnisse zu verdichten, würde ein vollständiges Bild der Lebenswelt der Schüler*innen ergeben.

Ein solches Vorgehen offenbart die zweite Strategie der Analyse. Schon während der Interviews mit den Lehrkräften fiel auf, dass das Feststellen eines von einer wie auch immer gesetzten Norm abweichenden Verhaltens direktes Nachfragen von Lehrkräften auslöst. Bei untypischem Verhalten ($M = 1{,}82$) sowie Auffälligkeiten im Verhalten ($M = 1{,}87$) initiieren Lehrkräfte einen kommunikativen Austausch. Um diese Abweichungen zu erkennen, kommen beobachtende Strategien zum Einsatz. Lehrkräfte versuchen, Stimmungsschwankungen ($M = 2{,}22$) sowie die Körpersprache ($M = 1{,}95$) ihrer Schüler*innen zu deuten, unter anderen durch gezieltes Beobachten während im Unterricht eingesetzter Gruppenarbeiten ($M = 1{,}66$). Den dabei gewonnenen Eindruck runden Gespräche mit Klassenlehrer*innen ($M = 1{,}61$) und anderen Kolleg*innen ($M = 1{,}49$) ab. Auf diese Weise entsteht ein durchaus holistisches Bild der Lebenswelt der Schüler*innen. Es zeigt sich anhand der Mittelwerte auch, dass ein solches Vorgehen häufiger von den befragten Lehrkräften angewendet wird. Es entsteht der Eindruck, dass das, was Lehrkräfte als Unerwartetes, eventuell in ihrer eigenen Lebenswelt Fremdes wahrnehmen, dazu führt, dass sie auf andere Lebenswelten aufmerksam werden, es kommunikativ ergründen und mit anderen abgleichen wollen. Auf diese Weise weiten sich die Grenzen der eigenen Lebenswelt, wird diese mit Phänomenen angereichert, die vorher inkommensurabel erschienen.

Ein dritter Faktor vereinigt Items zu einer Strategie, die eher den privaten Bereich der Lebenswelt von Jugendlichen erfassen. Dieser enthält ebenso Zugänge 2. Ordnung, direkt-kommunikative, und 3. Ordnung, indirekt-kommunikative. Direkt-kommunikatives Vorgehen ermöglicht Lehrkräften Zugänge in die private Lebenswelt. Dies geschieht durch das Erfragen bestehender Freundschaften in der Schulklasse ($M = 2{,}85$), das Besprechen privater Anliegen im Unterricht ($M = 2{,}61$) sowie das Thematisieren aktueller Problemlagen von Schüler*innen vor Unterrichtsbeginn ($M = 2{,}65$). Diese Ansätze finden im Unterricht allerdings eher seltener statt, wohl auch, weil dadurch Unterrichtszeit aufgewendet werden muss, welche dann nicht für die curricularen Unterrichtsinhalte genutzt werden kann. Zu konstatieren ist jedoch ebenso, dass die getätigten Schüler*innenaussagen die Lehrer*innen zu intensiver Beschäftigung mit diesen anregen ($M = 2{,}12$). Es lässt sich leider nicht genauer klären, was konkret denn einen Nachhall bei den Lehrkräften erzeugt und ob dieser eher positiv oder negativ konnotiert ist.

Die direkt-kommunikativ gewonnenen Einblicke werden dann teilweise durch indirekt-kommunikativ gewonnene Informationen ergänzt, wenn also bspw. mit anderen Personen über eine*n Schüler*in gesprochen wird. Dies kann in Zusammenarbeit mit Sozialarbeiter*innen ($M = 2{,}68$) oder im Austausch mit den Eltern ($M = 3{,}07$) geschehen. So gut wie nie werden Schüler*innen privat im eigenen Zuhause aufgesucht ($M = 3{,}89$).

Faktor 4 rekurriert auf die Lebenswelt der Lehrkräfte als Konstruktionshintergrund für die Lebenswelt anderer. Vor dem Hintergrund der eigenen Erfahrungen werden Erzählungen oder Beobachtungen anderer Personen gedeutet und interpretiert. Manches kann an der eigenen Lebenswelt andocken, anderes verbleibt zunächst inkommensurabel (vgl. Kremer & Sloane, 2014, S. 2), wirkt irritierend und unverständlich. So oder so erfolgt eine Einordnung, ob bewusst oder unbewusst ist dabei zunächst nicht von Bedeutung, in die und ein Abgleich mit der eigenen Lebenswelt. Dieser Faktor verdeutlicht ein Vorgehen, das zunächst den Lehrkräften dienen kann, die Lebenswelt ihrer Schüler*innen zu erschließen. Dies funktioniert aber auch umgekehrt, so bspw., wenn Lehrkräfte aus ihrer eigenen Lebenswelt berichten ($M = 2{,}29$) oder Erfahrungen teilen, welche Begründungen für ihre Sichtweise ($M = 2{,}08$) liefern. Derartige Beiträge stellen eine, teilweise von der gewohnten Lebenswelt der Schüler*innen abweichende, Lebensweltkonstruktion dar, welche zunächst als eine alternative Sichtweise im Raum steht. Die Lehrkraft lässt an ihrer eigenen Lebenswelt teilhaben, bietet also eine Konstruktion 1. Ordnung dar, welche von den Schüler*innen nachvollzogen werden und in Abgleich mit den eigenen Konstruktionen gebracht werden kann. Auf diese Weise können auch Erzählungen der Schüler*innen evoziert werden, wenn diese angeregt durch die Erzählungen der Lehrkraft ebenso Berichte aus ihrer Lebenswelt preisgeben, welche Lehrkräfte mit ihren eigenen Erfahrungen ($M = 2{,}02$), bspw. als Elternteil ($M = 2{,}23$) oder aus ihrer eigenen Jugend ($M = 2{,}00$), abgleichen. Dieser Faktor verdeutlicht nochmals, dass ein Verstehen anderer Lebenswelten zunächst in den Grenzen der eigenen Lebenswelt stattfindet. In einem reflexiven Prozess versuchen die Lehrkräfte, Deutungsmuster und -variationen für die Lebenswelten ihrer Schüler*innen in ihrer eigenen Lebenswelt zu finden. Dabei ist es dienlich, sich der eigenen Lebenswelt und der eigenen Sozialisation in einem reflexiven Prozess bewusst zu werden. Eine stärkere Beschäftigung mit den eigenen Deutungsmechanismen könnte ein breiteres Verständnis für die Lebenswelthorizonte der Jugendlichen begünstigen.

Faktor 5 fokussiert die betriebliche Lebenswelt der Schüler*innen, welche mit Aufnahme einer beruflichen Ausbildung einen großen Stellenwert in ihrer Lebenswirklichkeit einnimmt. In Verbindung mit einer Vorstellungsrunde ($M = 1{,}31$), welche angesichts des Mittelwerts als eine Standardprozedur bei der Übernahme einer neuen Schulklasse angesehen werden kann, werden die Schüler*innen aufgefordert, aus ihrem betrieblichen Alltag zu berichten. Zum Teil kommt es zum Abgleich der Erzählungen, indem die Lehrenden Schüler*innen in Ausbildungsbetrieben besuchen ($M = 2{,}83$) oder mit der/dem betriebliche/n Ausbilder*in sprechen ($M = 2{,}41$). Erneut kommen Ansätze zur Konstruktion der 2. und 3. Ordnung, diesmal mit Bezug auf den Ausbildungsbetrieb, zum Einsatz. Erzählungen der Schüler*innen werden mit Beobachtungen und Gesprächen in den Betrieben zu einem holistischen Bild vervollständigt.

Der letzte Faktor fasst Strategien zur Recherche von Informationen allgemeiner Art zusammen. Aktuelle Literatur zum Umgang mit Heterogenität ($M = 2{,}53$) sowie Informationen aus den aktuellen Medien ($M = 2{,}53$) werden dazu genutzt. Sicherlich stellt die individuelle Weiterbildung mittels aktueller Literatur einen Weg der weiteren Qualifikation, auch im Kontext des lebenslangen Lernens, dar, welcher von Lehrkräften genutzt werden sollte.

Ein letzter Bereich der Strategien zum Erschließen wurde zum Verschieben des Erschließens (Prokrastination) aufgrund fehlender Qualifikation bzw. Funktion erfasst. Da hier nur drei Items erfasst wurden, ist diese Frage nicht für eine Faktorenanalyse geeignet. Die Häufigkeitsverteilung stellt sich für die drei Items folgendermaßen dar:

Tabelle 16: Häufigkeitsverteilung Verschieben des Erschließens

	Wie sehr stimmen Sie den folgenden Aussagen zu?			
	stimme zu	stimme eher zu	stimme eher nicht zu	stimme nicht zu
Ich brauche erst eine Zusatzqualifikation, um das Handeln von Schüler*innen mit Benachteiligungen/Behinderungen besser verstehen zu können.	21,10%	37,00%	30,20%	11,80%
Ich möchte erst Beratungslehrer*in werden.	2,50%	8,50%	26,90%	62,10%
Ich muss mich zuerst weiter qualifizieren, um das Verhalten meiner Schüler*innen zu deuten.	8,90%	26,70%	38,80%	25,50%

Am häufigsten benennen die befragten Lehrkräfte dabei, dass sie zunächst eine Zusatzqualifikation benötigen, um das Handeln von Schüler*innen mit Behinderungen/Benachteiligungen verstehen zu können (58,1% Zustimmung). Um das Verhalten der Schüler*innen deuten zu können, werden eher keine Zusatzqualifikationen benötigt. Lediglich ein Drittel der Lehrkräfte stimmt hier zu oder eher zu. Auch eine

Funktion als Beratungslehrer*in wird von 89 % der Lehrkräfte als nicht bzw. eher nicht als notwendige Voraussetzung angesehen, um andere Lebenswelten verstehen zu können. Dies zeigt, dass die Lehrkräfte vornehmlich Qualifikationen und Informationen zum Thema Behinderung und Benachteiligung benötigen. Verhaltensdeutungen sind ihnen unabhängig von Behinderungen oder Benachteiligungen der Schüler*innen überwiegend gut möglich und die Übernahme von speziellen funktionalen Rollen erscheint ihnen für den eigentlichen Prozess des Verstehens fremder bzw. anderer Lebenswelten unnötig. Dies bestätigt auch die Befunde aus den Interviews, in denen immer wieder darüber berichtet wurde, dass Hintergrundwissen über Aspekte einer Behinderung oder Benachteiligung zu Erleichterungen beim Erschließen und Verstehen der Lebenswelten der betreffenden Schüler*innen geführt haben (bspw. auf das Wesentliche reduzierte Kommunikation bei Gehörlosigkeit, Schriftgrößen bei Sehbehinderungen etc., vgl. u. a. Kapitel 4: Entwicklung von Verständnis).

5.2 Strategien zum Erzeugen von Situationen durch die Lehrkraft

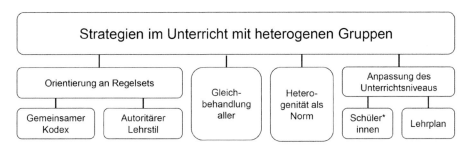

Abbildung 19: Strategien im Unterricht mit heterogenen Gruppen

Nimmt man genauer in den Blick, welche Ansätze im Umgang mit heterogenen Gruppen von den befragten Lehrer*innen zu Unterrichtsstrategien verbunden und häufig genutzt werden, lassen diese sich in sechs Bereiche einteilen. So beziehen sie sich im Umgang mit heterogenen Gruppen zumeist auf zwei unterschiedliche Formen von Regelsets, sehen sich selbst als Fixpunkt, leben Heterogenität als Norm vor oder passen das Unterrichtsniveau an zwei unterschiedlichen Kriterien an.

Tabelle 17: Faktorenanalyse Unterrichtsstrategien zum Erzeugen von Situationen

	Komponente						Mittelwerte
	1	2	3	4	5	6	
… lege ich meinem Unterricht einen eigenen Verhaltenskodex zugrunde, den ich in jeder Schulklasse etabliere.		.686					2,09
… setze ich bewusst Unterrichtszeit dafür ein, in Gesprächen Klassenkonflikte zu lösen.	.552	.369					2,19
… muss ich persönlich die Schüler*innen daran erinnern, sich an die Verhaltensregeln zu halten.		.722					2,16
… erarbeite ich gemeinsam mit meinen Schüler*innen einen Verhaltenskodex.	.645	.409					2,33
… ermahnen sich die Schüler*innen untereinander von selbst, die Verhaltensregeln einzuhalten.	.701						2,32
… achte ich ganz bewusst auf deutliche Aussprache im Unterrichtsgespräch.	.304	.519					1,90
… nutze ich Unterrichtszeit, um eine gute Grundstimmung in der Klasse zu schaffen.	.466			.332			1,80
… passe ich meinen Unterricht an das durchschnittliche Niveau der Klasse an.			.842				1,96
… passe ich meinen Unterricht an die schwächsten Schüler*innen der Klasse an.			.782				2,92
… passe ich das Unterrichtsniveau den Anforderungen des Lehrplans an.					.820		1,93
… passe ich meinen Unterricht an das individuelle Leistungsvermögen aller Schüler*innen an.	.566				-.350		2,42
… löse ich Krisensituationen im Klassengefüge selbst.		.426		.342	.477		2,23
… werden Krisensituationen von der Klassengemeinschaft gelöst.	.604						2,40
… erläutere ich die Gründe für eine unterschiedliche Behandlung von Schüler*innen mit Benachteiligungen vor der gesamten Klasse.				-.317	.582		2,63
… verzichte ich bewusst auf eine Bevor- oder Benachteiligung von Schüler*innen.				.763			1,84
… lebe ich den Schüler*innen einen respektvollen Umgang mit den anderen vor.				.620			1,22
… berichte ich von Erfahrungen aus meiner eigenen Biografie, um den Schüler*innen Sachverhalte zu verdeutlichen.						.714	2,00

Orientierung an Regelsets – gemeinsamer Kodex

Die Zuhilfenahme von Regelsets soll den Schüler*innen als Verhaltensorientierung im Unterricht dienen. Dies erfolgt aus zwei Perspektiven, die der Lehrkraft auf die Gruppe und die der Lehrkraft auf sich selbst, was wiederum zu unterschiedlichen Effekten führt. Nutzen Lehrer*innen die Strategie mit dem Fokus auf die Gruppe (Faktor 1), wird ein solcher Orientierungsrahmen bspw. in Form eines Klassenkodexes partizipativ in der Klasse mit den Schüler*innen erarbeitet ($M = 2{,}33$), wodurch dieser für alle nachvollziehbar wird. Ein Teil der Verantwortung für das Erzeugen von Situationen, in denen Lebenswelten erkannt werden können, wird somit den Schüler*innen übertragen. Die Lehrer*innen lassen in Verbindung dazu auch Krisen- und Konfliktsituationen von der Klassengemeinschaft lösen und räumen diesen Prozessen bewusst Unterrichtszeit ein ($M = 2{,}19$). Wie bereits in der Auswertung der qualitativen Studie angenommen, bemerken die Lehrkräfte, sobald sie diese Strategie nutzten, auch, dass der Impuls zur Kontrolle der Einhaltung des gemeinschaftlichen Regelwerks von den Schüler*innen selbst ausgeht ($M = 2{,}32$). Auch entspricht es dem partizipativ-individuellem Charakter dieser Variante, dass Lehrer*innen, die diese anwenden, häufig ihren Unterricht ans individuelle Leistungsvermögen der Schüler*innen anpassen. Sobald also die Schüler*innen an der Erstellung eines Regelsets zur Rahmung des Miteinanders beteiligt werden und dafür Raum bzw. Zeit gegeben wird, bemerken die Lehrkräfte auch, dass die Klasse Situationen des Nicht-Verstehens miteinander löst. Diese Strategie des gemeinsamen Kodexes hat somit zur Folge, dass Schüler*innen sich zwangsläufig mit ihren eigenen lebensweltlichen Grenzen sowie denen der anderen im Unterricht auseinandersetzen müssen und hierbei Situationen zum Lebensweltaustausch entstehen können.

Orientierung an Regelsets – autoritärer Lehrstil

Eine zweite Strategie im Rahmen der Orientierung an Regelsets, die auch häufig von Lehrkräften genutzt wird, steht im Kontrast dazu und verdeutlicht einen autoritäreren Lehrstil (Faktor 2). So geben die Lehrkräfte an, ihrem Unterricht häufig einen eigenen Verhaltenskodex zugrunde zu legen ($M = 2{,}09$) und stellen dabei gleichzeitig fest, folglich auch selbst für die Einhaltung sorgen zu müssen ($M = 2{,}16$). Indem den Schüler*innen die Mitwirkung verwehrt wird, ist anzunehmen, dass auch das Interesse an einer positiven Umsetzung gering ist. Werden Regelüberschreitungen seltener von den Mitschüler*innen sanktioniert, müssen Lehrer*innen sich verstärkt um die Einhaltung bemühen. Kommen Schüler*innen in Unterrichtssituationen an ihre Grenzen oder entdecken diese bei anderen, geht der Blick zur Lehrkraft, der es dann überlassen wird, darauf entsprechend zu reagieren. Der Prozess des gegenseitigen Verstehens der anderen Lebenswelt hängt demnach umso mehr am Handeln der Lehrer*innen. Die hohe Lehrer*innenzentrierung im Unterricht zeigt sich auch darin, dass Lehrer*innen, die diese Variante nutzen, zugleich bewusst auf die eigene Aussprache achten ($M = 1{,}90$) und damit ihrem Handeln als Vorbild eine herausgehobene Bedeutung einräumen.

Gleichbehandlung aller

Eine dritte Strategie, mit heterogenen Gruppen umzugehen, setzt in ähnlicher Weise die Lehrperson in das Zentrum des Unterrichtsgeschehens (Faktor 4). So schreiben sich die befragten Lehrer*innen zu, einen respektvollen Umgang mit anderen zu praktizieren ($M = 1{,}22$) und auf jegliche Bevor- oder Benachteiligung zu verzichten ($M = 1{,}84$). Die Strategie dahinter ist sowohl ein Bekenntnis zu einer Vorstellung von Inklusion, mit der Prämisse der Gleichbehandlung aller, als auch eine Form des Laissez-faire-Gedankens. Davon auszugehen, bereits stets alle mitzudenken und gerecht zu agieren, lässt die Notwendigkeit der kritischen Reflexion des eigenen Handelns obsolet erscheinen und setzt ein Verständnis aller Lebenswelten voraus.

Heterogenität als Norm

Eine gänzlich andere Form, sich der eigenen Vorbildwirkung bewusst zu sein, nutzen Lehrkräfte, wenn sie die Heterogenität und damit die Unterschiedlichkeit aller in den Fokus rücken (Faktor 5). Mittels dieser Strategie leben die Lehrer*innen das erwünschte Verhalten den Schüler*innen konkret vor. Anhand der quantitativen Daten zeigt sich, dass die Lehrkräfte bemüht sind, ganz bewusst eine Bevor- oder Benachteiligung vor der Klasse zu erläutern und ihr Handeln im Hinblick auf die Heterogenität der Gruppe transparent darzulegen ($M = 2{,}63$). Wird diese Heterogenität von der Lehrkraft thematisiert, ist es für die Schüler*innen nicht länger nur eine abstrakte Bezeichnung für das Nicht-Verstehen untereinander. Um diesen Effekt zu verstärken, nimmt die Lehrkraft auch bewusst Bezug auf die eigene Biografie ($M = 2{,}00$) und wählt zur verständlichen Darstellung von Sachverhalten den wahrscheinlich größtmöglichen Kontrast zu den unterschiedlichen Lebenswelten der Schüler*innen. Indem die Lehrkraft Krisensituationen im Klassenverband selbst zu lösen versucht ($M = 2{,}23$), zeigen sich den Schüler*innen Möglichkeiten auf, auch untereinander adäquat mit Heterogenität umgehen zu können. Zugleich eröffnen sich damit Zugänge, um sich mit den Lebenswelten der anderen auseinanderzusetzen.

Anpassung des Unterrichtsniveaus – Schüler*innen

In den letzten beiden der eingangs benannten sechs Strategien stellt sich heraus, dass Lehrer*innen auch anhand der Adaption des Unterrichtsniveaus einen passenden Umgang mit heterogenen Gruppen anstreben. Anhand der Ergebnisse der quantitativen Studie wird deutlich, dass sich die Lehrer*innen am Leistungsniveau der Schüler*innen der heterogen zusammengesetzten Klasse orientieren (Faktor 3). Wie auch in den qualitativen Interviews zeigt sich, dass die befragten Lehrer*innen das Unterrichtsniveau sowohl am mittleren ($M = 1{,}96$) als auch am unteren Bereich ($M = 2{,}92$) ausrichten. Dabei scheint die Strategie, sich am Durchschnitt zu orientieren, häufiger vorherrschend zu sein. Die Orientierung an den Schwächsten des Klassenbandes findet hingegen etwas seltener statt.

Anpassung des Unterrichtsniveaus – Lehrplan

In der zweiten Strategie hinsichtlich der Anpassung des Unterrichtsniveaus nutzen die Lehrer*innen häufig auch die Strategie, die Justierung des Unterrichtsniveaus nicht an den vorherrschenden Fähigkeiten der Individuen zu orientieren, sondern wesentlich technokratischer den Lehrplan ($M = 1{,}93$) als Maßgabe zu setzen (Faktor 6). Indem das Unterrichtsniveau den Anforderungen des Lehrplans unterworfen wird, kann die Verantwortung für das Nicht-Gelingen des Lernens in heterogenen Gruppen gänzlich auf eine formale Ebene externalisiert werden.

5.3 Strategien zur Steuerung der Gruppen- und Zusammenarbeit

Zur Steuerung der Gruppen- und Zusammenarbeit der Schüler*innen untereinander im Unterricht mit heterogenen Gruppen sind anhand der Auswertung der quantitativen Onlinebefragung von Berufsschullehrkräften Strategien bezüglich der Klassenatmosphäre, der Thematisierung von Heterogenität und etwaigen Zugeständnissen auszumachen:

Abbildung 20: Strategien zur Steuerung der Gruppen- und Zusammenarbeit in heterogenen Gruppen

Tabelle 18: Faktorenanalyse Strategien zur Steuerung der Gruppen- und Zusammenarbeit

	Komponente			Mittelwerte
	1	2	3	
Bei Gruppenarbeiten weise ich die Schüler*innen den Gruppen zu, sodass es zu Wechseln in den Arbeitsgruppen kommt.		,578		2,15
Im Unterricht fordere ich die Schüler*innen auf, sich gegenseitig zu unterstützen.	,487	,502		1,57
In meinen Schulklassen setze ich Schüler*innen mit Lernbeeinträchtigungen bewusst neben die besten Schüler*innen der Klasse.		,698		2,59
Ich habe Beeinträchtigungsmerkmale meiner Schüler*innen bereits als Unterrichtsinhalt mit der ganzen Klasse besprochen, um eine besseres Verständnis zu erreichen.			,57	2,88
Ich verwende alltagsweltliche Beispiele aus dem Leben meiner Schüler*innen, um Unterrichtsinhalte verständlicher zu machen.	,617			1,66
An Gruppenarbeiten müssen bei mir alle Schüler*innen teilnehmen.			-,772	1,5

(Fortsetzung Tabelle 18)

	Komponente			Mittel-werte
	1	2	3	
Ich lasse Schüler*innen, die nicht mit anderen zusammenarbeiten möchten, Gruppenaufgaben auch allein lösen.			,794	3,05
Ich versuche, unter den Schüler*innen eine Klassenatmosphäre zu schaffen, die es den Schüler*innen erleichtert, sich zu öffnen.	,733			1,51
Im offenen Unterrichtsgespräch achte ich darauf, dass auch ruhigere Schüler*innen am Unterricht teilhaben.	,421	,466		1,66
Im offenen Unterrichtsgespräch gestatte ich ruhigeren Schüler*innen, sich zurückzuziehen.	,326		,546	2,5
Meine Schüler*innen tauschen ihre Lebenswelten von allein aus.	,63			2,04

Einfluss auf die Klassenatmosphäre

Verfolgen Lehrkräfte die Strategie, mittels der bewussten Beeinflussung der Klassenatmosphäre die Zusammenarbeit der Schüler*innen untereinander zu befördern, bedienen sie sich häufig des bereits in der qualitativen Auswertung beschriebenen Ansatzes der *Bezugnahme auf die Lebenswelt*. Um eine Atmosphäre in der Klasse herzustellen, die es allen Beteiligten erleichtern soll, sich gegenüber den anderen zu öffnen ($M = 1{,}51$), nehmen die Lehrkräfte also ganz bewusst Bezug auf die Lebenswelten der Schüler*innen ($M = 1{,}66$), indem sie Lerninhalte anhand alltagsweltlicher Beispiele aus dem Leben ihrer Schüler*innen verdeutlichen. Neben einer verständlicheren Vermittlung des Lernstoffes, so unsere Annahme aus der qualitativen Empirie, zeigen die Lehrkräfte den Schüler*innen auch, dass die Offenlegung von Lebenswelten für den Unterrichtsverlauf bedeutsam sein kann und wertgeschätzt wird. In den quantitativen Daten zeigt sich nun, dass, sobald die Lehrkräfte angaben, die Strategie des Einwirkens auf die Klassenatmosphäre zu nutzen, sie auch feststellen konnten, dass ihre Schüler*innen ihre Lebenswelten bereits überwiegend von allein austauschen ($M = 2{,}04$). Dies lässt darauf schließen, dass die Lehrer*innen den Einsatz der Strategie zur Schaffung einer förderlichen Atmosphäre bereits als erfolgreich einschätzen, die Schüler*innen die Bezugnahme auf die Lebenswelt seitens der Lehrkräfte tatsächlich wertschätzen können und sich dies förderlich auf die Klassenatmosphäre zur Offenlegung von Lebenswelten auswirkt.

Thematisierung von Heterogenität

Des Weiteren kann die Steuerung von Gruppenprozessen anhand der Strategie einer offensiven Thematisierung von Heterogenität im Klassenverband stattfinden. Wird diese Strategie gewählt, nutzen Lehrer*innen erneut Ansätze der *Bezugnahme auf die Lebenswelt*, gehen aber eher selten explizit und offen vor der Gruppe auf die konkreten Beeinträchtigungsmerkmale einzelner Schüler*innen ein. Auch werden die Beeinträchtigungsmerkmale kaum als Unterrichtsinhalt vor allen thematisiert ($M = 2{,}88$)

und demnach findet der Ansatz, die *Lebenswelt von Schüler*innen als Anschauungsbeispiel* zu nutzen, kaum Anwendung. Die Bezugnahme erfolgt vielmehr als *didaktische Facette des Lebensweltaustauschs* bei der Zusammenstellung von Gruppen im Unterricht. Stellte sich in den Interviews zuvor heraus, dass Lehrer*innen ohne signifikante Tendenz ihre Lern- und Arbeitsgruppen sowohl bewusst als auch unbewusst zusammenstellen, so setzen sie in dieser Strategie eindeutig auf eine bewusste Zuteilung der Schüler*innen ($M = 2{,}15$). Dadurch kommt es zu einem steten Wechsel der konfrontierten Lebenswelten in dem Ansinnen, auf diesem Weg den Schüler*innen die Heterogenität in der Klasse offenbar werden zu lassen. Der implizite Charakter dieser Strategie verdeutlicht sich umso mehr beim Blick auf einen weiteren Ansatz. So werden nur selten ganz konkret Schüler*innen mit Lernbeeinträchtigung neben leistungsstarken platziert ($M = 2{,}59$). Vielmehr fordern die Lehrkräfte alle Schüler*innen in der Klasse auf, sich gegenseitig im Unterrichtsgeschehen zu unterstützen ($M = 1{,}57$). In der Auswertung zeigt sich demnach, dass Lehrkräfte, die diese Strategie verfolgen, selten selbst die Unterschiedlichkeit der Schüler*innen explizit vor der Gruppe thematisieren. Sie vermeiden es, eine zentrale Rolle in der Vermittlung von Benachteiligungen einzunehmen und setzen auf Gruppenprozesse im Erleben der Lebenswelten der Schüler*innen untereinander. Mögliche Gründe dafür finden sich an anderer Stelle der Onlinebefragung. Um Gespräche über unterschiedlichste Beeinträchtigungsmerkmale selbstsicher anzuleiten, ist es von Vorteil, sich ein Grundwissen über eben diese angeeignet zu haben. Mit Blick auf die Frage, anhand welcher Dokumente Lehrkräfte sich über die Lebenswelt ihrer Schüler*innen informieren (Faktorenanalyse *Varianten des Erschließens von Lebenswelten*, Faktor 1), wird deutlich, dass eine Vielzahl von ihnen neben den Schulzeugnissen, Lebensläufen, Ausbildungsverträgen oder Schülerakten kaum zusätzliche Informationen 3. Ordnung beziehen. Mangelt es an Wissen über die Lebensrealitäten der Schüler*innen mit Beeinträchtigungen oder etwaiger Behinderungen im Allgemeinen, werden Lehrkräfte wohl dazu tendieren, die Thematisierung von Beeinträchtigungen den Schüler*innen selbst zu überlassen bzw. Situationen zu erzeugen, in denen sich die Schüler*innen implizit, also selbst ihrer Unterschiedlichkeit bewusst werden sollen.

Umgang mit Zugeständnissen

In Bezug auf die Gewährung von Zugeständnissen als Strategie zur Steuerung von Gruppen- und Zusammenarbeit der Schüler*innen im Unterricht zeigt sich, dass Lehrkräfte nur selten dazu bereit sind und häufig eine Teilnahme aller Schüler*innen voraussetzen ($M = 1{,}50$). Dabei wird Schüler*innen, die in der Konstellation nicht mit anderen zusammenarbeiten können, nur selten die Möglichkeit gegeben, Gruppenaufgaben selbstständig zu lösen ($M = 3{,}05$). Auch außerhalb der Gruppenarbeitsphasen findet der Ansatz, einigen Schüler*innen aufgrund persönlicher Eigenschaften Zugeständnisse zu machen bzw. sie in ihrer Kommunikation zu unterstützen, kaum Anwendung. So geben die Lehrkräfte an, im offenen Unterrichtsgespräch ruhigeren Schüler*innen nur selten die Möglichkeit zu geben, sich zurückzuziehen ($M = 2{,}50$). Anhand der quantitativen Daten wird deutlich, dass die Strategie, den Schüler*innen in heterogenen Klassen Zugeständnisse zu gewähren, von Lehrkräften berufsbildender Schulen kaum angewandt wird. Mit Blick auf die weitere Auswertung der Onlinebefragung zeigt sich zudem, dass die befragten Lehrer*innen nach eigener Einschätzung bewusst auf die Bevorteilung von Schüler*innen verzichten (Frage 8, Faktor 4). Damit bestätigen sich die Annahmen zum *Unterrichtsansatz zur Unterstützung der Kommunikation der Schüler*innen* aus der Auswertung der qualitativen Interviewstudie, dass den Lehrkräften zwar unterschiedliche Möglichkeiten der individuellen Unterstützungsleistung in heterogenen Klassen bekannt sind, sie diese allerdings mit der Begründung, keine Unterschiede machen zu wollen, ganz bewusst nur selten anwenden.

5.4 Strategien zur Initiierung von Perspektivwechseln

Hinsichtlich der Initiierung von Perspektivwechseln bei den Schüler*innen durch die Lehrkraft werden zwei Strategien mit unterschiedlichem Fokus gewählt.

Abbildung 21: Strategien zur Initiierung von Perspektivwechseln

Tabelle 19: Faktorenanalyse Strategien zur Initiierung von Perspektivwechseln

	Komponente		Mittelwerte
	1	2	
Ich fordere meine Schüler*innen explizit auf, sich in die Situation einer anderen Person hineinzuversetzen.	.401	.536	2,00
Ich berichte den Schüler*innen aus meiner eigenen Lebenswelt.		.899	2,24
Ich spreche mit den Schüler*innen über das Thema Flucht.	.671		2,79
Ich spreche mit den Schüler*innen über das Thema Verhalten.	.590		1,91
Ich spreche mit den Schüler*innen über das Thema Behinderung.	.820		2,68
Ich spreche mit den Schüler*innen über das Thema Benachteiligung.	.852		2,47
Ich spreche mit den Schüler*innen über das Thema (eigene) Kindheit.	.581	.531	2,71
Ich spreche mit den Schüler*innen über das Thema Sozialisation.	.737	.333	2,45
Ich spreche mit den Schüler*innen über religiöse Feste.	.630		2,68

Fokus auf Themenfelder

Zunächst besprechen die Lehrkräfte bevorzugt die Themenfelder Verhalten ($M = 1{,}91$), Benachteiligung ($M = 2{,}48$) und Sozialisation ($M = 2{,}45$). Die Kommunikation zwischen der Lehrkraft und den Schüler*innen in diesen Themenfeldern soll dann Situationen erzeugen, in denen andere Perspektiven eingenommen werden können. Behinderungen ($M = 2{,}68$), die (eigene) Kindheit ($M = 2{,}71$) und religiöse Feste ($M = 2{,}68$) werden hingegen seltener als Rahmung von Perspektivwechseln genutzt. Scheinbar werden also beim Initiieren des Perspektivwechsels der Schüler*innen eher globale Themen angesprochen, bei denen davon ausgegangen werden kann, dass sie sowohl die Lebenswelt der Lehrkraft als auch die der Schüler*innen tangieren. Jede*r hat sich schon einmal unpassend verhalten, Benachteiligung in unterschiedlichster Form erlebt und wurde auf unterschiedlichste Weise sozialisiert. Die Themen einer konkreten Behinderung, das Begehen religiöser Feste, sprich die Zugehörigkeit zu einer Glaubensrichtung und die Erfahrungen der eigenen Kindheit erfordern hingegen einen tieferen Blick in die Lebenswelt bzw. lassen diesen zu. Es bedarf wesentlich vertrauensvollerer Situationen und einer höheren Bereitschaft, sowohl seitens der Lehrkräfte als auch der Schüler*innen, in diesen Themenfeldern den Zugriff auf die Lebenswelt zuzulassen und neue Perspektiven einzunehmen.

Fokus auf persönliche Ansprache

Eine Strategie mit einem weniger themenorientierten, vielmehr persönlichen Fokus wählen die Lehrkräfte, indem sie ihre Schüler*innen explizit auffordern, sich in die Situation anderer hineinzuversetzen ($M = 2{,}00$). Dabei berichten Lehrkräfte auch aus ihrer eigenen Lebenswelt, seltener aber über das Thema (eigene) Kindheit ($M = 2{,}24$). Die Situationen, in denen Schüler*innen einen Perspektivwechsel vollziehen sollen, werden also nicht über Gespräche in bestimmten Themenfeldern, sondern mithilfe einer konkreten Aufforderung durch die Lehrkraft herbeigeführt. Auch hier wird, wie schon beim themenorientierten Fokus zuvor die Kommunikation über (eigene) Kindheitserfahrungen, die einen tiefen Einblick in die eigene Lebenswelt erfordern, tendenziell gemieden.

Ein bedeutender Unterschied beider Fokusse zeigt sich letztlich auch darin, welcher Handlungsspielraum den Schüler*innen, ob und inwieweit andere Perspektiven eingenommen werden, übertragen wird. Eine kommunikative Auseinandersetzung mit unterschiedlichen Themen im Unterricht bietet den Schüler*innen die Möglichkeit, ebenso unterschiedliche Perspektiven einzunehmen. Jedoch erfolgt durch die Lehrkraft keine konkrete Aufforderung. Demnach ist es den Schüler*innen möglich, an Gesprächen teilzuhaben, sich aber einer Perspektivübernahme zu verweigern, ohne dabei gegen die Anweisung der Lehrkraft zu handeln. Anders verhält es sich mit der Strategie der persönlichen Aufforderung, in welcher der Handlungsspielraum der Schüler*innen, eine andere Perspektive einzunehmen oder nicht, wesentlich geringer ist. Eine Verweigerung der Perspektivübernahme wäre auch Verstoß gegen die Anweisung der Lehrkraft.

5.5 Strategien des argumentativen Einwirkens auf die Lebenswelt der Schüler*innen

Wie den quantitativ erhobenen Daten zu entnehmen ist, versuchen Lehrkräfte anhand drei unterschiedlicher Strategien, argumentativ auf ihre Schüler*innen und deren Lebenswelten einzuwirken. Dabei differiert neben der inhaltlichen Fokussierung auch die kommunikative Umsetzung.

Abbildung 22: Strategien des argumentativen Einwirkens auf die Lebenswelt der Schüler*innen

Tabelle 20: Faktorenanalyse Strategien des argumentativen Einwirkens

	Komponente			Mittelwerte
	1	2	3	
Ich versuche, in Einzelgesprächen auf die Lebenswelten meiner Schüler*innen einzuwirken.		.807		2,14
Ich appelliere an die Klasse, um auf die Lebenswelten meiner Schüler*innen einzuwirken.		.753		2,59
Ich arbeite im Unterricht mit rhetorischen Fragen, um Veränderungen im Denken über andere zu initiieren.	.476			2,47
Ich fordere meine Schüler*innen zu Perspektivübernahmen auf.	.764			2,12
Ich verdeutliche meinen Schüler*innen andere (fremde) Lebenswelten.	.810			2,3
Ich verdeutliche meinen Schüler*innen andere Lebenswelten anhand aktueller Ereignisse in der Welt (Katastrophen etc.).	.782			2,24
Ich zeige meinen Schüler*innen mögliche Handlungsoptionen in Krisensituationen auf.	.767			2,59
Ich offenbare meine eigene Lebenswelt, um den Schüler*innen mein Vertrauen zu zeigen.		.331	.719	2,34
Ich beachte beim Offenbaren meiner eigenen Lebenswelt meine eigenen Grenzen.			.838	1,77

Fokussierung auf die Lebenswelt der anderen

Die erste Strategie zielt darauf ab, den Schüler*innen unbekannte Lebenswelten außerhalb des Klassengefüges zugängig zu machen, mit der Annahme, dass der Prozess des Erkennens und Verstehens somit auch unter den Schüler*innen einsetzt. Hierfür konfrontiert die Lehrkraft die Schüler*innen mit aktuellen globalen Ereignissen ($M = 2{,}24$) (Katastrophen usw.), setzt das Geschehen in Verbindung mit unbekannten Lebenswelten und versucht, diese für die Schüler*innen zu verdeutlichen, sprich zu „übersetzen" ($M = 2{,}30$). Der Impuls zur daraufhin einsetzenden Perspektivübernahme der Schüler*innen mit den verdeutlichten Lebenswelten kommt von der Lehrkraft, indem konkret dazu aufgefordert wird ($M = 2{,}12$). Ebenso werden Handlungsoptionen in Krisensituationen nicht von den Schüler*innen selbst oder im kommunikativen Austausch im Klassenverband entwickelt, sondern von der Lehrkraft aufgezeigt ($M = 2{,}59$). Damit verbleibt die Handlungsverantwortung stets bei der Lehrkraft, die wiederum die Kommunikation einseitig von oben an- bzw. verweisend lenkt. Somit werden die Schüler*innen zwar mit bislang unbekannten Lebenswelten konfrontiert, jedoch durchlaufen sie den Prozess des Erkennens und Verstehens dieser Lebenswelten nur bedingt selbstständig. Dass diese Strategie der Lehrkräfte also nahezu ohne Rückmeldung oder aktive Beteiligung der Schüler*innen auskommt, zeigt sich zuletzt auch darin, dass zur Initiierung von Veränderungen im Denken über andere Lebenswelten häufig rhetorische Fragen genutzt werden ($M = 2{,}47$). Zentral ist demnach die Annahme, dass das Gelingen des Erkennens- und Verstehensprozesses von Lebenswelten bei den Schüler*innen vorrangig vom Handeln der Lehrkraft abhängt. In Reflexion dieser Strategie besteht für Lehrkräfte die Gefahr, das Scheitern des Erkennens- und Verstehensprozesses zu stark auf das eigene Handeln zu beziehen oder aber den Schüler*innen im Nachhinein mehr Verantwortung zuzuschreiben, als ihnen im Prozess zugestanden wurde. Beides birgt die Gefahr einsetzender Resignation von Lehrkräften im Unterricht mit heterogenen Gruppen, wie mitunter in den Interviews der qualitativen Studie vorzufinden war.

Fokussierung auf die Lebenswelt der Lehrkraft

Die zweite Strategie lenkt den Fokus auf die Lebenswelt der Lehrkraft und damit zurück in das Klassengefüge. Auch hier dominiert die Lehrkraft in einer vertikalen Form die Klassenkommunikation und stellt die eigene Lebenswelt als Orientierungspunkt zur Verfügung. Die Intention der Lehrkräfte, ihre eigene Lebenswelt zu offenbaren ($M = 2{,}34$), ist die Schaffung einer Atmosphäre, die es den Schüler*innen ebenso erleichtert, ihre Lebenswelt den Mitschüler*innen und der Lehrkraft offenzulegen. Da das Entgegenbringen von Vertrauen von der Lehrkraft selbst gewählt sowie zielgerichtet ist und anders als bei den Schüler*innen keiner externen Aufforderung folgt, behält sie im Prozess des Offenbarens stets die Kontrolle über die Einhaltung ihrer eigenen Grenzen. Die Lehrkraft agiert hierbei im Gegensatz zur ersten Strategie wesentlich impliziter, geht zunächst in Vorleistung und verbindet das Ziel der Perspektivübernahme bzw. der Lebensweltöffnung der Schüler*innen nicht mit einer konkreten Aufforderung an die Klasse. Eine zentrale Voraussetzung für die Anwendung dieser Strategie im Unterricht ist letztlich, dass die Lehrkraft bereits um die eigenen lebensweltlichen Grenzen weiß ($M = 1{,}77$) und sich im Rahmen dieser auch authentisch öffnet.

Fokussierung auf Lebenswelt der Schüler*innen

Während in den ersten beiden Strategien des argumentativen Einwirkens die Ansprache an die Schüler*innen als Kollektiv erfolgt und lediglich die Lehrkraft als erklärender oder sich öffnender individueller Gegenpol erscheint, wird hier eine andere Kommunikations- und Sozialform gewählt. Die dritte Strategie ist die einzige im Bereich des argumentativen Einwirkens, bei der der Fokus auf die Lebenswelt einzelner Schüler*innen gerichtet ist. Die Lehrkräfte gaben in der quantitativen Umfrage an, in Einzelgesprächen auf die Lebenswelten ihrer Schüler*innen einzuwirken ($M = 2{,}17$). Es wird demnach ein direkter Zugang zur Lebenswelt der Schüler*innen gesucht, um im Austausch auf Augenhöhe Veränderungsprozesse anzustoßen. Die Lebenswelt der Lehrkraft sowie die Lebenswelten anderer Menschen außerhalb der Klasse spielen dabei nur mittelbar eine Rolle. Daher richten die Lehrkräfte hierbei auch seltener den Appell ($M = 2{,}59$), auf die Lebenswelt einzelner Schüler*innen einzuwirken, an die gesamte Klasse. Vielmehr wird bewusst eine Kommunikationsform des persönlichen Austauschs gewählt, um somit eine persönlichere Ebene zwischen der Lehrkraft und einzelnen Schüler*innen aufbauen zu können. Damit ist diese Strategie nicht nur zum argumentativen Einwirken oder Erzeugen von Situationen des Lebensweltaustausches geeignet, sondern ermöglicht es der Lehrkraft darüber hinaus, die Lebenswelt einzelner Schüler*innen zunächst zu erkennen und zu verstehen. Aufgrund der persönlichen Ausrichtung ist anzunehmen, dass diese Strategie wohl überwiegend neben Gruppen- oder Einzelarbeitsphasen innerhalb des Unterrichts oder außerhalb der Unterrichtszeiten Anwendung findet.

5.6 Strategien des gemeinschaftlich kommunikativen Erlebens von Lebenswelten

In dieser Weise stellt das Vorgehen in diesem Teil der Auswertung eine Abweichung zu den anderen Unterrichtsstrategien dar.

Der erste Faktor umschreibt das Vorgehen im Unterricht, an die Lebenswelten der Jugendlichen anzusetzen. Davon, dies zu tun, scheinen die von uns befragten Lehrkräfte in der Mehrheit überzeugt zu sein ($M = 1{,}78$). Dazu nutzen diese, falls sich die Gelegenheit bietet, Thematiken, welche der Lebenswirklichkeit und den Lebensumständen der Schüler*innen entstammen ($M = 2{,}05$), oder, falls dies möglich ist, die Lebenswelt Einzelner als Beispiel im Unterricht ($M = 2{,}43$). Die qualitativen Interviews zeigten, dass dies bspw. im Nachvollzug von Amputationen oder Sehbeeinträchtigung im beruflichen Unterricht versucht wird. Inwieweit tatsächlich an Lebenswelten der Jugendlichen angeknüpft wird, kann quantitativ jedoch nicht nachvollzogen werden.

Tabelle 21: Faktorenanalyse Strategien des gemeinschaftlich kommunikativen Erlebens

	Komponente			Mittel-werte
	1	2	3	
Ich fordere die Schüler*innen auf, Erfahrungen in anderen Lebenswelten zu machen (z. B. in Praktika).			.432	1,90
Ich bringe bewusst Unterrichtsinhalte ein, welche die Schüler*innen irritieren.		.644		2,85
Unsere Schule bietet Gemeinschaftsveranstaltungen, bei denen sich unsere Schüler*innen kennenlernen können.			.795	2,72
In meinen Klassen finden offene Diskussionen statt.		.567		1,88
In meinem Unterricht deuten die Schüler*innen gemeinsam die Lebenswelten von Mitschüler*innen.		.738		2,71
In meinem Unterricht werden andere Lebenswelten gemeinsam diskursiv erschlossen.		.733		2,50
Ich führe gemeinsame Aktivitäten (z. B. Klassenfrühstück) zum informellen Austausch durch.			.694	2,48
Ich setze in meinem Unterricht an den Lebenserfahrungen meiner Schüler*innen an.	.831			1,78
Ich nutze Themen meiner Schüler*innen als Unterrichtsinhalte.	.831			2,05
Ich nutze die Lebenswelten einzelner Schüler*innen als Beispiel in meinem Unterricht.	.677			2,43

Der zweite Faktor verweist auf eine kommunikativ-diskursive Unterrichtskultur, in welcher offene Diskussionen ($M = 1{,}88$) gefördert und ein gemeinsames Erschließen von Lebenswelten ($M = 2{,}50$) unterstützt werden. Das bewusste Irritieren mittels Unterrichtmaterialien ($M = 2{,}85$) findet eher weniger statt, ebenso wie das gemeinsame Ausdeuten von Lebenswelten der Schüler*innen im Unterricht untereinander ($M = 2{,}71$). Letzteres kann auf Einzelne durchaus übergriffig wirken und gerade im jugendlichen Alter auch zu Scham führen. Schlussendlich zeigt sich hier ein Vorgehen des gemeinsamen kommunikativen Erschließens von Lebenswelt, welches jedoch nicht zu einer Zurschaustellung führen soll.

Gemeinsame Aktivitäten, die zu einer ungebundeneren und zwangloseren Form des Austausches führen könnten, werden eher seltener durchgeführt. Hier wurde bspw. nach Gemeinschaftsveranstaltungen der Schule ($M = 2{,}72$) oder gemeinsame Aktivitäten (bspw. Frühstück) ($M = 2{,}48$) gefragt. Weitere Aktivitäten, die einen informellen Austausch ermöglichen, wären u. a. Exkursionen oder Gruppenfahrten. Allerdings entfernen wir uns auf diese Weise von inklusivem Unterricht an sich, worauf in diesem Fall eher das Forschungsinteresse lag.

5.7 Einsatz didaktischer Methoden

Die Frage, nach Möglichkeiten zwischen unterschiedlichen Lebenswelten zu vermitteln, erfragte mit 20 Items das methodisch-didaktische Vorgehen von Lehrkräften im Unterricht in heterogenen Gruppen. Es lässt sich in eher kommunikative, performative und unterrichtlich-adaptive Methoden differenzieren. Eine Faktorenanalyse soll Muster und Strategien im Einsatz didaktischer Methoden aufdecken, um Empfehlungen abzuleiten, welche für inklusiven Unterricht erfolgsversprechend scheinen.

Tabelle 22: Faktorenanalyse Einsatz didaktischer Methoden

	Komponente				Mittelwerte
	1	2	3	4	
Ich führe Partnerinterviews durch.	.724				2,87
In setze Stuhlkreise in meinem Unterricht ein.	.693				2,86
In setze Gruppengespräche in meinem Unterricht ein.	.571	.554			2,23
Ich führe offene Unterrichtsgespräche.		.687			1,94
Ich führe themenzentrierte Unterrichtsgespräche.		.595			1,91
Um Lebenswelten vorstellbar zu machen, lade ich betroffene Externe ein.	.687				3,19
Ich führe Biografiearbeit in meinem Unterricht durch.	.657				3,23
Ich bespreche in meinen Klassen Konflikte offen.		.586			1,93
Wenn Schüler*innen in (fremder) Muttersprache reden, rede ich selbst in einer fremden Sprache, um zu zeigen, dass Lebenswelt dann undeutbar ist.			.621		3,57
Ich zeige Sprachbarrieren auf, die dann in meinem Unterricht besprochen werden.			.763		2,87
Ich kläre meine Schüler*innen über bestimmte Grenzen von benachteiligten Mitschüler*innen auf.			.760		2,82
Ich hinterfrage bereits vorhandene Deutungen in meinen Klassen.		.408	.609		2,51
Im Unterricht führe ich Kennenlernspiele durch.	.465				2,06
Mit meinem Auftreten gegenüber meinen Schüler*innen versuche ich, sie zur Öffnung ihrer Lebenswelten zu ermutigen.		.727			1,81
Ich biete meinen Schüler*innen Raum neben dem eigentlichen (inhaltlichen/stofflichen) Unterricht, damit sie ihre Lebenswelten offenbaren können.		.627			2,21
Wenn einzelne Schüler*innen in meinem Unterricht nicht mitkommen, gibt es vermehrt Pausen für die gesamte Klasse.				.540	2,93
Unterricht für Schüler*innen mit Benachteiligungen gestalte ich eher handlungspraktisch und an den Sinnen orientiert (z. B. durch Bilder, Anfassen, Probieren, Schmecken, Testen).				.615	2,57

(Fortsetzung Tabelle 22)

	Komponente				Mittel-werte
	1	2	3	4	
Wenn ich bei meinen Schüler*innen Grenzen erkenne, steuere ich das Anforderungsniveau meines Unterrichts entsprechend.				.732	2,12
Ich erzeuge Unterrichtssituationen, in denen Grenzen nachvollziehbar für die anderen erörtert werden.			.411	.522	2,62
Ich erzeuge Unterrichtssituationen, in denen Grenzen durch ggs. Verständnis, Respekt und Akzeptanz für die Grenzen des anderen überwunden werden können.					2,29

Der erste Faktor vereinigt Items, welche ein kommunikatives Vorgehen, in Verbindung mit interaktionistischen Anteilen, verbinden. Alle Items in diesem Faktor sind weniger stark ausgeprägt, was darauf hinweist, dass dies ein Vorgehen darstellt, welches eher seltener Anwendung findet. Partnerinterviews ($M = 2{,}87$) und Stuhlkreise ($M = 2{,}86$) werden dabei etwas seltener eingesetzt als Gruppengespräche ($M = 2{,}23$). Externe, von Benachteiligung/Behinderung Betroffene sind eher seltene Gäste im Unterricht ($M = 3{,}19$). Auf diese Weise könnte auf Lebenswelten aufmerksam gemacht werden, welche in der jeweiligen Schulklasse nicht vorkommen. Auch hier sind der zeitliche Aufwand und die curricularen Zwänge sicherlich hindernde Faktoren. Biografiearbeit ($M = 3{,}23$), was ein sehr intensives Eingehen auf die jeweilige Lebensgeschichte darstellt, findet im Unterricht nicht statt. So zeigt sich, diesen Faktor zusammenfassend, dass diese Form des kommunikativen Austausches, welche Potenzial für Konstruktionen 2. Ordnung birgt, eher weniger stattfindet.

Der zweite Faktor fasst Items zusammen, die das Thematisieren von Lebenswelt im Unterricht erfassen. Hier zeigt sich ein Vorgehen, welches kommunikativ-diskursives Erschließen von Lebenswelt mit dem Auftreten der Lehrkraft gegenüber den Schüler*innen verbindet. Die befragten Lehrkräfte eröffnen ihren Schüler*innen Räume für eine Selbstöffnung im Unterricht ($M = 2{,}21$), was durch das Auftreten der Lehrkraft noch verstärkt wird ($M = 1{,}81$). Es ist davon auszugehen, dass ein empathisches, den Schüler*innen zugewandtes Handeln von Lehrkräften dazu führen kann, dass eine Offenbarung der Lebenswelt wahrscheinlicher wird. Werden dann Räume im Unterricht geöffnet, die einen Austausch ermöglichen, können offene ($M = 1{,}94$) und themenzentrierte Unterrichtsgespräche ($M = 1{,}91$) evoziert werden. Auch das offene Thematisieren und Lösen von Konflikten innerhalb der Klasse ($M = 1{,}93$) stellt ein häufigeres Phänomen dar. Eine Ursache von Konflikten sind Missverständnisse, das Nicht-Verstehen des anderen. Dies kann vorkommen, wenn Lebenswelten sich als inkommensurabel herausstellen, ihre Grenzen also zu weit auseinanderliegen. Ein gemeinsames Aufarbeiten des Konfliktes, das Deuten der Sichtweise des jeweils anderen, kann dann zu einem besseren Verständnis bisher unverständlicher Lebenswelten führen.

Dass Lehrkräfte ihren Unterricht in einer anderen Sprache halten, um Sprachbarrieren zu verdeutlichen, kommt eher nicht vor ($M = 3{,}57$). Dies würde zwar einen maximalen Kontrast zu den Lebenswelten darstellen, könnte im Unterrichtsgeschehen jedoch auch sehr fehl am Platz wirken. Ebenso werden allgemeinere Sprachbarrieren eher seltener thematisiert ($M = 2{,}82$). Ein durchaus als inklusiv zu bezeichnendes Vorgehen ist, wenn Lehrkräfte nicht weiter über Grenzen von benachteiligten Schüler*innen aufklären ($M = 2{,}82$), und zwar in dem Sinne, dass ein Aufzeigen der Grenzen eine Konstruktion darstellen würde, die ja auf diese Weise nicht eintreffen muss, ähnlich einer selbsterfüllenden Prophezeiung. Was oder was nicht eine Grenze bezogen auf die Lebenswelt einer bestimmten Person darstellt, ergibt sich eher im sozialen Miteinander als durch eine vorausgehende Thematisierung. In diesem Prozess stellt das Hinterfragen bereits vorhandener Deutungen ($M = 2{,}51$) im Klassenverband durch die Lehrkraft eine Ergänzung dar. Hier zeigt sich also ein eher offenes Vorgehen in Bezug auf sprachliche Barrieren und Formen der Benachteiligung, allerdings mit intervenierenden Bestandteilen durch die Lehrkraft.

Lehrkräfte haben weitere Möglichkeiten, im Unterricht verschiedene Lebenswelten zu berücksichtigen, wenn sie diesen an verschiedene Bedürfnisse adaptieren. Der letzte Faktor vereinigt die Veränderung der unterrichtlichen Rahmenbedingungen. So wird der Unterricht für Schüler*innen mit Benachteiligungen teilweise eher handlungspraktisch gestaltet ($M = 2{,}57$), und falls die Schüler*innen an Grenzen geraten, passt die Lehrkraft das Unterrichtsniveau an ($M = 2{,}12$). Weiterhin werden jedoch auch ganz bewusst Unterrichtssituationen erzeugt, an denen Grenzen nachvollziehbar werden ($M = 2{,}62$). Dies stellt eine Möglichkeit dar, Grenzen überhaupt sichtbar und damit für den Einzelnen oder die gesamt Klasse interpretierbar und bearbeitbar zu machen. Gegenseitiges Verständnis, Respekt und Toleranz stellen dabei unterstützende Strategien dar, situative Grenzen zu überwinden, was Lehrkräfte auch bewusst in Unterrichtssituationen evozieren wollen ($M = 2{,}29$).

5.8 Einstellungen zu inklusivem Unterricht an beruflichen Schulen

Die Lehrkräfte wurden in der online durchgeführten Erhebung ebenso zu ihren Einstellungen zu verschiedenen Herausforderungen des inklusiven Unterrichts in heterogenen Gruppen befragt (vgl. auch Driebe et al., 2018). Thematisch wird hier auf die eigenen Erfahrungen der Lehrkräfte, Herausforderungen im Unterrichtsprozess sowie die Rahmenbedingungen an beruflichen Schulen Bezug genommen. Auch eine Fragenbatterie zu Prokrastination des Entschlüsselns der Lebenswelt, welche eine Strategie des Erschließens von Lebenswelt durch Lehrkräfte darstellt, wurde mittels Zustimmungsfragen erhoben.

Zunächst wurden alle Items, welche Zustimmung erfragten, einer gemeinsamen Faktorenanalyse unterzogen. Die Items zu Prokrastination luden dabei auf einen einzelnen Faktor. Die Items der Fragen nach den Einstellungen zu inklusivem Unterricht an beruflichen Schulen hingegen korrelierten untereinander und vereinigten sich zu verschiedenen Faktoren. Darauffolgend wurden die Items zu Prokrastination aus der gemeinsamen Faktorenanalyse entfernt und einzeln analysiert.

Einer Zusatzqualifikation, um das Handeln von Schüler*innen mit Behinderung/Benachteiligung besser verstehen zu können, stimmen 58 % der Befragten zu/ eher zu. Dies bestätigt den Bedarf an adäquaten Weiterbildungsmöglichkeiten für Lehrkräfte an beruflichen Schulen. Beratungs-/Vertrauenslehrer*innen können in ihrer Funktion ein intimeres Verhältnis zu Schüler*innen aufbauen, was ihnen auch einen stärkeren Einblick in deren Lebenswelt ermöglichen würde. Von Schüler*innen in einem solchen Gespräch preisgegebene Einblicke unterliegen der Schweigepflicht, dienen der jeweiligen Lehrkraft also lediglich zum eigenen besseren Verständnis. Die überwiegende Mehrheit der Befragten lehnt eine solche Tätigkeit jedoch ab. Eine weitere Qualifikation ohne Bezug auf Inklusion und heterogenen Unterricht befürworten ein Drittel der befragten Lehrkräfte.

Abbildung 23: Verschieben des Verstehens – Zusatzqualifikation Schüler*innenhandeln

Abbildung 24: Verschieben des Verstehens – Zusatzqualifikation Beratungslehrer*in

Abbildung 25: Verschieben des Verstehens – Zusatzqualifikation Schüler*innenverhalten

Es kann also festgestellt werden, dass Weiterbildungen mit Inklusionsbezug durchaus auf Zuspruch treffen würden. Die bereits angesprochene Untersuchung zu Einstellungen von Lehrkräften berufsbildender Schulen gegenüber Inklusion stellte diesbezüglich heraus, dass der Besuch von Fortbildungen zu einer signifikant höheren Bereitschaft führen kann, in inklusiven Settings zu agieren. „Grund für die verbesserte Bereitschaft ist vermutlich eine empfundene bessere Vorbereitung, wodurch sich die Lehrkräfte von inklusiven Settings weniger überfordert fühlen und mehr Vertrauen in ihre Selbstwirksamkeit haben" (Driebe et al., 2018, S. 412). Ansprüche seitens der Lehrkräfte, was Fortbildungen dann abdecken und thematisieren müssten, wurden nicht direkt erfragt. Allerdings können die Fragen zu Herausforderungen und Rahmenbedingungen erste Hinweise liefern.

Abbildung 26: Einstellungen zu inklusivem Unterricht

Die Faktorenanalyse zu den Fragen, die Einstellungen der Lehrkräfte zu inklusivem Unterricht erfragen, ergeben nach Eigenwertkriterium sechs Faktoren.

Verstehensprozesse bei Lehrkräften

Tabelle 23: Einstellungen zu inklusivem Unterricht an beruflichen Schulen (Faktor 1)

Komponente 1	Faktor-ladung	Mittel-werte
Ich kann manche Handlungen meiner Schüler*innen einfach nicht deuten, da mir die entsprechenden Erfahrungen fehlen.	.554	2,77
Ich habe zu wenig Wissen über die verschiedenen Formen von Behinderung, um die Lebenswelten dieser Schüler*innen zu verstehen.	.854	2,47
Ich habe zu wenig Wissen über verschiedene Formen von Benachteiligungen, um die Lebenswelten dieser Schüler*innen zu verstehen.	.868	2,52
Ich habe Schwierigkeiten, zu erkennen, um welche konkrete Behinderung es sich bei einem/einer Schüler*in handeln könnte.	.849	2,49
Das Verstehen der Lebenswelt von Schüler*innen mit geistigen Behinderungen fällt mir schwer.	.804	2,39
Das Verstehen der Lebenswelt von Schüler*innen mit Verhaltensauffälligkeiten fällt mir schwer.	.830	2,6
Das Verstehen der Lebenswelt von Schüler*innen mit Lernschwierigkeiten fällt mir schwer.	.828	2,81
Das Verstehen der Lebenswelt von Schüler*innen mit körperlichen Behinderungen fällt mir schwer.	.780	2,99
Das Verstehen der Lebenswelt von Schüler*innen mit Sinnesbeeinträchtigungen (Hören/Sehen) fällt mir schwer.	.758	2,81
Wenn die Schüler*innen sich nicht öffnen, dann bekomme ich keinen Zugang zu ihrer Lebenswelt.	.435	2,27

Der erste Faktor erfasst Items, die Einschätzungen für Verstehensprozesse von Lehrkräften aufzeigen. Eher seltener, so geben die Lehrkräfte an, können diese aufgrund mangelnder Erfahrungen Handlungen ihrer Schüler*innen nicht deuten ($M = 2,77$). Es zeigt sich, dass Schwierigkeiten bestehen, verschiedene Formen von Behinderung zu verstehen ($M = 2,47$) sowie einordnen zu können, um welche Behinderung es sich genau handelt ($M = 2,49$). Ganz besonders erschwert scheint das Verstehen von Schüler*innen mit geistigen Behinderungen ($M = 2,39$). Weniger Unklarheiten bestehen im Umgang mit verschiedenen Formen von Benachteiligung ($M = 2,52$), Verhaltensauffälligkeiten ($M = 2,60$), Lernschwierigkeiten ($M = 2,81$), körperlichen Behinderungen ($M = 2,99$) oder mit Sinnesbeeinträchtigungen ($M = 2,81$). Damit es zu einem Verständnis der Lebenswelten der Schüler*innen kommen kann, sind Lehrkräfte auch auf die Öffnung dieser durch die Jugendlichen angewiesen ($M = 2,27$). Es zeigt sich, dass das Verstehen von geistiger Behinderung eine Herausforderung darstellt, auf welche sich ein größerer Teil der Lehrkräfte nicht entsprechend vorbereitet fühlt, und eine Erschließung jener Lebenswelten erschwert oder gestört geschieht. Dieser Befund entspricht den Erkenntnissen der qualitativen Studie, in der es bereits aufschien, dass insbesondere das Verstehen von Lebenswelten bei Menschen mit einer geistigen Behinderung schwerer fällt. Es steht zu vermuten, dass es durch fehlende Entsprechungen von Aspekten der Lebenswelt der Deutenden selbst (Lehrkräfte, andere Schüler*innen) zu diesem Verstehensproblem kommt, da die Lebenswelten ggf. zu wenig Gemeinsamkeiten aufweisen. Formen körperlicher Behinderung sowie von Benachteiligung scheinen bereits im Horizont der Lebenswelt der Lehrkräfte verankert zu sein und sind dementsprechend deutbar und nachvollziehbar.

Rahmenbedingungen

Tabelle 24: Einstellungen zu inklusivem Unterricht an beruflichen Schulen (Faktor 2)

Komponente 2	Faktorladung	Mittelwerte
Der gemeinsame Unterricht ist schwer zu bewerkstelligen, da ich die Schüler*innen für ein intensives Kennenlernen zu selten in der Woche im Unterricht habe.	.681	2,39
Der gemeinsame Unterricht ist schwer zu bewerkstelligen, da der Lehrplan zu wenig Zeit für das Erschließen der Lebenswelten von Schüler*innen lässt.	.815	2,01
Der gemeinsame Unterricht ist schwer zu bewerkstelligen, da meine Klassen zu groß sind, als dass ich mich um jede*n Einzelne*n kümmern könnte.	.728	2,11
Der gemeinsame Unterricht ist schwer zu bewerkstelligen, da die Vorbereitung auf die Prüfungen höchste Priorität hat.	.774	2,19

Dass berufliche Schulen durch ihre zeitliche Taktung und curricularen Anforderungen vor großen Herausforderungen stehen, verdeutlicht der zweite Faktor. Unterricht in beruflichen Schulen und damit auch inklusiver Unterricht in stark heterogenen Gruppen findet in an Formalia gebundenen Rahmenbedingungen statt. Gemeinsamer Unterricht erscheint erschwert, da für ein intensives Kennenlernen zu wenig Zeit ist ($M = 2,39$), der Lehrplan zu wenig Zeit und Raum bietet ($M = 2,01$), die Klassen zu groß sind ($M = 2,11$) und die Vorbereitung auf Prüfungen Priorität hat ($M = 2,19$). Lehrkräfte entledigen sich gelegentlich durch den Rückzug auf institutionelle Rahmenbedingungen der Verantwortung zur Ausgestaltung eines inklusiven Unterrichts und übergeben diese landesrechtlichen Institutionen, welche zunächst für entsprechende Rahmenbedingungen sorgen müssten. Weiterhin wird deutlich, dass Inklusion als eine neue, zusätzliche Aufgabe verstanden wird, welche zu den bisherigen als ein Mehr bearbeitet werden muss, und eben nicht als eine Anforderung, die Schule ohnehin zu leisten hat. Dieser zweite Faktor vereinigt eher Herausforderungen inklusiven Unterrichts.

Unterrichtsatmosphäre

Tabelle 25: Einstellungen zu inklusivem Unterricht an beruflichen Schulen (Faktor 3)

Komponente 3	Faktor-ladung	Mittel-werte
Als Lehrkraft muss ich in meiner Klasse eine vertrauensvolle Atmosphäre schaffen.	.711	1,17
Meine Schüler*innen können ihre Lebenswelten nur in einer geschützten Umgebung offenbaren.	.554	1,74
Wenn meine Schüler*innen ihre Lebenswelten offenbaren, habe ich daran Interesse und zeige das auch.	.749	1,31
Wenn ich erkenne, dass meine Schüler*innen etwas nicht verstehen, gebe ich Beispiele aus meiner eigenen Lebenswelt zur Veranschaulichung.	.459	1,92

Allerdings akzeptieren Lehrkräfte die eigene Verantwortung in Bezug auf inklusiven Unterricht durchaus, wie der dritte Faktor verdeutlicht. Durchweg hohe Zustimmungswerte erhalten die Items zur Gestaltung einer vertrauensvollen Unterrichtsatmosphäre, welche dieser Faktor vereinigt. Zugrunde liegt die Annahme von Lehrkräften, dass eine Öffnung der Lebenswelt der Schüler*innen eher in einer geschützten Umgebung stattfindet ($M = 1,74$). Diese zu etablieren und zu gestalten, erkennen Lehrkräfte als in ihrer Verantwortung liegend (M = 1,17). Die befragten Lehrkräfte zeigen Interesse an den Erzählungen der Schüler*innen ($M = 1,31$) und nutzen zur Veranschaulichung von Sachverhalten auch Beispiele aus ihrer eigenen Lebenswelt ($M = 1,92$). Wie genau eine vertrauensvolle Atmosphäre etabliert wird, verbleibt dabei unklar. Unstrittig erscheint dennoch ihre hervorgehobene Bedeutung.

Wahrnehmung Behinderung/Benachteiligung

Tabelle 26: Einstellungen zu inklusivem Unterricht an beruflichen Schulen (Faktor 4)

Komponente 4	Faktor-ladung	Mittel-werte
Schüler*innen mit Behinderung/Benachteiligungen verzögern den Unterrichtsablauf.	.729	2,65
Schüler*innen mit einer geistigen Beeinträchtigung können dem Berufsschulunterricht nicht folgen.	.771	2,29

Faktor 4 veranschaulicht, dass zwar die Mehrheit der Lehrkräfte Verstehens- und Leistungsgrenzen geistig beeinträchtigter Schüler*innen im Berufsschulunterricht wahrnimmt, jedoch eher keine Probleme hinsichtlich des Unterrichtsablaufes erkennt. Die Zustimmungswerte beider Items liegen nahe am Mittelwert der Skala. So wird die Aussage, Schüler*innen mit Behinderung/Benachteiligung verzögern den Unterrichtsverlauf, eher abgelehnt ($M = 2,65$), der Aussage, dass Schüler*innen mit einer geistigen Behinderung dem Berufsschulunterricht nicht folgen können, eher zugestimmt ($M = 2,29$).

Grenzen des Einflusses

Tabelle 27: Einstellungen zu inklusivem Unterricht an beruflichen Schulen (Faktor 5)

Komponente 5	Faktorladung	Mittelwerte
An unserer Schule ist ein*e Schulsozialarbeiter*in für Probleme mit Schüler*innen verantwortlich, nicht ich.	.426	3,23
Ich bezweifele, dass ich als Lehrer ein Verständnis der Schüler*innen untereinander schaffen kann.	.512	3,22
Eine vertrauensvolle Atmosphäre wächst mit der Zeit von selbst.	.637	2,76
Die Offenbarung der Lebenswelten der Schüler*innen hat Grenzen (z. B. Familieninterna/-verhältnisse, Traumata, finanzielle Situation etc.).	.534	1,88

Die Offenbarung, entsprechend der Items im fünften Faktor, von Lebenswelt der Schüler*innen hat dort ihre Grenzen, wo die Gefahr besteht, die intime Privatsphäre zu verletzen, so die Meinung der meisten Befragten ($M = 1{,}88$). Dies betrifft etwa Familieninterna, die finanzielle Situation oder traumatische Erlebnisse. Wenig Zustimmung erhalten in diesem Faktor die Items zu Verantwortung der/des Schulsozialarbeiters/der Sozialarbeiterin ($M = 3{,}23$) und der Annahme, Lehrkräfte würden bezweifeln, ein Verständnis für die Schüler*innen untereinander zu schaffen ($M = 3{,}22$). Ersteres könnte darauf zurückzuführen sein, dass nicht alle beruflichen Schulen über Sozialarbeiter*innen verfügen. Zweiteres deutet darauf hin, dass sich Lehrkräfte den Anforderungen inklusiven Unterrichts gewachsen fühlen und ihre eigene Wirksamkeit erkennen.

Kontakt

Tabelle 28: Einstellungen zu inklusivem Unterricht an beruflichen Schulen (Faktor 6)

Komponente 6	Faktorladung	Mittelwerte
Benachteiligten Schüler*innen obliegt es selbst, ihre Erfahrungen zu teilen.	.688	2,56
Der Nachteilsausgleich stellt in meinen Augen eine Sonderbehandlung dar.	.531	3,12
Der Kontakt zu beeinträchtigten Schüler*innen führt dazu, dass ich meine bisherigen Annahmen dazu überdenken musste.	-.328	2,39
Wenn ich erkenne, dass meine Schüler*innen etwas nicht verstehen, gebe ich Beispiele aus meiner eigenen Lebenswelt zur Veranschaulichung.	.529	1,92

Der sechste Faktor umfasst Items, welche den Kontakt mit Schüler*innen mit Behinderung/Benachteiligung thematisieren. Ein Aufeinandertreffen mit jenen Schüler*innen führt bei einigen Lehrkräften zum Überdenken ihrer bisherigen Annahmen ($M = 2{,}39$). Allerdings wird nicht deutlich, ob dies positiv oder negativ konnotiert wird. Der Nachteilsausgleich, welcher für Schüler*innen, je nach individuellen Bedürfnissen, angepasste Anforderungen ermöglicht, wird von der überwiegenden Mehrheit der Lehrkräfte nicht als Sonderbehandlung empfunden ($M = 3{,}12$). Dass benachteiligte Schüler*innen selbstverantwortlich ihre Erfahrungen teilen sollten, wird zurückgewiesen, was im Umkehrschluss bedeuten kann, dass Unterstützung bei der Offenbarung von Lebenswelten wichtig ist.

6 Als Zusammenfassung: Empfehlungen aus den Befunden für die Weiterbildung von Lehrkräften

Im Folgenden wird in Ergänzung zu den Ausführungen der vorherigen Kapitel und als Unterstützung für die Umsetzung inklusiven Lehrens und Lernens eine Zusammenfassung der Ergebnisse der Untersuchungen mit dem Fokus auf die unterrichtliche Praxis in der beruflichen Bildung gegeben. Um zu große Redundanz zu vermeiden, setzen wir dabei die Lektüre der vorherigen Kapitel voraus, erläutern neuralgische Punkte jedoch kurz erneut, um den Zusammenhang zu gewährleisten. Am Ende jedes Abschnitts findet sich eine kurze Stichpunktliste, die Empfehlungen skizziert.

6.1 Erkennen – Empfehlungen zur Erschließung von Lebenswelten

Das Ziel des hier vertretenen Ansatzes ist es, allen Schüler*innen eine strukturelle Kopplung an das soziale System Unterricht zu ermöglichen. Eine solche ist nur möglich, wenn die Lebenswelten der Beteiligten anschlussfähig sind, sodass das soziale System die psychischen irritieren kann. Gesteuert wird das soziale System Unterricht durch die Lehrkraft. Ihr kommt es daher zuerst zu, die Lebenswelten der beteiligten Schüler*innen zu erfassen. Wie sich in den theoretischen Ausführungen und in den Befunden der empirischen Untersuchung gezeigt hat, besteht die erste Schwierigkeit des Umgangs mit heterogenen Gruppen im Unterricht darin, solche diskrepanten Lebenswelten zu erkennen und mit ihnen im Sinne eines Verstehensprozesses umzugehen. Die Untersuchung liefert uns wichtige Hinweise darauf, wie Lehrkräfte versuchen, diesen Prozess zu meistern. Darauf aufbauend sollen hier im Weiteren Empfehlungen gegeben werden, welche Aspekte im Rahmen einer Weiterbildung pädagogischer Fachkräfte in inklusiven Settings Berücksichtigung finden können.

In Abbildung 27 wird ein auf der Grundlage der empirischen Erkenntnisse idealer Verlauf eines Erkenntnisprozesses dargestellt. Er berücksichtigt die verschiedenen, im Vorherigen herausgearbeiteten Ebenen, auf denen eine Erfassung fremder Lebenswelten beruhen kann. Zur Wiederholung: Sprechen wir im konstruktivistischen Sinne von Erkenntnisprozessen als Konstruktionen, dann gibt es im vorliegenden Kontext mindesten drei Ebenen, die Berücksichtigung finden müssen. Eine Konstruktion von Lebenswelten 1. Ordnung kann nur der/die Träger*in der Lebenswelt selbst leisten. Es ist eine Form von Selbstreflexion über die eigenen Grundlagen des Weltzugangs.

Will eine Lehrkraft diese Lebenswelt erschließen, ist sie darauf angewiesen, diese Selbstkonstruktion zu rekonstruieren. Das stellt daher eine Konstruktion 2. Ordnung dar, denn es ist die Konstruktion einer Konstruktion. Zusätzlich kann diese Lebenswelterschließung sich anderer Quellen als der Lebensweltträger*in bedienen, bspw. der Gespräche mit Kolleg*innen oder der Dokumente, die über die/den Lebensweltträger*in angefertigt wurden. Beides sind selbst Konstruktionen Dritter über die Lebenswelt anderer und damit selbst Konstruktionen 2. Ordnung. Werden diese durch die Lehrkraft benutzt, muss diese die Konstruktion der Konstruktion rekonstruieren. Damit wird es zu einer Konstruktion 3. Ordnung.

Konstruktionen 2. Ordnung können im vorliegenden Kontext im Wesentlichen über Beobachtung und über direkte Interaktionen entstehen. Ziel des Folgenden ist es nun, Beispiele und Anregungen zu liefern, wie das in der unterrichtlichen Praxis geschehen kann.

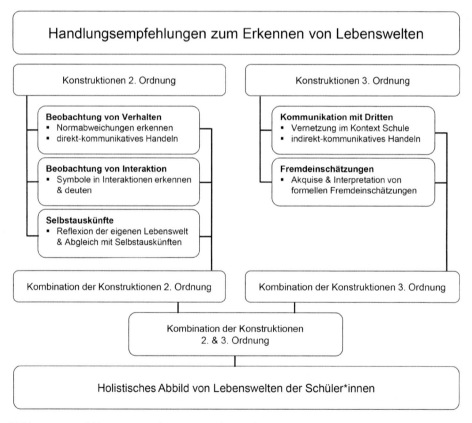

Abbildung 27: Empfehlungen zum Erkennen von Lebenswelten

6.1.1 Konstruktionen 2. Ordnung

Der erste und vermutlich intuitive Zugang zum Verstehen anderer Lebenswelten führt über die Beobachtung. In unserem Kontext ist damit vor allem die Beobachtung des Verhaltens der einzelnen Schüler*innen im Unterricht gemeint. Dabei sind explizit alle Schüler*innen gemeint, denn es geht nicht nur darum, die Lebenswelten der Schüler*innen mit Förderbedarf nachvollziehen zu lernen, sondern auch darum, festzustellen, wann Schüler*innen untereinander die jeweils anderen nicht begreifen. Eine solche Form der Beobachtung gehört zum Handeln einer jeden Lehrkraft immer schon dazu. Im vorliegenden Kontext soll hier das Augenmerk zunächst auf die Beobachtung abweichenden Verhaltens gerichtet werden. Ein solches gibt bspw. bei Stimmungsschwankungen, Körpersprache, Streit etc. Aufschluss über lebensweltliche Aspekte. „Abweichendes Verhalten" meint damit nicht notwendigerweise Störungen im Unterricht, sondern ein Verhalten, das erkennen lässt, dass eine strukturelle Kopplung mit dem Unterrichtssystem nicht (mehr) stattfindet.

Um die Lebenswelt der Schüler*innen zu verstehen, sollte das unmittelbar gekoppelt sein mit einem kommunikativen Austausch, der durch gezieltes Nachfragen initiiert wird. So der/die Schüler*in sich zugänglich zeigt, ermöglicht das einen ersten Aufschluss ihrer/seiner Lebenswelt. Es geht hierbei explizit nicht darum, jegliche unterrichtliche Störung mit inquisitorischen Gesprächen zu sanktionieren, sondern das Ziel muss es sein, wenn die Beobachtung Hinweise auf eine Inkommensurabilität der Lebenswelten ergibt, über einen kommunikativen Austausch die Unvereinbarkeiten verstehen zu lernen und sie so im weiteren unterrichtlichen Geschehen bei der Erzeugung entsprechender Situationen im Unterricht zu nutzen (siehe unten).

Mehr noch als beim Beobachten des Verhaltens Einzelner zeigt sich unseren Ergebnissen zufolge die Unterschiedlichkeit von Lebenswelten in der Interaktion zwischen den Schüler*innen, bspw. bei Gruppenarbeiten. Aufgrund des symbolvermittelnden Handelns und der sich anschließenden Deutung der Symbole wird so ein direkterer Aufschluss über die Lebenswelt möglich. Wenngleich die Beobachtung der Teilnahme der Schüler*innen am Unterricht im Verständnis eines Lernerfolgs primär zu sein scheint, ist hinsichtlich des Erschließens von Lebenswelten die Beobachtung der sozialen Interaktion untereinander aufschlussreicher. Die Beobachtung der Teilnahme am Unterricht der/des Einzelnen rückt hier in den Hintergrund. Auch in diesem Fall des ersten Erkennens lebensweltlicher Disparitäten ist ein anschließender kommunikativer Austausch mit den Schüler*innen notwendig und sinnvoll.

Bei der Beobachtung von Verhalten sollte immer reflektiert werden, dass die Interpretation der Beobachtung auch von der Lebenswelt des/der Beobachtenden abhängt. Insofern ist es notwendig, dass die Lehrkraft sich zunächst ihre eigene Lebenswelt bewusst macht und versucht, die Differenzen zwischen dieser und ihrer Beobachtung für sich zu explizieren.

Diese Selbstvergewisserung ist auch notwendig, um die Selbstoffenbarung von Lebenswelten durch Schüler*innen interpretieren zu können. Gemeint sind damit Erzählungen der Schüler*innen über sich selbst, ihren Alltag im Betrieb sowie von den Schüler*innen verfasste Lebensläufe. Diese Konstruktionen 1. Ordnung über die jeweils eigene Lebenswelt werden nicht einfach übernommen. Vielmehr stellt der Verstehensprozesse der Lehrkraft selbst eine Konstruktion dar (daher Konstruktion 2. Ordnung), die vor dem Hintergrund der jeweils eigenen Lebenswelt passiert. Erkenntnisprozesse verweisen immer auf das bereits Gewusste. So versuchen wir – auch eine Lehrkraft – permanent, unsere eigene Welt der eines Gegenübers ebenfalls zu unterstellen: „Die Umstände, unter denen der Erlebende in die Lage kommt, sein eigenes subjektives Handeln und Denken einem anderen zu ‚unterschieben', ergeben sich aus dem subjektiven Erleben und insbesondere aus dem fortwährenden Bemühen, ein kohärentes Modell der Erlebenswelt zu schaffen. Die Vielzahl der Dinge, die sich als mehr oder weniger dauerhafte Individuen im Feld des Erlebens isolieren lassen, erfordert früher oder später, daß man die einzelnen Modelle in Kategorien zusammenfaßt und die Kategorien, wo immer möglich, miteinander in Beziehung setzt" (Glasersfeld, 1998, S. 35).

Dieses ‚Gewusste' hat eine erhebliche Beharrungstendenz, sodass es notwendig ist, sich selbst bewusst zu hinterfragen und die eigenen Grenzen des Verstehens zu erkennen, um andere Lebenswelten aufschließen zu können. Erst so kann ein Abgleich mit der jeweils anderen Lebenswelt erfolgen, aus dessen Differenzen sich ein Verständnis ergeben kann. Auch dies ist eine Medaille mit zwei Seiten. So zeigen unsere Ergebnisse bspw., dass es hilfreich sein kann, wenn die Lehrkraft ihre eigene Lebenswelt ebenfalls expliziert, um so in einen Prozess des kommunikativen Handelns und damit des Aushandelns von Situationsdefinitionen kommen zu können (vgl. Habermas, 1987a).

- Reflexion der eigenen Lebenswelt, Sozialisation, Grenzen, ggf. Selbstoffenbarung
- Abgleich mit Selbstauskünften der Schüler*innen, ggf. in Kombination mit Beobachtungen

6.1.2 Konstruktionen 3. Ordnung

Informationen über die Lebenswirklichkeit von Schüler*innen liefern auch andere, eher indirekte Quellen. Das sind bspw. andere Lehrkräfte, Eltern, Ausbilder*innen, Schulsozialarbeiter*innen oder auch Gutachten. Insofern sich aus diesen Quellen die Lebenswelt weiter erschließen lässt, sind sie deren Konstruktionen 2. Ordnung durch Dritte. Möchte eine Lehrkraft sie nutzen, so ist sie darauf angewiesen, diese Konstruktionen wiederum selbst zu rekonstruieren, denn das, was andere als lebensweltliche Aspekte erfasst haben, ist bereits eine Interpretation. Sie stellen also aus Sicht der Lehrkraft eine Konstruktion 3. Ordnung dar. Die interpretativen Unsicherheiten, die oben erwähnt wurden, werden hierbei noch verschärft. Denn um den lebensweltlichen Gehalt der Aussagen und Dokumente in Bezug auf die Schüler*innen zu erfassen, ist hier nicht nur die interpretationsleitende Wirkung der eigenen Lebenswelt der Lehrkraft zu berücksichtigen, sondern auch noch die der Quellen, also derjenigen Ausbilder*innen, Gutachtenersteller*innen etc., die selbst die Lebenswelt der Schüler*innen erfasst haben. Zur Rekonstruktion der Lebenswelten von Schüler*innen ist es in diesem Schritt daher notwendig, sich seiner eigenen als auch der Lebenswelt der Informationsgebenden zu vergewissern.

Nichtsdestotrotz können Informationen Dritter helfen, das eigene Bild von der Lebenswelt anderer abzurunden. Dazu bedarf es zunächst eines kommunikativen Austauschs mit entsprechenden Quellen bzw. des Beschaffens von entsprechenden Dokumenten. Dabei kann davon ausgegangen werden, dass die so gewonnenen Informationen umso näher an der Lebenswelt der Schüler*innen sind, umso intensiver der Zugang der Quellen zu ihnen ist. Es ist daher angeraten, dass Lehrkräfte versuchen, sich mit den betreffenden Quellen zu vernetzen. Im Rahmen der betrieblichen Ausbildung sollte das im Rahmen der Lernortkooperation ohnehin geschehen. Beispiele aus unseren Interviews zeigen jedoch auch eine weitergehende Vernetzung bis hin zum Besuch bei den Schüler*innen zu Hause. Letzteres stellt allerdings einen Sonderfall dar.

Konstruktionen 3. Ordnung sollten dabei nicht allein als Information über die Lebenswelt dienen, dazu sind sie möglicherweise zu fehlerbehaftet aufgrund der mehrfachen Rekonstruktion. Ihre Zuverlässigkeit steigt etwas, wenn verschiedene Quellen wie bspw. Gutachten und Gespräche mit Eltern etc. kombiniert werden. Hierbei sollte versucht werden, den Genauigkeitsgehalt der unterschiedlichen Quellen zu validieren.

- Vernetzung innerhalb & außerhalb der Schule
- Beschaffung von Dokumenten
- Gespräche mit Lehrkräften, Schulsozialarbeitern etc.
- Interpretation von Fremdeinschätzungen
- Konstruktionen 3. Ordnung abgleichen und validieren

6.1.3 Kombination von Konstruktionen 2. & 3. Ordnung

Einen vollständigeren Zugang zu den Lebenswelten der Schüler*innen verspricht die Kombination von Konstruktionen 2. und 3. Ordnung. Sie ähnelt in dieser Hinsicht einem 360°-Feedback. Indem Beobachtungen und Resultate von Gesprächen mit Unterlagen und Aussagen Dritter zusammengefügt werden, ergibt sich eine umfassendere Grundlage zum Verständnis der Lebenswelt der Schüler*innen. Dabei werden alle Eindrücke aus den Konstruktionen 2. Ordnung mit den Konstruktionen 3. Ordnung zusammengeführt, z. B. Abgleich von Selbstauskünften über den Alltag im Betrieb mit Berichten der Ausbilder*innen. Zudem findet dadurch eine zusätzliche Validierung der für Konstruktionen 3. Ordnung verwendeten Quellen (s. o.) statt, resp. werden die eigenen Konstruktionen 2. Ordnung der Lehrkraft durch die Informationen Dritter bestätigt oder hinterfragt. So objektiviert sich der Blick auf die Schüler*innen ein Stück weit, da die eigenen (zwangsläufig) subjektiven Eindrücke mit denen Dritter abgeglichen werden.

- Bewusstsein entwickeln, welche Kombinationen von Konstruktionen 2. und 3. Ordnung es braucht

6.2 Gestalten – Empfehlungen zum Erzeugen von Situationen im Unterricht

Um didaktisch relevante Situationen erzeugen zu können, die es den Schüler*innen ermöglichen, andere Lebenswelten zu erkennen und zu deuten, um diese bestenfalls verstehen und nachvollziehen zu können, ist eine entsprechende Gestaltung des Unterrichts erforderlich. Aus den Befunden unserer qualitativen Interviewstudie und der quantitativen Onlinebefragung der Berufsschullehrkräfte ließen sich drei Dimensionen des prozessorientierten Lehrer*innenhandelns ableiten, die als Basis inklusiver Lehr-Lern-Settings zum Erzeugen solcher Situationen im Berufsschulunterricht geeignet sind. Dabei können die Dimensionen der Beteiligung mit einer begleitenden Methodik, die der Bereitstellung, dem eigentlichen Erzeugen der Situation mit einer impulsgebenden Methodik sowie der Thematisierung mit einer hinterfragenden Methodik unterschieden werden (vgl. Abbildung 28).

Abbildung 28: Handlungsempfehlungen zum Erzeugen von Situationen

Die nachfolgenden Handlungsempfehlungen in diesen drei Dimensionen geben einen Überblick, wie prozessorientiertes Lehrer*innenhandeln als Basis inklusiver Lehr-Lern-Settings gestalten sein kann, damit im Unterricht Situationen erzeugt werden können, in denen es Schüler*innen ermöglicht wird, den jeweils anderen die eigene Lebenswelt zu öffnen und sich die Lebenswelt der jeweils anderen zu eröffnen, damit ein Lebensweltaustausch unter den Schüler*innen stattfinden kann.

6.2.1 Beteiligung

Als zentraler Aspekt, Schüler*innen in die Lage zu versetzen, die eigene Lebenswelt anderen zu öffnen und für die Lebenswelt der jeweils anderen zu sensibilisieren, stellten sich in unseren Studien partizipative Ansätze heraus. Die Beteiligung der Schüler*innen wurde in den Interviews häufig als Grundlage hierfür benannt, was sich auch in der quantitativen Befragung bestätigte. Die Voraussetzung für die Beteiligung aller am Unterrichtsgeschehen ist die lebensweltliche Anschlussfähigkeit im Sinne von struktureller Kopplung (siehe vorherige Ausführungen zum Erkennen). Die Beteiligung aller stellt wiederum ebenfalls die grundlegende Voraussetzung für das Erzeugen entsprechender Situationen dar, in denen Lebensweltaustausch stattfinden kann (vgl. anschließende Ausführungen).

Partizipative Verhaltensrahmung

Um eine Schüler*innenbeteiligung zu ermöglichen, ist zunächst eine partizipative Verhaltensrahmung notwendig. In der empirischen Untersuchung zeigte sich, dass die Etablierung einer solchen Verhaltensrahmung vor allem dann gut gelingen kann, wenn ihre Entwicklung und Erstellung bereits partizipativ erfolgt. Konkret bedeutet dies, dass die Orientierung an Regelsets, wie bspw. einem Klassenkodex, dann besser und reibungsloser funktionieren kann, wenn diese gemeinsam von Schüler*innen und Lehrkraft horizontal kommuniziert und erstellt werden. Auf diese Weise fließen in die Regelsysteme sowohl lebensweltliche Aspekte seitens der Lehrkraft als auch von den Schüler*innen ein, die gemeinsam ausgehandelt worden und somit für alle Beteiligten anschlussfähig sind. Im Gegensatz zu vertikal, „von oben" durch die Lehrkräfte oktroyierten Regelsystemen setzen sich die Schüler*innen so bereits im Aushandlungsprozess selbst sowohl mit den eigenen als auch mit den anderen Lebenswelten auseinander. Durch die partizipative Erstellung des Regelsystems findet in unseren Beispielen auch eine gemeinschaftliche Kontrolle zu dessen Einhaltung statt, da das Regelsystem die Interessen aller Beteiligten widerspiegelt. Damit eine solche gemeinschaftliche Erstellung von Regelsystemen erfolgen kann, ist seitens der Lehrkraft die Bereitschaft gefragt, die Verantwortung – sowohl für die Erstellung als auch für die Kontrolle der Einhaltung – mit den Schüler*innen zu teilen. Damit einher gehen auch ein entsprechendes Vertrauen in die Selbstwirksamkeit der Schüler*innen und – insbesondere im Prozess des Aushandelns von Regelsystemen – ein gewisses Maß an Zugeständnissen und Kompromissbereitschaft, die eigene Rolle als Lehrkraft dabei reflektierend. Das Initiieren gemeinsamer Aushandlungsprozesse für eine partizipative Verhaltensrahmung geht dabei von der Lehrkraft aus, die den Prozess anstößt und die Inhalte gemeinsam mit den Schüler*innen möglichst gleichberechtigt verhandelt.

- Regelsets, wie bspw. einen Klassenkodex, gemeinsam mit den Schüler*innen aufstellen
- Verantwortung für Erstellung und Kontrolle der Einhaltung mit den Schüler*innen teilen
- Kompromisse schließen

Partizipative Konfliktlösung

Einen besonders wichtigen Aspekt der Beteiligung stellt der partizipative Umgang mit Konflikten und Missverständnissen dar. Werden die beteiligten Konfliktparteien lediglich nach dem Unterricht gemaßregelt, bleiben Verständnisprozesse für den Standpunkt des jeweils anderen in aller Regel aus. Werden bestehende Konflikte hingegen gemeinsam aufgearbeitet, können die Sichtweisen der Beteiligten auch entsprechend gedeutet werden, was wiederum Verständnis für die jeweils anderen erzeugen kann. Dementsprechend kann auch bei Nicht-Einhaltung von gemeinschaftlichen Regelsets verfahren werden (siehe Partizipative Verhaltensrahmung). Betrachtet man einen Konflikt oder eine Störung des Unterrichts zudem als Indikator für das Nicht-Stattfinden von struktureller Kopplung im sozialen System Unterricht und somit für die Nicht-Anschlussfähigkeit der Lebenswelten der Beteiligten, so birgt die Initiierung einer partizipativen Konfliktlösung mehr Potenzial und positivere Effekte für die Ausgestaltung des sozialen Systems Unterricht als die reine Erfüllung von Lehr- und Zeitplänen. Die gemeinsame Deutung der Sichtweisen anderer und ihrer Lebenswelt bei gleichzeitigem Hinterfragen eigener Sichtweisen kann so zur Anschlussfähigkeit von Lebenswelt als Grundlage für das Stattfinden von Unterricht beitragen. Auch hier obliegt es der Lehrkraft, die althergebrachte „Standpauke" zu vermeiden und stattdessen gemeinsame diskursive Konfliktlösungen unter Beteiligung der gesamten Klasse zu initiieren bzw. alternativ im Unterricht entsprechend Raum zu geben, wenn die Schüler*innen diese Prozesse selbständig initiieren.

- Abkehr von Maßregelungen und Zurechtweisungen bei Störungen und Konflikten
- Aufgreifen von Störungen und Konflikten als Anlass, dahinterliegende lebensweltliche Aspekte der Schüler*innen gemeinsam zu erschließen

Bewusstsein füreinander

Die empirischen Untersuchungen zeigten weiterhin, dass Beteiligung genau dann besonders gut gelingen kann, wenn sich die Schüler*innen selbst ein Bewusstsein füreinander schaffen. Grundlage hierfür ist neben der partizipativen Verhaltensrahmung (s. o.) die Fähigkeit der Schüler*innen, die Bedarfe der anderen zu erkennen und damit umzugehen. Um diesen Prozess zu initiieren, legen die Lehrkräfte bewusst keine individuellen Bedarfe Einzelner offen, sondern setzen auf eine Klasse, die individuelle Hilfebedarfe und Grenzen untereinander selbständig erkennt und unterstützt. Auf diese Weise wird Heterogenität im Klassenverband implizit, losgelöst von Fremdzuschreibungen und Aufforderungen der Lehrkraft, und durch die Schüler*innen selbst verhandelt. Des Weiteren können bzw. dürfen sie einander selbständig Hilfestellung geben, wenn sie Grenzen ihrer Mitschüler*innen entsprechend erkannt und gedeutet haben. Bei unseren befragten Lehrkräften haben sich dabei Unterrichtssituationen bewährt, in denen die Schüler*innen gemeinsam mit ihren jeweils individuellen Stärken und Schwächen Arbeitsaufträge bearbeiten. Der Lehrkraft kommt hier eine begleitende und ggf. moderierende Rolle zu. Wichtig ist dabei, die Interaktion der Schüler*innen zu beobachten und die Beobachtung hinsichtlich der Entstehung eines Bewusstseins füreinander zu deuten. Wenn dies in der Klasse selbständig gelingt, können die Lehrkräfte auf die Anwendung von offensichtlichen Unterstützungen und Hilfestellungen für Schüler*innen mit Behinderung und Benachteiligung verzichten, um im Sinne eines inklusiven Unterrichts keine Unterschiede zwischen den Schüler*innen zu machen und so Stigmatisierungen Einzelner zu vermeiden. Voraussetzung dafür sind Unterrichtsmethoden, die gleichermaßen die Aktivierung als auch die Kooperation der Schüler*innen fördern, wie bspw. Gruppenarbeiten. Eine gezielte Auswahl solcher Methoden bei geeigneten Unterrichtsinhalten kann zusätzliche Anlässe für die Schüler*innen bieten, Bewusstsein füreinander (weiter)zuentwickeln.

- Heterogenität in der gesamten Klasse implizit verhandeln: Keine explizite Fremdzuschreibung von Hilfebedarfen und Abweichungen durch die Lehrkraft
- Schüler*innen die Möglichkeit geben, Hilfebedarfe anderer zu erkennen, und ihnen Freiheit geben, Hilfestellung zu leisten
- Gestaltung von Aufgaben und Auswahl von Unterrichtsmethoden zur Förderung von Aktivität und Kooperation der Schüler*innen

6.2.2 Bereitstellung

Perspektivwechsel, oder metaphorisch ausgedrückt, das Stehen in den Schuhen des Gegenübers, bietet einen Ansatz, das Denken und Empfinden des jeweils anderen nachzuvollziehen. Mit dem Wechsel der Perspektive verändert sich der Ausschnitt, welcher in einer Situation thematisiert wird. Dabei reicht es nicht aus, nur die Lage im Raum, also den physischen Standpunkt, zu ändern, wobei sich dabei tatsächlich schon die optischen Eindrücke ändern. Zuvor Verborgenes, nicht Gesehenes, wird jetzt ein Teil der wahrgenommenen Realität. Wer mit dem Rücken einem Abgrund zugewandt ist, kann diesen nicht erkennen. Weiterhin kommt es jedoch auch auf das Sich-Hineinversetzen in das Erleben eines Gegenübers an, auf das Nachvollziehen dessen ganz subjektiver Sichtweise von Welt. Dass dazu mehr gehört als bspw. das Sitzen in einem Rollstuhl, um den Alltag eines Menschen nachzuvollziehen, der täglich auf diesen angewiesen ist, was schlussendlich wieder lediglich eine Lageänderung ist, ist sicher nachvollziehbar. Es muss eine kognitive Verarbeitung der gewonnenen Eindrücke in Verbindung mit unterschiedlich aufbereiteten Wissensbeständen erfolgen. Um einen Perspektivwechsel zu initiieren, der auch das Erleben der jeweils anderen Lebenswelt ermöglicht, konnten verschiedene Ansätze gefunden werden.

Prinzip Freiwilligkeit

Dabei ist grundsätzlich zu konstatieren, dass ein Perspektivwechsel durch die Lehrer*innen angebahnt, jedoch nicht erzwungen werden kann. Die Bereitschaft, die bewusste Willensabsicht zur Auseinandersetzung mit anderen Lebenswelten muss von den Schüler*innen selbst aufgebracht und aufrechterhalten werden. Einen Zwang zum Verstehen des Gegenübers gibt es nicht. Welche Implikationen hat dies jedoch auf das Erzeugen von Situationen, die einen Nachvollzug von Lebenswelten anderer ermöglichen sollen? Die Lehrkraft muss Situationen, die zu einem Abgleich von Lebenswelten dienen, bewusst offen und zunächst niedrigschwellig halten. Zwang kann zum Rückzug der Schüler*innen aus der Situation führen und damit einen Abbruch des Austausches bedeuten. Sei es durch Überforderung der Schüler*innen oder Überwältigung, ein Verarbeiten der neuen Eindrücke findet dann nicht mehr statt. Daher sind Lehrkräfte angewiesen, Räume zu schaffen, die freiwillig betreten und wieder verlassen werden können, ohne Sanktionen befürchten zu müssen. Sind die Schüler*innen nicht freiwillig bereit, einen Perspektivwechsel zuzulassen, wird dies unter Zwang noch weniger geschehen.

Nun ist es so, dass im Unterricht immer eine gewisse Verbindlichkeit herrscht und Lehrkräfte diese durch das Setzen von Themen steuern. So können auch anhand verschiedener Themen, wie der Beschreibung des betrieblichen Alltages oder handwerklicher beruflicher Tätigkeiten, Potenziale für den Lebensweltaustausch entstehen. Eine Möglichkeit des Vorgehens besteht für Lehrkräfte darin, von eher globaleren Themen, welche entweder im Lehrplan vorgesehen sind oder eine eher allgemeine Konnotation aufweisen, zu persönlicheren Themen zu gelangen. In den Untersuchungen zeigt sich, dass lockere Gespräche über alltägliche Themen oder sozialisatorische Reflexionen über Erlebtes und bestimmte Verhaltensweisen einen Einstieg in ein offeneres Gesprächsklima bieten können. Ansatzpunkte bieten dazu Kenntnisse aus den Lebenswelten der Schüler*innen über bestimmte Hobbys wie Konzertbesuche, Wanderungen oder Sport. Ausgehend davon und begleitet von wachsender Vertrautheit kann später, je nach Anlass auch im Einzelgespräch oder im Klassenverband, ein tiefer gehender Austausch initiiert werden. So kann dann bspw. der Fokus auf konkrete Behinderungen und prägende biografische Gegebenheiten gelegt werden. Dies kann im Lauf der Zeit auch durch gezielte Gesprächsaufforderungen geschehen, indem Schüler*innen angesprochen werden, ihre Sichtweise zu teilen. Auf diese Weise wird der Versuch unternommen, Vorurteile offenzulegen und zu dekonstruieren. Lehrkräfte können also durch die Themensetzung Austauschprozesse in Gang bringen, wobei sich, der Datenlage folgend, zwei Dimensionen herauskristallisieren. Zunächst scheint ein Vorgehen vom Allgemeinen zum Konkreten angebracht zu sein, anderseits, mit zunehmender Vertrauensbasis, ein Vorgehen von offenen Gesprächen (Gruppenarbeiten, Partnerinterviews, Projekte, Ausflüge) hin zur konkreten Kommunikationsaufforderung. Dieses Vorgehen bezieht sich auf Personen, welche Teil des Klassenverbandes sind. Lehrkräfte haben jedoch auch die Möglichkeit, Lebenswelten explizit zu machen, die nicht in der Klasse anzutreffen sind.
- Perspektivwechsel kann lediglich angebahnt, nicht erzwungen werden
- Ausgehend von eher allgemeinen Themen hin zur ganz privaten Lebenswelt
- Ausgehend von offenen Gesprächsrunden hin zur konkreten Kommunikationsaufforderung

Einbezug externer Lebenswelten
Lehrkräfte sind in ihrem Sozialraum vernetzt. Mitunter kennen sie selbst Personen mit einer Form der Behinderung/Benachteiligung oder verfügen über Kooperationen zu Trägern, die Wissen bereitstellen oder Kontakte zu Betroffenen vermitteln können.

Teilweise, so mitunter auch in den Interviews zu finden, kommt ein Kontakt auch über Schüler*innen zustande. Auch hier kann die Lehrkraft steuern, ob eine Person zu einem bestimmten Thema eingeladen wird oder eine Schulstunde außerhalb der curricularen Vorgaben in Anspruch genommen wird. So könnte bspw. ein*e Handwerker*in eingeladen werden, der/die eine Amputation aufweist, aber dennoch weiter beruflich tätig ist. So käme ein Austausch zustande, welcher in der beruflichen wie privaten Lebenswelt Andockmöglichkeiten bietet.

Erschwert scheint diese Art von Austausch, wenn die Schüler*innen keinen Bezug zu ihrer Lebenswelt herstellen können, die Person bspw. einen Beruf ausübt, welchen die Schüler*innen für sich nicht als relevant erachten. Werden bspw. in der sozialpädagogischen beruflichen Bildung Themen wie psychische Erkrankungen oder alleinerziehende Eltern besprochen, stellt der kommunikative Austausch mit Betroffen im Unterricht eine Möglichkeit dar, Erfahrungen zu sammeln. Konstruktionen 2. Ordnung werden auf diese Weise für die Schüler*innen möglich, ein sehr unmittelbares Wahrnehmen von Lebenswelten anderer. Findet dieser Austausch noch im Kontext von Schule statt, bieten Praktika, so sie denn Teil des jeweiligen Lehrplanes sind, einen weiteren Ansatz, eine Kontrastierung gewohnter Lebenswelten zu initiieren. In Praktika können ganz bewusst, so denn von den Schüler*innen auch so wahrgenommen, Lebenswelten aufgesucht werden, welche bisher verborgen geblieben sind. Erzieher*innen können im Kindergarten oder in Bereichen der sozialen Arbeit Praxiserfahrung sammeln. Pfleger*innen, jetzt verstärkt durch die generalistische Pflegeausbildung, durchlaufen diverse Felder der Medizin und sammeln Erfahrungen mit Kindern, Erwachsenen sowie Senior*innen. Das wäre auch bspw. für Maurer*innen, Tischler*innen oder Bürokauffrauen/-männer denkbar, wie das Beispiel eines Unternehmens aus dem Bereich Finanzen und Versicherungen zeigt, das seine Auszubildenden einwöchige Praktika in der örtlichen Bahnhofsmission besuchen lässt. Dort erlangen diese Zugänge zu Lebenswelten, die sie so eher nicht kennengelernt hätten. Die Erfahrungen helfen den Auszubildenden beim späteren alltäglichen Umgang, denn auch hier werden sie mit Personen Kontakt haben, die völlig unterschiedliche lebensweltliche Hintergründe aufweisen.

- Externe Personen, welche möglichst Bezüge zum Ausbildungsberuf der Jugendlichen aufweisen, können Möglichkeiten für einen Perspektivwechsel bieten
- Praktika, so diese im Lehrplan vorgesehen sind, bieten die Möglichkeit, Lebenswelten aufzusuchen, welche einen maximalen Kontrast zur eigenen Lebenswelt bieten

Lerngegenstand & Lebenswelt

Eine weitere Möglichkeit, Situationen des Lebensweltaustausches zu erzeugen, bietet die Kombination von Lerngegenstand und Lebenswelt. Dieses Vorgehen bedarf allerdings auch der größtmöglichen Sensibilität und beruht auf einem etablierten Vertrauensverhältnis in der Klasse und zwischen den Schüler*innen. Daher ist dieses nur zu empfehlen, wenn beides besteht. Lehrkräfte können Lebenswelten von Schüler*innen, sei es eine krisenhafte Lebensphase oder eine Form der Benachteiligung/Behinderung, auch inhaltlich im Unterricht thematisieren. Auf diese Weise würden diese als Anschauungsbeispiel im Unterricht dienen, was natürlich des Einverständnisses der jeweils Betroffenen bedarf. Wegen der unmittelbaren Nähe zur Lebenswelt einer betroffenen Person werden Konstruktionen 2. Ordnung möglich, welche auch durch Nachfragen und Gespräche im Klassengefüge überprüft werden können. Das in einem Interview geschilderte Thematisieren von Amputationen bspw. in der Ausbildung zum/zur Orthopädietechnik-Mechaniker*in, unterlegt von den Schilderungen des veränderten Arbeitsalltages der betroffenen Person, in diesem Fall ein*e Schüler*in des Klassenverbandes, kann einen tiefen Einblick in die entsprechende Lebenswelt ermöglichen. Auch persönliche Krisen wie finanzielle Nöte oder Konflikte in der Familie können mit der nötigen Sensibilität Anlässe zu einem Lebensweltaustausch bieten. Grundlegend für dieses Vorgehen ist, dass Lehrkräfte Kenntnis der Lebenswelt der Schüler*innen haben, was bei einer fehlenden Vertrauensbasis eher unwahrscheinlich ist. Der Fokus sollte dann auch eher die Bewältigung der Krise sein als perspektivenschaffend. Lehrkräfte wären demnach aufgefordert, zu prüfen, wo und wie sie in ihrem Unterricht den aktuellen Lerninhalt mit den Lebenswelten ihrer Schüler*innen verknüpfen können. Sicher muss dies nicht zwingend anhand von Behinderung/Benachteiligung geschehen. Dass Unterricht grundsätzlich an den Lebenswelten der Schüler*innen ansetzen sollte, ist eine bekannte Anforderung (Kultusministerkonferenz (KMK), 2019), die Arbeit mit den beschriebenen heterogenen Lebenswelten stellt dabei eine speziellere Form dar.

- Verknüpfen der Lebenswelten von Schüler*innen mit Behinderung/Benachteiligung mit aktuellen Lerngegenständen
- Erfordert größtmögliche Sensibilität und intaktes Vertrauensverhältnis in der Schulklasse

6.2.3 Thematisierung

Reflexion, also das rückgewandte Konfrontieren mit dem eigenen Denken und Handeln, kann eine weitere Handlungsempfehlung darstellen. Stellt Reflexion in der Regel eine nach innen gerichtete kognitive Handlung dar, einem inneren Dialog vergleichbar, bietet diese hier einen Ansatz, welcher die gesamte Schulklasse betrifft. Aus den empirischen Daten konnten drei unterschiedliche Vorgehensweisen herausgearbeitet werden.

Lehrkraft im Zentrum

Im ersten Fall legt die Lehrkraft ihre Lebenswelt kommunikativ vor der Klasse offen. Als erwachsene Personen verfügen Lehrkräfte über mannigfaltige Erfahrungen, welche sie im Laufe ihrer Biografie angehäuft haben. Auf diese Weise bildet sich deren Habitus heraus, welcher auch im beruflichen Unterricht wirksam wird. Diese Erfahrungen sind, auch wenn nicht immer völlig identisch mit denen der Schüler*innen, mit denen junger Menschen der aktuellen Generation vergleichbar. Sicher sind Abweichungen auszumachen, so bspw. in der Nutzung und Produktion sozialer Medien, welche die Art und Weise des Aufwachsens beeinflussen. Die grundsätzlichen Entwicklungsaufgaben (Havighurst, 1953; Hurrelmann & Quenzel, 2012) sind im Wesentlichen jedoch gleich geblieben. Lehrkräfte können auslegen, welche Herausforderungen sie selbst in der Schule gemeistert haben, wie ihre Suche nach einem Beruf verlaufen ist, welche Hürden sie bei der Familiengründung und Kinderbetreuung erlebten etc. Es gibt hier diverse Ansätze und Möglichkeiten, wie und was Lehrkräfte aus ihrer eigenen Lebenswelt öffentlich machen können.

Ziel einer solchen Öffnung ist es, eine Atmosphäre zu schaffen, in der ein Lebensweltaustausch möglich wird. Die Lehrkraft fungiert auf diese Weise als role model, als Vorreiter*in, der/die mit einer eigenen Lebensweltoffenbarung beginnt, um Ankerpunkte für Schüler*innen zu schaffen, an denen auch sie eine Öffnung initiieren wollen. Auf diese Weise kommt allmählich und niedrigschwellig ein Austausch zustande. Lehrkräfte berichten von etwas und die Schüler*innen können darauf reagieren, sei es verbal oder zunächst erstmal rezeptiv. Die Lehrkraft hat aufgrund ihres Alters einen Erfahrungsvorsprung, welchen sie mit den Schüler*innen teilen kann. Diese konstruieren daraus Ansichten und Vorgehensweisen, welche wirksam werden können, wenn diese später selbst ähnliche Situationen bewältigen müssen. Auf diese Weise wird auf der 2. Konstruktionsebene ebenso ein kleiner Vorrat an Wissen und Handlungsmöglichkeiten generiert. Lehrkräfte sollten zuvor für sich klären, was sie mit ihren Schüler*innen teilen möchten und auf welche Weise sie dies didaktisch ausgestalten.

- Lehrkräfte können Erfahrungen ihrer eigenen Biografie im Unterricht zur Reflexion bereitstellen

Schüler*in im Zentrum

Findet das oben erwähnte Vorgehen noch im gesamten Klassengefüge statt, gibt es auch einen eher individuelleren und privateren Zugang. Mittels individueller Ansprache, einem lebensweltorientierten Einzelgespräch, versucht die Lehrkraft einen Zugang zur Lebenswelt von Schüler*innen zu erhalten. Grundlegend hierfür ist eine stabile Vertrauensbasis zum/zur jeweiligen Schüler*in. Um diese Vertrauensbasis zu wahren und zu stärken, empfiehlt sich dabei ein Gespräch auf Augenhöhe, damit ein gleichrangiger Austausch von Lebenswelt stattfinden kann (vgl. horizontale Kommunikation im Kontext der zuvor beschriebenen Ansätze zur Beteiligung). Die Initiative geht dabei dennoch von der Lehrkraft aus, welche anlässlich einer Begebenheit (bspw. Verhaltensänderung des Schülers/der Schülerin) oder aus freiem Interesse ein solches Gespräch initiiert. Dabei ist darauf zu achten, dass es bei einem freiwilligen Austausch bleibt und Grenzen bei der Offenbarung akzeptiert werden. Ein solches Gespräch kann auch auf ein Gespräch mit Lehrkraftfokussierung (s. o.) folgen. In diesem Fall hätte die Lehrkraft einen Vertrauensvorschuss durch die eigene Öffnung in die Klasse gegeben, welcher dazu führen kann, dass sich einzelne Schüler*innen im Einzelgespräch austauschen wollen. Einige Schüler*innen trauen sich eventuell nicht, ihre Ansichten oder Einschätzungen über das von der Lehrkraft Berichtete im Klassenverband zu teilen und benötigen einen intimeren Rahmen. Ein denkbares Szenario: Während die Lehrkraft ihre Lebenswelt öffnet, fällt der Blick auf ein*e Schüler*in, welche*r in sich versunken scheint oder skeptisch blickt. Dies kann von der Lehrkraft in einem Gespräch mit der entsprechenden Person aufgefangen werden. Es würde dann einen sehr direkten Zugang zur Lebenswelt des Schülers/der Schülerin

ermöglichen. Ein solches Vorgehen erscheint zeitaufwendig und bedarf eines besonderen pädagogischen Geschicks.
- Klärende Gespräche mit Schüler*innen bei gegebenen Anlässen
- Diese Gespräche benötigen Zeit und einen entsprechenden Rahmen

Kenntnis von und Umgang mit der eigenen Andersartigkeit

Schnell ist ausgesprochen, dass jeder Mensch einzigartig ist. Doch was genau bedeutet das auf individueller Ebene und wie kann diese Erkenntnis auf individueller Ebene Wirksamkeit erzielen? Ein Umgang mit Andersartigkeit setzt eine Reflexion der eigenen Individualität voraus. Das beginnt beim eigenen Erscheinungsbild, den Körpermerkmalen und reicht weiter über persönliche Ansichten und Einstellungen hinaus. In einer diversifizierten und offenen Gesellschaft kommt es zwangsläufig auch zur Ausprägung ganz unterschiedlicher Vorlieben und Eigenheiten, die ein Individuum auszeichnen. Dies anzuerkennen und in seiner Existenz zunächst neutral zu beachten, meint Anerkennung von Heterogenität. Dass sich daraus auch Widersprüche und Antinomien auf individueller Ebene ergeben, ist nachvollziehbar. Wenn Lehrkräfte ihren eigenen Umgang mit Kontrasten und Widersprüchen im Abgleich mit ihrer eigenen Lebenswelt thematisieren und damit offenlegen, können Schüler*innen in Form eines Modelllernens eigene Strategien zum Umgang mit Heterogenität entwickeln bzw. bestehende Strategien im Kontext der eigenen Lebenswelt hinterfragend reflektieren und auf diese Weise weiterentwickeln. Es steht also auch immer der Umgang mit anderen Personen im Fokus. Dabei kommt es vor allem darauf an, Handlungsmöglichkeiten und -alternativen kennenzulernen sowie diese zu erproben. Berufliche Schulen sind dafür gut geeignet. Hier kommen, je nach Schulformen, welche im jeweiligen Haus vereint sind, Schüler*innen mit äußerst heterogenen biografischen Hintergründen zusammen. Diese Vielfalt entsprechend für einen Erkenntnisgewinn fruchtbar zu machen, um damit eventuell starre Vorurteile zu dekonstruieren, kann große Potenziale für Perspektivwechsel bieten.
- Die Vielfalt in beruflichen Schulen bietet Potenziale für Perspektivwechsel
- Deutungs- und Handlungsalternativen müssen aufgezeigt und erprobt werden

6.3 Strukturieren – Empfehlung zur Etablierung inklusiver Schulstrukturen/-praktiken/-kulturen

Im Zuge der empirischen Auswertung zeigten sich neben den prioritär betrachteten Aspekten des Erkennens und Erzeugens auch stets Aspekte, die über den Unterricht hinaus die Organisationsform Schule betreffen. So bezogen sich bzw. verwiesen die befragten Lehrkräfte bspw. auf ihr Arbeitsumfeld und hintergründig ablaufende Prozesse als wichtige Einflussfaktoren für ihre Tätigkeit im Unterricht. Im Gegensatz zu den Handlungsempfehlungen zum Erkennen und Erzeugen stehen die Lehrkräfte hierbei in größtmöglicher Abhängigkeit zu anderen Einzelpersonen, Funktionsträger*innen und Organisationseinheiten innerhalb und außerhalb des Schulkontextes. Aufgrund dieser Bedingtheit unterscheiden sich die Handlungsempfehlungen zum

Strukturieren dahingehend, dass die folgenden Ausführungen primär als Impuls zur Reflexion des eigenen Arbeitsumfeldes zu verstehen sind.

Betrachtet man also die empirisch herausgestellten Strukturen, Prozesse und Einstellungen, die eine Lehrkraft in ihrer täglichen Arbeit abseits des Unterrichtsgeschehens umgeben, lässt sich eine Einteilung vornehmen, die bereits im Feld der Sonderpädagogik und darüber hinaus seit einiger Zeit Anwendung findet, niedergelegt im „Index zur Inklusion". Der Index für Inklusion als ein „Instrument zur Entwicklung eines Inklusionsverständnisses für pädagogisches Handeln" (Wirth, 2015, S. 46) erschien in der deutschen Fassung bereits 2003, durchlief mehrere Auflagen der Novellierung und wurde seitdem für Strukturen der Kindertagesbetreuung und kommunaler Institutionen und Vereine adaptiert (vgl. Boban & Hinz, 2017, S. 9). Wie wir sehen werden, kann er auch für die berufliche Bildung Wirkung entfalten. Die dem Index zugrunde liegende Einteilung unterscheidet etliche Indikatoren in den Dimensionen inklusiver Kulturen, Strukturen und Praktiken (vgl. Wirth, 2015, S. 46). Im Rahmen unserer empirischen Untersuchung konnten wir sowohl Aspekte der Vernetzung und Weiterbildung als auch Haltungsfragen identifizieren. Setzt man diese in Verbindung mit dem dreiteiligen Schema des Index für Inklusion ergibt sich folgendes Bild:

Abbildung 29: Etablierung inklusiver Schulstrukturen

In Anlehnung an Booth & Ainscow (2003) wurden in der Abbildung die empirisch gewonnenen, strukturbezogenen Aspekte den drei Dimensionen des Index zugeordnet. Im Folgenden werden nun die einzelnen Aspekte erläutert und mit den entsprechenden Indikatoren des Index in Bezug gesetzt.

Schulstrukturen

Sowohl bei den Interviews als auch bei der Online-Studie stellte sich heraus, dass ein genereller Bedarf an fachlicher inner- wie auch außerschulischer Vernetzung besteht. Gemeint ist damit bspw. der Kontaktaufbau und interdisziplinäre Austausch mit Fachkräften der Schulsozialarbeit. Wird der Ausbau und Erhalt von Netzwerken und Unterstützungssystemen seitens der Lehrkraft als nebensächlich betrachtet, hat dies konkrete Auswirkungen auf das Erkennen der Lebenswelten der Schüler*innen. Etwaige Konstruktionen 3. Ordnung könnten nur bedingt oder gar nicht zustande kommen, wodurch ein Teil des holistischen Erkenntnisprozesses fehlen würde. Der Index für Inklusion fasst den empirisch festgestellten Bedarf an fachlicher Vernetzung im Indikator B.2.1. „Alle Formen der Unterstützung werden koordiniert" (Booth und Ainscow, 2003, S. 51).

Des Weiteren konnte im Zuge der Auswertung der Empirie ein genereller Bedarf an anlassunabhängigen, fachlichen Weiterbildungen ermittelt werden. Insbesondere die Vermittlung von Lebensweltaspekten bestimmter Personenkreise, die bislang nur marginal im Kontext von Berufsschulen in Erscheinung traten, ist eine Möglichkeit, den Bedürfnissen von Lehrkräften in heterogenen Lehr-Lern-Settings zu entsprechen. Speziell im Bereich psychischer und geistiger Beeinträchtigungen besteht seitens der Lehrkräfte Verunsicherung, der zunächst mit grundlegenden lebensweltlichen Kenntnissen begegnet werden kann. Dies bestätigt auch der Index für Inklusion in Form des Indikators B.2.2. „Fortbildungsangebote helfen den Mitarbeiter*innen, auf die Vielfalt der Schüler*innen einzugehen" (ebd.).

Schulpraktiken

Neben dem Aspekt, dass inklusive Unterrichtssettings grundsätzlich anlassunabhängige Weiterbildungsangebote nach sich ziehen sollten, zeigte sich in der Empirie auch ein eher individuelles, anlassbezogenes Weiterbildungsinteresse auf Seiten der Lehrkräfte. Entstehen bspw. im Unterricht Situationen des Nicht-Verstehens in Verbindung mit einer Behinderung, informieren sich Lehrkräfte mitunter im Privaten, lesen sich Fachwissen an oder belegen Volkshochschulkurse. Da allerdings nicht davon ausgegangen werden kann, stets intrinsisch motivierte Lehrkräfte vorzufinden, bedarf es verstetigter Praktiken in den Schulen, die in Fällen des Nicht-Verstehens angewandt werden können.

Der Index für Inklusion bietet anhand des Indikators C. 2. „Ressourcen mobilisieren" (Booth und Ainscow, 2003, S. 52) eine Möglichkeit zur Reflexion des eigenen Umfelds auf der Suche nach einer Hilfestellung für Herausforderungen im Unterricht. So bieten etwa Fragen danach, ob alle Fachkenntnisse der Kolleg*innen ausgeschöpft oder sämtliche Ressourcen der Schule bekannt sind, die Möglichkeit, mit geringem Aufwand selbstorganisiert zu Handlungsansätzen zu kommen, ohne dabei im Privaten zusätzlich Zeit aufwenden zu müssen. Grundlegend für diesen Aspekt inklusiver Schulpraktik ist wiederum eine ausreichende Vernetzung in bereits beschriebener Form.

Schulkulturen

Ein Ergebnis der Online-Befragung beschrieb einen Zusammenhang zwischen dem Wunsch nach Weiterbildungen hinsichtlich lebensweltlicher Aspekte bspw. bei psychischen Beeinträchtigungen und den Einstellungen zum gemeinsamen Unterricht seitens der Lehrkräfte. Sehen sich Lehrkräfte im Hinblick auf den Unterricht mit heterogenen Gruppen entsprechend gut vorbereitet, hat dies positive Auswirkungen auf die Einstellung zum gemeinsamen Unterricht im Ganzen. Von hier ausgehend erweitert der Index für Inklusion die Frage nach Einstellungen von einzelnen Personen auf eine Gruppe vieler an Schule direkt und indirekt Beteiligter: A2.2 „Mitarbeiter*innen, Schüler*innen, Eltern und schulische Gremien haben eine gemeinsame Philosophie der Inklusion" (Booth und Ainscow, 2003, S. 50). Diesem Teilaspekt einer inklusiven Kultur, der gemeinsamen Philosophie von Inklusion, geht ein dementsprechend intensiver Prozess des strukturierten Austauschs aller Beteiligten voraus. Ein Prozess, der stets speziell auf eine Schule zugeschnitten sein wird, zu dem Weiterbildungsformate allerdings mithilfe des Index für Inklusion etliche Anregungen bieten können.

Sowohl hinsichtlich inklusiver Schulstrukturen und Praktiken als auch inklusiver Schulkulturen ist die Vernetzung von Lehr- und Fachkräften in der Organisationsform Schule ein zentraler Aspekt. Darüber hinaus ließ sich in den Interviews punktuell eine erweiterte Form der Vernetzung finden. So berichteten einige Lehrkräfte von Vorteilen beim Erkennen und Deuten der Lebenswelten der Schüler*innen aufgrund der eigenen Einbettung in den umliegenden Sozialraum. Im selben Ausbildungs-, Schul- oder Wohnort persönlich vernetzt zu sein, ermöglicht es den Lehrer*innen, einen Einblick in die lokalen Lebenswirklichkeiten zu erlangen, Konstruktionen 3. Ordnung außerhalb der Schule herzustellen und die Bandbreite an Unterstützungsmöglichkeiten zu erweitern. Dieser Aspekt findet sich ebenso im Index für Inklusion unter dem Indikator A 1.7 „Alle lokalen Gruppierungen sind in die Arbeit der Schule einbezogen" (ebd.) wieder. Verstehen Berufsschullehrkräfte ihr Handeln nicht einzig auf den Schulkontext beschränkt, sondern auch als Bestandteil lokaler gesellschaftlicher Entwicklungen, hätte dies sowohl positive Auswirkungen auf die eigene Selbstwirksamkeit als auch auf inklusive Lehr-Lern-Settings an berufsbildenden Schulen.

Wie eingangs beschrieben galt es, im Bereich des Strukturierens Impulse zur Reflexion ausfindig zu machen, die wiederum Anwendung in Weiterbildungsformaten finden können. Es zeigt sich, dass aufgrund der relativen Deckungsgleichheit ausgewählter empirischer Erkenntnisse mit einzelnen Indikatoren des Index für Inklusion ein adäquates Instrument gefunden werden konnte. Der originär sonderpädagogische Index für Inklusion bietet auch für berufsbildende Schulen eine Fülle an Impulsen, um weite Teile des Arbeitsumfeldes kritisch in den Blick zu nehmen. Die zentrale Handlungsempfehlung ist demnach die Anleitung von Berufsschullehrkräften zu einer intensiven kritischen Auseinandersetzung mit ihrem eigenen Tätigkeitsraum Schule, unter Zuhilfenahme des Index für Inklusion. Neben den Handlungsempfehlungen zum Erkennen und Deuten von Lebenswelten im Unterricht ergeben sich dadurch zusätzliche Möglichkeiten, Veränderungsprozesse auf weiteren Ebenen der Organisationsform Schule anzustoßen und das gemeinsame Lernen von Schüler*innen mit und ohne Beeinträchtigung an berufsbildenden Schulen zu ermöglichen bzw. stetig zu verbessern.

6.3.1 Haltungsfragen/Habitusforschung

Setzt man sich zur Reflexion des eigenen Handelns und der umgebenden Struktur von Schule mit dem Index für Inklusion auseinander, stößt man fortlaufend auf individuelle wie auch kollektive Prinzipien, wie z. B. inklusive Werte, innere Einstellungen und kollektive Haltungen. In der hier vorgelegten Untersuchung entstand ebenso der Eindruck, dass sowohl das Gelingen als auch das Nicht-Gelingen des Handelns von Lehrer*innen mitunter auf Fragen der eigenen Haltung zurückzuführen sind. In welcher Form sich eine Lehrkraft auch den strukturellen Herausforderungen des heterogenen Unterrichts in einer berufsbildenden Schule stellt, hängt maßgeblich von der eigenen Überzeugung ab. Wenngleich es paradox klingen mag, bedarf es also zum Initiieren struktureller Veränderungen eben jener habituellen Aspekte, die letztlich erst dazu führen, dass sich Heterogenität organisieren, Ressourcen mobilisieren und eine inklusive Gemeinschaft bilden lassen. In diesem Sinne wird im Folgenden als Abschluss der Versuch unternommen, das Theorem des Habitus im Feld der Berufspädagogik zu skizzieren und die besonderen Herausforderungen im Abgleich mit den Schüler*innen herauszustellen.

7 Habitus von Lehrkräften und Schüler*innen der Bildungsfremdheit und -notwendigkeit – Herausforderung für inklusive berufliche Lehr-Lern-Situationen

Im folgenden letzten Teil der Untersuchung wird der Versuch unternommen, Erkenntnisse über habituelle Orientierungen von Berufsschullehrkräften zu ermitteln und zu klären, ob sie für inklusive Lehr-Lern-Situationen in der Berufsbildung fruchtbar gemacht werden können. Berufsschullehrkräften und betrieblichem Ausbildungspersonal wird dadurch zu einem besseren Verständnis habituell bedingter Differenzen in inklusiven Lehr-Lern-Situationen verholfen, die hauptsächlich durch die Schülerhabitus der Bildungsfremdheit und -notwendigkeit entstehen. Diesen Schülerhabitus kennzeichnet vor allem die Gruppe ehemaliger Sonder- und Hauptschüler*innen ohne Schulabschluss.

Ausgangshypothese ist es, dass sich spezifische Habitus der Lehrkräfte fördernd oder hemmend im Rahmen inklusiver Lehr-Lern-Situationen auswirken, je nachdem, ob differente habituelle Orientierungen der Schüler*innen berücksichtigt werden oder nicht. Die leitende Fragestellung zielt daher auf die Aufklärung der Differenz von Lehrer- und Schülerhabitus der Bildungsfremdheit und -notwendigkeit, der Habitusdifferenz. Bei dieser Teilgruppe der Schülerschaft in der Berufsbildung tritt die Habitusdifferenz am deutlichsten in Erscheinung. Schülerhabitus der Bildungsexzellenz und des Bildungsstrebens sind zu vernachlässigen, weil Differenzen nicht zu erwarten sind, und wenn doch, kaum folgenreich sind. Von der Klärung unserer Fragestellung wird die Herstellung einer besseren Passung zwischen den Habitus erwartet, die zum Verstehen von habituell bedingten Differenzen in inklusiven Lehr-Lern-Situationen beiträgt. Unsere Frage ist im Zusammenhang mit der Umsetzung der UN-BRK virulent, als danach Schüler*innen ohne Hauptschulabschluss häufiger als zuvor mit Schüler*innen mit „normalen" Abschlüssen verschiedener anderer Bildungsgänge gemeinsam unterrichtet werden. Die Ersteren befinden sich zum ganz überwiegenden Teil im Übergangsbereich, insbesondere in Bildungsgängen mit geringen Chancen auf einen anerkannten Berufsabschluss (Rützel, 2013, S. 5).

Lehrkräfte mit langer Erfahrung in diesen Bildungsgängen verfügen über Kenntnisse von ‚fremden' Lebenswelten der Jugendlichen, Lehrkräfte im dualen System oder in Bildungsgängen mit voll qualifizierenden Abschlüssen dagegen weniger. Diejenigen mit nur wenig Wissen sind aufgefordert, sich in Zukunft intensiver mit diesen fremden Lebenswelten in der inklusiven Berufsbildung zu beschäftigen, wollen sie einen Zugang zu Schüler*innen mit dem Habitus der Bildungsfremdheit und -notwendigkeit finden. Die dadurch leichter herstellbare Passung zwischen Lehrer-

und Schülerhabitus stellt die Grundlage für pädagogisches Verstehen von habituell bedingten Differenzen dar, etwa beim Auftreten von Schwierigkeiten in inklusiven Lehr-Lern-Situationen. Voraussetzung ist es, dass sich die Lehrkräfte über die eigenen habituellen Orientierungen bewusst sind, die ihre Wahrnehmung und Situationsdefinition beeinflussen, ebenso wie über diejenigen ihrer Schüler*innen. Lehrkräfte handeln so – woran das Thomas-Theorem erinnert (vgl. Thomas & Thomas, 1928) – wie sie die Situation sehen. Sind sie sich nicht darüber im Klaren, setzt sich der Lehrerhabitus immer wieder hinter ihrem Rücken durch und verhindert eine Passung mit den Schülerhabitus. Die Klärung habituell bedingter differenter Wahrnehmungen und Definitionen von inklusiven Lehr-Lern-Situationen bietet dann die Chance, Unterricht produktiver zu gestalten.

Aufgrund unserer Fragestellung spielen an dieser Stelle die Schülerhabitus der Bildungsexzellenz und des Bildungsstrebens sowie die Herstellung von Passung der heterogenen Schülerhabitus untereinander, die Inklusion der Schüler*innen in die Peerwelt, nur am Rande eine Rolle.

7.1 Theoretischer Rahmen

7.1.1 Habitus und soziale Felder

„Habitus, […] das ist eine allgemeine Grundhaltung, eine Disposition gegenüber der Welt, die zu systematischen Stellungnahmen führt. … wie einer spricht, tanzt, lacht, liest, was er liest, was er mag, welche Bekannte und Freunde er hat usw. – all das ist eng miteinander verknüpft" (Bourdieu, 1992, S. 32 f.). Sprache, Kleidung, Körperhaltung, Interessen und Geschmack sind also Ausdruck des Habitus, seiner dominierenden Dispositionen, Mentalitäten und der darin enthaltenen Werte und Normen. Der Habitus von Akteur*innen ist nicht direkt sichtbar, lässt sich aber in alltäglichen Interaktionen entschlüsseln und im Feld der Forschung unter Berücksichtigung der allfälligen Ungenauigkeiten rekonstruieren. Er vermittelt sich über Symbole, die sich in einer spezifischen Auswahl von Merkmalen widerspiegeln. Im Habitus wird das Gesellschaftliche sichtbar, das die individuelle Auswahl der Merkmale als Symbolträger bestimmt. Insofern sind die Symbole nicht frei gewählt. Zugleich ist ihre Wahl vom verfügbaren ökonomischen, kulturellen und sozialen Kapital abhängig (ebd., S. 49 ff.) und verweist in ihrer Gesamtheit auf einen besonderen Lebensstil. Lebensstile können sich sehr ähneln, weil vergleichbare soziale Lebenslagen zwar nicht zu übereinstimmendem, aber strukturähnlichem (homologem) Habitus beitragen. Nehmen wir ihn als different wahr, manifestiert sich soziale Ungleichheit.

Im Habitus drückt sich immer auch die affektiv vermittelte Tiefenstruktur einer ‚ganzen' Person aus, nicht nur Ausschnitte oder einzelne Aspekte einer Person. So verweist der Habitus der Professionellen in sozialen Feldern wie der Schule nicht nur auf Kenntnisse und Fähigkeiten, die durch Ausbildung und Berufserfahrung erworben werden, sondern auch auf die Gesamtheit von Handlungsdispositionen und Orientierungen, die durch die vorangegangene Lebens- und Interaktionsgeschichte nachhaltig geprägt wurden. Dispositionen und Orientierungen bestimmen letztlich bewusstes und intentionales Handeln, dessen Reichweite und Grenzen. Der Habitus vermittelt Individuen ihren Sinn für die eigene Stellung im sozialen Raum, d. h. in der Gesellschaft, wodurch er ‚bestimmt', was sie sich erlauben können und was nicht (Kramer, 2014, S. 185). Eine solche gesellschaftliche Bestimmung der Handlungssteuerung trägt zu sozialer Ungleichheit und ihrer Reproduktion bei. Allerdings drückt sich im habituellen Handeln nicht allein die Verarbeitung von Erfahrungen unterschiedlicher gesellschaftlicher Strukturen aus oder von autonomen Entscheidungen des Akteurs bzw. der Akteurin, deren Handlungen nach Rational-choice-Modellen einer Kosten-Nutzen-Kalkulation unterliegen (Boudon, 1974). Das Habituskonzept macht vielmehr den Versuch, die Dichotomie von Struktur und Handlung zu überwinden. Es verschränkt beide so, dass hinter dem individuellen Handeln Gesellschaftliches sichtbar wird und der Habitus der Akteure und Akteurinnen als Ergebnis der „Inkorporierung von sozialen Strukturen" erkennbar und begreifbar wird (Bourdieu & Wacquant, 2006, S. 173).

Es entstehen verschiedene Habitus in unterschiedlichen Herkunftsmilieus. Sie sind der Ort, an dem durch Aushandlung und Sozialisation der familiäre primäre Habitus von Akteur*innen generiert wird, der die gesellschaftlich bestimmte Struktur und Grenze der Wahrnehmungs-, Denk- und Handlungsschemata im weiteren Lebensverlauf formt. Auch spezifische Bildungsorientierungen haben hier ihren Ursprung und sind Teil des Habitus (Lange-Vester & Teiwes-Kügler, 2014, S. 179). Wenn Kinder in ihrem Herkunftsmilieu allgemeine Grundhaltungen generieren, sind sie den Einflüssen des Milieus nicht passiv ausgesetzt, sondern aktiv beteiligt. Auf dieser Basis entwickeln sich die genannten Schemata, die der Habitus je nach sozialer Situation aktiviert, durch neue Erfahrungen erweitert und verändert. Insofern ist der Habitus eine strukturierte Struktur, weil er als inkorporierte Lebensgeschichte in die soziale Situation eingebracht wird, wie auch eine strukturierende Struktur, weil er situationsspezifisch immer wieder neue Praktiken und Praxis erzeugt (Bourdieu, 2015, S. 98ff.). Die Schemata beider Strukturtypen bringen sozial angemessene oder abweichende Praktiken hervor. Wird das Letztere von anderen Akteur*innen in sozialen Feldern wahrgenommen, bringt auch das soziale Ungleichheit zum Ausdruck.

Soziale Ungleichheit entsteht folglich, wenn durch Habitus beeinflussende Praktiken und Praxis nicht in ein soziales Feld passen, die Akteure und Akteurinnen seine Spielregeln nicht kennen, nicht befolgen oder kein hinreichendes ökonomisches, kulturelles und soziales Kapital haben, um ihre Sichtweisen so zur Geltung bringen, dass sie durchsetzungsfähig sind. Soziale Felder sind relativ autonome gesellschaftliche Systeme mit unterschiedlichem Komplexitätsgrad, etwa Wirtschaft oder Familie, und einer Eigenlogik. Jedes Feld beinhaltet spezifische Interessen, eigene Spielregeln und ‚Gesetze'. Was in einem Feld anerkannt, für wichtig und wahr gehalten wird, ist in einem anderen Feld irrelevant, etwa die im Wissenschaftsbetrieb relevante Anzahl von peer reviewed Artikeln, die im Feld des Handwerks keine Rolle spielen. Jeder macht im Laufe des Lebens verschiedene Erfahrungen in unterschiedlichen sozialen Feldern und erfährt, dass Macht und Erfolg vom Einsatz des jeweiligen Kapitals bzw. der Ressourcen einer Person oder von Gruppen abhängig sind. In vielen sozialen Feldern gibt es Gruppen, die die bisherige Ordnung des Feldes aufrechterhalten wollen, andere streben dagegen seine Veränderung an. Aufrechterhaltung oder Veränderung der Ordnung ist nicht zuletzt vom jeweiligen für das spezifische Feld bestimmenden Kapital abhängig. Kapital wird dann „...als Waffe und als umkämpftes Objekt wirksam, das, was es seinem Besitzer erlaubt, Macht oder Einfluss auszuüben, also in einem bestimmten Feld zu existieren..." (Bourdieu & Wacquant, 2006, S. 128). Soziale Felder können wechselseitig beeinflusste Bereiche aufweisen, etwa das Feld Schule als Teil des Feldes Bildungspolitik. Beide Bereiche bewahren allerdings ihre Eigenlogik und Spielregeln. Die Dominanz einer Sichtweise innerhalb eines Feldes ist Folge eines Machtkampfes von Akteur*innen, der zugunsten des erfolgreichen Einsatzes einer habituell beeinflussten Strategie mit dem verfügbaren, das Feld bestimmenden Kapital ausgegangen ist (ebd., S. 129). Eine Veränderung des Feldes und seiner Spielregeln findet statt, wenn sich eine Gegenposition mit entsprechendem Kapitaleinsatz als durchsetzungsfähiger erweist. Verlierer*innen sind diejenigen, deren Sichtweise das soziale Feld bisher dominierte. Habitus und Feld stehen demnach in einer Beziehung zueinander. Generell lässt sich von feldspezifischen Habitus und Habitusformen sprechen, in speziellen Feldern wie dem schulischen Feld von Lehrerhabitus und Schülerhabitus (Helsper et al., 2014; Kramer, 2014; Helsper, 2018).

7.1.2 Lehrerhabitus und Habitussensibilität

Wie jeder Habitus ist auch der Lehrerhabitus Resultat der Biografie. In diesen gehen der familiäre Herkunftshabitus wie der in sekundärer Sozialisation individuell erworbene Habitus ein, der sich in der Tätigkeit als Lehrkraft in der Schule zu einem feldspezifischen Habitus ausformt. Habitus entwickelt sich in den sozialen Herkunftsmilieus im Umgang mit Wissen und Bildung – Lehrkräfte kommen oft aus heterogenen Milieus, meist aus mittleren und oberen Milieus, und weisen keinen homogenen Habitus auf (Lange-Vester & Teiwes-Kügler, 2013). Ferner tragen die eigenen sozialisatorischen Erfahrungen im schulischen und universitären Feld dazu bei, wobei diejenigen im schulischen Feld zur Herausbildung des Schülerhabitus führen, der eine wichtige Rolle bei der späteren Berufsfindung und -entscheidung spielt. Der Eintritt ins Referendariat und in die Schule als Arbeitsort ermöglicht den Junglehrer*innen schließlich die Ausformung eines Lehrerhabitus. Folgende Abbildung fasst zusammen, welche habituellen Dispositionen und Orientierungen in den Lehrerhabitus eingehen und welche Wechselwirkungen zwischen den verschiedenen sozialen Feldern und feldspezifischen Habitus zur Herausbildung eines Lehrerhabitus bestehen:

Abbildung 30 zeigt, dass die familiären habituellen und schulbezogenen Orientierungen des Schülerhabitus in die Orientierungen und Praktiken des Habitus der Lehrkraft eingehen. Die Ersteren reproduzieren sich darin, relativieren oder transformieren sich, indem der Schülerhabitus mit zur Herausbildung eines eigenen Habitus etwa durch signifikante Erfahrungen in Peer- und Freundschaftsbeziehungen beiträgt und zur Bestätigung oder Revision der familiären Orientierungen führt. Der individuell erworbene Habitus generiert schließlich die Entscheidung, ein Lehramtsstudium zu ergreifen, in dem tertiäre Sozialisationserfahrungen zur weiteren Ausformung des

Lehrerhabitus führen. Insofern hängen die Orientierungen des Lehrerhabitus mit den Orientierungen des individuell erworbenen Habitus sowie des reproduzierten oder revidierten familiären Habitus zusammen.

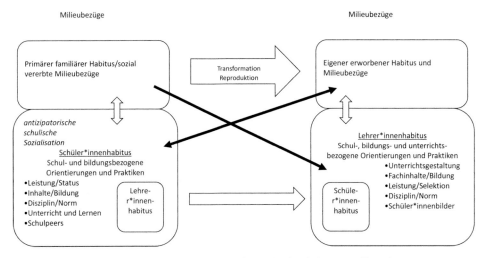

Abbildung 30: Herkunfts- und individueller sowie Schüler- und Lehrerhabitus (Quelle: Helsper, 2018, S. 128)

Die dargestellten Elemente des Lehrerhabitus oszillieren zwischen zwei Polen: hinsichtlich der Unterrichtsgestaltung zwischen grundlegenden Orientierungen zu selbstständigem Lernen und offenen Unterrichtskonzepten oder zu Lehrerzentrierung und frontalem Unterricht; hinsichtlich der Fachinhalte und Bildung zwischen denen, die die Vermittlung von Wissen um der Welterweiterung der Schüler*innen willen akzentuieren, oder denen, die Fachinhalte ins Zentrum stellen; hinsichtlich Leistung und Selektion zwischen denen, die den Selektionsauftrag der Schule abschwächen, indem Leistung als individueller und sozialer Lernfortschritt und nicht als selektive Größe im Vordergrund steht, oder denen, die Leistung als ein gerechtes Mittel für die Allokation der Schüler*innen betrachten; schließlich hinsichtlich Disziplin und Norm zwischen denen, die eine demokratische Teilhabe der Schüler*innen bei der Herstellung von Ordnung und Regeln ermöglichen, oder mithilfe von Macht und Kontrolle Regeln und Ordnung oktroyieren. In diese Orientierungen des Lehrerhabitus sind Schülerbilder inkorporiert, die je nach Element auf dem Kontinuum der Pole zu den Orientierungen passen und mit dem eigenen reproduzierten oder revidierten Schülerhabitus der Lehrkraft zusammenhängen.

Abbildung 30 ist durch ein weiteres Element zu ergänzen: Die gemeinsame Empfehlung von Hochschulrektoren- und Kultusministerkonferenz zur Lehrerbildung sieht für eine Schule der Vielfalt den „professionelle(n) Umgang mit Inklusion" als „Querschnittsaufgabe" im Lehramtsstudium für alle Schultypen vor (HRK und KMK, 2015, S. 14). Die erwähnten schul-, bildungs- und unterrichtsbezogenen Orientierungen und Praktiken des zukünftigen Lehrerhabitus sind also zusätzlich auf die Querschnittsaufgabe „Inklusion" zu beziehen. Vermittelt durch das Studium von Bildungswissenschaft, Fachwissenschaft und Fachdidaktik entstehen Orientierungen über inklusive Unterrichtsgestaltung bis hin zu veränderten Schülerbildern, die sich zwar nicht von den grundlegenden Orientierungen unterscheiden, aber spezielle inklusionspädagogische Belange einbeziehen. Inklusion betrifft nicht nur den neuen Lehrerhabitus, sondern auch die in ihn eingegangenen Erfahrungen des ehemaligen Schülerhabitus der Lehrkraft, der sich durch zukünftige Interaktion und Kommunikation in heterogenen Gruppen in einer inklusiven Schule anders ausformen wird. Ein solcher Typ von inklusiv orientiertem Lehrerhabitus liegt noch nicht vor und kann erst unter dem Gesichtspunkt von langjährigen inklusionsbezogenen beruflichen Orientierungen und Praktiken empirisch valide rekonstruiert werden.

In anderen theoretischen Systemen werden diese Orientierungen von Lehrkräften unter dem Begriff „Beliefs" erörtert. Beliefs sind nach einem Vorschlag von Kuhl et al. (2013) ein wertebasiertes „Überzeugungssystem" mit affektiven und kognitiven Bestandteilen, das bewusst oder unbewusst handlungswirksam ist. Anderswo werden sie im Sinne von Einstellungen, Haltungen und subjektiven Theorien von Lehrkräften untersucht. Beliefs sind für das Gelingen von Inklusion bedeutsam (vgl. z. B. Moser, 2017). In der pädagogisch-psychologischen Beliefsforschung der Sonderpädagogik spielen soziale Herkunft und Biografie der Lehrkräfte jedoch noch keine Rolle. Vergleichbare Aussagen lassen sich für die Berufspädagogik über die langanhaltende Leitbilddiskussion „Fachmann vs. Pädagoge", das professionelle Selbstverständnis (Grollmann, 2005), das Thema „Subjektive Theorien" (z. B. Themenheft Berufsbildung 2013) und Einstellungsmuster (Bauer, 2006) treffen. Im Unterschied dazu schreibt die soziologische Habitusforschung sozialer Herkunft und Biografie wesentliche Bedeutung für die Entwicklung und Stabilität habitueller Orientierungen zu.

Feldspezifische Formen des Habitus, z. B. verschiedene Schülerhabitus, fordern Lehrkräfte im Schulalltag immer wieder aufs Neue heraus, sie zu verstehen. Wenn nicht, kommt es zu Schwierigkeiten, Missverständnissen und Konflikten im pädagogischen Alltag, nicht zuletzt auch in Lehr-Lern-Situationen. Mit Verstehen zielt Bourdieu (1987, S. 728) auf „ein praktisches Vermögen des Umgangs mit sozialen Differenzen, nämlich zu spüren oder zu erahnen", was einem „Individuum mit einer bestimmten sozialen Position ... entspricht oder nicht". Insofern handelt es sich bei diesem Vermögen um eine Sensibilität, die als Schlüsselqualifikation für alle sozialen Berufe verstanden und als Habitussensibilität bezeichnet werden kann (Sander, 2014). In pädagogischer Interaktion und Kommunikation in der Schule ist Habitussensibilität bedeutsam, wenn Lehrkräfte bei Kindern und Jugendlichen nachhaltige Lern- und Bildungsprozesse in Gang setzen wollen, um Selbstreflexion und „kritische Vernunft" zu stimulieren, die „analytisch Macht über dogmatische Befangenheit" gewinnt (Habermas, 1971, S. 307). Das setzt sensibles Eingehen auf die Schülerhabitus voraus. Mehrere Erziehungswissenschaftler*innen schreiben solchen Bildungsprozessen das Potenzial zu, habituelle Dispositionen zu transformieren und Bildung als Habitustransformation aufzufassen (z. B. Koller, 2018).

Sensibel für Habitusformen anderer in Interaktionen zu sein, bedeutet, sich mit ihren Milieus, ihren Erfahrungen und milieuspezifischen Wahrnehmungs-, Denk-

und Handlungsschemata auseinanderzusetzen. Das erzeugt Wissen und Orientierung, sei es durch praktische Erfahrung und Erwerb von systematisiertem Wissen und Erkenntnissen, und fördert eine Wahrnehmungsweise der Professionellen, den Habitus von Heranwachsenden zu entschlüsseln und zu rekonstruieren. Professionelle Habitussensibilität ist das Resultat des in der Vergangenheit strukturierten und strukturierenden sozialen Umgangs der Lehrkraft mit Schüler*innen. Sie ist durch den familiären Herkunfts- und ehemaligen Schülerhabitus der Lehrkraft mitbestimmt. Durch dieses Vermögen lässt sich eine positive Passungskonstellation zwischen Lehrer- und Schülerhabitus herstellen. Habitussensibilität kann allerdings Interaktionen auch so beeinflussen, dass der ‚wirkliche' Habitus des Gegenübers ausschließlich vor dem Hintergrund vergangener Erfahrungen konstruiert und reproduziert wird. So wird der Habitus schwer oder gar nicht erschließbar. Allein Reflexionsanstrengungen der Lehrkräfte über den eigenen Habitus ermöglichen es, Sensibilität zu erweitern. Ohne Habitussensibilität kann dagegen keine Passung von Lehrer- und Schülerhabitus hergestellt werden. Nichtpassung beider Habitus werden oben mit dem Begriff Habitusdifferenz angesprochen, die durch Arbeit am ‚eigenen Fall' (Terhart, 2014) und am ‚fremden Fall' (vgl. Hummrich et al., 2016) reflexiv zugänglich ist. Habitusdifferenz ist für berufsvorbereitende und berufliche Ausbildungsgänge nicht neu, in denen sich Schüler*innen der Bildungsfremdheit und -notwendigkeit befinden.

Das Vermögen zur Habitussensibilität ermöglicht den Lehrkräften, mit der größeren Heterogenität im inklusiven Unterricht umzugehen. Voraussetzung für ihre Entwicklung ist die Auseinandersetzung der Lehrkraft mit dem eigenen Habitus: Ohne Selbstreflexion über eigene habituelle Wahrnehmungs-, Denk- und Handlungsschemata, etwa im Hinblick auf Menschenbilder, Überzeugungen und Einstellungen, bleiben berufliche Orientierungen und Praktiken, die handlungsleitend sind, unhinterfragt und persistieren, sodass sich, wie gesagt, der Habitus immer wieder hinter dem Rücken der Lehrkraft durchsetzt. Seine Dominanz versperrt Lehrkräften den Zugang zum Verstehen der Heterogenität der Schüler*innen und führt dazu, unterschiedliche Schülerhabitus nicht wahrzunehmen und nachvollziehen zu können. Dann kann Bildung im Sinne eines bereichernden Prozesses, der zur Selbstreflexion und kritischen Vernunft beiträgt, nicht stimuliert werden, erst recht nicht die Transformation habitueller Dispositionen der Schüler*innen.

7.1.3 Zahlen und Schülerhabitus der Bildungsfremdheit und -notwendigkeit

Im Folgenden werden zunächst die Anteile der oben erwähnten Schüler*innen in den Blick genommen, die sich vor allem in drei Bildungsgängen des differenzierten Übergangsbereichs zur Integration in die Ausbildung befinden. In diesen Bildungsgängen sind am häufigsten die Jugendlichen mit und ohne Hauptschulabschluss vertreten, denen wir den Schülerhabitus der Bildungsfremdheit und -notwendigkeit zuschreiben.

Insgesamt befanden sich im Jahr 2018 in den Bildungsgängen des Übergangsbereichs 30,6 % Schüler*innen ohne Hauptschulabschluss, 41,4 % mit Hauptschulabschluss und 19,5 % mit Realschul- oder gleichwertigem Abschluss. Jugendliche ohne Hauptschulabschluss besuchten zu 68,6 % das „Berufsvorbereitungsjahr inklusive einjährige Berufseinstiegsklassen" sowie „Bildungsgänge an Berufsschulen für Schülerinnen und Schüler ohne Ausbildungsvertrag, die allgemeine Abschlüsse der Sekundarstufe I anstreben" (40,8 %) (BMBF, 2020, S. 23). Bei Jugendlichen ohne Hauptschulabschluss handelt es sich überwiegend um Absolvent*innen von Förderschulen mit den Förderschwerpunkten Lernen, emotionale und soziale Entwicklung und Sprache. Sie erwerben an der Förderschule prinzipiell keinen anerkannten Schulabschluss (vgl. BMBF, 2017, S. 69). Neben dieser Gruppe ist es insbesondere auch die Gruppe der Migrant*innen, die im Übergangssystem deutlich, wenn auch sinkend vertreten ist (BMBF, 2020).

Die Befunde zeigen, dass in zukünftige berufliche Lehr-Lern-Situationen Gruppen ehemaliger Sonderschüler*innen und Hauptschüler*innen mit und ohne Hauptschulabschluss einschließlich der zu diesen Gruppen gehörenden Jugendlichen mit Zuwanderungshintergrund zunehmend mit einbezogen werden. Allerdings bedeutet ihre Inklusion nicht, dass sie sich wie von selbst in die Lerngruppen einfügen. Probleme mit den Leistungsanforderungen sind voraussehbar, wird die Gestaltung der inklusiven beruflichen Lehr-Lern-Situation nicht an ihre individuellen Lernbedarfe und Lebenswelten angepasst. Daneben werden Differenzen der Akteure und Akteurinnen in habituell bedingtem Wahrnehmen und Verstehen von Kommunikation und Interaktion entstehen (vgl. Inklusion, Situation und Lebenswelt: systemtheoretische und phänomenologische Zugänge). Ehemalige Sonderschüler*innen und Hauptschüler*innen treffen hier auf einen Lehrerhabitus mit für sie befremdlichen Orientierungen und auf einen Schülerhabitus des Bildungsstrebens und der Bildungsexzellenz. Die Ersteren dagegen weisen eher einen Schülerhabitus der Bildungsfremdheit und Bildungsnotwendigkeit auf – Quenzel & Hurrelmann (2010) nennen sie bezeichnenderweise Bildungsverlierer*innen – der ganz überwiegend in prekären Lebenswelten anzutreffen ist. In diesen Lebenswelten herrschen in allen Dimensionen des Lebens – materiell, kulturell, sozial und gesundheitlich – Defizite und Mängel mit den entsprechend negativen Folgen für die Kinder, Jugendlichen und Erwachsenen. Kramer & Helsper (2010)[21] legen zu den vier genannten Formen des Schülerhabitus eine Typologie vor:

Der Habitus der Bildungsfremdheit ist durch eine große Distanz gegenüber schulischen Leistungs- und Verhaltenserwartungen gekennzeichnet. Die Distanz entsteht, weil Schüler*innen permanent daran scheitern, diesen Erwartungen zu entsprechen. Eine lange Karriere von Misserfolgen im Leistungsbereich und massive Anpassungsschwierigkeiten kennzeichnen ihre Schullaufbahn. Zusätzlich erleben sie, dass ihre familiär geprägten Interessen und Kompetenzen sowie ihre Lebensweltprobleme in der Schule keine Rolle spielen. Diese negativen Erfahrungen tragen zur Entwicklung einer grundlegenden Misserfolgsorientierung im Begabungsselbstbild der

---

21 Wir orientieren uns an dieser Typologie des Bildungshabitus, auch wenn sie durch Analysen der Interviews von Schüler*innen am Ende der Grundschulzeit und zu Beginn der Sekundarstufe I und nicht an Jugendlichen herausgearbeitet wurde. Sie weist aber weitgehende Überschneidungen mit den Typologien von Grundmann et al. (2003), Vester (2004) und Krüger et al. (2008) auf, sodass diese Habitustypen auch unter Jugendlichen zu erwarten sind.

Schüler*innen und zu wenig Selbstvertrauen bei. So führt die chronisch negative Fremdstigmatisierung durch gesellschaftliche Institutionen und Außenstehende im Verlauf der Lebens- und Lernbiografie zu einer fest verankerten negativen Selbststigmatisierung. Sie wenden sich von der Schule ab und verlagern ihre Interessen in den Peer- und außerschulischen Bereich.

Beim Habitus der Bildungsfremdheit lassen sich drei Unterformen unterscheiden: Die erste betrifft die Gruppe, die sich, so gut es geht, noch an die schulischen Erwartungen anzupassen versucht. Letztlich bleibt ihnen die Schule aber fremd. Die zweite Form ist durch eine offene Oppositionshaltung und Schuldistanz gekennzeichnet. Beiden Gruppen ist gemeinsam, dass sie sich sehr stark an der Gleichaltrigengruppe orientieren, wobei sich die zweite insbesondere an schuloppositionellen Peers ausrichtet. Die dritte Form ist durch die Inszenierung von Hilflosigkeit, verbunden mit Resignation und Fatalismus, gekennzeichnet.

Auch der Habitus der Bildungsnotwendigkeit weist eine distanzierende Orientierung gegenüber schulischen Leistungs- und Verhaltenserwartungen auf. Im Unterschied zum Habitus der Bildungsfremdheit versuchen sich die Schüler*innen allerdings an schulische Pflichten zu halten und sind bemüht, kein Aufsehen zu erregen. Schule und ihre Anforderungen repräsentieren gesellschaftliche Normalität, deren Normen für sie ausschlagend sind. Sie akzeptieren Schule als Notwendigkeit, um später möglichst in der gesellschaftlichen Mitte anzukommen. Um das zu erreichen, zeigen sie allerdings nur eine geringe Bereitschaft, sich anzustrengen und besondere Leistungen zu erzielen. Sie sind mit niedrigen Bildungsabschlüssen zufrieden.

Diese beiden Habitustypen ehemaliger Sonder- und Hauptschüler*innen treffen nicht nur auf einen Lehrerhabitus mit den für die Schüler*innen befremdlichen Orientierungen, sondern auch auf habituell bedingte Schülerhabitus des Bildungsstrebens und der Bildungsexzellenz. Der Habitus der Bildungsexzellenz enthält eine über die Schule hinausgehende tiefer gehende Bildungsorientierung. Er basiert neben einer elitären schulischen Bildung auch auf kultureller Bildung und verbindet sich mit einer Haltung von Souveränität und Distinktion, die das Außergewöhnliche herauskehrt und sich vom Durchschnitt absetzt. Schulischen Herausforderungen wird mit einer Pose der Selbstsicherheit, erfolgreich zu sein, begegnet. Dieser Habitus wird, wenn überhaupt, nur vereinzelt in der Berufsbildung anzutreffen sein.

Dagegen ist der Habitus des Bildungsstrebens vermutlich weit häufiger anzutreffen, sei es bei ehemaligen Realschul- bzw. Regelschul- oder Gymnasialabsolvent*innen. Auch ihn kennzeichnen eine starke Bildungsorientierung und Leistungsbereitschaft, die sich aber auf die Schule beschränken. Werden Leistungen schwächer, werden massive Anstrengungen unternommen, um sie zu verbessern. Die Pose der Selbstsicherheit fehlt, geht es um die Bewältigung von schulischen Anforderungen. Souveränität und Distinktion sind ihnen unbekannt. Dem Habitus haftet etwas Unsicheres an, etwas angestrengt Bemühtes, das von der Furcht vor Leistungsabfall begleitet wird. Soll die Teilhabe ehemaliger Sonder- und Hauptschüler*innen in inklusiven Lehr-Lern-Situationen erhöht werden, kommt es darauf an, dass die Schülergruppen mit unterschiedlichem Bildungshabitus lernen, sich wechselseitig aufeinander einzulassen und Differenzen habituell bedingten Wahrnehmens und Verstehens in Kommunikation und Interaktion zu überwinden. Das Thema Inklusion der Schüler*innen in die Peerwelt wird hier, wie gesagt, nicht weiterverfolgt.

Aus der Inklusionsforschung ist bekannt, dass selbst bei einer optimalen personellen, materiellen und räumlichen Ausstattung die Gefahr des Scheiterns schulischer Inklusion besteht. Eine Erklärung bietet Kramer (2015, S. 351 f.) sensu Bourdieu & Passeron (1971), wenn er sagt: „Für Angehörige unterprivilegierter Schichten [mit dem Habitus der Bildungsfremdheit und -notwendigkeit, Anm. d. V.] ist die Schule aber eine Zumutung, weil deren fremde Imperative nur verweigert oder fraglos akzeptiert werden können". Und weiter, „dass Schule und das Bildungssystem, mithin die Lehrkräfte, in der pädagogischen Arbeit an der kulturellen Willkür herrschender Schichten orientiert sind und diese Ausrichtung zugleich verschleiern (z. B. durch Ideologien der Begabung und der Leistungsgerechtigkeit)". In den fremden Imperativen der Schule und pädagogischen Arbeit manifestiert sich der Habitus der Lehrkräfte. Sie weichen von denen der Bildungsfremdheit und -notwendigkeit der Schüler*innen ab. Lehrerhabitus geraten daher hier in den Fokus, weil sie wahrnehmungs-, denk- und handlungsleitend wirksam sind, damit ganz entscheidend Prozesse in inklusiven Lehr-Lern-Situationen beeinflussen und für das Verstehen von Schwierigkeiten als Folge habituell bedingter differenter Vorstellungen und Orientierungen sind.

7.2 Soziale Herkunft und Milieuzugehörigkeit von Lehrkräften

Wenn Habitus ihren Ursprung in den sozialen Herkunftsmilieus haben, stellt sich die Frage nach vorliegenden Erkenntnissen zu sozialer Herkunft und Milieuzugehörigkeit von Lehrkräften. Zum Aspekt der sozialen Herkunft lässt sich generell sagen: Während einerseits der Lehrerberuf als ein Beruf des sozialen Aufstiegs gesehen wird (Neugebauer, 2013), wird andererseits darauf hingewiesen, dass er zu keinem sozialen Aufstieg führt, sondern die sozioökonomische Stellung der Herkunftsfamilie, ermittelt über die Berufstätigkeit der Eltern (finanzielle Mittel, Macht, Prestige), reproduziert (Cramer, 2012, S. 158 ff.). Differenziert über die verschiedenen Schularten zeigt sich allerdings: Studierende des Lehramts für das Gymnasium bzw. die Sekundarstufe II weisen die höchste soziale Herkunft auf, sind also keine Aufsteiger*innen, sondern konsolidieren die sozioökonomische Stellung, während die nicht-gymnasialen Lehramtsstudiengänge, angehende Grund-, Haupt-, Sonder-, Berufs- und Realschullehrkräfte, über größere Anteile von Aufsteiger*innen verfügen. Aber auch Letzteres ist umstritten. So wird angehenden Grundschullehrkräften in einer älteren Untersuchung eine hohe soziale Herkunft bescheinigt, zur Gruppe der Studierenden des Lehramts an Sonderschulen wird eine niedrige und mittlere Herkunft ermittelt (vgl. Rothland, 2016), eine neuere Studie dagegen stellt eine höhere sozioökonomische Stellung fest, die der der Studierenden für das Gymnasiallehramt folgt (Cramer,

2010). Fazit: Generell den Lehrerberuf als einen Beruf des sozialen Aufstiegs zu bezeichnen, dürfte unzutreffend sein. Gleichwohl lässt sich von einer „sozioökonomischen Disparität" im Blick auf die einzelnen Lehrämter sprechen mit der höchsten sozioökonomischen Stellung auf Seiten der Studierenden des Gymnasiums, gefolgt von denen des Sonder-, Grund-/Hauptschullehramts sowie denen des Realschullehramts (ebd., S. 11). Im Blick auf unsere Fragestellung zur Aufklärung der Habitusdifferenz bzw. des „herkunftsbezogenen Mismatch" (Kampa et al., 2011, S. 71) zwischen Schüler*innen der Bildungsfremdheit und -notwendigkeit und deren Lehrkräften sind folgende Untersuchungen von Bedeutung, weil sie sich mit zentralen Vorstellungen von Bourdieu auseinandersetzen:

Auf der Basis kumulierter ALLBUS-Daten aus den Jahren 1980 bis 2002 und der EGP-Klassifikation ermittelt Kühne (2006), dass das Herkunftsprofil des Lehrerberufs im Unterschied zu anderen akademischen Professionen eher dem eines Aufsteigerberufs entspricht. Ca. 25 % der Grund-/Volksschul- und Gymnasiallehrkräfte stammen aus der Arbeiterklasse, allein Ingenieur*innen sind mit 36,8 % noch häufiger vertreten. Dagegen kommen nur 12 % bis 18 % der Architekt*innen, Jurist*innen und Ärzt*innen aus den Arbeitermilieus. Jedoch stammt die Mehrzahl der Lehrkräfte aus der oberen und unteren Dienstklasse, den beiden höchsten sozialen Statusgruppen nach der EGP-Klassifikation. Auch soziale Herkunftseffekte lassen sich zwischen den Lehrkräften der Grund- und Volksschule sowie des Gymnasiums nicht ermitteln, sodass bei der Mehrzahl von einer Reproduktion ihrer sozialen Klassenzugehörigkeit auszugehen ist. Damit handelt es sich beim Lehrerberuf im Allgemeinen nicht um einen Beruf des sozialen Aufstiegs. Auf dem Hintergrund von Bourdieus Annahme, Schule würde nach sozialen Kriterien diskriminieren, wird allerdings angenommen, dass der soziale Aufstieg eines Viertels der Lehrkräfte ein möglicher Grund für ihr Abwehrverhalten nach unten, ihren „Distanz- und Abwehrhabitus" (ebd., S. 629), ist. Demnach gilt es, Normen und Werte der durch Leistung und Anstrengung von ihnen erreichten privilegierten Statusgruppe gegenüber unteren Gruppen zu unterstreichen und sich von diesen abzugrenzen. Das trage zur Benachteiligung der Schüler*innen unterer Milieus bei und reproduziere soziale Chancenungleichheit in der Schule. Allerdings lässt sich, so Kühne, die Frage nach dem Zusammenhang von sozialer Chancenungleichheit und sozialer Herkunft der Lehrkräfte gesichert nur beantworten, wenn man zugleich den Bildungserfolg der Schüler*innen empirisch mit untersucht.

Nach der auf der Operationalisierung der sozialen Herkunft konstruierten EGP-Klassifikation stammen nach Kampa et al. (2011) Lehrkräfte generell aus der unteren Dienstklasse, der zweithöchsten von sechs EGP-Klassen. Von einer Disparität sozialer Herkunft der Lehrergruppen kann nicht die Rede sein, wie ihre repräsentative Studie an Mathematiklehrkräften in neunten Klassen der Sekundarstufe I (Haupt-, Real-, Mittel-, Gesamtschulen, Gymnasien) feststellt. Die Ergebnisse aber bestätigen Bourdieus These von der Diskrepanz zwischen der sozioökonomisch günstigeren Herkunft der Lehrkräfte und der ungünstigeren der Schüler*innen nicht. Weder die Behauptung von der Schule als Mittelschichtinstitution lässt sich belegen noch kann der Einfluss herkunftsbedingter Unterschiede auf professionelle Überzeugungen ermittelt werden. Die Autor*innen machen allerdings darauf aufmerksam, dass entsprechend der Schulart das Ausmaß der Diskrepanz zwischen der sozioökonomischen Herkunft von Lehrkräften und Schüler*innen variiert: Die aus günstigen Milieus stammenden Lehrkräfte treffen in Haupt- und Gesamtschule in der Regel auf Schüler*innen aus unteren Milieus, im Gymnasium auf welche aus unterschiedlichen Milieus.

Obwohl Bourdieus Kernthesen hier nicht bestätigt werden, gibt der letzte Befund zu denken, könnte doch gefolgert werden: Je höher der Anteil der in niedrigen Bildungsgängen befindlichen Schüler*innen aus unteren Milieus, desto größer ist das Ausmaß der Diskrepanz zwischen der sozialen Herkunft von Lehrkräften und Schüler*innen. Übertragen auf das heterogene Lern- und Entwicklungsmilieu der inklusiven Lehr-Lern-Situationen mit seinem erhöhten Anteil von Schüler*innen mit dem Habitus der Bildungsfremdheit und -notwendigkeit kann gerade damit das Problem der Habitusdifferenz virulent werden. Insofern lässt sich fragen, ob Bourdieus Thesen zumindest im Hinblick auf Schüler*innen mit diesem Habitus zutreffend sind.

Im Unterschied dazu wird die These von der sozioökonomischen Disparität zwischen den Lehramtsstudierenden nach Cramer (2012) auch im Blick auf das unterschiedliche Ausmaß des kulturellen und sozialen Kapitals des Herkunftsmilieus untermauert. Kulturelles Kapital wird hier im Sinne der Teilhabe an der bürgerlichen Kultur verstanden und kennzeichnet u. a. das Humankapital der Eltern (Schul-, Berufsbildung) und die kulturelle Praxis der Familie (Kulturgüter, kulturelles Leben). Hochsignifikant ist der Zusammenhang zwischen der sozioökonomischen Stellung und dem kulturellen Kapital. Während bei den Studierenden des Lehramts an Gymnasien die meisten kulturellen Ressourcen im Verlauf ihrer familiären Sozialisation und Erziehung vorhanden sind, nehmen sie sukzessive bei Studierenden des Sonder-, Grund-/Hauptschullehramts sowie des Realschullehramts ab. Zu sozialem Kapital zählt u. a. der Austausch in der Familie, Freundeskreis und Nachbarschaft. Lehramtsstudierende für das Gymnasium und die Sonderschule konnten auf ein vergleichbares Ausmaß an sozialen Ressourcen zurückgreifen, im Anschluss folgen die Studierenden des Lehramts an Real- und Grund-/Hauptschulen.

Zur Milieuzugehörigkeit von Lehrkräften lässt sich eine eindeutigere Befundlage skizzieren: Die Educare-Studie ermittelt an 124 befragten Grundschullehrkräften, dass sich mehr als die Hälfte zur Mittelschicht und mehr als ein Viertel zur oberen Mittelschicht zählen (Betz et al., 2015). Antworten auf Fragen nach den Einkommensverhältnissen bestätigen dies: Die Lehrkräfte gehören ökonomisch zu einer relativ privilegierten Berufsgruppe. Ferner wird die milieuspezifische Verortung mithilfe zweier Variablen erfasst, und zwar „kulturelle Praxis" privilegierter Milieus (z. B. Anzahl der Bücher, Lesepraxis) und ausgeprägter „Leistungshabitus" (z. B. Verhältnis zur Bildung, Leistungsideologie). Mit ihnen wird generell das Ausmaß gemessen, wie nahe die Lehrkräfte einer gehobenen bildungsbürgerlichen Lebensweise stehen und einen bildungsbürgerlichen Habitus aufweisen. Zugleich sind die Variablen Kennwerte der Mittelschichtinstitution Schule mit dem Leitbild einer meritokratischen Leistungsideologie (Bourdieu & Passeron, 1971). Die Ergebnisse bekräftigen die berufsbiografische Orientierung der Lehrkräfte im Hinblick auf dieses Leitbild, dessen teils hochsignifikanten Einfluss auf ihr professionelles Handeln und auf den Zusammenhang zwischen professionellen und gesellschaftlichen Überzeugungen (Betz et al., 2015). Die Erkenntnisse könnten, so die Forscher*innen, Lehrkräfte anregen, ihr professionelles Handeln als habituell beeinflusst zu verstehen, ihren Leistungshabitus vor dem eigenen und dem Sozialisationshintergrund von anderen zu reflektieren und sich ihrer Machtposition innerhalb der Gesellschaft im Blick auf die Zukunft der nachwachsenden Generation bewusst zu sein.

Auch Schimank et al. (2014) weisen darauf hin, dass Lehrkräfte der bildungsbürgerlichen Fraktion der Mittelschicht zuzuordnen sind. Als Beamte und Beamtinnen des öffentlichen Dienstes reproduzieren sie die im Bildungssystem impliziten normativen Orientierungen der Gesellschaft wie die meritokratische Leistungsideologie und die Selbstbestimmung des Individuums. Der Habitus der Lehrkräfte nährt die Überzeugung, dass sich Bildung lohnt und jeder selbst dafür Sorge zu tragen hat, sich zu bilden. Vergleichbare Ergebnisse finden sich in den Studien zu Merkmalen der akademisch gebildeten Fraktion der oberen bürgerlichen Milieus nach Vester (2013) und Lange-Vester & Vester (2018).

In einer Untersuchung zu Berufsschullehrkräften wird vor dem Hintergrund sozialisations- und habitustheoretischer Perspektiven eine Gruppe von Handelslehrkräften zur Frage interviewt, welche Vorstellungen sie von der Lebenswelt ihrer Schüler*innen, d. h. ihrer Sozialisation und sozialen Herkunft, haben und weiter gefragt, inwieweit diese Vorstellungen für die Planung des Wirtschaftsunterrichts anschlussfähig sind (Berg, 2014). Es wird auch hier betont: (Berufs-)Schule ist eine Mittelschichtsinstitution. Lehrkräfte stammen vor allem aus bildungsbürgerlichen Milieus (Kühne, 2006) und haben einen Habitus oberer Milieus (Ditton, 2009). „Ebenso spiegelt sich in den Wahrnehmungen und Urteilen von Lehrkräften über Schüler ein gewisser sozialer ‚bias' wider, etwa in der Einschätzung der Begabungen und des intellektuellen Potenzials der Schüler" (ebd., S. 239).

Obwohl die Lehrkräfte, wie die Ergebnisse der Interviews zeigen, die fachdidaktische Empfehlung von der Anschlussfähigkeit ihrer Inhalte an die Lebenswelten der Schüler*innen für richtig halten und glauben, dass sie danach auch handeln, haben sie jedoch, wie sie selbst sagen, keinen „wirklichen Einblick" in die Lebenswelten ihrer Schüler*innen. Es handelt sich letztlich um Projektionen seitens der Lehrkräfte und es ist fraglich, ob ihre subjektiven Annahmen tatsächlich relevanten Merkmalen der Lebenswelt der Schüler*innen entsprechen. Unterschiede zwischen der eigenen und der Lebenswelt der Schüler*innen sind ihnen sehr wohl bewusst. Überraschenderweise behaupten sie, die soziale Herkunft der Schüler*innen spiele im Wirtschaftsunterricht keine Rolle. Dann stellt sich aber heraus, dass familiäre Sozialisation und Arbeitslosigkeit der Eltern durchaus wahrgenommen werden. Berg sieht im Verdrängen der Bedeutung der sozialen Herkunft das Bemühen der Lehrkräfte, der „Logik der Praxis", d. h., soziale Herkunft solle keinen Einfluss haben, nachzukommen. Aber gerade weil die Lehrkräfte glauben, soziale Herkunft spiele keine Rolle, kämen ihre habituelle Orientierungen zum Tragen, die sich auch in den Projektionen über die Lebenswelten der Schüler*innen und danach vorgenommenen Relevanzsetzungen für den Wirtschaftsunterricht wiederfinden. Die sich in den Unterrichtspraktiken manifestierenden Orientierungen könnten die Anschlussfähigkeit von Inhalten an die Lebenswelt der Schüler*innen erschweren, weil sie im Sinne Bourdieus unabhängig vom Bewusstsein und Willen der Lehrkräfte sind. Die Überwindung der Diskrepanz bzw. die Passung zwischen Wissensbeständen primärer Sozialisation der Schüler*innen und Inhalten der sekundären Sozialisation in der Institution kann so kaum gelingen.

Nach Erkenntnissen der empirischen Studie von Bauer (2006) unterscheiden sich die Berufsbiografien von Berufsschullehrkräften und Lehrkräften allgemeinbildender Schulen. Während die Letzteren nämlich oft nur die Schulwelt kennengelernt und keine praktischen Erfahrungen in anderen gesellschaftlichen Handlungsfeldern gemacht haben, kommen Berufsschullehrkräfte, vor allem Gewerbelehrer*innen, in Westdeutschland in der Regel erst nach einer Berufsausübung und dem zweiten Bildungsweg zum Lehramtsstudium. So haben von insgesamt 124 befragten Lehrkräften ‚nur' 24,2 % die allgemeine und 10,5 % die fachgebundene Hochschulreife, 63,7 % Abschlüsse auf Fachhochschulniveau sowie einen mittleren und Hauptschulabschluss. Seit den 1980er-Jahren lässt sich allerdings entsprechend dem generellen Anstieg zu höheren Schulabschlüssen eine Steigerung der Abiturientenzahl im Studium angehender Gewerbelehrkräfte feststellen. Dagegen haben in der ehemaligen DDR von 66 Lehrkräften 30,3 % das Abitur, den höchsten Schulabschluss (EOS), und 40,9 % das Abitur mit Berufsabschluss (BBA) erworben.

Die Gewerbelehrkräfte in Westdeutschland haben vor Aufnahme ihres Lehramtsstudiums meist ein ingenieurwissenschaftliches Studium auf der Fachhochschule (50 %) oder Universität (33,1 %) abgeschlossen. In der ehemaligen DDR haben bis zu 60 % ein grundständiges Diplom-Ingenieurpädagogik-Studium erfolgreich absolviert. Diese Angaben lassen zwar keine Folgerungen im Hinblick auf die soziale Herkunft der Berufsschullehrkräfte zu. Der oben erwähnte Befund, mehr als ein Drittel der Ingenieur*innen stamme aus der Arbeiterklasse (Kühne, 2006, S. 623), sowie die Tatsache, dass viele Gewerbelehrkräfte vorher einem praktischen Beruf nachgegangen sind und über den zweiten Bildungsweg ins Lehramtsstudium gekommen sind, unterstreicht jedoch die Hypothese vom sozialen Aufstieg eines Teils der Lehrkräfte für diesen Typ von Berufsschullehrkräften. In dieser Leseart könnte ihr sozialer Aufstieg das Distinktionsverhalten gegenüber Schüler*innen aus unteren Milieus fördern und habituell bedingte differente Probleme in inklusiven Lehr-Lern-Situationen erzeugen.

Die Frage nach dem Einfluss des biografisch erworbenen Habitus von Lehrkräften, d. h. ihrer sozioökonomischen Herkunft sowie primären und sekundären Sozialisation, auf das Handeln in Schule und Unterricht ist bisher kaum erforscht (vgl. ähnlich Rothland, 2016, S. 342). Auch an Bourdieu angelehnte Forschungen sollten zukünftig mehr klären, wie die durch Inklusion verstärkt auftretenden Habitusdifferenzen zwischen Berufsschullehrkräften und Schüler*innen aus unteren Milieus in Lehr-/Lernsituationen überbrückt werden können: Lehrkräfte, die Wissen, Bildung und Ausbildung für zentral halten, treffen auf Jugendliche, die institutionellen Wissenserwerb und Bildung mit Versagen, Beschämung und Abschulung verbinden, wie es ihre Eltern schon erfahren haben. In ihren Familien herrschen entsprechend negativ konnotierte Orientierungen gegenüber Wissenserwerb und Bildung vor. Um unterschiedliche Definitionen inklusiver Lehr-Lern-Situationen besser zu verstehen und Schlussfolgerungen für deren Gestaltung zu ziehen, ist Lehrkräften daher zu empfehlen, diese Habitusdifferenzen zu verringern. Insofern steht inklusive Berufsbildung vor der Aufgabe, die „Kultur der Unterklassen" anzuerkennen (Lange-Vester, 2015) und ihr in der Schularbeit mehr Geltung zu verschaffen. Der Mangel an habitustheoretischen Studien kann auch nicht durch die am ehesten an die Habitusforschung anschlussfähigen Studien zu Überzeugungen und Beliefs von Lehrkräften kompensiert werden (z. B. Oser & Blömeke, 2012; Wilde & Kunter, 2016). Diese sind zwar für die Erforschung des impliziten Wissens von Überzeugungen für das Lehrerhandeln bedeutsam, gehen aber kaum auf die früh erworbenen lebensbiografisch verankerten Überzeugungen ein. Daher werden wir diese Perspektive hier nicht verfolgen.

7.3 Lehrerhabitusmuster

Die Forschungslage zum Habitus von Berufsschullehrkräften führt zu einem Dilemma: Entweder wir verfolgen unsere Forschungsfrage nicht mehr weiter, weil zu wenige Studien vorliegen, oder man bezieht sich auf Erkenntnisse, die zum Habitus von Lehrkräften in der allgemeinbildenden Schule vorliegen, und geht der Frage nach, ob jene Habitusformen auch auf die Gruppe der Berufsschullehrkräfte zutreffen. Diese Überlegungen können dann allerdings ‚nur' auf die Generierung von Hypothesen im Hinblick auf die Wahrnehmung und das Verstehen inklusiver Lehr-Lern-Situationen zielen und nicht auf belastbare Erkenntnisse.

Folgende Gründe sprechen für letzteres Vorgehen: Auch wenn die Lebens- und Berufsbiografien von Berufsschullehrkräften von denen der Lehrkräfte der allgemeinbildenden Schulen abweichen (Bauer, 2006, S. 216), ist anzunehmen, dass sich ähnliche, wenn nicht vergleichbare, habituelle Orientierungen *aller* Lehrkräfte entwickeln. Zwar kommen bei Berufsschullehrkräften zusätzlich Erfahrungen in einem Lehrberuf dazu. Ob sich allerdings ihr familiärer Herkunftshabitus und ihre Habitusformen *prinzipiell* von denen der anderen Lehrkräfte unterscheiden, kann nur durch Forschungen herausgefunden werden. Wir gehen von keinem prinzipiellen Unterschied aus, sondern sehen bei dieser Berufsgruppe viele Übereinstimmungen mit dem erwähnten Profil des Lehrerberufs als Aufsteigerberuf. Da es bisher kaum berufsbiografische und strukturtheoretische Habitusforschung gibt, stellen folgende Ausführungen einen Pool an heuristischen Hypothesen für zukünftige Forschungen zur Verfügung. Um spezifische Merkmale der Berufsschullehrkräfte herauszuarbeiten, können als Vergleichsgruppe die in der inklusiven Berufsbildung tätigen Sonderpädagog*innen herangezogen werden.

Bremer & Lange-Vester (2014) legen eine Studie zum Lehrerhabitus vor, in der zahlreiche unterschiedliche Habitusmuster entdeckt werden. Die Studie eröffnet ein

Spektrum von Mustern, die bei Lehrkräften in allen Schulformen, gemischt in einer einzigen Schulform und innerhalb einer Einzelschule zu finden sind. Die Muster haben heuristischen Charakter. Die geringe Fallzahl lässt keine Typenbildung zu. Datenbasis sind Befragungen von Einzelfällen angehender Lehrkräfte an Gymnasien und berufsbildenden Schulen sowie Gruppengespräche mit Lehrkräften und Schulleitungen unterschiedlicher Schulformen, die „habitushermeneutisch" rekonstruiert wurden (Lange-Vester & Teiwes-Kügler, 2014). Im Vordergrund steht die Untersuchung zum Zusammenhang von Habitusmustern und ihre Einbindung in verschiedene soziale Herkunftsmilieus, verknüpft mit der Frage nach der Passung von Lehrer- und Schülerhabitus (vgl. auch Lange-Vester & Vester, 2018). Professionstheoretisch ist diese Forschung dem berufsbiografischen Ansatz sensu Terhart (2014) zuzuordnen.

Eine zweite Studie zum Habitus eines Schulleiters und einer Lehrerin an einer Hauptschule sowie eines Schulleiters an einer Sekundarschule legt Helsper (2018) vor. Auch hier werden Habitusmuster an Einzelfällen gewonnen. Sie finden sich in ähnlicher Form in der ersten Studie, bekräftigen die dort ermittelten Muster und lassen die These wagen, dass sie über die untersuchten Einzelfälle hinausgehen und auf andere Lehrkräfte übertragbar sind. Diese Studie steht in der von Helsper (2006) weiterentwickelten strukturtheoretischen Perspektive pädagogischer Professionsforschung.

Folgende Analyse unternimmt den Versuch, Gemeinsamkeiten der aus unterschiedlichen Datenquellen rekonstruierten Habitus herauszuarbeiten. Die in den Kontext inklusiver Berufsbildung gestellten habituellen Orientierungen der Lehrkräfte werden entsprechend unserer Fragestellung daraufhin ausgedeutet, ob sie die Generierung von Habitusdifferenzen zwischen Lehrkräften und Schüler*innen der Bildungsfremdheit und -notwendigkeit verhindern oder fördern. Zudem wird diskutiert, welchen Einfluss sie auf das Wahrnehmen und Verstehen von inklusiven Lehr-Lern-Situationen haben. Das Thema schulische Inklusion spielt in den Daten, die Jahre vor dem Inkrafttreten der UN-BRK im Jahr 2009 erhoben wurden, noch keine Rolle.

Habitusmuster 1

Ausgangspunkt der ersten Studie ist das von Michael Vester empirisch unterlegte Modell zu sozialen Milieus mit drei vertikalen Unterscheidungen – oberes bürgerliches Milieu, respektables Volks- und Arbeitnehmermilieu sowie unterprivilegiertes Volksmilieu – und deren jeweils horizontalen gesellschaftlichen Differenzierungen. Dieses Milieumodell bildet die Folie, auf der die Muster der Lehrkräfte abgetragen werden (Vester, 2012, zit. nach Bremer & Lange-Vester, 2014). Das obere Milieu ist u. a. durch ein bildungsbürgerliches Milieu und gehobenes Dienstleistungsmilieu horizontal differenziert, auf die wir im Folgenden eingehen. Dazu lässt sich ein *erstes Muster* von Lehrkräften ausmachen, das einer sogenannten *„reformpädagogischen Fraktion"* zuzurechnen ist. Für diese Lehrkräfte sind Ziele wie *Emanzipation, Selbstreflexion und Integration* leitend, die sie bei Schüler*innen anstreben und am ehesten in Gesamtschulen realisiert sehen. Sie sprechen sich gegen Sonderschulen mit den Förderschwerpunkten Lernen und Verhalten aus, setzen sich für Reformen ein und sind teilweise politisch tätig. Das Muster ist durch politische, pädagogische und fachwissenschaftliche Orientierungen gekennzeichnet. Bemerkenswert ist der Befund, dass „in der Praxis durchaus eine gewisse Distanz zu den Schülern und Schülerinnen insbesondere auch unterer Milieus deutlich" wird (ebd., S. 73). Diese bildungspolitischen Orientierungen korrespondieren mit normativen Vorstellungen inklusiver Pädagogik, allein wenn man an ihre Ablehnung gegenüber bestimmten Sonderschulen denkt, die das Selektive und Diskriminierende des deutschen Bildungssystems besonders verkörpern.

Habitusmuster 1 kann im Hinblick auf *Berufsschullehrkräfte aus den oberen Milieus* im Zusammenhang mit inklusiver Bildung wie folgt ausgelegt werden:

Das Muster einer reformpädagogischen Gruppe von Berufsschullehrkräften könnte Vorstellungen enthalten, die darauf zielen, Ausbildungsgänge mit sehr hohem Anteil an Schüler*innen aus unterprivilegierten Milieus aufzulösen und sie in andere Ausbildungsgänge zu integrieren. Bisherige Berufsbildung wäre entsprechend umzugestalten. Die reformpädagogische Haltung lässt eine positive Einstellung und Bereitschaft zur Planung und Durchführung inklusiver Lehr-Lern-Situationen erwarten. Positive Einstellung und Bereitschaft haben sich als bedeutsame Prädiktoren für das Gelingen inklusiven Unterrichts herausgestellt (z. B. Moser et al., 2012). Ob mögliche Veränderungen für Schule und Unterricht in ihrer Tragweite abgesehen werden, sei dahingestellt. Jedenfalls ist von entschiedenen Bemühungen um die Herstellung der Passung zwischen Lehrer- und Schülerhabitus der Bildungsfremdheit und -notwendigkeit auszugehen. Dies lässt sich mithilfe der Zielperspektiven begründen, die Schule verfolgen sollte: Emanzipation, Selbstreflexion und Integration. Sie lassen erwarten, dass didaktisch-methodische Strukturen im Rahmen inklusiver Lehr-Lern-Situationen geschaffen werden, die selbstbestimmtes und selbstreflexives Lernen der Schüler*innen fördern. Um Integration in Schule und Unterricht zu ermöglichen, werden Bemühungen angestellt, sich mit exkludierenden Prozessen pädagogisch auseinanderzusetzen, um sie zukünftig zu vermeiden.

Vor diesem Hintergrund kann von einer Habitussensibilität der Berufsschullehrkräfte ausgegangen werden und deren Interesse, möglicherweise auftretenden Habitusdifferenzen in inklusiven Lehr-Lern-Situationen auf den Grund zu gehen. Habitussensibilität wird erweitert, wenn die Arbeit am eigenen Fall (Terhart, 2014) im Sinne einer biografisch-habituellen Selbstreflexion sowie die Arbeit am fremden Fall, dem Schülerhabitus, im Sinne einer kasuistisch-rekonstruktiven und sinnerschließenden Auseinandersetzung stattfinden. Dies trägt zum besseren Verstehen dieser inklusiven Lehr-Lern-Prozesse bei (Hummrich et al., 2016).

Schließlich würde eine Befürwortung der Gesamtschule durch die Lehrkräfte deren Erwartung nahelegen, dass Schüler*innen, die ein inklusives System wie die Gesamtschule durchlaufen haben, an inklusive Lehr-Lern-Situationen gewöhnt sind und die Unterrichtsarbeit in den beruflichen Bildungsgängen erleichtern. Soziales Distinktions- und Abwehrverhalten größeren Ausmaßes bleibt angesichts vorangegangener gemeinsamer Schulerfahrungen aus. Insofern macht diese Befürwortung eine positive Haltung zur Inklusion deutlich, die sich, denkt man an ursprüngliche Gesamtschulkonzepte, auch mit dem Ziel der Herstellung von mehr Chancengleichheit und Bildungsgerechtigkeit verbindet. Diese Konzepte berücksichtigten allerdings keine Schüler*innen mit Behinderungen. Diesem Anliegen sollte sich nach Artikel 24 der UN-BRK das heutige „inklusive Bildungssystem auf allen Ebenen" mit der Einbeziehung von Schüler*innen mit Behinderungen und Benachteiligungen stellen.

Während die habituellen Orientierungen der Lehrkräfte in der allgemeinen Schule insgesamt eindeutige Elemente für inklusives Lernen aufweist, ist Skepsis hinsichtlich des Befunds einer ‚gewissen Distanz' zu Schüler*innen aus unterprivilegierten Milieus angebracht. Hier schlägt der (berufs-)biografische Habitus der Lehrkräfte aus oberen Milieus durch und versperrt ihnen möglicherweise den Zugang zum Welt- und Selbstverständnis dieser Schüler*innen. Davon ist auch bei der Gruppe der Berufsschullehrkräfte aus oberen Milieus auszugehen. Ob dadurch allerdings ihr Bemühen, Zugang zu Welt- und Selbstverständnis der Schüler*innen zu finden, ausbleibt, ist abhängig von einer zu entwickelnden Haltung, die den obigen habituellen politisch-pädagogischen Orientierungen mehr Gewicht beimisst als der Distinktions- und Abwehrhaltung.

Vor dem Hintergrund dieser Interpretation zu Habitusmuster 1 lässt sich für weitere Forschungen eine Reihe von Hypothesen für Berufsschullehrkräfte aus den oberen Milieus aufstellen, die mit aus diesem Milieu kommenden Sonderpädagog*innen in der inklusiven Berufsbildung verglichen werden. Während die Nullhypothese Gemeinsamkeiten beider Berufsgruppen prüft, macht die Alternativhypothese auf deren Unterschiede aufmerksam. Beispiel:

- Nullhypothese: Es gibt keine Unterschiede zwischen der Auffassung von Berufs- und Sonderschullehrkräften, Ausbildungsgänge mit hohem Anteil an unterprivilegierten Schüler*innen aufzulösen.
- Alternativhypothese: Es gibt Unterschiede zwischen der Auffassung von Berufs- und Sonderschullehrkräften, Ausbildungsgänge mit hohem Anteil an unterprivilegierten Schüler*innen aufzulösen.

Habitusmuster 2

In der ersten Studie findet sich ein *zweites Muster* von Lehrkräften, die aus dem horizontal verorteten leistungsorientierten Arbeitnehmermilieu der gesellschaftlichen Mitte stammen. Ziele wie *Selbstbestimmung* der Schüler*innen sind für sie entscheidend, verbunden mit der Erwartung *eines hohen Maßes an Leistungsbereitschaft*. Allein dadurch gelang ihnen der Bildungsaufstieg aus dem respektablen Volks- und Arbeitnehmermilieu. Sie stellen an die Schüler*innen sehr hohe Leistungsanforderungen, vergleichbar denen, die sie selbst als ehemalige Schüler*innen bewältigen mussten. Im Unterschied zur reformpädagogischen Fraktion pflegen sie allerdings *engere soziale Beziehungen* zu ihren Schüler*innen. Das manifestiert sich in ihrem Verständnis, in der Zuwendung sowie im Interesse, die Lebenstüchtigkeit der Schüler*innen zu fördern. Diese schulischen und unterrichtlichen Orientierungen verweisen auf eine Rollenauffassung der Lehrkräfte als Pädagog*innen.

Diesem zweiten Muster lassen sich in einer weiteren Studie die Habitus eines Schulleiters und einer Lehrerin an einer Hauptschule zuordnen (Helsper, 2018). Die Berufswahl des Schulleiters, Hauptschullehrer zu werden, geht lebensgeschichtlich auf die Erfahrung einer *massiven Diskriminierung* als Arbeiterkind im Gymnasium zurück. Das veranlasste den Vater, seinen Jungen auf ein anderes Gymnasium zu schicken. So wie sich der Vater für sein diskriminiertes Kind einsetzte, zeigte er ein vergleichbar hohes Maß an Engagement als Betriebsratsmitglied für die Interessen benachteiligter Arbeitnehmer*innen. Lässt sich das Herkunftsmilieu nach Vesters Modell im leistungsorientierten Arbeitnehmermilieu der gesellschaftlichen Mitte verorten, so entschied sich der Schulleiter aufgrund seiner Biografie, an einer Hauptschule zu arbeiten. Daher ist er Hauptschüler*innen gegenüber positiv aufgeschlossen, weil er Anteile seines Selbst wiedererkennt. So wie er stammen die Schüler*innen aus Arbeiter- und unterprivilegierten Milieus; wie er waren und sind sie selbst Diskriminierung und Stigmatisierung ausgesetzt. Insofern fällt es ihm nicht schwer, Zugang zu ihnen zu finden, Verständnis aufzubringen und positive Beziehungen aufzubauen – ihre Lebenswelt zu verstehen. Diese *positive Aufgeschlossenheit* führt dazu, sich als *Interessenvertreter* für unterprivilegierte Schüler*innen zu verstehen und einzusetzen, was an den Vater und dessen Engagement als Betriebsratsmitglied erinnert. Diese habituellen Orientierungen manifestieren sich auch in der Auswahl des Personals. Der Schulleiter bemüht sich, Lehrkräfte für seine Schule zu gewinnen, die Verständnis und Einfühlungsvermögen gegenüber Hauptschüler*innen zeigen, und in der Lage sind, „*passförmige Arbeitsbündnisse*" (ebd., S. 111) herzustellen.

Eine dieser Lehrkräfte an der Schule entspricht seinen Erwartungen in besonderer Weise. Sie wird für sehr kompetent gehalten, einen passförmigen Umgang mit den Hauptschüler*innen zu pflegen. Sie versteht sich als Lehrerin, die nicht nur für die Vermittlung von Wissen und die Entwicklung von Kompetenz im Unterricht zuständig ist, sondern nimmt sich auch der *Lebensprobleme* ihrer Schüler*innen an. Beispiel: Als ein Mädchen ihrer Klasse von der Mutter aus der Wohnung geworfen werden soll, hilft sie ihr mit konstruktiven Hinweisen und Empfehlungen für das anstehende Gespräch mit der Mutter. Außerdem wird die Schülerin nicht sanktioniert, als diese aufgrund der äußerst angespannten Familiensituation zwei Schulstunden fehlt. Das Mädchen fühlt sich verstanden und angenommen. Durch Nähe, Vertrauen und Unterstützung versteht es die Lehrerin, passförmige Beziehungen zu Schüler*innen herzustellen. Sie zeigt ein hohes Maß an Habitussensibilität, die sich auch in der Gestaltung des Unterrichts niederschlägt.

In den Praktiken des Unterrichts dominiert nämlich eine *Unterstützungs- und Anerkennungskultur*, die Tadel und Abwertung vermeidet sowie Fehler und Defizite nicht dem/der Einzelnen zuschreibt. Je nach Leistungsvermögen werden auch geringfügige Ergebnisse der Schüler*innen anerkannt. So gelingt der Lehrerin – Helsper (2018, S. 114) ordnet sie dem „liberal-intellektuellen" Milieu vergleichbar dem „oberen bürgerlichen Milieu" nach Vesters Modell zu (vgl. oben) – die Herstellung von passförmigen Arbeitsbündnissen mit Einzelnen und der gesamten Klasse. Ihre habituellen Orientierungen und Praktiken finden ihr Äquivalent in denen der Schüler*innen, indem sie sich untereinander unterstützen lernen und ein Gemeinschaftsgefühl entwickeln.

Habitusmuster 2 lässt sich im Hinblick auf *Berufsschullehrkräfte aus dem leistungsorientierten Arbeitnehmermilieu* im Zusammenhang mit inklusiver Bildung folgendermaßen ausdeuten:

Muster 2 hat eine besondere Bedeutung für die Herstellung von Passungsverhältnissen mit dem Schülerhabitus der Bildungsfremdheit und -notwendigkeit in inklusiven Lehr- und Lernsituationen. Wie die vorliegende Rekonstruktion des Musters zeigt, gelingt es, einen leichteren Zugang zu den Schüler*innen herzustellen. Dass sich dieser Befund auch bei Berufsschullehrkräften ermitteln lässt, die aus dem leistungsorientierten Arbeitnehmermilieu stammen und aufgestiegen sind, erscheint einleuchtend. Insofern widerspricht er der obigen Hypothese von Kühne (2006), der im sozialen Aufstieg von Lehrkräften deren „Distanz- und Abwehrhabitus" (ebd., S. 629) nach unten begründet sieht. Bei vorliegendem Muster erscheint gerade das Gegenteil der Fall zu sein: Die Lehrkräfte sind angesichts eigener Herkunftserfahrungen besonders ambitioniert, durch enge Beziehung, hohe Leistungserwartung, passförmige Arbeitsbündnisse und gleichzeitige Unterstützung Bildungschancen und soziale Aufstiege zu eröffnen. Das gilt es im Weiteren zu belegen.

Das ambitionierte Ziel legt folglich nahe, davon auszugehen, dass sich Berufsschullehrkräfte verstärkt um das Verstehen von Wahrnehmungs-, Denk- und Handlungsmuster der Schüler*innen aus unterprivilegierten Milieus bemühen, wenn Misserfolge in inklusiven Lehr-Lern-Situationen auftreten. Dann werden das Scheitern an didaktisch nicht gut aufbereiteten oder zu abstrakten Lerngegenständen, das Fehlen geeigneter Lern- und metakognitiver Strategien, mangelndes Interesse und Motivation im Kontext inklusiven Lernens nicht auf geringe Intelligenz und Begabung zurückgeführt, sondern auf vorangegangene negative Lernerfahrungen und kumulative Lerndefizite, vor allem aber auf die unzureichende Gestaltung inklusiver Lehr-Lern-Situationen. Der Blick wird geweitet für die Einbeziehung von milieusensiblen Inhalten und Lerngegenständen mit praktischen Bezügen, von Übungen zum Training von Lern- und metakognitiven Lernstrategien sowie für das Anknüpfen an die subjektiven Interessen der Schüler*innen. Weiter sprechen dafür die habituellen Orientierungen, wie die Förderung von Selbstbestimmung und Gestaltung engerer Beziehungen, das Aufbringen von Verständnis und Zuwendung sowie die Erziehung zur Lebenstüchtigkeit der Schüler*innen – alle auch Kernelemente inklusiver Pädagogik. Wie sich am Beispiel des Schulleiters zeigt, könnte sich mit der positiven Aufgeschlossenheit der Berufsschullehrkraft eine grundlegende Akzeptanz und Sympathie, Grundlage von Habitussensibilität, verbinden, die den Schüler*innen in den unteren familiären Milieus sonst kaum zuteilwerden (vgl. Koch, 2007). Für deren Interessen setzt sich die Lehrkraft aufgrund möglicherweise eigener vergangener Diskriminierungserfahrung stellvertretend ein. Sie weiß, was es bedeutet, im Bildungssystem sozialer Diskriminierung und Stigmatisierung als Schüler*innen unterprivilegierter Milieus ausgesetzt zu sein. Berufsschullehrkräfte nehmen dann eine advokatorische Haltung ein, wie sie in Handlungsfeldern der Sozial- und Sonderpädagogik dominant vorkommt. Sofern die advokatorische Orientierung nicht zu fragwürdigem Paternalismus führt, der Selbstbestimmung und Teilhabe behindert, ist sie für jene Schüler*innen von Vorteil (Dederich, 2011). Diese Orientierungen manifestieren sich noch differenzierter am Beispiel des oben dargestellten Verhaltens der Lehrerin, die eine Pädagogik am Kind praktiziert, indem sie sich den Lebensproblemen der Schüler*innen mit Feingefühl und Einfühlungsvermögen nähert und widmet. Ihre Habitussensibilität wird flankiert durch eine Unterstützungs- und Anerkennungskultur in einem milieusensiblen Unterricht mit dialogischer Ausrichtung und entsprechendem Umgang.

Solche habituellen Orientierungen schaffen optimale Passungen mit dem Schülerhabitus der Bildungsfremdheit und -notwendigkeit und finden sich als Bestandteile in inklusionspädagogischen Konzepten (z. B. Reich, 2014). Förderbedarfe habitussensibel wahrzunehmen und zu verstehen, bildet die entscheidende Voraussetzung für die Herstellung von Förderplänen und die individuelle Förderung. Dazu gehört weiter die erfolgreiche Kooperation zwischen Berufsschullehrkräften und Sonderpädagog*innen sowie eine nachhaltige Beratung und Elternarbeit, die positive Einflüsse auf inklusive Lehr-Lern-Situationen haben. Nicht zuletzt wird deutlich: Orientierungen, die man üblicherweise eher der Gruppe der Sonderpädagog*innen zuschreibt, sind bei anderen Lehrkräften ebenso virulent.

Neben den für eine Inklusionspädagogik förderlichen Orientierungen enthält Habitusmuster 2 ein Element bei zwei Lehrkräften, die auf den ersten Blick inklusionspädagogischen Belangen nicht entsprechen: die hohen schulischen Leistungserwartungen. Die Übernahme dieser Erwartungen brächte die Berufsschullehrkräfte in eine problematische Situation angesichts der schwachen Leistung der Schüler*innen mit dem Habitus der Bildungsfremdheit und -notwendigkeit: Auf der einen Seite Verständnis, Zuwendung und enge Beziehung, auf der anderen Seite ein zu hoher Anspruch, dem diese Schüler*innen nicht genügen und der die Gefahr enthält, ihr vorhandenes Potenzial unrealistisch einzuschätzen. Die Lehrkräfte könnten ein nach unten zielendes Abwehrverhalten mit resignativen Elementen entwickeln. Sie verlangen mehr Leistung und Anstrengung, als die Schüler*innen faktisch erbringen können, und schaffen damit permanente Überforderungssituationen, die jene mit abwehrenden und verweigernden Reaktionen quittieren. Darauf reagieren die Lehrkräfte ihrerseits mit entsprechenden Reaktionen. Ein sich wechselseitig verstärkender Prozess wird ausgelöst, dem die Akteure und Akteurinnen kaum entkommen können.

Die Suche nach einem Ausweg aus diesem Dilemma kann darin bestehen, dass der im Muster 2 implizierten Schülerorientierung mehr Bedeutung beigemessen wird. Schülerorientierung gewährleistet die Anbindung der Unterrichtsinhalte und -methoden an milieusensible Erfahrungen und subjektive Interessen der Schüler*innen und individualisiertes Lernen. Das Letztere zielt auf Anpassung des Leistungsniveaus an die Lernvoraussetzungen der Schüler*innen und auf individuelle Förderung. Wenn Bildung vom Einzelnen aus gedacht und individuell gestaltet wird (Enggruber & Ulrich, 2016, S. 64), müsste sich auch die schulische Bewertung verändern, da die übliche an der sozialen Bezugsnorm orientierte Bewertung obsolet wird und eine individuelle Leistungsbewertung erfordert. Nicht zuletzt geht damit die Entwicklung eines anderen Verständnisses von Leistung im inklusiven Unterricht einher. Diese Forderung stellt sich ganz allgemein für die inklusive Schule.

Vor dem Hintergrund dieser Interpretation zu Habitusmuster 2 lässt sich für die Forschung eine Anzahl von Hypothesen zu Berufsschullehrkräften aus dem leistungsorientierten Arbeitnehmermilieu gewinnen. Beispiel:

- Nullhypothese: Es gibt keine Unterschiede zwischen dem Zugang von Berufs- und Sonderschullehrkräften zu unterprivilegierten Schüler*innen.
- Alternativhypothese: Es gibt Unterschiede zwischen dem Zugang von Berufs- und Sonderschullehrkräften zu unterprivilegierten Schüler*innen

Habitusmuster 3

Das dritte Habitusmuster mit seinen Praktiken zweier Lehrkräfte aus dem mittleren Milieu, dem modernen und traditionellen kleinbürgerlichen Arbeitnehmermilieu, orientieren sich in der ersten Studie *am patriarchalischen Prinzip*. Die dominante Vorstellung der Pflichterfüllung als Lehrkraft ist mit der Erwartung an die Schüler*innen verbunden, ihre Autorität zu respektieren. Veränderungen in der Schule sind unerwünscht, um Mehrarbeit und Überforderung zu vermeiden. Hierarchie und Bildungsungleichheit im Schulsystem werden auf natürliche Begabungsunterschiede zurückgeführt. Dies drückt sich etwa im Verhalten einer Lehrkraft aus, die sich für die Errichtung einer Förderschule für Kinder mit Lern- und Verhaltensschwierigkeiten einsetzt, um sie von der eigenen Schule zu entfernen. Sie gehörten hier nicht dazu. Die dem patriarchalischen Prinzip implizite Hierarchievorstellung von Oben und Unten entspricht der Mehrgliedrigkeit des selektiven hierarchisch aufgebauten Bildungssystems mit höheren und niedrigen Schularten wie Gymnasium und Förderschule.

Bestätigt und differenziert wird das dritte Muster durch die Orientierungen des Leiters einer Sekundarschule in einer ostdeutschen Kleinstadt mit hoher Arbeitslosigkeit. Die in der DDR sozialisierten Lehrkräfte treffen auf Schüler*innen, die nach der Wendezeit in prekären Verhältnissen und unter Bedingungen von Individualisierung und gesellschaftlicher Pluralisierung aufgewachsen sind. Der Schulleiter hat sehr rigide Ordnungsvorstellungen, deren Einhaltung durch Sanktionen kontrolliert werden. Dazu bieten regelwidriges Verhalten, abweichende Selbstdarstellung und äußere Erscheinung von Schüler*innen, selbst von Lehrkräften, genügend Anlass. Sein Amt als Autoritätsperson versteht er so, dass es nichts darüber zu diskutieren gibt, wenn er etwas anordnet. Machtausübung durch Sanktion und Kontrolle manifestiert eine *„paternalistische, hierarchie- und befehlsorientierte Orientierung"* (Helsper, 2018, S. 116). Sie kennzeichnet den Kern des autoritären Habitusmusters dieses Schulleiters, das die gesamte Kultur der Schule prägt. Es soll eine hierarchische Ordnung mit klar festgelegten Rollen von Befehlsgebenden und Befehlsempfangenden sichern und Gefahren abwehren, die die normative Ordnung der Schule destabilisieren, sei es durch Abweichung, Dissens oder Widerspruch. Die einzige Möglichkeit, bedrohliche Folgen der Nachwendezeit abzuwehren, sieht der rückwärtsgewandte Schulleiter darin, auf die

Einhaltung der alten Ordnungsnormen der DDR zu pochen. Das wird von Teilen des Schulkollegiums begrüßt. Die Lehrkräfte müssen nicht an aufreibenden schulischen Veränderungsprozessen partizipieren und keine Verantwortung übernehmen. Der Preis dafür ist ihre Entmündigung in vielerlei Hinsicht, z. B. die Kultur und Entwicklung ihrer Schule mitzugestalten.

Im Blick auf *Berufsschullehrkräfte aus dem modernen und traditionellen kleinbürgerlichen Arbeitnehmermilieu* lässt sich Habitusmuster 3 im Zusammenhang mit inklusiver Bildung folgendermaßen ausdeuten:

Berufsschullehrkräfte mit diesem autoritären Habitusmuster werden keine Versuche unternehmen, Passungen mit dem Schülerhabitus der Bildungsfremdheit und -notwendigkeit herzustellen. Allein der mögliche Einsatz für die Einrichtung separater homogener (Förder-)Lerngruppen – entsprechend dem Engagement für die Errichtung einer Förderschule im dargestellten Muster – könnte das Bestreben zeigen, Jugendliche mit dem Habitus der Bildungsfremdheit und -notwendigkeit loszuwerden, die ‚naturgemäß' nicht in anspruchsvolle berufliche Bildungsgänge gehören. Solche Selektionsbemühungen konterkarieren inklusive Bemühungen. Die in diesem Zusammenhang erhobene Forderung nach Respekt vor der patriarchalischen Lehrerautorität kann auf den ersten Blick pädagogisch sinnvoll sein, ist sie doch eine Reaktion auf das desorientierte Verhalten eines Teils der heranwachsenden Generation, das durch anomische Strukturen der gesellschaftlichen Transformation nach 1990 erzeugt wurde (Heitmeyer, 2012). Bedenkt man, dass es in Familien des Prekariats selten haltgebende Strukturen und für eine erfolgreiche Schulkarriere wenig hilfreiche Regeln gibt, entsteht das Bedürfnis Heranwachsender nach Führung, Gehorsam, Unterordnung und damit verbunden nach vermeintlichem Halt und kann von der paternalistischen Autorität der Lehrkräfte bedient werden. Eine solche Pädagogik mit rückwärtsgewandten unterkomplexen Orientierungen wie denen des Schulleiters fördert gruppenbezogene Menschenfeindlichkeit: Gehorsame und untergeordnete Heranwachsende suchen sich noch Schwächere, mit denen sie so umgehen, wie mit ihnen umgegangen wird. Gruppenbezogene Menschenfeindlichkeit betont die Ungleichwertigkeit von Menschen, trägt zu Rechtsradikalismus und Fremdenfeindlichkeit bei und steht dem Anliegen einer demokratischen Gesellschaft diametral entgegen (ebd.).

Dagegen zielt eine inklusive berufliche Bildung darauf, Schüler*innen mit dem Habitus der Bildungsfremdheit und -notwendigkeit nicht in autoritäre Verhältnisse einzufügen und zu disziplinieren, um die Entwicklung von Abhängigkeit und Unmündigkeit zu verhindern. Sie ist als demokratische Schule Zielen wie Selbstbestimmung und Empowerment des Subjekts, demokratischer Aushandlung, Diversität und Wertepluralismus verpflichtet und stellt den Gegenentwurf zur oben beschriebenen Schule dar. Folglich führen paternalistische, hierarchie- und befehlsorientierte Orientierungen zu keinen Bemühungen, differente habituelle Wahrnehmungs- und Verstehensprozesse in inklusiven Lehr-Lern-Situationen zu klären. Es mangelt prinzipiell an einer positiven Einstellung und Bereitschaft – bedeutsame Prädiktoren für das Gelingen inklusiven Unterrichts –, inklusive Lehr-Lern-Situationen überhaupt didaktisch-methodisch zu planen und zu gestalten, nicht zuletzt auch deswegen, weil es Mehrarbeit bedeutet. Scheitern und Versagen werden dem/der Einzelnen zugeschrieben, Lernschwierigkeiten naturalisiert und auf mangelnde Intelligenz und Begabung zurückgeführt. Paternalistische Orientierungen implizieren eine Hierarchievorstellung von Oben und Unten, was im Blick auf pädagogische Settings heißt: Die Lehrkraft befindet sich in einer übergeordneten und aktiven Rolle, die Schüler*innen in einer untergeordneten und passiven Rolle – eine Konstellation, die der frontalen Gestaltung von Lehr-Lern-Situationen entspricht und zu den von der inklusiven Didaktik empfohlenen Unterrichtsprinzipien im Widerspruch steht.

Auch eine inklusive Berufsbildung dürfte nach diesem Muster für abwegig gehalten werden: Schüler*innen mit Lern- und Verhaltensschwierigkeiten behinderten andere beim Lernen und lernten besser in homogenen Lerngruppen der beruflichen Bildung – ein seit Langem kultiviertes ‚Argument' für Einrichtung und Erhalt von Sondereinrichtungen wie die Werkstätten für Menschen mit Behinderungen (WfbM). Dabei lassen sich weder die Hypothese von der Behinderung der anderen beim Lernen noch die Homogenitätsthese empirisch belegen. Menschenrechtlich sind Sondereinrichtungen schon gar nicht zu begründen, weil sie gegen das Diskriminierungsverbot und Teilhabegebot verstoßen.

Zu einem Element dieses Musters 3 gehören extrem rigide Ordnungsvorstellungen. Sie zielen auf kruden Machterhalt und Kontrolle und basieren auf einem engen Normalitätsbegriff. Abweichendes Verhalten, das Schüler*innen der Bildungsfremdheit und -notwendigkeit bei Herausforderungen im Unterricht zeigen, wird nicht als Signal der Furcht vor Misserfolg, Überforderung und als Hilfe- und Unterstützungsersuchen wahrgenommen, sondern als Versuch, die Unterrichtsordnung zu destabilisieren. Macht- und Kontrollverlust drohen. Die Wiedererlangung einer durch paternalistische Autorität hergestellten Ordnung ist antidemokratisch. Besorgnisse von Macht- und Kontrollverlust sind Ausdruck für ein Gefühl der Furcht oder Angst, die Kontrolle über die soziale Ordnung zu verlieren. Parallelen ergeben sich zur aktuellen gesellschaftlichen Entwicklung, in der der vermeintlich eingetretene Kontrollverlust zu Vorschlägen führt, die „oft auf Überwachung, kompromissloses Durchgreifen (‚law and order') und die Festigung von Hierarchien ausgerichtet sind – letztlich auf eine geschlossene Gesellschaft …". Oberste Maxime ist es dabei, Kontrolle wiederherzustellen (Heitmeyer, 2018, S. 20). Ein solcher Habitus bereitet den Boden für Konformität und Unterordnung oder Opposition vor. Er konterkariert die Werte eines demokratischen inklusiven Gemeinwesens, wie Akzeptanz von Vielfalt, Autonomie des Individuums und Diskurs. Darin kommt eine starre Normalitätsvorstellung zum Ausdruck, die auf das Aufwachsen und Leben in der DDR hinweist. Hier gab es klare Hierarchie- und Autoritätsstrukturen; Menschen wurden bevormundet, durften von offiziellen Normen und Meinungen nicht abweichen, und wenn doch, wurden sie bespitzelt. Die Wende entzog dieser Gesinnung die Grundlage und führte oft zur Verwirrung, Desorientierung und anomischen Verhältnissen. Insofern ist zu vermuten, dass der Einsatz dieses Musters bei Jugendlichen mit dem Habitus der Bildungsfremdheit und -notwendigkeit zu Konformität und Unterordnung beiträgt. Deren

Identifikation mit Zielen und Inhalten, geschweige denn deren Entwicklung von Interessen im Kontext beruflicher Bildung werden allerdings nicht erreicht. Eher entfremden sie sich innerlich von den Lehrkräften und wenden sich von der Berufsschule als orientierende Institution ab oder gehen in die Opposition.

Vor dem Hintergrund dieser Interpretation zu Habitusmuster 3 lassen sich für Forschungen mehrere Hypothesen für die Gruppe von Berufsschullehrkräften aus dem modernen und traditionellen kleinbürgerlichen Arbeitnehmermilieu gewinnen. Beispiel:
- Nullhypothese: Es gibt keine Unterschiede zwischen Berufs- und Sonderschullehrkräften hinsichtlich einer paternalistischen, hierarchie- und befehlsorientierten Orientierung.
- Alternativhypothese: Es gibt Unterschiede zwischen Berufs- und Sonderschullehrkräften hinsichtlich einer paternalistischen, hierarchie- und befehlsorientierten Orientierung.

Habitusmuster 4
Zeigte sich bei dem Habitusmuster 1 der Lehrkräfte aufgrund ihrer Herkunft aus oberen bürgerlichen Milieus eine ‚gewisse Distanz' zu Schüler*innen mit dem Habitus der Bildungsfremdheit und -notwendigkeit, ist diese Distanz bei Habitusmuster 4 besonders ausgeprägt. Die Lehrkraft kommt ebenfalls aus einem der oberen Milieus, dem gehobenen Dienstleistungsmilieu, und schließt an ihre Eltern als Bildungsaufsteiger*innen an. Sie steht Schüler*innen mit Schwierigkeiten bei der Bewältigung von Aufgaben im Unterricht verständnislos gegenüber und erwartet automatisch Selbstständigkeit und Selbstvertrauen. Sind diese Voraussetzungen nur gering ausgeprägt, sieht sie es nicht als ihre pädagogische Aufgabe, den Schüler*innen Hilfe und Unterstützung diesbezüglich zukommen zu lassen. Ihre professionellen Orientierungen enthalten kaum pädagogische Vorstellungen, sondern werden von Elementen wie Fachkompetenz, traditionellem Leistungs- und Konkurrenzprinzip dominiert. Diese habituelle Orientierung korrespondiert mit einem hierarchisch aufgebauten selektiven Bildungssystem.

Im Blick auf *Berufsschullehrkräfte aus einem der oberen Milieus*, dem gehobenen Dienstleistungsmilieu, lässt sich *Habitusmuster 4* folgendermaßen ausdeuten:

Das Muster zeigt deutliche Züge einer sozialen Distanz gegenüber Schüler*innen aus unteren Milieus. Es konterkariert inklusive Ideen und Bemühungen, denn es wird weder Bereitschaft signalisiert, Passungen zwischen Lehrerhabitus und Schülerhabitus der Bildungsfremdheit und -notwendigkeit herzustellen, noch werden ansatzweise Bemühungen zum Verstehen und zur Unterstützung der Schüler*innen gezeigt. Besonders deutlich wird die Haltung der Distinktion und der Abwehr des oberen Milieus gegenüber dem unteren. Die ausschließliche Orientierung am herkömmlichen Leistungs- und Konkurrenzprinzip dürfte im dualen System und in Bildungsgängen mit voll qualifizierenden Abschlüssen häufiger anzutreffen sein als im Übergangssystem. Eine inklusive Berufsbildung wird unterschiedliche Bildungsgänge zusammenführen, sodass Schüler*innen mit dem Habitus der Bildungsfremdheit und -notwendigkeit auf Lehrkräfte mit starker Orientierung am herkömmlichen Leistungs- und Konkurrenzprinzip treffen. Diese Konstellation wird mit einer Distinktions- und Abwehrhaltung seitens der Lehrkräfte verbunden sein, die diesem Schülerhabitus durch Paternalismus, Fremddisziplinierung und Konformitätsforderung begegnet, wie am Beispiel des Habitusmuster 3 deutlich wurde.

Mithilfe des Habitusmusters 4 kann kein Zugang zu Lebenswelten, Handlungsbefähigungen und Orientierungen der Jugendlichen aus den unteren Milieus hergestellt werden. Wahrnehmen und Verstehen von Prozessen inklusiver Lehr-Lern-Situationen werden nicht angestrebt. Habitussensibilität ist nicht vorhanden und wird auch nicht entwickelt. Der Einsatz von Muster 3 und 4 führt zum Scheitern inklusiver Berufsbildung.

Vor dem Hintergrund dieser Interpretation zu Habitusmuster 4 kann für die Forschung eine Reihe von Hypothesen für Berufsschullehrkräfte aus dem gehobenen Dienstleistungsmilieu gewonnen werden. Beispiel:

- *Nullhypothese*: Es gibt keine Unterschiede zwischen Berufs- und Sonderschullehrkräften hinsichtlich ihrer Zugehörigkeit zu oberen Milieus.
- *Alternativhypothese*: Es gibt Unterschiede zwischen Berufs- und Sonderschullehrkräften hinsichtlich ihrer Zugehörigkeit zu oberen Milieus.

7.4 Schluss

Die vier dargestellten Habitusmuster sind an Einzelfällen gewonnen worden. Gleichwohl wagten wir die These, dass sich die Muster mehr oder weniger in der gesamten Lehrerschaft wiederfinden: Auf der einen Seite Muster 1 und 2 mit den Orientierungen an Emanzipation, Selbstreflexion und Integration sowie einer hohen Leistungserwartung, dem Bemühen der Herstellung enger Beziehung und advokatorischer Haltung, auf der anderen Seite Muster 3 und 4 mit einer patriarchalischen, hierarchie- und befehlsbezogenen Orientierung sowie einer stark distinktiven und leistungskonkurrenten Haltung. Sollte sich diese Zweiteilung an Habitusmustern in weiteren quantitativen und qualitativen Untersuchungen finden, erhalten wir wichtige Hinweise für eine Veränderungsbereitschaft von Berufsschullehrkräften für den Einsatz und die Gestaltung einer inklusiven Berufsbildung. Ebenso ergeben sich aufschlussreiche Hinweise auf Widerstände und Gründe für die Aufrechterhaltung des bisherigen beruflichen Bildungssystems und sein Beharrungsvermögen.

Habitustheoretische Untersuchungen in der Forschung zur Professionalisierung von Lehrkräften sind selten, nicht zuletzt auch deshalb, weil die Entwicklung des Habitus bis in die primäre und sekundäre Sozialisation zurückverfolgt werden muss und so eine komplexe Forschung über die Lebensspanne notwendig wird. Hinzu kommt, dass manche habituelle Orientierungen idiosynkratischen Charakter haben und sich mithilfe standardisierter Verfahren so ohne Weiteres nicht ermitteln lassen. Daher wird der Einsatz sehr aufwendiger qualitativer Verfahren und habitushermeneutischer Auswertungen erforderlich, der ‚lediglich' zur Entdeckung von Hypothesen führt, nicht aber zu getesteten Hypothesen. Oben haben wir aber gezeigt, dass rekonstruktive Habitusforschung Hypothesen zu entdecken vermag, die mithilfe zu entwickelnder Testinstrumente überprüft werden können.

Insofern ist Habitusforschung als notwendige Ergänzung zur Professionalisierung in der Lehrerbildung insbesondere auch unter Inklusionsaspekten wichtig. Sie bezieht sich auf Aspekte, die zu wenig im Rahmen der Forschung zu Lehrerüberzeugungen berücksichtigt werden, jedoch erhebliche Bedeutung für die Herausbildung eines wissenschaftlich-reflexiven Habitus haben. Bedenkt man, dass Lehramtsstudierende einst als Schüler*innen „fest verankerte Überzeugungen über den Schulbetrieb entwickelt (haben)" (Wilde & Kunter, 2016, S. 308), die bis in den späteren Berufsalltag Bestand haben können, werden diese habituellen Orientierungen nur durch eine reflexive selbstbezügliche Auseinandersetzung mit dem Eigenen und dem eigenen Fremden bewusst und bearbeitbar werden. Gerade die Planung, Durchführung und Auswertung inklusiver Lehr-Lern-Situationen enthalten Herausforderungen, die Krisen im pädagogischen Alltag erzeugen. Sie sind nur durch Arbeit am eigenen Fall und Arbeit an fremden Fällen zu bewältigen und können dadurch Krisenlösungen zugeführt werden (Oevermann, 2002).

Die bisher vorliegenden Habitusstudien fokussieren Lehrkräfte im Primar- und Sekundarbereich und entsprechende Schulleiter*innen. Angesagt wäre eine Erweiterung im Hinblick auf andere Lehrkräfte und Schulleitungen. Hinsichtlich inklusiver Berufsbildung geraten die Gruppe von Berufsschullehrkräften, dort tätige Sonderschullehrkräfte und anderes pädagogisches Personal in den Blick, um habituelle Orientierungen zu ermitteln. Auch sind domänenspezifische Habitusformen im Zusammenhang mit der Planung und Durchführung inklusiver Lehr- und Lernsituationen zu untersuchen. Eine Handelslehrkraft wird ihre pädagogische Praxis nach anderen Vorstellungen steuern als eine Gewerbelehrkraft. Entsprechendes gilt für die Sonderpädagog*innen in der inklusiven Berufsbildung. Die obigen Interpretationen zu den vier Habitusmustern könnten zu Forschungen anregen, den Habitus von Berufsschullehrkräften zu erforschen.

Literaturverzeichnis

Ackermann, Karl-Ernst (2017): Zum Umgang mit Widersprüchen in der sonderpädagogischen Diskussion um Inklusion. In: Magdalena Gercke, Saskia Opalinski und Tim Thonagel (Hg.): Inklusive Bildung und gesellschaftliche Exklusion. Zusammenhänge – Widersprüche – Konsequenzen. Wiesbaden, Germany: Springer VS, S. 229–245.

Arnold, Rolf; Gonon, Philipp; Müller, Hans-Joachim (2016): Einführung in die Berufspädagogik. 2., überarbeitete Auflage. Opladen, Toronto: Verlag Barbara Budrich.

Atkinson, Will (2018): Bourdieu and Schutz – Bringing Together Two Sons of Husserl. In: Thomas Medvetz und Jeffrey J. Sallaz (Hg.): The Oxford Handbook of Pierre Bourdieu. Oxford University Press.

Autorengruppe Bildungsberichterstattung (2018): Bildung in Deutschland 2018. Ein indikatorengestützter Bericht mit einer Analyse zu Bildung und Migration. Bielefeld: wbv.

Baethge, Martin (2008): Das berufliche Bildungswesen in Deutschland am Beginn des 21. Jahrhunderts. In: Das Bildungswesen in der Bundesrepublik Deutschland. Reinbek bei Hamburg: Rowohlt, S. 541–597.

Baraldi, Claudio; Corsi, Giancarlo; Espositio, Elena (1999): GLU – Glossar zu Niklas Luhmanns Theorie sozialer Systeme. 3. Aufl. Frankfurt a. M.: Suhrkamp.

Bauer, Waldemar (2006): Einstellungsmuster und Handlungsprinzipien von Berufsschullehrern. Eine empirische Studie zur Lehrerarbeit im Berufsfeld Elektrotechnik. Bielefeld: W. Bertelsmann Verlag.

Beck, Klaus (1996): Die ‚Situation' als Bezugspunkt didaktischer Argumentationen – Ein Beitrag zur Begriffspräzisierung. In: Wolfgang Seyd und Ralf Witt (Hg.): Situation, Handlung, Persönlichkeit: Kategorien wirtschaftspädagogischen Denkens; Festschrift für Lothar Reetz, Bd. 6. Hamburg: Feldhaus Edition Hamburger Buchwerkstatt, S. 87–98.

Beck, Ulrich; Brater, Michael; Daheim, Hansjürgen (1980): Soziologie der Arbeit und der Berufe. Grundlagen, Problemfelder, Forschungsergebnisse. Reinbek bei Hamburg: Rowohlt.

Becker, Heinz (2016): … inklusive Arbeit! Das Recht auf Teilhabe an der Arbeitswelt auch für Menschen mit hohem Unterstützungsbedarf. Weinheim, Basel: Beltz Juventa.

Behrendt, Hauke (2017): Arbeit, Gerechtigkeit und Inklusion. Wege zu gleichberechtigter gesellschaftlicher Teilhabe. Hg. v. Hauke Behrendt und Catrin Misselhorn. Stuttgart: J. B. Metzler Verlag.

Beicht, Ursula (2009): Verbesserung der Ausbildungschancen oder sinnlose Warteschleifen? Zur Bedeutung und Wirksamkeit von Bildungsgängen am Übergang Schule – Berufsausbildung. In: *BIBB Report* (11).

Beicht, Ursula; Ulrich, Gerd Joachim (2008): Welche Jugendlichen bleiben ohne Berufsausbildung? - Analyse wichtiger Einflussfaktoren unter besonderer Berücksichtigung der Bildungsbiografie. In: *BIBB Report* (6).

Berg, Sabine (2014): Zur Relevanz von Sozialisationshintergrund und sozialer Herkunft für den Wirtschaftsunterricht. Vorstellungen von Handelslehrern über die Perspektive der Lernenden. Berufliche Bildungsprozesse aus der Perspektive der Lernenden. In: *bwp@* (26).

Betz, Tanja; Kayser, Laura B.; Moll, Frederick de (2015): Soziale Determinanten des Lehrerhandelns. Milieuspezifische und berufsbiografische Einflussfaktoren auf die Kooperation und Kommunikation mit Eltern. In: *Zeitschrift für Soziologie der Erziehung und Sozialisation* (4), S. 377–395.

BIBB (Hg.) (2009): Datenreport zum Berufsbildungsbericht 2009. Informationen und Analysen zur Entwicklung der beruflichen Bildung. Bundesinstitut für Berufsbildung. Bonn.

BIBB-Hauptausschuss (2012): Empfehlung des Hauptausschusses des Bundesinstituts für Berufsbildung vom 21.6.2012. Rehabilitationspädagogische Zusatzqualifikation für Ausbilderinnen und Ausbilder (ReZA). Online verfügbar unter https://www.bibb.de/dokumente/pdf/Empfehlung_HA_Rahmencurriculum.pdf.

Biermann, Horst (2008): Pädagogik der beruflichen Rehabilitation. Eine Einführung. 1. Auflage. Stuttgart: Verlag W. Kohlhammer.

Biermann, Horst (2015): Inklusion im Beruf. Stuttgart: W. Kohlhammer Verlag.

Biermann, Horst; Bonz, Bernhard (Hg.) (2011a): Inklusive Berufsbildung. Didaktik beruflicher Teilhabe trotz Behinderung und Benachteiligung. Baltmannsweiler: Schneider-Verlag Hohengehren.

Biermann, Horst; Bonz, Bernhard (2011b): Risikogruppen in der Berufsbildung. In: Horst Biermann und Bernhard Bonz (Hg.): Inklusive Berufsbildung. Didaktik beruflicher Teilhabe trotz Behinderung und Benachteiligung, Bd. 11. Baltmannsweiler: Schneider-Verlag Hohengehren, S. 4–11.

Biermann, Horst; Rützel, Josef (1999): Didaktik der beruflichen Bildung benachteiligter. In: Horst Biermann (Hg.): Beiträge zur Didaktik der Berufsbildung Benachteiligter. Stuttgart: Holland + Josenhans, S. 11–37.

Biewer, Gottfried (2017): Grundlagen der Heilpädagogik und Inklusiven Pädagogik. 3., überarbeitete und erweiterte Auflage. Bad Heilbrunn: Verlag Julius Klinkhardt.

Biewer, Gottfried; Schütz, Sandra (2016): Inklusion. In: Ingeborg Hedderich, Gottfried Biewer, Judith Hollenweger und Reinhard Markowetz (Hg.): Handbuch Inklusion und Sonderpädagogik. Bad Heilbrunn: Verlag Julius Klinkhardt, S. 123–127.

BMBF (2014): Bekanntmachung des Bundesministeriums für Bildung und Forschung von Richtlinien zur Förderung der „Qualitätsoffensive Lehrerbildung".

BMBF (2017): Berufsbildungsbericht 2017. Bundesministerium für Bildung und Forschung. Bonn. Online verfügbar unter https://www.bmbf.de/upload_filestore/pub/Berufsbildungsbericht_2017.pdf.

BMBF (2020): Berufsbildungsbericht 2020. Bundesministerium für Bildung und Forschung. Bonn. Online verfügbar unter https://www.bmbf.de/upload_filestore/pub/Berufsbildungsbericht_2020.pdf.

Boban, Ines; Hinz, Andreas (Hg.) (2017): Inklusive Bildungsprozesse gestalten. Nachdenken über Horizonte, Spannungsfelder und Schritte. Kallmeyer'sche Verlagsbuchhandlung. 1. Auflage. Seelze: Klett/Kallmeyer.

Böhler, Dietrich (1985): Rekonstruktive Pragmatik. Von der Bewußtseinsphilosophie zur Kommunikationsreflexion: Neubegründung der praktischen Wissenschaften und Philosophie. 1. Aufl. Frankfurt am Main: Suhrkamp.

Bojanowski, Arnulf; Eckardt, Peter; Ratschinski, Günther (2004): Forschung in der Benachteiligtenförderung. Sondierungen in einer unübersichtlichen Landschaft. In: *bwp@* (6).

Booth, Tony; Ainscow, Mel (2003): Index für Inklusion – Lernen und Teilhabe in der Schule der Vielfalt entwickeln. Hg. v. Ines Boban und Andreas Hinz. Halle/Saale: Martin-Luther-Universität Halle.

Boudon, Raymond (1974): Education, opportunity, and social inequality. Changing prospects in Western society. New York, NY: Wiley & Sons.

Bourdieu, Pierre (1987): Die feinen Unterschiede. Kritik der gesellschaftlichen Urteilskraft. Frankfurt am Main: Suhrkamp.

Bourdieu, Pierre (1992): Die verborgenen Mechanismen der Macht. Hamburg: VSA-Verl.

Bourdieu, Pierre (2015): Sozialer Sinn. Kritik der theoretischen Vernunft. 9. Auflage. Frankfurt am Main: Suhrkamp.

Bourdieu, Pierre; Passeron, Jean-Claude (1971): Die Illusion der Chancengleichheit. Untersuchungen zur Soziologie des Bildungswesens am Beispiel Frankreichs. 1. Aufl. Stuttgart: Klett.

Bourdieu, Pierre; Wacquant, Loïc (2006): Reflexive Anthropologie. Frankfurt am Main: Suhrkamp.

Brandtstädter, Jochen; Greve, Werner (1999): Intentionale und nichtintentionale Aspekte des Handelns. In: Jürgen Straub und Hans Werbik (Hg.): Handlungstheorie. Begriff und Erklärung des Handelns im interdisziplinären Diskurs. Frankfurt a. M.: Campus-Verl., S. 185–212.

Bremer, Helmut; Lange-Vester, Andrea (2014): Die Pluralität der Habitus- und Milieuformen bei Lernenden und Lehrenden. Theoretische und methodologische Überlegungen zum Verhältnis von Habitus und sozialem Raum. In: Werner Helsper, Rolf-Torsten Kramer und Sven Thiersch (Hg.): Schülerhabitus. Theoretische und empirische Analysen zum Bourdieuschen Theorem der kulturellen Passung. Wiesbaden: Springer VS, S. 56–81.

Bromme, Rainer (1981): Das Denken von Lehrern bei der Unterrichtsvorbereitung. Eine empirische Untersuchung zu kognitiven Prozessen von Mathematiklehrern. Weinheim, Basel: Beltz.

Buchmann, Ulrike; Bylinski, Ursula (2013): Ausbildung und Professionalisierung von Fachkräften für eine inklusive Berufsbildung. In: Hans Döbert und Horst Weishaupt (Hg.): Inklusive Bildung professionell gestalten. Situationsanalyse und Handlungsempfehlungen. 1. Aufl. Münster: Waxmann, S. 147–202.

Büchter, Karin (2017): Benachteiligung in Deutschland – Endogenisierung und Individualisierung als historisch-kontinuierliche Legitimation des Sonderstatus. In: Gerhard Niedermair (Hg.): Berufliche Benachteiligtenförderung. Theoretische Einsichten, empirische Befunde und aktuelle Maßnahmen. 1. Auflage 2017. Linz: Trauner Verlag, S. 69–89.

Burda-Zoyke, Andrea; Naeve-Stoß, Nicole (2019): Individuelle Förderung und Subjetkorientierung in der Unterrichtsplanung von Lehrkräften in der kaufmännisch-verwaltenden Berufsausbildung. In: Karin Heinrichs und Hannes Reinke (Hg.): Heterogenität in der beruflichen Bildung. Im Spannungsfeld von Erziehung, Förderung und Fachausbildung. 1. Auflage. Bielefeld: wbv, S. 113–128.

Bürli, Alois (1997): Sonderpädagogik international: Vergleiche, Tendenzen, Perspektiven. Luzern: Ed. SZH/SPC.

Bylinski, Ursula; Rützel, Josef (Hg.) (2016a): Inklusion als Chance und Gewinn für eine differenzierte Berufsbildung. Bundesinstitut für Berufsbildung. Bielefeld: W. Bertelsmann Verlag.

Bylinski, Ursula; Rützel, Josef (2016b): Zur Einführung Inklusion in der Berufsbildung: Perspektivwechsel und neue Gestaltungsaufgabe. In: Ursula Bylinski und Josef Rützel (Hg.): Inklusion als Chance und Gewinn für eine differenzierte Berufsbildung. Bielefeld: W. Bertelsmann Verlag, S. 9–23.

Charmaz, Kathy (2014): Constructing grounded theory. 2nd edition. Los Angeles, London, New Delhi, Singapore, Washington DC: SAGE.

Cloerkes, Günther; Felkendorff, Kai; Markowetz, Reinhard (2007): Soziologie der Behinderten. Eine Einführung. 3., neu bearb. und erw. Aufl. Heidelberg: Winter.

Cramer, Colin (2010): Sozioökonomische Stellung Lehramtsstudierender. In: *Lehrerbildung auf dem Prüfstand* 3 (1), S. 4–22.

Cramer, Colin (2012): Entwicklung von Professionalität in der Lehrerbildung. Empirische Befunde zu Eingangsbedingungen, Prozessmerkmalen und Ausbildungserfahrungen Lehramtsstudierende. Dissertation. Bad Heilbrunn: Verlag Julius Klinkhardt.

Dammer, Karl-Heinz (2011): All inclusive? oder: Dabei sein ist alles? Ein Versuch, die Konjunktur des Inklusionsbegriffs in der Pädagogik zu verstehen. In: *Pädagogische Korrespondenz* (43), S. 5–30.

Davidson, Donald (1998): Handlungen, Gründe und Ursachen. In: Donald Davidson (Hg.): Handlung und Ereignis. Frankfurt a. M.: Suhrkamp, S. 19–42.

Dederich, Markus (2011): An Stelle des Anderen. Ein interdisziplinärer Diskurs über Stellvertretung und Behinderung. 1. Auflage. Hg. v. Karl-Ernst Ackermann. Oberhausen: Athena.

Degenhardt, Sven (2009): Was meint "Inklusion"? Definitionsmacht und Perspektiven. In: *blind – sehbehindert, Zeitschrift für das Sehgeschädigtenbildungswesen* (129, Heft 1), S. 4–13.

Deißinger, Thomas (1998): Beruflichkeit als "organisierendes Prinzip" der deutschen Berufsausbildung. Markt Schwaben: Eusl.

Deißinger, Thomas (2001): Zur Frage nach der Bedeutung des Berufsprinzips als "organisierendes Prinzip" der deutschen Berufsausbildung im europäischen Kontext: Eine deutsch-französische Vergleichsskizze. In: *Tertium comparationis* 7, S. 1–18.

Demmer-Dieckmann, Irene (2010): Wie gestalten wir Lehre in Integrationspädagogik im Lehramt wirksam? Die hochschuldidaktische Perspektive. In: Anne-Dore Stein, Stefanie Krach und Imke Niediek (Hrsg.): Integration und Inklusion auf dem Weg ins Gemeinwesen. Möglichkeitsräume und Perspektiven. Bad Heilbrunn: Verlag Julius Klinkhardt, S. 257–269

Deutsche UNESCO-Kommission e. V. (o. J.): Inklusive Bildung.

Deutsche UNESCO-Kommission e. V. (2009): Inklusion: Leitlinien für die Bildungspolitik.

Deutsche UNESCO-Kommission e. V. (2018): Die Salamanca Erklärung und der Aktionsrahmen zur Pädagogik für besondere Bedürfnisse. Online verfügbar unter https://www.unesco.de/sites/default/files/2018-03/1994_salamanca-erklaerung.pdf.

Deutsche UNESCO-Kommission e. V. (2019): Programm zur Förderung der inklusiven Bildung.

Dietz, Simone (1993): Lebenswelt und System. Widerstreitende Ansätze in der Gesellschaftstheorie von Jürgen Habermas. Würzburg: Königshausen & Neumann.

Ditton, Hartmut (2009): Familie und Schule – eine Bestandsaufnahme der bildungssoziologischen Schuleffektsforschung von James S. Colemann bis heute. In: Rolf Becker (Hg.): Lehrbuch der Bildungssoziologie. 1. Aufl. Wiesbaden: VS Verlag für Sozialwissenschaften, S. 239–259.

Doose, Stefan (2016): Arbeit. In: Ingeborg Hedderich, Gottfried Biewer, Judith Hollenweger und Reinhard Markowetz (Hg.): Handbuch Inklusion und Sonderpädagogik. Bad Heilbrunn: Verlag Julius Klinkhardt, S. 448–453.

Driebe, Thomas; Götzl, Mathias; Jahn, Robert W.; Burda-Zoyke, Andrea (2018): Einstellungen zu Inklusion von Lehrkräften an berufsbildenden Schulen: Ergebnisse einer empirischen Studie. Teachers Attitude towards Inclusion in Vocational Education. In: *Zeitschrift für Berufs- und Wirtschaftspädagogik* 114 (3), S. 394–418.

Drieschner, Elmar (2014): Herausforderungen inklusiver Schul- und Unterrichtsentwicklung. Eine Analyse aus systemtheoretischer Perspektive. In: Elmar Drieschner und Detlef Gaus (Hg.): Das Bildungssystem und seine strukturellen Kopplungen. Wiesbaden: Springer VS, S. 217–239.

Dumont, Hanna (2019): Neuer Schlauch für alten Wein? Eine konzeptionelle Betrachtung von individueller Förderung im Unterricht. In: *Zeitschrift für Erziehungswissenschaft* (2), S. 249–277.

Eberwein, Hans (2018): Interview mit Hans Eberwein. In: Alfred Sander, Hans Eberwein, Helmut Reiser, Jutta Schöler, Rainer Maikowski, Reimer Kornmann et al.: Blick zurück nach vorn – WegbereiterInnen der Inklusion. Hg. v. Hans-Joachim Müller. Gießen: Psychosozial-Verlag (Dialektik der Be-Hinderung), S. 35–65.

Eckert, Manfred (2004): Wohin entwickelt sich die Benachteiligtenförderung? Reflexionen im Horizont neuer Arbeitsmarkt-, Bildungs- und Sozialpolitik. In: *bwp@* (6).

Ellger-Rüttgardt, Sieglind Luise (2016): Historischer Überblick. In: Ingeborg Hedderich, Gottfried Biewer, Judith Hollenweger und Reinhard Markowetz (Hg.): Handbuch Inklusion und Sonderpädagogik. Bad Heilbrunn: Verlag Julius Klinkhardt, S. 17–27.

Enggruber, Ruth (2018): Reformvorschläge zu einer inklusiven Gestaltung der Berufsausbildung. In: Ingrid Arndt, Frank Neises und Klaus Weber (Hg.): Inklusion im Übergang von der Schule in Ausbildung und Beruf. Hintergründe, Herausforderungen und Beispiele aus der Praxis. 1. Auflage. Leverkusen: Verlag Barbara Budrich, S. 27–37.

Enggruber, Ruth; Ulrich, Joachin Gerd (2016): Was bedeutet "inklusive Berufsausbildung"?: Ergebnisse einer Befragung von Berufsbildungsfachleuten. In: Andrea Zoyke und Kirsten Vollmer (Hg.): Inklusion in der Berufsbildung. 1. Aufl. Bielefeld: W. Bertelsmann Verlag, S. 59–76.

Esser, Hartmut (1999): Die Optimierung der Orientierung. In: Jürgen Straub und Hans Werbik (Hg.): Handlungstheorie. Begriff und Erklärung des Handelns im interdisziplinären Diskurs. Frankfurt a. M.: Campus-Verlag, S. 113–136.

Euler, Dieter (2016): Inklusion in der Berufsbildung: Bekenntnisse - Erkenntnisse - Herausforderungen - Konsequenzen. In: Andrea Zoyke und Kirsten Vollmer (Hg.): Inklusion in der Berufsbildung. 1. Aufl. Bielefeld: W. Bertelsmann Verlag, S. 27–42.

Euler, Dieter; Severing, Eckart (2014): Inklusion in der Berufsbildung. In: *Zeitschrift für Berufs- und Wirtschaftspädagogik* (1, Band 110), S. 114–132.

Feuser, Georg; Maschke, Thomas (Hg.) (2013): Lehrerbildung auf dem Prüfstand. Welche Qualifikationen braucht die inklusive Schule? E-Book-Ausgabe. Gießen: Psychosozial-Verlag.

Fischer, Bastian; Gericke, Thomas (2016): Zur Weiterentwicklung von Werkstätten für behinderte Menschen unter Inklusionsanspruch. Online verfügbar unter https://www.ueberaus.de/wws/weiterentwicklung_von_wfbm.php.

Fischer, Joachim (2013): Die Situationstheorie der Philosophischen Anthropologie. In: Andreas Ziemann (Hg.): Offene Ordnung? Wiesbaden: Springer VS, S. 63–80.

Florian, Lani (2014): What counts as evidence of inclusive education? In: *European Journal of Special Needs Education* 29 (3), S. 286–294.

Friese, Marianne (2017): Bedeutung von Inklusion für die berufliche Bildung. In: Gerhard Niedermair (Hg.): Berufliche Benachteiligtenförderung. Theoretische Einsichten, empirische Befunde und aktuelle Maßnahmen. 1. Auflage 2017. Linz: Trauner Verlag, S. 41–67.

Frommberger, Dietmar; Lange, Silke (2018): Zur Ausbildung von Lehrkräften für berufsbildende Schulen. Befunde und Entwicklungsperspektiven. Bonn: Friedrich-Ebert-Stiftung Abteilung Wirtschafts- und Sozialpolitik.

Glaser, Barney G.; Strauss, Anselm L. (1967): The discovery of grounded theory. Strategies for qualitative research. New York, NY: Aldine.

Glaser, Barney G.; Strauss, Anselm L. (1998): Grounded theory: Strategien qualitativer Forschung. Bern: Huber.

Glasersfeld, Ernst (1998): Konstruktion der Wirklichkeit und des Begriffs der Objektivität. In: Heinz Gumin und Heinrich Meier (Hg.): Einführung in den Konstruktivismus. 4. Aufl. München: Oldenbourg Verlag, S. 9–36.

Graumann, Carl F. (1989): Perspective Setting and Taking in Verbal Interaction. In: Rainer Dietrich und Carl F. Graumann (Hg.): Language Processing in Social Context. Burlington: Elsevier Science, S. 95–122.

Gringmann, Anika; Mundstock, Jacqueline; Oltmann, Christine (2012): Geschichte der Sonderpädagogik. In: Matthias von Saldern (Hg.): Inklusion – Deutschland zwischen Gewohnheit und Menschenrecht. Norderstedt: Books on Demand, S. 71–102.

Grollmann, Philipp (2005): Professionelle Realität von Berufspädagogen im internationalen Vergleich. Eine empirische Studie anhand ausgewählter Beispiele aus Dänemark, Deutschland und den USA. Bielefeld: W. Bertelsmann Verlag.

Grundmann, Matthias; Groh-Samberg, Olaf; Bittlingmayer, Uwe H.; Bauer, Ullrich (2003): Milieuspezifische Bildungsstrategien in Familie und Gleichaltrigengruppe. In: *Zeitschrift für Erziehungswissenschaft* 6 (1), S. 25–45.

Haas, Anton (1998): Unterrichtsplanung im Alltag. Eine empirische Untersuchung zum Planungshandeln von Hauptschul-, Realschul- und Gymnasiallehrern. Regensburg: Roderer.

Habermas, Jürgen (1971): Theorie und Praxis. Sozialphilosophische Studien. 4., durchges., erw. u. neu eingel. Aufl. Frankfurt a. M.: Suhrkamp.

Habermas, Jürgen (1987a): Theorie des kommunikativen Handelns. Band 1: Handlungsrationalität und gesellschaftliche Rationalisierung. 4. Aufl. Frankfurt a. M.: Suhrkamp.

Habermas, Jürgen (1987b): Theorie des kommunikativen Handelns. Band 2: Zur Kritik der funktionalistischen Vernunft. 4. Aufl. Frankfurt a. M.: Suhrkamp.

Haeberlin, Urs (2017): Inklusive Bildung. Sozialromantische Träumerei? In: Magdalena Gercke, Saskia Opalinski und Tim Thonagel (Hg.): Inklusive Bildung und gesellschaftliche Exklusion. Zusammenhänge -- Widersprüche -- Konsequenzen. Wiesbaden, Germany: Springer VS, S. 203–216.

Haupt, Bernhard (1984): Situation – Situationsdefinition – soziale Situation: Zum Wandel des Verständnisses einer sozialwissenschaftlichen Kategorie und ihrer erziehungswissenschaftlichen Bedeutung. Frankfurt a. M., Wien u. a.: Peter Lang.

Havighurst, Robert J. (1953): Human development and education. Chicago, Ill. [u. a.]: McKay.

Hedderich, Ingeborg; Biewer, Gottfried; Hollenweger, Judith; Markowetz, Reinhard (Hg.) (2016): Handbuch Inklusion und Sonderpädagogik. Bad Heilbrunn: Verlag Julius Klinkhardt.

Heid, Helmut (2001): Situation als Konstrukt. Zur Kritik objektivistischer Situationsdefinitionen. In: *Schweizerische Zeitschrift für Bildungswissenschaften* 23 (3), S. 513–528.

Heidegger, Martin (1967): Sein und Zeit. 11., unveränderte Auflage. Tübingen: Niemeyer.

Heimann, Paul (Hg.) (1976): Didaktik als Unterrichtswissenschaft. 1. Aufl. Stuttgart: Klett.

Heimlich, Ulrich (2011): Inklusion und Sonderpädagogik. Die Bedeutung der Behindertenrechtskonvention (BRK) für die Modernisierung sonderpädagogischer Förderung. In: *Zeitschrift für Heilpädagogik* (62), S. 44–54.

Heimlich, Ulrich (2016): Integration. In: Ingeborg Hedderich, Gottfried Biewer, Judith Hollenweger und Reinhard Markowetz (Hg.): Handbuch Inklusion und Sonderpädagogik. Bad Heilbrunn: Verlag Julius Klinkhardt, S. 118–123.

Heinrich, Martin (2015): Inklusion oder Allokationsgerechtigkeit. Zur Entgrenzung von Gerechtigkeit im Bildungssystem im Zeitalter der semantischen Verkürzung von Bildungsgerechtigkeit auf Leistungsgerechtigkeit. In: Veronika Manitius, Björn Hermstein, Nils Berkemeyer und Wilfried Bos (Hg.): Zur Gerechtigkeit von Schule. Theorien, Konzepte, Analysen. Münster: Waxmann, S. 235–255.

Heinrichs, Karin; Reinke, Hannes (Hg.) (2019): Heterogenität in der beruflichen Bildung. Im Spannungsfeld von Erziehung, Förderung und Fachausbildung. 1. Auflage. Bielefeld: wbv.

Heisler, Dietmar (2015): Beruf und Inklusion. Wie inklusiv ist „Beruf"? In: *bwp@* (29), S. 1–20.

Heitmeyer, Wilhelm (2012): Deutsche Zustände. Folge 10. Berlin: Edition Suhrkamp.

Heitmeyer, Wilhelm (2018): Signaturen der Bedrohung. Berlin: Edition Suhrkamp.

Helsper, Werner (2006): Pädagogisches Handeln in den Antinomien der Moderne. In: Heinz-Hermann Krüger (Hg.): Einführung in Grundbegriffe und Grundfragen der Erziehungswissenschaft. 7., durchges. und aktualisierte Aufl. Opladen: Budrich, S. 15–34.

Helsper, Werner (2018): Schülerhabitus. Theoretische und empirische Analysen zum Bourdieuschen Theorem der kulturellen Passung. In: Angelika Paseka, Manuela Keller-Schneider und Arno Combe (Hg.): Ungewissheit als Herausforderung für pädagogisches Handeln. Wiesbaden: Springer VS.

Helsper, Werner; Kramer, Rolf-Torsten; Thiersch, Sven (Hg.) (2014): Schülerhabitus. Theoretische und empirische Analysen zum Bourdieuschen Theorem der kulturellen Passung. Wiesbaden: Springer VS.

Hoefert, Hans-Wolfgang; Brauns, Horst-Peter (Hg.) (1982): Person und Situation: Interaktionspsychologische Untersuchungen. Göttingen: Hogrefe.

Höhn, Elfriede (1974): Ungelernte in der Bundesrepublik. Soziale Situation, Begabungsstruktur u. Bildungsmotivation. Kaiserslautern: Georg Michael Pfaff Gedächtnisstiftung; Rohr-Druck-Hildebrand in Komm.

HRK und KMK (2015): Lehrerbildung für eine Schule der Vielfalt. Gemeinsame Empfehlung von Hochschulrektorenkonferenz und Kultusministerkonferenz. Bonn. Online verfügbar unter https://www.kmk.org/fileadmin/Dateien/veroeffentlichungen_beschluesse/2015/2015_03_12-Schule-der-Vielfalt.pdf.

Huber, Christian; Wilbert, Jürgen (2012): Soziale Ausgrenzung von Schülern mit sonderpädagogischem Förderbedarf und niedrigen Schulleistungen im gemeinsamen Unterricht. In: *Empirische Sonderpädagogik* 4 (2), S. 147–165.

Huisinga, Richard (2011): Berufliche Übergangsforschung und Inklusionspolitik: Anmerkungen zu einem prekären Verhältnis. In: Bettina Siecke und Dietmar Heisler (Hg.): Berufliche Bildung zwischen politischem Reformdruck und pädagogischem Diskurs. Festschrift zum 60. Geburtstag von Manfred Eckert. Unter Mitarbeit von Manfred Eckert. Paderborn: Eusl, S. 150–165.

Humboldt, Wilhelm von (1995): Theorie der Bildung des Menschen. In: Wilhelm von Humboldt (Hg.): Schriften zur Anthropologie und Geschichte. 2. Aufl. Stuttgart: J. G. Cotta'sche Buchhandlung, S. 234–240.

Hummrich, Merle; Hebenstreit, Astrid; Hinrichsen, Merle; Meier, Michael (Hg.) (2016): Was ist der Fall? Kasuistik und das Verstehen pädagogischen Handelns. Wiesbaden: Springer VS.

Hurrelmann, Klaus; Quenzel, Gudrun (2012): Lebensphase Jugend. Eine Einführung in die sozialwissenschaftliche Jugendforschung. 11. Aufl. Weinheim: Beltz Juventa.

Jantzen, Wolfgang (1998): Weiterentwicklung – Stillstand – Rückschritt. 25 Jahre Empfehlung des Deutschen Bildungsrates zur pädagogischen Förderung behinderter und von Behinderung bedrohter Kinder und Jugendlicher. In: *Zeitschrift für Heilpädagogik* (1), S. 18–25.

Joas, Hans (1989): Praktische Intersubjektivität. Frankfurt a. M.: Suhrkamp.

Joas, Hans (1996): Die Kreativität des Handelns. Frankfurt a. M.: Suhrkamp.

Kampa, Nele; Kunter, Mareike; Maaz, Kai (2011): Die soziale Herkunft von Mathematik-Lehrkräften in Deutschland. In: *Zeitschrift für Pädagogik* 2011 (1), S. 70–92.

Kant, Immanuel (2003): Kritik der reinen Vernunft u. a. Wiesbaden: Fourier.

Klemm, Klaus; Preuß-Lausitz, Ulf (2011): Auf dem Weg zur schulischen Inklusion in Nordrhein-Westfalen. Empfehlungen zur Umsetzung der UN-Behindertenrechtskonvention im Bereich der allgemeinen Schulen. Online verfügbar unter http://www.jugendsozialarbeit.de/media/raw/KLEMM_klaus__auf_dem_weg_zur_schulischen_inklusion_in_nrw.pdf.

Kocaj, Aleksander; Kuhl, Poldi; Rjosk, Camilla; Jansen, Malte; Pant, Hans Anand; Stanat, Petra (2015): Der Zusammenhang zwischen Beschulungsart, Klassenkomposition und schulischen Kompetenzen von Kindern mit sonderpädagogischem Förderbedarf. In: Poldi Kuhl, Petra Stanat, Birgit Lütje-Klose, Cornelia Gresch, Hans Anand Pant und Manfred Prenzel (Hg.): Inklusion von Schülerinnen und Schülern mit sonderpädagogischem Förderbedarf in Schulleistungserhebungen. Wiesbaden: Springer VS, S. 335–370.

Koch, Katja (2007): Soziokulturelle Benachteiligung. In: Jürgen Walter, Franz B. Wember, Johann Borchert und Herbert Goetze (Hg.): Sonderpädagogik des Lernens. Göttingen: Hogrefe, S. 104–116.

Koller, Hans-Christoph (2018): Bildung anders denken. Einführung in die Theorie transformatorischer Bildungsprozesse. 2., aktualisierte Auflage. Stuttgart: Kohlhammer.

Konsortium Bildungsberichterstattung (2006): Bildung in Deutschland. Ein indikatorengestützter Bericht mit einer Analyse zu Bildung und Migration. Bielefeld: W. Bertelsmann Verlag.

Kopmann; Henrike; Zeinz; Horst (2016): Lehramtsstudierende und Inklusion. Einstellungsbezogene Ressourcen, Belastungsempfinden in Hinblick auf unterschiedliche Förderbedürfnisse und Ideen zur Individualförderung. In: *Zeitschrift für Pädagogik* 62 (2), S. 263–281.

Kramer, Rolf-Torsten (2014): Kulturelle Passung und Schülerhabitus. Zur Bedeutung der Schule für Transformationsprozesse des Habitus. In: Werner Helsper, Rolf-Torsten Kramer und Sven Thiersch (Hg.): Schülerhabitus. Theoretische und empirische Analysen zum Bourdieuschen Theorem der kulturellen Passung. Wiesbaden: Springer VS, S. 183–202.

Kramer, Rolf-Torsten (2015): "Reproduktionsagenten" oder "Transformationsagenten"? Lehrkräfte im Blick der Bildungssoziologie von Pierre Bourdieu. In: *Zeitschrift für Soziologie der Erziehung und Sozialisation* (4), S. 344–359.

Kramer, Rolf-Torsten; Helsper, Werner (2010): Kulturelle Anpassung und Bildungsungleichheit - Potentiale einer an Bourdieu orientierten Analyse der Bildungsungleichheit. In: Heinz-Hermann Krüger, Ursula Rabe-Kleberg, Rolf-Torsten Kramer und Jürgen Budde (Hg.): Bildungsungleichheit revisited. Bildung und soziale Ungleichheit vom Kindergarten bis zur Hochschule. 1. Aufl. Wiesbaden: VS Verlag für Sozialwissenschaften, S. 103–125.

Krapf, Manfred (2017): Benachteiligtenförderung. Zur Geschichte und Gegenwart eines sozialen Berufsfeldes. Opladen, Berlin, Toronto: Verlag Barbara Budrich.

Kraus, Björn (2013): Erkennen und Entscheiden. Grundlagen und Konsequenzen eines erkenntnistheoretischen Konstruktivismus für die Soziale Arbeit. 1. Aufl. Weinheim: Beltz Juventa.

Kremer, H.-Hugo; Büchter, Karin; Buchmann, Ulrike (2016): EDITORIAL zur Ausgabe 30: Inklusion in der beruflichen Bildung. In: *bwp@*, S. 1–4.

Kremer, H.-Hugo; Sloane, Peter F. E. (2014): "...Lehrer sein dagegen sehr!" – Überlegungen im Kontext einer reflexiven Professionalisierung. In: *bwp@*.

Krotz, Friedrich (2005): Neue Theorien entwickeln. Eine Einführung in die Grounded Theory, die Heuristische Sozialforschung und die Ethnographie anhand von Beispielen aus der Kommunikationsforschung. Köln: von Halem.

Krüger, Heinz Hermann; Köhler, Sina M.; Zschach, Maren; Pfaff, Nicole (2008): Kinder und ihre Peers. Freundschaftsbeziehungen und Schulische Bildungsbiographien. Leverkusen-Opladen: Verlag Barbara Budrich.

Kuhl, Jan; Moser, Vera; Schäfer, Lea; Redlich, Hubertus (2013): Zur empirischen Erfassung von Beliefs von Förderschullehrerinnen und -lehrern. Hg. v. Prof. Dr. Matthias Grünke, Universität zu Köln, Humanwissenschaftliche Fakultät und Departement Heilpädagogik und Rehabilitation. Online verfügbar unter https://www.psychologie-aktuell.com/fileadmin/download/esp/1-2013_20130430/ESP-1-2013_3-24.pdf.

Kuhlmeier, Werner (2016): Problemaufriss: Zwischen Inklusion und Akademisierung. In: Sabine Baabe-Meijer, Werner Kuhlmeier und Johannes Meyser (Hg.): bwp@ Spezial 13: Fachtagung Bau, Holz, Farbe und Raumgestaltung 2015: Zwischen Inklusion und Akademisierung – aktuelle Herausforderungen für die Berufsbildung, S. 1–8.

Kühne, Stefan (2006): Das soziale Rekrutierungsfeld der Lehrer: Empirische Befunde zur schichtspezifischen Selektivität in akademischen Berufspositionen. In: *Zeitschrift für Erziehungswissenschaft* 9 (4), S. 617–631.

Kultusministerkonferenz (KMK) (2019): Ländergemeinsame inhaltliche Anforderungen für die Fachwissenschaften und Fachdidaktiken in der Lehrerbildung. Beschluss der Kultusministerkonferenz vom 16.10.2008 i. d. F. vom 16.05.2019. Hg. v. Kultusministerkonferenz (KMK). Berlin, Bonn.

Kurtz, Thomas (2015): Der Beruf als Form. Eine soziologische Begriffsbestimmung. In: Birgit Ziegler (Hg.): Verallgemeinerung des Beruflichen – Verberuflichung des Allgemeinen? Bielefeld: W. Bertelsmann Verlag, S. 37–54.

Kutscha, Günter (2011): Bildung im Medium des Berufs? Ein kritisch-konstruktiver Beitrag zur Auseinandersetzung mit der bildungstheoretischen Grundlage der Berufs- und Wirtschaftspädagogik durch Herwig Blankertz unter besonderer Berücksichtigung neuerer Beiträge zur Theorie der beruflichen Bildung. In: *Pädagogische Korrespondenz* (43), S. 65–83.

Lange-Vester, Andrea: Habitusmuster von Lehrpersonen – auf Distanz zur Kultur der unteren sozialen Klassen. In: *Zeitschrift für Soziologie der Erziehung und Sozialisation* 2015 (35), S. 360–376.

Lange-Vester, Andrea; Teiwes-Kügler, Christel (2013): Habitusmuster und Handlungsstrategien von Lehrerinnen und Lehrern: Akteure und Komplizen im Feld der Bildung. In: Hans-Georg Soeffner (Hg.): Transnationale Vergesellschaftungen. Verhandlungen des 35. Kongresses der Deutschen Gesellschaft für Soziologie in Frankfurt am Main 2010. Wiesbaden: Springer VS, S. CD.

Lange-Vester, Andrea; Teiwes-Kügler, Christel (2014): Habitussensibilität im schulischen Alltag als Beitrag zur Integration ungleicher sozialer Gruppen. In: Tobias Sander (Hg.): Habitussensibilität. Eine neue Anforderung an professionelles Handeln. Wiesbaden: Springer VS, S. 177–207.

Lange-Vester, Andrea; Vester, Michael (2018): Lehrpersonen, Habitus und soziale Ungleichheit in schulischen Bildungsprozessen. In: Karl-Heinz Braun, Frauke Stübig und Heinz Stübig (Hg.): Erziehungswissenschaftliche Reflexion und pädagogisch-politisches Engagement. Wiesbaden: Springer VS, S. 159–183.

Lave, Jean (1991): Situating learning in communities of practice. In: Lauren B. Resnick, John M. Levine und Stephanie D. Teasley (Hg.): Perspectives on socially shared cognition. Washington, DC, US: American Psychological Association, S. 63–82.

Luckmann, Thomas (1992): Theorie des sozialen Handelns. Berlin: Walter de Gruyter.

Luhmann, Niklas (1981): Die Unwahrscheinlichkeit der Kommunikation. In: Niklas Luhmann (Hg.): Soziologische Aufklärung 3. Soziales System, Gesellschaft, Organisation. Wiesbaden: VS Verlag für Sozialwissenschaften, S. 25–34.

Luhmann, Niklas (1999a): Die Gesellschaft der Gesellschaft. 2. Aufl. Frankfurt a. M.: Suhrkamp.

Luhmann, Niklas (1999b): Soziale Systeme. Grundriß einer allgemeinen Theorie. Frankfurt a. M.: Suhrkamp.

Markowitz, Jürgen (1979): Die soziale Situation: Entwurf eines Modells zur Analyse des Verhältnisses zwischen personalen Systemen und ihrer Umwelt. 1. Aufl. Frankfurt a. M.: Suhrkamp.

Mead, George Herbert (1969): Die einzelnen Phasen der Handlung. In: George Herbert Mead (Hg.): Philosophie der Sozialität. Frankfurt a. M.: Suhrkamp, S. 102–129.

Mead, George Herbert (1998): Geist, Identität und Gesellschaft. 11. Aufl. Frankfurt am M: Suhrkamp.

Merkens, Luise (1988): Einführung in die historische Entwicklung der Behindertenpädagogik in Deutschland unter integrativen Aspekten. München: E. Reinhardt.

Möckel, Andreas (2012): Heilerziehung, Bildsamkeit und Inklusion in der Geschicte der Heilpädagogik. In: Cornelius Breyer, Günther Fohrer, Walter Goschler, Manuela Heger, Christina Kießling und Christoph Ratz (Hg.): Sonderpädagogik und Inklusion. 1. Aufl. Oberhausen: Athena-Verl., S. 13–25.

Moser, Vera (2017): Beliefs sonderpädagogischer Lehrkräfte. In: Christian Lindmeier und Hans Weiß (Hg.): Pädagogische Professionalität im Spannungsfeld von sonderpädagogischer Förderung und inklusiver Bildung. Weinheim: Beltz Juventa, S. 202–217.

Moser, Vera; Kuhl, Jan; Schäfer, Lea; Redlich, Hubertus (2012): Lehrer/innenbeliefs im Kontext sonder-/inklusionspädagogischer Förderung – Vorläufige Ergebnisse einer empirischen Studie. In: Simone Seitz (Hg.): Inklusiv gleich gerecht? Inklusion und Bildungsgerechtigkeit. Bad Heilbrunn: Verlag Julius Klinkhardt, S. 228–234.

Neugebauer (2013): Wer entscheidet sich für ein Lehramtsstudium – und warum? Eine empirische Überprüfung der These von der Negativselektion in den Lehrerberuf. In: *Zeitschrift für Erziehungswissenschaft* 2013 (16), S. 157–184.

Niemeyer, Beatrix (2008): Professionelle Benachteiligtenförderung – eine Bestandsaufnahme. In: Anke S. Kampmeier (Hg.): Das Miteinander fördern. Ansätze für eine professionelle Benachteiligtenförderung. Bielefeld: W. Bertelsmann Verlag, S. 11–47.

Oevermann, Ulrich (2002): Professionalisierungsbedürftigkeit und Professionalisiertheit pädagogischen Handelns. In: Margret Kraul, Winfried Marotzki und Cornelia Schweppe (Hg.): Biographie und Profession. Bad Heilbrunn/Obb.: Verlag Julius Klinkhardt, S. 19–64.

Oser, Fritz; Blömeke, Sigrid (2012): Überzeugungen von Lehrpersonen. Einführung in den Thementeil. In: *Zeitschrift für Pädagogik* (58), S. 415–422.

Pätzold, Günter; Reinisch, Holger; Wahle, Manfred (2015): Ideen- und Sozialgeschichte der beruflichen Bildung. Entwicklungslinien der Berufsbildung von der Ständegesellschaft bis zur Gegenwart. 2., überarb. und erg. Aufl. Baltmannsweiler: Schneider-Verlag Hohengehren.

Pfannkuche, Jens (2013): Planungskognitionen von Lehrern im Vorbereitungsdienst (LiV). Eine qualitative Untersuchung bei LiV der Wirtschafts- und Berufspädagogik, Kassel.

Piaget, Jean (1996): Nachahmung, Spiel und Traum. Die Entwicklung der Symbolfunktion beim Kinde. [4. Aufl.]. Stuttgart: Klett-Cotta.

Pilz, Matthias (2005): Modularisierung in der Beruflichen Bildung. Ansätze, Erfahrungen und Konsequenzen im europäischen Kontext. Freiburg, Schweiz: Academic Press.

Porter, Gordon L. (2017): A Message from Inclusive Education Canada Director. In: *Education Watch - An Update on Inclusive Education* (7), S. 1–2.

Prengel, Annedore (Hg.) (2010): Inklusion der Frühpädagogik. Bildungstheoretische, empirische und pädagogische Grundlagen. Expertise für das Projekt Weiterbildungsinitiative Frühpädagogischer Fachkräfte (WiFF). München: DJI.

Quenzel, Gudrun; Hurrelmann, Klaus (2010): Bildungsverlierer. Neue Ungleichheiten. Wiesbaden: VS Verlag für Sozialwissenschaften.

Rauner, Felix; Piening, Dorothea: Umgang mit Heterogenität in der beruflichen Bildung. Eine Handreichung des Projektes KOMET.

Rehbein, Boike (2016): Die Soziologie Pierre Bourdieus. 3., überarbeitete Auflage. Konstanz: UVK Verlagsgesellschaft mbH.
Reich, Kersten (2014): Inklusive Didaktik: Bausteine für eine inklusive Schule. Weinheim: Beltz.
Reichertz, Jo (2013): 'Auf einmal platzte ein Reifen.' Oder: Kommunikatives Handeln und Situation. In: Andreas Ziemann (Hg.): Offene Ordnung? Wiesbaden: Springer VS, S. 155–182.
Reiser, Helmut (1998): Sonderpädagogik als Service-Leistung? Perspektiven der sonderpädagogischen Berufsrolle. Zur Professionalisierung der Hilfsschul- bzw. Sonderschullehrerinnen. In: *Zeitschrift für Heilpädagogik* 49 (2), S. 46–54.
Rittmeyer, Christel (2012): Zum Stellenwert der Sonderpädagogik und den zukünftigen Aufgaben von Sonderpädagogen in inklusiven Settings nach Forderungen der UN-Behindertenrechtskonvention. In: Cornelius Breyer, Günther Fohrer, Walter Goschler, Manuela Heger, Christina Kießling und Christoph Ratz (Hg.): Sonderpädagogik und Inklusion. 1. Aufl. Oberhausen: Athena-Verl., S. 43–58.
Rothland, Martin (Hg.) (2016): Beruf Lehrer/Lehrerin. Ein Studienbuch. Münster, New York: Waxmann; UTB.
Rützel, Josef (2013): Inklusion als Perspektive einer zukunftsorientierten Berufsbildung und die Bewältigung des demographischen Wandels. In: *bwp@* (Spezial 6), S. 1–19.
Sander, Alfred (2002): Von der integrativen zur inklusiven Bildung. Internationaler Stand und Konsequenzen für die sonderpädagogische Förderung in Deutschland. In: Anette Hausotter (Hg.): Perspektiven sonderpädagogischer Förderung in Deutschland. Dokumentation der Nationalen Fachtagung vom 14.–16. November 2001 in Schwerin. 1. Aufl. Middelfart: European Agency for Development in Special Needs Education, S. 143–164.
Sander, Alfred (2003): Über Integration zur Inklusion. Entwicklungen der schulischen Integration von Kindern und Jugendlichen mit sonderpädagogischem Förderbedarf auf ökosystemischer Grundlage am Beispiel des Saarlandes. St. Ingbert: Röhrig.
Sander, Alfred (2018): Inklusion macht Schule. Ein langer Weg zu einem humaneren Bildungswesen. In: Alfred Sander, Hans Eberwein, Helmut Reiser, Jutta Schöler, Rainer Maikowski, Reimer Kornmann et al.: Blick zurück nach vorn – WegbereiterInnen der Inklusion. Hg. v. Hans-Joachim Müller. Gießen: Psychosozial-Verlag (Dialektik der Be-Hinderung), S. 23–34.
Sander, Tobias (Hg.) (2014): Habitussensibilität. Eine neue Anforderung an professionelles Handeln. Wiesbaden: Springer VS.
Schimank, Uwe; Mau, Steffen; Groh-Samberg, Olaf (2014): Statusarbeit unter Druck? Zur Lebensführung der Mittelschichten. Weinheim: Beltz Juventa.
Schulte, Bernd (2016): Das Übereinkommen der Vereinten Nationen über die Rechte von Menschen mit Behinderungen – Einführung und Überblick. In: Burkhard Küstermann und Mirko Eikötter (Hg.): Rechtliche Aspekte inklusiver Bildung und Arbeit: die UN-Behindertenrechtskonvention und ihre Umsetzung im deutschen Recht. Weinheim, Basel: Beltz Juventa, S. 22–39.

Schultheis, Klaudia (1999): Die pädagogische Situation: Überlegungen zu einem Grundbegriff der Allgemeinen Pädagogik. In: Thomas Fuhr und Klaudia Schultheis (Hg.): Zur Sache der Pädagogik. Untersuchungen zum Gegenstand der allgemeinen Erziehungswissenschaft. Bad Heilbrunn, Obb.: Verlag Julius Klinkhardt, S. 303–317.

Schulze, Theodor (1998): Situation, pädagogische. In: Dieter Lenzen (Hg.): Pädagogische Grundbegriffe. 5. Aufl. Reinbek: Rowohlt, S. 1386–1391.

Schulz-Schaeffer, Ingo (2009): Handlungszuschreibung und Situationsdefinition. In: *Kölner Zeitschrift für Soziologie und Sozialpsychologie* 61 (2), S. 159–182.

Schütz, Alfred (1972): Strukturen der Lebenswelt. In: Alfred Schütz, Ilse Schütz und Alexander von Baeyer (Hg.): Gesammelte Aufsätze III. Studien zur Phänomenologischen Philosophie. Dordrecht: Springer Netherlands, S. 153–170.

Schütz, Alfred; Luckmann, Thomas (2003): Strukturen der Lebenswelt. 1. Aufl. Stuttgart: UVK Verl.-Ges.

Schweder, Marcel (2016): Inklusion/Exklusion par excellence – Der Freiheitsentzug als Vorbild für die Programme des Erziehungssystems. In: *bwp@* (30), S. 1–10.

Searle, John R. (1991): Intentionalität. Eine Abhandlung zur Philosophie des Geistes. Frankfurt a. M.: Suhrkamp.

Seewald, Christina (2005): Die Ablösung des Begriffs der Integration durch den der Inklusion: Eine Chance für die Praxis? In: Detlef Horster, Ursula Hoyningen-Süess und Christian Liesen (Hg.): Sonderpädagogische Professionalität. Beiträge zur Entwicklung der Sonderpädagogik als Disziplin und Profession. Wiesbaden, s. l.: VS Verlag für Sozialwissenschaften, S. 151–168.

Seifried, Jürgen (2009): Unterrichtsplanung von (angehenden) Lehrkräften an kaufmännischen Schulen. In: *Zeitschrift für Berufs- und Wirtschaftspädagogik* 105 (2), S. 179–197.

Sennett, Richard (2000): Der flexible Mensch. Die Kultur des neuen Kapitalismus. München: Siedler.

Strauss, Anselm L. (1987): Qualitative analysis for social scientists. Cambridge: Cambridge University Press.

Sturm, Tanja (2016): Entwicklungslinien inklusiver Pädagogik. In: Ingeborg Hedderich, Gottfried Biewer, Judith Hollenweger und Reinhard Markowetz (Hg.): Handbuch Inklusion und Sonderpädagogik. Bad Heilbrunn: Verlag Julius Klinkhardt, S. 179–183.

Suda, Max J. (2006): Die Ethik Martin Luthers. Göttingen: Vandenhoeck & Ruprecht.

Sulzer, Annika; Wagner, Petra (2011): Inklusion in Kindertageseinrichtungen – Qualifikationsanforderungen an die Fachkräfte. Eine Expertise der Weiterbildungsinitiative Frühpädagogische Fachkräfte (WiFF). Stand: August 2011. München: DJI.

Tenorth, Heinz-Elmar (2006): Bildsamkeit und Behinderung. Anspruch, Wirksamkeit und Selbstdestruktion einer Idee. In: Lutz Raphael (Hg.): Ideen als gesellschaftliche Gestaltungskraft im Europa der Neuzeit. Beiträge für eine erneuerte Geistesgeschichte. München: Oldenbourg Verlag, S. 497–520.

Terhart, E. (2014): Forschung zu Berufsbiografien von Lehrerinnen und Lehrern: Stichworte. In: Ewald Terhart, Hedda Bennewitz und Martin Rothland (Hg.): Handbuch der Forschung zum Lehrerberuf. 2. Aufl. Münster: Waxmann, S. 339–342.

Themenheft Berufsbildung. Subjektive Theorien. In: *Zeitschrift für Praxis und Theorie in Betrieb und Schule* 2013 (67).

Thomas, William I.; Thomas, Dorothy Swaine (1928): The child in America. New York: Knopf.

Ulrich, Gerd Joachim (2011): Übergangsverläufe von Jugendlichen aus Risikogruppen. Aktuelle Ergebnisse aus der BA/BIBB-Bewerberbefragung 2010. In: *bwp@ Spezial 5*, S. 1–12.

Vester, Michael (2004): Die Illusion der Bildungsexpansion. Bildungsöffnungen und soziale Segregation in der Bundesrepublik Deutschland. In: Steffani Engler (Hg.): Das kulturelle Kapital und die Macht der Klassenstrukturen. Sozialstrukturelle Verschiebungen und Wandlungsprozesse des Habitus. Weinheim: Juventa-Verl., S. 13–53.

Vester, Michael (2013): Das schulische Bildungssystem unter Druck. Sortierung nach Herkunft oder milieugerechte Pädagogik? In: Fabian Dietrich, Martin Heinrich und Nina Thieme (Hg.): Bildungsgerechtigkeit jenseits von Chancengleichheit. Theoretische und empirische Ergänzungen und Alternativen zu "PISA". Wiesbaden: Springer VS, S. 91–113.

Vollmer, Kirsten; Bylinski, Ursula (2015): Wege zur Inklusion in der beruflichen Bildung. In: *BIBB - Wissenschaftliche Diskussionspapiere* (162).

Volpert, Walter (1999): Wie wir handeln – was wir können. Ein Disput als Einführung in die Handlungspsychologie. 2. Aufl. Sottrum: Artefact.

Wansing, Gudrun (2005): Teilhabe an der Gesellschaft. Menschen mit Behinderung zwischen Inklusion und Exklusion. 1. Aufl., unveränd. Nachdr. Wiesbaden: VS Verlag für Sozialwissenschaften.

Weber, Max (1990): Wirtschaft und Gesellschaft: Grundriss der verstehenden Soziologie. 5., rev. Aufl., Nachdr., Studienausg. Tübingen: Mohr.

Wilde, Annett; Kunter, Mareike (2016): Überzeugungen von Lehrerinnen und Lehrern. In: Martin Rothland (Hg.): Beruf Lehrer/Lehrerin. Ein Studienbuch. Münster, New York: Waxmann; UTB, S. 299–317.

Winkler, Michael (2014): Inklusion – Nachdenkliches zum Verhältnis pädagogischer Professionalität und politischer Utopie. In: *Neue Praxis : np ; Zeitschrift für Sozialarbeit, Sozialpädagogik und Sozialpolitik* 44 (2), S. 108–123.

Wirth, Karolin (2015): Inklusion: Ansätze zur Umsetzung in der beruflichen Lehrerbildung. In: *HiBiFo* 4 (1), S. 40–53.

Wocken, Hans (2015): Das Haus der inklusiven Schule: Baustellen – Baupläne – Bausteine. 6. Auflage. Hamburg: Feldhaus Edition Hamburger Buchwerkstatt.

Wocken, Hans (2016): Im Haus der inklusiven Schule. Grundrisse – Räume – Fenster. 2. Auflage, [revidierte Ausgabe]. Hamburg: Feldhaus Edition Hamburger Buchwerkstatt.

Zapfel, Stefan (2018): Inklusion/Exklusion von Menschen mit Behinderung in systemtheoretischer Perspektive. In: *Neue Praxis : np ; Zeitschrift für Sozialarbeit, Sozialpädagogik und Sozialpolitik* 48 (2), S. 161–179.

Ziemann, Andreas (Hg.) (2013): Offene Ordnung? Wiesbaden: Springer VS.

Ziemen, Kerstin (Hg.) (2017): Lexikon Inklusion. Göttingen: Vandenhoeck & Ruprecht.

Zoyke, Andrea (2012): Individuelle Förderung zur Kompetenzentwicklung in der beruflichen Bildung. Eine designbasierte Fallstudie in der beruflichen Rehabilitation. Zugl.: Paderborn, Univ., Diss., 2012. Paderborn: Eusl.

Zoyke, Andrea; Vollmer, Kirsten (Hg.) (2016): Inklusion in der Berufsbildung. 1. Aufl. Bielefeld: W. Bertelsmann Verlag.

Abbildungsverzeichnis

Abb. 1	Kreisgrafik Schritte zur Inklusion	50
Abb. 2	Exklusion und Inklusion systemtheoretisch	55
Abb. 3	Segregation und Integration systemtheoretisch	57
Abb. 4	Von der Lebenswelt zum sozialen System	73
Abb. 5	Zugänge zu Lebenswelten	76
Abb. 6	Verstehen von Lebenswelten	87
Abb. 7	Feststellen anderer Lebenswelt	92
Abb. 8	Konstruktionen zu anderen Lebenswelten	93
Abb. 9	Unterrichtsansätze zum Erzeugen von Situationen	109
Abb. 10	Unterstützung bei der Suche nach Zugängen	130
Abb. 11	Kommunikative Vermittlung von Lebenswelten	136
Abb. 12	Häufigkeitsverteilung zu „Ich berichte den Schüler*innen aus meiner eigenen Lebenswelt."	142
Abb. 13	Häufigkeitsverteilung zu „Ich offenbare meine eigene Lebenswelt, um Schüler*innen mein Vertrauen zu zeigen."	142
Abb. 14	Häufigkeitsverteilung zu „Wenn ich erkenne, dass meine Schülerinnen etwas nicht verstehen, gebe ich Beispiele aus meiner eigenen Lebenswelt zur Veranschaulichung."	143
Abb. 15	Argumentative Beeinflussung anderer und damit ihrer Lebenswelt	147
Abb. 16	Bezugnahme auch Lebenswelt	149
Abb. 17	Strategien der Lehrkräfte zur Interaktion mit heterogenen Gruppen	155
Abb. 18	Strategien zum Erschließen anderer Lebenswelten durch die Lehrkraft	156
Abb. 19	Strategien im Unterricht mit heterogenen Gruppen	163
Abb. 20	Strategien zur Steuerung der Gruppen- und Zusammenarbeit in heterogenen Gruppen	167
Abb. 21	Strategien zur Initiierung von Perspektivwechseln	170

Abb. 22	Strategien des argumentativen Einwirkens auf die Lebenswelt der Schüler*innen	172
Abb. 23	Verschieben des Verstehens – Zusatzqualifikation Schüler*innenhandeln	179
Abb. 24	Verschieben des Verstehens – Zusatzqualifikation Beratungslehrer*in	179
Abb. 25	Verschieben des Verstehens – Zusatzqualifikation Schüler*innenverhalten	180
Abb. 26	Einstellungen zu inklusivem Unterricht	180
Abb. 27	Empfehlungen zum Erkennen von Lebenswelten	188
Abb. 28	Handlungsempfehlungen zum Erzeugen von Situationen	192
Abb. 29	Etablierung inklusiver Schulstrukturen	201
Abb. 30	Herkunfts- und individueller sowie Schüler- und Lehrerhabitus	209

Tabellenverzeichnis

Tab. 1	Förderinstrumente und –maßnahmen	23
Tab. 2	Zugänge 2. und 3. Ordnung	79
Tab. 3	Feststellen anderer Lebenswelten bei unerwartetem Verhalten	81
Tab. 4	Zugang über Dokumente	83
Tab. 5	Geistige und körperliche Behinderung	98
Tab. 6	Items zu Konstruktionen 2. und 3. Ordnung	101
Tab. 7	Rotierte Komponentenmatrix aus Faktorenanalyse und Mittelwerte aus T-Test zu Unterrichtsansätzen zum Erzeugen von Situationen	109
Tab. 8	Rotierte Komponentenmatrix aus Faktorenanalyse und Mittelwerte aus T-Test zur Förderung des Lebensweltaustausches	126
Tab. 9	Rotierte Komponentenmatrix aus Faktorenanalyse und Mittelwerte aus T-Test zu Unterstützung der Schüler*innen bei der Suche nach Zugängen durch die Lehrkräfte	130
Tab. 10	Rotierte Komponentenmatrix aus Faktorenanalyse und Mittelwerte aus T-Test zu Methoden im Unterricht	139

Tab. 11	Zusammenfassung der Häufigkeitsverteilungen zur Initiierung eines Lebensweltabgleichs	141
Tab. 12	Rotierte Komponentenmatrix aus Faktorenanalyse und Mittelwerte aus T-Test zu Verbalisierung von Lebenswelt	144
Tab. 13	Zuordnung Fragenbatterien zu Strategien des Erschließens von Lebenswelt	157
Tab. 14	Faktorenanalyse Erkennen von Grenzen durch Verhaltensbeobachtung	157
Tab. 15	Faktorenanalyse Varianten des Erschließens von Lebenswelten	159
Tab. 16	Häufigkeitsverteilung Verschieben des Erschließens	162
Tab. 17	Faktorenanalyse Unterrichtsstrategien zum Erzeugen von Situationen	164
Tab. 18	Faktorenanalyse Strategien zur Steuerung der Gruppen- und Zusammenarbeit	167
Tab. 19	Faktorenanalyse Strategien zur Initiierung von Perspektivwechseln	170
Tab. 20	Faktorenanalyse Strategien des argumentativen Einwirkens	172
Tab. 21	Faktorenanalyse Strategien des gemeinschaftlich kommunikativen Erlebens	175
Tab. 22	Faktorenanalyse Einsatz didaktischer Methoden	176
Tab. 23	Einstellungen zu inklusivem Unterricht an beruflichen Schulen (Faktor 1)	181
Tab. 24	Einstellungen zu inklusivem Unterricht an beruflichen Schulen (Faktor 2)	182
Tab. 25	Einstellungen zu inklusivem Unterricht an beruflichen Schulen (Faktor 3)	183
Tab. 26	Einstellungen zu inklusivem Unterricht an beruflichen Schulen (Faktor 4)	183
Tab. 27	Einstellungen zu inklusivem Unterricht an beruflichen Schulen (Faktor 5)	184
Tab. 28	Einstellungen zu inklusivem Unterricht an beruflichen Schulen (Faktor 6)	184
Tab. 29	Stichprobenzusammensetzung nach Bundesländern	260
Tab. 30	Stichprobenzusammensetzung nach Fachrichtungsgruppen der Lehrkräfte	261

Anhang: Untersuchungsmethodik

Von der Theorie ins Feld

In diesem Methodenteil soll ein kurzer Überblick über das Vorgehen der durchgeführten empirischen Arbeiten gegeben werden. Die Empirie besteht aus zwei Teilen. Im ersten Schritt erfolgte eine qualitative Interviewstudie, mittels derer bestehende (Alltags-)Theorien der Akteure und Akteurinnen inklusive beruflicher Bildung aufgefunden resp. anhand der getroffenen Aussagen entwickelt wurden. Im zweiten Schritt wurden diese aufgefundenen Theorien in einer bundesweiten Onlinebefragung quantitativ überprüft. Der Methodenteil gibt einen Überblick über das Vorgehen bei diesen beiden Studien und ergänzt damit die Ausführungen zur Auswertung und Interpretation im Text.

Die qualitative Studie

Die Befragung wurde mittels leitfadengestützter Interviews mit Lehrkräften der beruflichen Ausbildung, Auszubildenden mit und ohne Behinderungen/Benachteiligungen in beruflichen Bildungssituationen sowie betrieblichen Ausbilder*innen durchgeführt und in Anlehnung an die Methode der Grounded Theory (Glaser & Strauss, 1967, 1998) ausgewertet.

Da es bei unserem Forschungsansatz nicht um die empirische Überprüfung bestehender Theorien, sondern um die Entwicklung bzw. das Auffinden neuer Theorien geht, wurde der Ansatz der Grounded-Theory-Methode gewählt (Glaser & Strauss, 1967, 1998). Bei der Grounded Theory handelt es sich um ein auf den Forschungsgegenstand bezogenes bzw. in den Forschungsdaten begründetes Verfahren zur Konstruktion von Theorie. Die Theorie bzw. Theorien werden so systematisch aus speziell dafür erhobenen Daten entwickelt (Krotz, 2005). Für die zu untersuchenden Fragestellungen ergab sich daraus die Notwendigkeit, diese Daten bei den eingangs genannten beteiligten Akteur*innen der beruflichen Bildung zu erheben. Ziel der Studie war es, das Handeln der in inklusiven Settings agierenden Personen zu präzisieren und zu erweitern. Dazu wurden mittels der Interviewstudie Daten zur Selbst- und Fremdwahrnehmung von Lebenswelten sowie zur Situationsdefinition gesammelt. Ausgangspunkt war dabei der in der allgemeinen Theorieentwicklung gewonnene Rahmen, von dem ausgehend subjektive Theorien des Zugangs zu und des Umgangs mit Lebenswelten der in beruflicher Bildung handelnden Personen gefunden werden sollten.

Um die Interviewleitfäden für die qualitative Studie passend zu den drei Zielgruppen der Befragung zu erstellen, war zunächst eine Präzisierung der Forschungsfragen des Vorhabens erforderlich, da die Zielgruppen Lehrer*innen, Ausbilder*innen und Berufsschüler*innen (Auszubildende) auf unterschiedliche Weise in der inklusiven Berufsbildung (miteinander) agieren sowie unterschiedliche Rollen einnehmen, mit denen unterschiedliche Zugänge sowohl zum Thema als auch zu den anderen beteiligten Akteur*innen einhergehen. Diese zielgruppenspezifischen Fragen ergänzen die allgemeinen Fragestellungen der Studie:

Allgemeine Fragestellungen:
1. Wie lassen sich Lebensweltgrenzen als Horizonte der Handlungssituation für andere sichtbar machen?
2. Welche Bemühungen werden unternommen, die Lebenswelt der jeweils anderen zu akzeptieren und zu verstehen?
3. Welche Möglichkeiten der professionellen Begleitung durch Lehrkräfte existieren, Verstehensprozesse zu initiieren?
4. Wie kann in inklusiven Lehr-Lern-Settings die Aushandlung der Situationsdefinition als Ausgangspunkt für gemeinsames Handeln, d. h. Lernen, gestaltet und begleitet werden?

Spezifische Fragestellungen an Lehrer*innen und Ausbilder*innen:
Um herauszufinden, wie gut sich Lehrkräfte und Ausbilder*innen auf das (Inter-)Agieren in inklusiven Lehr-Lern-Settings in der beruflichen Bildung vorbereitet fühlen, sollte eruiert werden, welche subjektiven Theorien der Akteure und Akteurinnen über Behinderung und Benachteiligung und welche darauf basierenden epistemischen Theorien sich in der Praxis feststellen lassen. Weiterhin war von Interesse, wie diese subjektiven Theorien und epistemischen Überzeugungen die Konstruktion der Lehr-Lern-Situationen beeinflussen und auf welche Weise sich inklusive Prozesse in der beruflichen Bildung konkretisieren. Dies wurde in folgenden Fragen operationalisiert:
1. Welche Erfahrungen haben Sie in ihrem Unterricht (in der Ausbildung) mit solchen Gruppen gemacht?
2. Was wissen Sie von den Lebenswirklichkeiten ihrer Schüler*innen (Auszubildenden)?
3. Wie versuchen Sie, sich in Ihre Schüler*innen (Auszubildenden) hineinzuversetzen, um sich deren Lebenswelt zu erschließen?
4. Wie beeinflussen dieses Wissen und diese Erfahrungen um die Lebenswelten Ihrer Schüler*innen (Auszubildenden) Sie selbst als Mensch?
5. Wie beeinflussen dieses Wissen und diese Erfahrungen Ihren Umgang mit diesen Gruppen?
6. In welchen Situationen erkennen Sie die unterschiedlichen Lebenswelten Ihrer Schüler*innen (Auszubildenden) in diesen Gruppen? Bitte erzählen Sie uns Beispiele!
7. Wie sensibilisieren Sie die Schüler*innen (Auszubildenden) in diesen Gruppen für das Verstehen der Lebenswelt der anderen?

Spezifische Fragestellungen an Berufsschüler*innen/Auszubildende:

Bei den Auszubildenden bzw. Berufsschüler*innen sollte eruiert werden, welches Verständnis sie von Inklusion in der beruflichen Bildung haben und ob sie darüber hinaus inklusive Lehr-Lern-Settings in der beruflichen Bildung auch als solche wahrnehmen. Ein weiterer Schwerpunkt galt dem vorliegenden Verständnis der Schüler*innen ohne Behinderung von den Lebenswelten der Schüler*innen mit Behinderung und ob die Schüler*innen dabei mögliche Überschneidungen der Lebenswelten erkennen können und wie sich lebensweltliche Grenzen und etwaige Überschneidungen von Lebenswelten bei Schüler*innen sichtbar machen lassen. Dies wurde in folgenden Fragen operationalisiert:

1. Welche Erfahrungen haben Sie im gemeinsamen Unterricht mit Menschen mit und ohne Behinderung/Benachteiligung gemacht?
2. Was wissen Sie von Ihren Mitschüler*innen in Bezug auf ihre unterschiedlichen Situationen, Erfahrungen usw.?
3. Wie versuchen Sie, sich in Ihre Mitschüler*innen hineinzuversetzen, um sie zu verstehen?
4. Wie beeinflussen dieses Wissen und diese Erfahrungen um die Lebenswelten Ihrer Mitschüler*innen Sie selbst als Mensch? Was macht das mit Ihnen, wenn sie wissen und erlebt haben, dass einige in der Klasse die Welt anders verstehen als Sie?
5. Wie beeinflusst Ihr Wissen über die anderen und die Erfahrungen mit den anderen Ihren Umgang mit den Mitschüler*innen im Unterricht?
6. In welchen schulischen Situationen erkennen Sie die unterschiedlichen Lebenswelten Ihrer Mitschüler/-innen? Bitte erzählen Sie uns Beispiele!
7. Wie lassen Sie andere an Ihrer Lebenswelt teilhaben, damit diese Sie besser verstehen können?

Das Vorgehen nach der Grounded Theory erfordert ein hohes Maß an Offenheit sowie permanentes Nachjustieren der Fragestellung. Letzteres erfolgt dabei anhand der gewonnenen Informationen, die darauf zu prüfen waren, ob die Daten aus den Interviews den Forschungsgegenstand – in unserem Fall das Erkennen, Verstehen und Verstehbarmachen anderer Lebenswelten – erhellen. Falls notwendig, ist dafür das Instrument während der Erhebung anzupassen (Charmaz, 2014). Um dies während der laufenden Interviews gewährleisten zu können, wurden Teaminterviews durch zwei Interviewer*innen durchgeführt. So konnten im Verlauf die Fragen des Leitfadens durch gezielte Nachfragen und ggf. Abwandlungen der Fragen des Leitfadens vertieft werden. Ebenso konnten im Anschluss mit Blick auf die gewonnenen Daten Nachfragen und Anpassungen des Leitfadens von den Interviewer*innen diskutiert und umgesetzt werden.

Die Stichprobe

Durch den Einsatz der Grounded-Theory-Methode ist die exakte Anzahl notwendiger Interviews bis zum schließenden theoretischen Sample im Vorfeld nicht genau planbar. Im Verlauf der Studie stellte sich die Sättigung des Samples nach insgesamt

53 Interviews ein, wobei die Maßgabe für die Sättigung in der Beantwortung durch die Lehrer*innen lag. Schüler*innen und Ausbilder*innen wurden kontrastierend befragt. Befragt wurden:
- 24 Lehrkräfte von berufsbildenden Schulen
- 6 Ausbilder*innen
- 23 Jugendliche mit und ohne Benachteiligung/Behinderung, die sich in beruflichen Bildungssituationen befinden.

Eine genauere Differenzierung der Stichprobe erfolgte nach den Merkmalen Geschlecht, Fachrichtungsgruppen der zu erlernenden Berufe und darüber hinaus bei den Interviews mit Lehrkräften und Auszubildenden der Schulamtsbezirke und der Trägerschaft der besuchten Berufsschule. Dabei wurde versucht, neben der Angewiesenheit auf die Bereitschaft der Interviewpartner*innen auch auf eine gleichmäßige räumliche Verteilung in der Region (städtisch, ländlich) sowie hinsichtlich der Fachrichtungsgruppen (personen- und gegenstandsorientierte sowie Wirtschaft und Verwaltung (Frommberger & Lange, 2018)) und privater bzw. öffentlicher Trägerschaft der Schulen zu achten.

Der Auswertungsprozess
Bei der Durchführung haben wir uns an den definierenden Komponenten der Praxis der Grounded Theory orientiert:
- „Simultaneous involvement in data collection and analysis
- Constructing analytic codes and categories from date, not from preconceived logically deduced hypotheses
- Using the constant comparison method, which involves making comparisons during each stage of the analysis
- Advancing theory development during each step of data collection and analysis
- Memo-writing to elaborate categories, specify their properties, define relationships between categories, and identify gaps
- Sampling aimed toward theory construction (theoretical sampling), not for population representativeness
- Conducting the literature review after developing an independent analysis."

(Glaser & Strauss, 1967; Strauss, 1987; Glaser & Strauss, 1998; Charmaz, 2014, S. 7 f.)

Die Interviews wurden aufgezeichnet und im Anschluss transkribiert. Es wurde sowohl zwischen den Gruppen als auch innerhalb der theoretischen Samples die Methode der konstanten Vergleiche durchgeführt. Abweichend von der üblichen Vorgehensweise bei der Grounded-Theory-Methode wurden die Interviews aus forschungsökonomischen Gründen nicht mit permanenten Zwischenschritten der vollständigen Auswertung vor der Durchführung des nächsten Interviews gesammelt. Auswertung und Interviewführung wurden parallel angeordnet. So konnte im laufenden Prozess überprüft werden, welche Daten die Fragen liefern und wo ggf. noch Nachfragebedarf bestand und die Fragen angepasst oder erweitert werden mussten (Charmaz, 2014).

Codierung

Die Auswertung erfolgte durch ein vierköpfiges Forscherteam. Es wurde induktiv ein Kategoriensystem entwickelt, indem die Interviews auf die Forschergruppe verteilt, einzeln ausgewertet und anschließend in mehreren gemeinsamen konsolidierenden Auswertungssitzungen zusammengefügt und diskutiert wurden. Im Rahmen der Einzelauswertung kam es zur Erweiterung des Kategoriensystems. Die Erweiterungen wurden dann anhand der gemeinsamen Einzelbetrachtung und Diskussion aller Interviewpassagen in ein gemeinsames System überführt. Ziel dieses diskursiven Vorgehens war die Erhöhung der Intercoder-Reliabilität und somit eine eindeutige Zuordnung der erhobenen Daten in entsprechende Kategorien.

Die unterschiedlichen Wahrnehmungen zur Innen- und Außensicht auf unterschiedliche Lebenswelten konnten so erfasst und die entsprechenden Konzepte identifiziert werden. Der Fokus lag dabei auf der Entwicklung von Kategorien (Was passiert bzw. wovon wird in den Interviews berichtet?). Der Umfang der Stichprobe folgte dem Prinzip der theoretischen Sättigung: Solange es noch zu Variationen innerhalb der Kategorien kommt oder neue Kategorien aus dem Material hervorgehen, wird weiter erhoben. Danach (=Sättigung) ist die Erhebung erst abgeschlossen (Charmaz, 2014, 106). Dabei ist entscheidend, welche sozialen Prozesse in der Praxis stattfinden, um das Verstehen und Verstehbarmachen von Lebenswelten zu ermöglichen. Die gefundenen Daten beantworten dann theoretische Fragen und bilden die Grundlage für die Ableitung von Theorien, theoretischen Modellen etc. (ebd.).

Teilschritte beim Codieren

Das initiale Codieren der ersten Interviews erfolgte aus dem Datenmaterial heraus unter der Fragestellung: Welche Kategorien schlagen die Daten vor? Dabei mussten die Perspektive der Befragten und auch Nichtausgesprochenes berücksichtigt werden und es entstanden offene Codes bzw. Kategorien (Charmaz 2014, 116 f.). Im weiteren Codierungsprozess mussten diese Offenheit und die Nähe zum Datenmaterial beibehalten werden. Entstehende Codes und Kategorien mussten dabei einfach, präzise und möglichst kurz gehalten werden, um sie für weiteres Datenmaterial aus den folgenden Interviews kompatibel zu gestalten und ein Vorgehen nach der Methode der konstanten Vergleiche zwischen bestehenden und neu gewonnenen Daten zu ermöglichen (ebd., 120 f., 132 ff.). In unserer Untersuchung war es wichtig, die Daten im Codierungsprozess so aufzubrechen, dass sich die hinter den Aussagen liegenden Ansichten, Handlungen und Handlungsstrategien der Befragten herauskristallisierten. Es war also auch darauf zu achten, welche ungesagten Schlüsse hinter bestimmten Aussagen und Berichten liegen, und implizite Handlungen und Ansichten waren interpretierend zu explizieren. Ebenso mussten im Codierungsprozess Lücken im Datenmaterial identifiziert werden, um entsprechende Nachfragen in späteren Interviews gezielt stellen zu können (ebd., 124 f.). Eine regelmäßige Durchmischung der Interviewteams innerhalb der Forschergruppe sowie ein Rollenwechsel zwischen Interviewführung und Protokollierung bzw. Interviewvertiefung wurden zudem als Instrument eingesetzt, um Einflusseffekte der Befragenden zu minimieren bzw. zu variieren.

Auf Basis der initialisierenden Codes erfolgte im nächsten Schritt das fokussierte Codieren der nachfolgenden Interviews. Dabei wurde ein Codiermanual genutzt, welches als Ergebnis des initialisierenden Codierens sowie der anschließenden Diskussionen jedem Code eine eindeutige Definition zuwies und in welchem ein Ankerbeispiel in Form einer prägnanten Textstelle hinterlegt wurde. Hierbei ist jedoch auch stets eine Überarbeitung der ursprünglichen Codes möglich und nötig, sodass das Codesystem durch die folgenden Interviews anwächst. Durch die Methode des axialen Codierens (ebd. 147 ff.) entstanden zudem weitere Subkategorien unterhalb der bisherigen Kategorien. In der praktischen Umsetzung erfolgte dies verteilt auf die Forschergruppe. So entstanden vier separate Codesysteme aus jeweils einem Viertel des Datenmaterials, die in konsolidierenden gemeinsamen Sitzungen der Forschergruppe diskutiert und zu einem abschließenden Codesystem zusammengeführt wurden. Dabei spielte sowohl der Vergleich der initialen Codes mit dem späteren Datenmaterial als auch der Vergleich der teilweise unterschiedlichen Codierungen der Forschergruppe eine Rolle. Durch die gemeinsame Diskussion wurden zudem die Intercoder-Reliabilität erhöht und durch die Zusammenführung der Daten letzte Lücken bis zur theoretischen Sättigung geschlossen, sodass dann ein ganzheitliches, weitgehend objektiviertes und interpretierbares Codesystem vorlag. Der Fokus liegt dabei im Codierungsprozess darauf, einen im Datenmaterial existierenden Rahmen zu finden, zu beschreiben und abzustecken, keinesfalls jedoch hier bereits zu interpretieren (ebd. 158 ff.).

Die Auswertung erfolgte bei allen drei Gruppen der Stichprobe analog, wobei der Fokus auf der Gruppe der Lehrkräfte lag und die Ergebnisse der beiden anderen Gruppen die Befunde aus den Lehrkräfteinterviews aus der jeweiligen Sicht von Ausbilder*innen und Schüler*innen untermauern bzw. konterkarieren.

Die quantitative Erhebung

Nachdem in der qualitativen Studie mittels Leitfadeninterviews die Zugänge der Lehrkräfte, Ausbilder*innen und Schüler*innen zu jeweils fremden Lebenswelten erforscht wurden, zeigte deren Auswertung mögliche Ansätze auf, mit denen dies in der Praxis geschieht. Eine zweite empirische Untersuchung sollte darüber Aufschluss bringen, wie Lehrkräfte diese Ansätze kombinieren, um einerseits Zugänge zu den Lebenswelten der Schüler*innen zu erhalten und andererseits die Schüler*innen dabei zu unterstützen, Zugänge zu den Lebenswelten der jeweils anderen zu erhalten. Um festzustellen, wie Lehrkräfte solche Ansätze strategisch kombinieren, wurde eine quantitative Vorgehensweise gewählt, da es das Ziel war, möglichst viele Lehrkräfte zu erreichen, um aus vielen strategischen Ansätzen die besonders häufig angewandten Strategien zu identifizieren. Auch ist so ein gewisses Maß an Triangulation gegeben. Die Fragebogenerhebung wurde als EDV-gestützte Onlineerhebung bundesweit durchgeführt, sodass eine große Anzahl an Berufsschullehrkräften aus ganz Deutschland unabhängig von Ort und Zeit erreicht werden konnte.

Das Erhebungsinstrument
Die Ergebnisse der qualitativen Studie zeigten bereits eine deutliche Unterscheidung der Ansätze zum Erkennen und Deuten von Lebenswelten und zum Erzeugen von Situationen auf. Diese grundlegende Unterscheidung der Ansätze und ihre ausdifferenzierten Teilaspekte bildeten das Fundament für die anschließende quantitative Erhebung. Somit stellte das in der Interviewstudie gewonnene Kategoriensystem auch den Ausgangspunkt der Fragen für die quantitative Befragung dar. Die einzelnen Items zu den jeweiligen Fragebatterien wurden entsprechend aus den codierten Daten heraus ermittelt und formuliert. Im Fragebogen galt es, als antwortende Lehrkraft jeweils anzugeben, wie selten bis häufig bestimmte Handlungen im eigenen Unterricht erfolgen oder wie wenig oder stark bestimmten Aussagen zugestimmt wird.

Bevor das so erstellte Instrument ins Feld gehen konnte, war ein Pretest erforderlich. Hierzu wurde die Erstfassung des Fragebogens in die Befragungssoftware überführt und eine Kohorte aus Lehrkräften von privaten beruflichen Schulen zur Durchführung des Pretests eingeladen, da sich die Genehmigungsverfahren für die Durchführung an staatlichen Schulen noch im Prozess befanden. Auf diese Weise konnten neben dem inhaltlichen Pretest der Fragebatterien und ihrer Items ebenso die Funktionalität und das Handling der Befragung mittels zusätzlich erbetener Feedbacks dazu überprüft werden. Der Pretest wurde von 43 Lehrkräften durchgeführt. Rückfragen zur Benutzung des Tools gab es keine, was die gewählte Softwarelösung als geeignet erscheinen ließ.

Im nächsten Schritt erfolgte eine explorative Auswertung des Pretests. Hier wurden die Häufigkeitsverteilungen der beantworteten Items der jeweiligen Fragebatterien betrachtet und mit den Erkenntnissen aus der qualitativen Untersuchung verglichen. Hierbei zeigte sich, dass sich in den Interviews häufiger beschriebene Ansätze und Phänomene zumeist auch quantitativ häufiger finden ließen und Aspekte, die in den Interviews als Einzelfälle auftraten, auch entsprechend selten bis gar nicht quantitativ zu ermitteln waren. Damit bestätigte sich die prinzipielle Eignung unseres Fragebogens zur empirischen Überprüfung unserer Ergebnisse aus der qualitativen Interviewstudie.

Den Abschluss und gleichzeitig den Schwerpunkt des Pretests bildeten fragebatterieweise durchgeführte Faktorenanalysen (PCA) und Reliabilitätsanalysen (Cronbachs Alpha) mit dem Ziel, die Konsistenz unserer Items innerhalb der jeweiligen Fragebatterie zu ermitteln. Idealerweise stellen die errechneten Faktoren jeweils Gruppen von Items dar, die bestimmte Aspekte der gestellten Frage beantworten bzw. die Frage in einer bestimmten Art und Weise beantworten. Items, die nicht entsprechend laden, konnten so identifiziert und entfernt oder umgeordnet werden. Die Werte für Cronbachs Alpha zeigten zudem den rechnerisch ermittelten Wert für die interne Konsistenz der Skalen. Auf Basis der Ergebnisse dieser Analysen erfolgte die Anpassung und Neustrukturierung des Fragebogens für die bundesweite Onlinebefragung.

Das so angepasste Instrument wurde anschließend in die Genehmigungsverfahren der Bundesländer gegeben. Im Rahmen dieses Prozesses erfolgten noch datenschutzrelevante Anpassungen und die endgültige Fertigstellung des Instruments.

Durchführung der Erhebung

Die Erhebung wurde nach Einholung der Genehmigungen von den zuständigen Kultusministerien der Bundesländer in der Zeit vom 01.10.2019 bis zum 06.01.2020 durchgeführt. Die Durchführung erfolgte online mit der Software Unipark. Die einzelnen Bundesländer erhielten separate Links zu jeweils identischen Fragebögen. Auf diese Weise konnten die unterschiedlichen Genehmigungszeitpunkte durch die zuständigen Kultusministerien durch Freigabe bzw. Aktivierung der Links und entsprechende Einladungsmails an die betreffenden Schulen gesteuert werden. Zudem waren die Befragungen auf diese Weise bereits nach den Bundesländern getrennt und Systemressourcen, etwa bei gleichzeitiger Bearbeitung vieler Teilnehmender, konnten optimal ausgenutzt werden.

Die Stichprobe

Insgesamt wurden 1869 berufliche Schulen recherchiert und per E-Mail angeschrieben. Davon waren 88 Schulen über die angegebenen Kontaktdaten nicht erreichbar. Gründe dafür waren neben Änderungen von Kontaktdaten vor allem Schulschließungen oder Zusammenlegungen. 1781 Schulen haben entsprechend eine Einladung zur Teilnahme mit der Bitte um Weiterleitung an Lehrkräfte mit Erfahrungen im gemeinsamen Unterricht von Schüler*innen mit und ohne Benachteiligungen/Behinderungen erhalten. Ein Gesamtsample von 1494 Lehrkräften hat den Link zur Befragung geöffnet, von denen 866 den Fragebogen ganz oder teilweise ausgefüllt haben. Eine Bearbeitung bis zum Ende konnte von 566 Lehrkräften ermittelt werden. Zudem war es möglich, dass Fragen, die die Lehrkräfte nicht beantworten konnten oder wollten, übersprungen werden konnten. Dementsprechend schwankt N bei den einzelnen Fragen.

Es nahmen somit insgesamt 866 Lehrkräfte aus allen 16 Bundesländern Deutschlands an der Onlineerhebung teil[22]. Nach den Ländern setzte sich die Stichprobe wie folgt zusammen (Tabelle 29):

Tabelle 29: Stichprobenzusammensetzung nach Bundesländern

Bundesland	Häufigkeit	Prozent
Baden-Württemberg	78	9
Bayern	13	1,5
Berlin	11	1,3
Brandenburg	44	5,1
Bremen	27	3,1

---

22 Das Land Bayern verweigerte die Teilnahme an der Befragung für staatliche Schulen, da es keinen Mehrwert in der Befragung erkennen konnte. Demzufolge wurden dort nur private Berufsschulen befragt.

(Fortsetzung Tabelle 29)

Bundesland	Häufigkeit	Prozent
Hamburg	71	8,2
Hessen	124	14,3
Mecklenburg-Vorpommern	26	3
Niedersachsen	131	15,1
Nordrhein-Westfalen	127	14,7
Rheinland-Pfalz	37	4,3
Saarland	12	1,4
Sachsen	41	4,7
Sachsen-Anhalt	7	0,8
Schleswig-Holstein	75	8,7
Thüringen	42	4,8
Gesamt	**866**	**100**

Des Weiteren wurden die Lehrkräfte nach den Fachrichtungen gefragt, in denen sie unterrichten. Diese wurden im Zuge der Auswertung zu Fachrichtungsgruppen zusammengefasst (personen- und gegenstandsorientierte sowie Wirtschaft und Verwaltung (Frommberger & Lange, 2018)). Hierzu machten 549 der 866 Befragten eine Angabe und es zeigte sich folgende Verteilung (Tabelle 30):

Tabelle 30: Stichprobenzusammensetzung nach Fachrichtungsgruppen der Lehrkräfte

Fachrichtungsgruppen	Häufigkeit	Prozent	gültige Prozente
Gegenstandsorientierte	137	15,80%	25,00%
Personenorientierte	201	23,20%	36,60%
Wirtschaft & Verwaltung	133	15,40%	24,20%
Sonstige	78	9,00%	14,20%
Gesamt gültig	**549**	**63,40%**	**100,00%**
keine Angabe	317	36,60%	
Gesamt	**866**	**100,00%**	

Datenaufbereitung

Am Ende der Befragung erfolgte der Export der Daten aus Unipark in SPSS. Für die einzelnen Datensätze aus den 16 Bundesländern wurde eine Variable zur Länderkennung hinzugefügt und die ausgewählten Fachrichtungen wurden in Fachrichtungsgruppen umcodiert, was zusätzliche Differenzierungen innerhalb der Stichprobe auch im Nachhinein noch ermöglicht. Darüber hinaus mussten noch fehlende Angaben entsprechend codiert werden, damit anschließende Auswertungsverfahren durchgeführt werden konnten.

Datenauswertung

In einem ersten Schritt wurden die einzelnen Items zur explorativen Auswertung Häufigkeitsanalysen unterzogen. Die so gewonnen Häufigkeitsverteilungen gaben einen ersten Überblick über die Daten und erlaubten erste Vergleiche mit den Erwartungen, die sich aus den Interviews der qualitativen Studie ergeben hatten.

Zur vertiefenden Analyse und zur Dimensionsreduktion wurden mit den Daten im zweiten Schritt fragebatterieweise Faktorenanalysen durchgeführt. Zudem wurden T-Tests berechnet, um anhand der Mittelwertverteilung feststellen zu können, wie häufig oder selten die entsprechenden Items bei den Lehrkräften Anwendung finden, bzw. bei Zustimmungsfragen, wie sehr die Lehrkräfte dem jeweiligen Item zustimmen oder nicht. Auf diese Weise wurden erste Ansätze der Lehrkräfte deutlich, wie sie Lebenswelten der Schüler*innen erkennen und deuten bzw. wie sie entsprechende Situationen erzeugen. Die Ergebnisse wurden den entsprechenden Ergebnissen aus der qualitativen Studie zugeordnet.

Im dritten Schritt der quantitativen Auswertung stand die Suche nach Strategien der Lehrkräfte zum Erkennen und Deuten der Lebenswelten der Schüler*innen, zum Erzeugen von Situationen sowie deren Positionierung bzw. grundlegenden Einstellungen zur Inklusion im Fokus. Die Items zum Erkennen und Deuten sowie zum Erschließen von Lebenswelten konnten in gemeinsamen Faktorenanalysen untersucht werden. Im Fragebogen wurden vierstufige Lickertskalen mit Ausprägungen von Ich stimme zu (1), Ich stimme eher zu (2), Ich stimme eher nicht zu (3) und Ich stimme nicht zu (4) für Zustimmungsfragen oder sehr häufig (1), häufig (2), selten (3) und nie (4) verwendet. Die dabei extrahierten Faktoren bildeten entsprechende Strategien von kombinierten Ansätzen der Lehrkräfte ab, die sie zum Erkennen und Deuten bzw. zum Erschließen der Lebenswelten der Schüler*innen nutzen. Die zusätzlich durchgeführten T-Tests zeigten wiederum anhand der Mittelwerte, wie häufig die einzelnen Teilaspekte der jeweiligen Strategie zum Einsatz kommen. Eine Ausnahme bildete dabei das Verschieben des Erschließens, welches aufgrund einer anderen Skalierung der Items nicht in die Faktorenanalyse einbezogen werden konnte. Da es sich dabei um nur drei Items handelt, wurde an dieser Stelle nur deren Häufigkeitsverteilung betrachtet. Bei den Strategien zum Erzeugen von Situationen war eine gemeinsame Faktorenanalyse aufgrund der Datenmenge und der inhaltlichen Unterschiedlichkeit nicht möglich. Es erfolgte eine entsprechende Auswertung nach den verschiedenen erfragten Teilaspekten in separaten Faktorenanalysen mit den jeweiligen T-Tests. Die Items zur Einstellung der Lehrkräfte zu inklusivem Unterricht an beruflichen Schulen konnten wiederum einer gemeinsamen Faktorenanalyse unterzogen werden.

Autoren

Prof. Dr. **Matthias Vonken** leitet seit 2016 das Fachgebiet Berufspädagogik und Weiterbildung an der Universität Erfurt. Seine Forschungsschwerpunkte sind Kompetenztheorie und -entwicklung sowie Theorie des beruflichen Lernens.

Jens Reißland, M.A., ist wissenschaftlicher Mitarbeiter am Fachgebiet Berufspädagogik und Weiterbildung der Universität Erfurt. Seine Forschungsinteressen liegen in Beruflicher Bildung für nachhaltige Entwicklung, Inklusion in der beruflichen Bildung und Qualifizierung beruflichen Bildungspersonals.

Patrick Schaar, M.A., ist wissenschaftlicher Mitarbeiter im Projekt „Inklusive Berufsbildung und Situationsdefinition (InklusiBuS)" am Fachgebiet Berufspädagogik und Weiterbildung der Universität Erfurt.

Tim Thonagel, M.A., ist wissenschaftlicher Mitarbeiter im Fachgebiet Berufspädagogik und Weiterbildung an der Universität Erfurt. Er forscht zum Thema inklusiver Bildung in der Berufspädagogik.

Prof. Dr. **Rainer Benkmann** war bis zum Jahr 2017 Professor für Pädagogik bei Lernbeeinträchtigungen an der Universität Erfurt. Seine Forschungsschwerpunkte sind Inklusion, Habitus und inklusionsorientierte Professionalisierung.

Wir engagieren uns persönlich

 **wbv** Publikation

Teilhabe an Beruf und Arbeit

wbv.de/tba

Neu im Programmbereich Berufs- und Wirtschaftspädagogik ist die Reihe **Teilhabe an Beruf und Arbeit - Interdisziplinäre Forschungsbeiträge zu Benachteiligungen und Behinderungen** (TBA).

Die Reihe widmet sich in interdisziplinären Forschungsbeiträgen dem Thema Benachteiligungen und Behinderungen im Gesamtkontext von Beruflicher Bildung und Erwerbsarbeit. Sie richtet sich an eine breite Leserschaft: Forschende und Lehrende im Feld Beruf und Arbeit, Praktikerinnen und Praktiker, Behördenvertreter:innen, fördernde Einrichtungen sowie Studierende ebenso wie die interessierte Fachöffentlichkeit.

Die Buchreihe wird von Professor **Roland Stein** und dem Akademischen Oberrat **Hans-Walter Kranert**, Lehrstuhl für Sonderpädagogik V, Fakultät für Humanwissenschaften der Julius-Maximilians-Universität Würzburg herausgegeben. Die ersten beiden Bände sind bei wbv Publikation erschienen.

Sie forschen und publizieren in diesem Themengebiet? Sprechen Sie uns an! Gerne bringen wir Sie mit den Herausgebenden ins Gespräch. Mehr erfahren Sie auf wbv.de/tba.

wbv Publikation ist ein Geschäftsbereich von wbv Media.
wbv Media GmbH & Co. KG · Bielefeld
Telefon 0521 91101-0 · E-Mail service@wbv.de